BORIS VIAN

DU MÊME AUTEUR

Coluche, Flammarion, 1991.

Chez d'autres éditeurs :

Ce terrible Monsieur Pasqua, en collaboration avec Alain Rollat, Éditions Olivier Orban, 1988.
L'Année des masques, en collaboration avec Alain Rollat, Éditions Olivier Orban, 1989.

PHILIPPE BOGGIO

BORIS VIAN

FLAMMARION

© Philippe Boggio, 1993.
© Flammarion, 1993 pour l'édition française
ISBN 2-08-066734-3
Imprimé en France

I

LES BEAUX DIMANCHES
DE VILLE-D'AVRAY

L'apprentissage du dilettantisme

Certains amis de Boris Vian se souviennent de l'avoir entendu éclater de rire lorsqu'il évoquait — fort rarement — son ascendance. Les biens de famille, à l'en croire, étaient condamnés à fondre, puisqu'ils étaient nés de la fusion, en l'occurrence celle du bronze, qu'une bonne fortune transforma rapidement en or, avant de changer celui-ci en fer-blanc. C'était, à l'écouter, preuve du sens de l'humour de la matière.

L'âge du bronze débute avec Séraphin Vian, né à Gantières, dans les Alpes-Maritimes, en 1832. Fils d'un cordonnier, petit-fils d'un maréchal-ferrant, celui-ci se lance dans l'alchimie du métal. Sa famille est française depuis plusieurs générations, mais son nom est vraisemblablement d'origine piémontaise. Dans la péninsule, « viana » signifie « de la ville », urbain. Depuis plusieurs siècles, on trouve des Vian dans l'arrière-pays niçois, à Grasse, à Vence ou encore en Provence.

Le fils de Séraphin, Henri Séraphin Louis, acquiert rapidement une bonne réputation de bronzier d'art à Paris. Ses grilles ornent, dit-on, la propriété d'Edmond Rostand, à Cambo-les-Bains (Pyrénées-Atlantiques); ses sculptures, de nombreux hôtels particuliers de la capitale, dont le Palais Rose, avenue Hoche. Et comme il a épousé Jeanne Brousse, héritière des imprimeries et papeteries Brousse-Navarre, l'aisance matérielle est donnée, à la fin du xixe siècle, à une lignée d'honnêtes travailleurs manuels. Les Vian deviennent les amis du peintre Jacques-Émile Blanche, dont un tableau au moins sera accroché dans un salon de Ville-d'Avray. Ils habitent d'abord le magnifique hôtel Salé, rue de Thorigny, puis le château de Villeflixe, près de Noisy-le-Grand. Pour leurs loisirs, ils achètent une maison de campagne, puis une autre. Leur loge est retenue à l'Opéra.

Le 4 mars 1897, lorsque naît Paul, fils d'Henri, les Vian se sont naturellement initiés à l'art de vivre de la bourgeoisie de l'époque, calqué sur celui de l'aristocratie. Ils ont perdu l'accent méridional. Des précepteurs enseignent à demeure. Jeune homme élancé comme son père, Paul jouit de toutes les attentions. Son enfance est toute de distractions au grand air, de jeux de société, protégée et de bon goût. Comme on aime s'occuper de ses mains dans la famille, le bricolage, la mécanique, la menuiserie ne sont plus des tâches contraignantes et rémunérées, mais des loisirs sains qui vous valent les félicitations émues de vos aînés. Par curiosité, Paul Vian apprend les secrets du moulage du bronze dans l'atelier de son père, mais ses parents n'envisagent pas de lui faire reprendre l'affaire commerciale, qui vend désormais ses formes de métal en série. Il sera rentier. A quinze ans, il conduit sa première voiture. A l'ère des pionniers, il achète même un avion, qui ne vole encore que par bonds, et passe des journées entières avec des mécaniciens et des inventeurs. Tout ce qui est nouveau le passionne. Lorsqu'il ne pilote pas, il lit, beaucoup, tâte de la poésie, et s'amuse à traduire, pour son plaisir, des romans anglais.

Il est oisif et terriblement actif comme les jeunes gens aisés du début du siècle. D'avant-garde, irrévérencieux, audacieux dans ses penchants, puisqu'il peut se le permettre. Ainsi, il aime le naturisme, les tenues de sport entre deux smokings, et connaîtra tout des charmes des bains et des sports nautiques bien avant que les loisirs de mer ne deviennent enjeu de conquête sociale.

Ses parents mourront jeunes. Sa mère sera plusieurs fois hospitalisée pour ce qu'on ne nomme pas encore une dépression nerveuse. Son frère sera enterré vivant, dans un trou d'obus, durant la guerre de 14-18, et passera ensuite de nombreuses années interné à Ville-Évrard. Par désespoir conjugal, sa sœur se jettera sous un bus. Ces premiers accrocs dans un bonheur serein laisseront Paul Vian orphelin, en charge d'un frère et de neveux, mais sans soucis financiers. L'âge de l'or continue.

D'autant que l'héritier a l'autre bonne fortune d'épouser, à l'âge de vingt ans, le 3 décembre 1917, Yvonne Woldemar-Ravenez, de huit ans son aînée, fille bien née de Louis-Paul Woldemar, propriétaire, directeur ou administrateur de quelques sociétés industrielles, dont les Pétroles de Bakou et les Établissements Decauville. Après des alliances avec des Allemandes, les Woldemar-Ravenez, originaires du sud de l'Alsace, ont fait une escapade du côté du Royaume-Uni : Louis-Paul a épousé une jeune Anglaise, Elizabeth Marshall, qui lui a donné six enfants, tous élevés à Neuilly-sur-Seine.

Comme les Vian, les Woldemar-Ravenez ont la désagréable habitude de disparaître prématurément, aussitôt fortune faite, et de laisser à leurs descendants le soin de gérer et de se répartir les rentes. L'un des frères d'Yvonne, Fernand, s'endette à la roulette au point de donner, à vingt ans, une fête en son honneur dans les jardins du casino de Monte-Carlo et d'offrir à ses convives le privilège d'assister à son suicide. Fernande, une autre sœur, épouse un vrai pair d'Irlande, sir Gaston Birmingham, joueur ruiné portant monocle et costumes clairs, que les Vian assisteront longtemps. Les autres enfants Ravenez décéderont jeunes, ce qui limitera le nombre des invités au mariage de Paul et d'Yvonne.

En guise de dot, la lignée alsacienne apportera une gentilhommière près de Bordeaux, une propriété côtière à Landemer. Et, surtout, une « tata-gâteaux » comme tous les enfants en rêveraient : Alice, sœur aînée d'Yvonne, dont on savait qu'elle avait fait un voyage à Saint-Pétersbourg avec son père, dont on disait qu'elle avait connu une histoire d'amour mais qu'elle avait peut-être sacrifié celle-ci au bonheur des Vian. Une tata-dévouement rien qu'à soi.

Yvonne, Paul et Alice, donc, emménagent d'abord, au début de 1918, dans un hôtel particulier de la rue de Versailles, à Ville-d'Avray, non loin des étangs. En surplomb de la Seine, cette bourgade de Seine-et-Oise aligne un nombre impressionnant de propriétés, d'hôtels et de villas de tous styles. Entre Versailles et Paris, c'est le refuge, depuis plus d'un siècle, des « épouses de seconde main », des demi-mondaines et des nourrices d'enfants illégitimes. Les beaux quartiers y grimpent, d'un jardin à l'autre, les pentes de la colline de Saint-Cloud.

Rue de Versailles, naissent les deux premiers fils d'Yvonne et de Paul Vian, Lélio, le 17 octobre 1918, puis Boris, le 10 mars 1920. Comme la famille a hâte d'être au complet, et que le jeune couple a le bon goût de remercier le sort, viendront encore au monde un garçon, Alain, le 24 septembre 1921, et une fille, Ninon, le 15 septembre 1924. Mais, entre-temps, s'organise le premier grand jeu de la tribu : le déménagement dans une autre maison de Ville-d'Avray, au ras du parc cette fois, sur la travée la plus haute de la ville. Paul Vian achète une vaste villa, de forme sobre et de couleur claire, rue Pradier, non loin du jardin où Balzac cultivait des bananes. Le parc de Saint-Cloud commence à cinquante mètres de l'entrée principale, plus proche encore par la porte des domestiques. Idéal pour les enfants. Comme toutes les propriétés de la rue, « les Fauvettes » regardent le fleuve, entre de grands arbres entourés de massifs de fleurs. Il y a des haies, des pelouses, des allées de gravier et tous les recoins possibles pour construire des cabanes, des dépendances et une maison de gardien.

Rue Pradier, la vie quotidienne s'organise comme si elle devait durer mille ans. Dans la félicité. Yvonne Ravenez aurait pu devenir concertiste, mais sa mère l'avait empêchée de faire profession de ses prédispositions pour la harpe. La musique est un art de compagnie qui ne saurait s'exercer qu'à titre gracieux. On avait autorisé la jeune fille à se produire à l'occasion de quelques concerts privés. Depuis son mariage, Yvonne flatte l'oreille des siens par une réelle virtuosité de harpiste, des morceaux au piano et des leçons de chant. Ses goûts la portent vers l'avant-garde, Satie, Debussy et Ravel, ou vers les compositeurs espagnols, comme Manuel de Falla. Mais la famille se réunit aussi pour l'écouter interpréter Chopin ou Schubert. Par amour de l'opéra, elle a donné à trois de ses enfants un prénom du répertoire. Boris, donc, pour Boris Godounov. Chacun d'eux a parfois l'honneur de se voir invité à un concert particulier, pour oublier un bref chagrin ou un bleu à la cuisse.

Paul est un père parfait : il est toujours là, disponible et enjoué. Il a le don de transformer une journée en conte de fées. Malgré lui, il enseigne le dilettantisme et l'insouciance. Le rire doit être la règle de la maison, le jeu une ardente obligation réclamant constance et application. Médiocre homme d'affaires, Paul a confié ses intérêts financiers à un ami, Antoine Molle, qui lui a fait acheter des actions des Cotonnières et des Compagnies d'hévéas de Saigon. Lorsqu'il signe un chèque, il alerte à la ronde : « Mes enfants, attention ! Votre père signe son nom. »

Les Fauvettes sont un paradis. L'écho de la réalité bute sur les murs et les grilles de la propriété. Le coiffeur vient à domicile, comme l'institutrice. Yvonne délègue à la femme de chambre et à la cuisinière la charge de la maison, que « Tata Zaza » — Alice — supervise avec une bonne humeur jamais prise en défaut. Le personnel compte encore un jardinier, Pippo Barrizones, dit La Pipe, un Italien volubile, musicien et ancien de la Légion étrangère, et un chauffeur noir, Maurice, qui joue au football avec les enfants. Avec leurs cheveux longs, les trois garçons ressemblent à des petits pages. Paul leur présente régulièrement une nouvelle voiture, toujours une longue torpédo multiplaces, et les convie, cérémonieusement, à partir en promenade. Très tôt, les enfants sont invités à s'intéresser aux échecs, aux jeux de cartes, aux rébus. On étudie les oiseaux dans le parc. Tata Zaza prépare à chacun ses plats préférés, des glaces à la crème pour tous, et possède, en plus, l'art d'enseigner la lecture sans effort. Elle-même lit beaucoup, surtout la nuit, enfermée dans la salle de bains.

Les Vian fréquentent quelques familles cultivées des environs de Ville-d'Avray. Les Porteu de la Morandière, des hobereaux bretons, la famille du professeur Louis Labat, angliciste de renom, et traducteur d'ouvrages, celles de deux germanistes, associés pour une grammaire fameuse, Félix Bertaux et Ralph Lepointe, dont la femme, Emma, est la marraine d'Alain. Leurs visites aux Fauvettes sont autant d'occasions de s'initier aux langues étrangères, dans les fous rires. Le voisin immédiat des Vian, de l'autre côté du grillage, s'appelle Jean Rostand. Les deux familles sympathisent rapidement, peut-être, d'abord, en souvenir des bronzes du grand-père Henri Séraphin Vian et des grilles sculptées d'Edmond à Cambo, se reçoivent, et longtemps la vie quotidienne ira d'une maison, d'un parc à l'autre, au gré des humeurs du jour. Le savant demande parfois aux garçons de lui attraper, pour ses recherches, des crapauds dans les étangs environnants ; il laisse ouverte son immense bibliothèque et aiguise la curiosité de la maisonnée avec ses étranges histoires scientifiques. « C'était l'enfance rêvée par excellence, se souvient Ninon Vian, libre, heureuse, sans restrictions. Nos parents étaient adorables, toujours à notre service, Zaza était la crème des femmes. Longtemps, nous n'avons pas fait la différence entre le dimanche et les autres jours. »

La maison du gardien

Pourtant surviennent les premiers revers de fortune. La crise de 1929 provoque l'effondrement des cours du coton et des hévéas. En quelques heures, Paul perd la plus grande partie de sa fortune. Mais il n'est pas question de quitter Ville-d'Avray, de vendre la maison, de s'éloigner de Jean Rostand, des Lepointe, des amis qui rendent l'existence légère et gaie. Les Vian doivent à leurs enfants de les protéger des rudesses de la vie. Les distractions doivent continuer, absolument. Et puis ce n'est qu'un coup du sort, peut-être passager, une simple contrainte dont on minimise l'importance avec flegme. Ce revers financier correspond si peu à l'éducation et au caractère de Paul que cette alerte suscite une curieuse réaction, longtemps refoulée par la tribu, et qui entraînera rétrospectivement un fort sentiment d'humiliation : Paul a l'idée de déménager son bonheur familial à Kerr-Goss, la maison du gardien, qu'il fait simplement rehausser d'un étage. Il conserve aux siens une étroite bande de parc, le long des communs, quelques arbres et un carré de pelouse. Il marque la séparation avec les Fauvettes d'un rideau de joncs. A l'aube des années 30, on réduit le personnel et le nombre des voitures. Pippo reste, mais Maurice s'en va. Désormais, on entrera par la sente du Nord, l'ancien chemin de ronde du parc de Saint-Cloud, inaccessible aux automobiles. La belle demeure est mise en location.

Ses nouveaux occupants sont les Menuhin. L'un des fils surtout, Yehudi, étonne. C'est un prodige de la musique. A peine plus âgé que Boris, il étudie ses partitions pour violon des heures durant et, les Menuhin et les Vian devenus amis, parents et enfants iront, certains soirs, l'écouter à Paris lors de ses concerts d'adolescent.

Comme l'explique Ninon Vian, ils demeurent de « grands bourgeois bohèmes ». Plus à l'étroit, c'est tout. Il est temps, pour les aînés des garçons, Lélio et Boris, d'aller au lycée, d'abord à Sèvres, ensuite au lycée Hoche de Versailles. Paul les y conduit le matin en auto, puis vient les rechercher. Mère inquiète, Yvonne redoute ces échappées hors de la maison. De caractère anxieux et autoritaire, elle favorise toutes les initiatives ludiques de ses enfants ou de leur père, à la seule condition de garder sa nichée à portée de voix.

L'argent fond. Le temps de l'aisance matérielle est déjà loin, mais, avec élégance, la famille Vian dédaigne ses ennuis financiers et la réduction de son train de vie. Personne ne se plaint, surtout devant les enfants. Paul s'est mis à traduire des textes anglais que lui procure Louis Labat. Cette activité reste insuffisamment rémunérée. Dénué de formation professionnelle, il a recours à son cercle d'amis pour trouver un emploi. Les offres sont rares. Paul doit se contenter d'un travail de représentant-associé pour les médicaments homéopathiques de l'Abbé Chaupitre, dont le laboratoire est installé rue Vignon, dans le 8e arrondissement de Paris. La voiture, désormais, ne sert plus seulement aux promenades du côté des étangs. Le fidèle La Pipe parcourt les marchés pour distribuer la réclame des produits que les pharmacies refusent parfois de vendre. Paul dissimule son désarroi sous une inaltérable bonne humeur. Avec un certain courage, ce fervent adepte de la désinvolture, amateur de bon vin et de chère fine, quitte le refuge de Ville-d'Avray pour de longues tournées chez les commerçants. Il conduit lui-même la fourgonnette de la société, qu'il gare en contrebas du parc de Saint-Cloud. Mais il conserve son entrain et rejoint dès qu'il le peut les enfants à leurs jeux. Sans doute Lélio, Boris, Alain et Ninon ne sont-ils pas dupes. Sans doute sentent-ils que le décor de leur conte de fées perpétuel s'est terni. Le coiffeur se rend désormais chez les Menuhin. « Je n'oublierai jamais le moment où mon père a cessé d'être un héritier », confie Alain Vian.

Landemer, Cotentin

Heureusement, il reste Landemer. L'autre paradis de la famille. Les souvenirs heureux de l'enfance se déplaceront peu à peu vers cette propriété de Normandie, sur les côtes de la pointe du Cotentin. Plusieurs fois par an, on embarque la maisonnée dans la torpédo décapotable. « Je fais pas exprès, mais je vois Évreux, écrira Boris Vian, beaucoup plus tard, dans son *Journal intime*; ça vous trahit drôlement, les mots. Évreux, Nationale 185, on faisait la route tous les ans dans la voiture pour aller en vacances en Normandie ; la vraie Normandie, celle du haut, le Cotentin, Landemer, ça s'appelait. Dix-sept habitants. On avait des petites baraques là-bas. [...] Un chouette merveilleux pays. Mais pas une copine. Pas un flirt. La maison, j'adorais la maison, tout en bois de Norvège verni à l'intérieur, vert à l'extérieur ; la mer, un balcon tout autour d'où on la voyait, la colline en proscenium oblique de fougères couverte. A gauche l'hôtel Millet, l'autre colline ; un V ouvert si on veut, avec la mer à moitié du V, c'était la vue côté mer ; côté cambrousse, des arbres, mince c'est un coin formidable ; jamais encore j'ai osé y retourner [1]. »

Au début du siècle, les Ravenez avaient importé de Norvège tout le bois de pin nécessaire pour bâtir, dispersés dans une propriété en surplomb de la mer, trois chalets peints, aux toits de tuiles. Les Vian occupent la maison du haut, agrémentée d'une rotonde aux vitres piquées de sel, meublée de fauteuils, de tables, de canapés de rotin. « Cela sentait la résine », dit Alain Vian. Les Birmingham, les Lepointe, ou encore Antoine Molle, l'homme des malencontreux placements dans les hévéas, se partagent les deux autres chalets.

La famille a le sentiment de posséder seule ce lieu sauvage, qui jouit, malgré une mer froide, d'un microclimat. Les voisins, à bonne distance, se limitent aux habitants d'un hameau et aux pensionnaires d'une auberge. Les Vian ont la plage pour eux et pour leurs amis. En début de séjour, ils disposent sur le sable la cabine démontable. Ils remettent à l'eau le petit canot que Paul a assemblé lui-même. Le père retrouve les peignoirs de bain de son adolescence, ses tenues claires, les dames leurs chapeaux. Avec la longue-vue offerte par Paul, les enfants observent, à l'escale de Cherbourg, la vie à bord du *Lusitania*, le transatlantique qui relie Hambourg à New York.

C'est surtout l'exubérance du jardin qu'ils garderont en mémoire. Les douceurs d'un effet du Gulf Stream permettent aux plantes exotiques de pousser à profusion et les abords des maisons s'ornent de cactus et d'hortensias géants. Une rivière, le Hu-Bilan, va, en contrebas de la propriété, se jeter vers la mer, et Yvonne s'est confectionné un jardin de plantes rares sur les rives humides, au milieu des fougères. C'est cet univers de bois, de sciure, ce monde floral à la fois luxuriant et

---

1. *Journal intime*, écrit entre le 10 novembre 1951 et le 11 février 1953. Inédit dans sa totalité. Les amis de Boris Vian lui donneront pour titre, après sa mort : *Journal à rebrousse-poil*. Essentiellement en raison de cette phrase : « Allons-y pour le journal à rebrousse-poil. C'est de Queneau, ça ; il affirme que j'écris pour prendre le lecteur à rebrousse-poil. » Archives de la Fondation Boris Vian.

inquiétant, que Boris Vian reproduira dans son roman *L'Arrache-cœur*. « Le jardin s'accrochait partiellement à la falaise, écrira-t-il, et des essences variées croissaient sur ses parties abruptes, accessibles à la rigueur, mais laissées le plus souvent à l'état de nature. Il y avait des calaïos, dont le feuillage, bleu-violet par-dessus, est vert tendre et nervuré de blanc à l'extérieur ; des ormades sauvages, aux tiges filiformes, bossuées de nodosités monstrueuses, qui s'épanouissent en fleurs sèches comme des meringues de sang, des touffes de réviole lustrée gris perle, de longues grappes de garillias crémeux accrochés aux basses branches des araucarias, des sirtes, des mayanges bleues, diverses espèces de bécabunga[2]. »

Le cœur et les méninges

Dans cette famille où le bien-être des enfants est un souci constant, Boris, sans l'avoir cherché, se retrouve privilégié. Il fait l'objet de plus d'attentions encore que ses frères et sœur : une angine infectieuse mal soignée, en 1922, et des crises de rhumatisme articulaire aigu entraînent le diagnostic d'une insuffisance aortique, qui sera encore aggravée, à l'âge de quinze ans, après une fièvre typhoïde. Son cœur est défectueux. Sa mère l'entoure de soins scrupuleux, obsessionnels. Sans doute lui-même ne connaît-il pas l'étendue de son mal, en tout cas au début, mais il éprouve, dans cette différence, dans le degré même de tendresse angoissée dont il bénéficie, une sensation de malaise. Adulte, il en rejettera la faute sur sa mère.

Il ne supporte pas les piqûres que vient lui administrer à domicile le Dr Vrigny, médecin et adjoint au maire de Ville-d'Avray. Il s'effondre en de brutales crises de larmes. Sa mère renonce à ce traitement, mieux adapté pourtant que les sirops qui lui fragilisent peu à peu la flore intestinale. Il manque souvent la classe, garde la chambre. On lui recommande le repos, et ses parents, sans lever le mystère, cherchent à le ménager. Il est couvé, noyé même, sous l'affection maternelle, et ne le supporte pas. Plus tard, ses romans, presque tous largement autobiographiques, seront chargés de cette rancœur de trop d'amour. « Ils avaient toujours peur pour moi,

---

2. *L'Arrache-cœur*. Début du chapitre IX.

explique Wolf, le personnage de *L'Herbe rouge* à Monsieur Perle, qui l'interroge sur ses parents. Je ne pouvais pas me pencher aux fenêtres, je ne traversais pas la rue tout seul, il suffisait qu'il y ait un peu de vent pour qu'on me mette ma peau de bique et, hiver comme été, je ne quittais pas mon gilet de laine. [...] Ma santé, c'était effrayant. Jusqu'à quinze ans je n'ai pas eu le droit de boire autre chose que de l'eau bouillie. Mais la lâcheté de mes parents, c'est qu'eux-mêmes ne se ménageaient pas et se donnaient tort dans leur conduite à mon égard par leur comportement envers eux-mêmes. A force, je finissais par avoir peur moi-même, par me dire que j'étais très fragile, et j'étais presque content de me promener, en hiver, en transpirant dans douze cache-nez de laine[3]. »

Le recul et les années feront, plus tard, la part de l'invention littéraire et des souvenirs d'enfance. En 1935, l'anomalie physique dont il souffre distingue le jeune Boris, l'isole pour des heures d'activités solitaires qu'il combat ensuite par des phases de convivialité. Parfois même d'agitation, tant il met de ses propres inventions, de sa propre fantaisie dans l'improvisation générale. Il nie son mal, dont il ne mesure pas la gravité. En ces années d'avant-guerre, la médecine ne peut le soigner de manière radicale. C'est encore l'époque où les enfants victimes de malformation cardiaque gardent peu d'espérance de vie. Boris, d'abord, profite, abuse même de cette surprotection parentale qui l'intrigue. Tata Zaza lui prépare, plus souvent qu'à son tour, ses plats favoris, le vol-au-vent au ris de veau, les poulardes, et surtout les gâteaux, les charlottes aux poires et les saint-honoré. Après un copieux repas, il lui arrive d'engloutir encore cinq bananes. Il a toujours faim. Entre deux affaiblissements, deux virus de grippe ou deux maux de ventre, il s'efforce à l'insouciance, cette griffe de famille, et manifeste un esprit des plus curieux. Entre solitude et esprit de groupe, il présente les caractéristiques précoces du cérébral. A table, il raisonne, et ses parents l'encouragent, cultivent un esprit déjà largement empreint de dérision et de froide observation des choses. Il admire son père, qu'il appelle « le patron », pas seulement pour sa disponibilité, mais pour l'éclectisme de ses goûts, qu'il copie. A son tour, il se passionne pour la mécanique, la menuiserie, la physique. Le père et le fils se ressemblent. Paul est un homme

---

3. *L'Herbe rouge*. Chapitre XVI.

d'un mètre quatre-vingt-dix, au front dégarni, et Boris grandit plus vite que ses frères. Ils ont le même penchant pour le dandysme, l'ironie, une certaine nonchalance distinguée. Ensemble, ils vont au cinéma, et imaginent, après la séance, d'autres fins plus fantaisistes au film projeté.

Paul propose aux garçons — Ninon, plus jeune, est encore cantonnée dans le groupe des femmes — de construire ensemble une salle de jeux dans le dernier réduit du jardin. Boris se montre le plus adroit, même à la pose du parquet. Il dessine des plans, discute avec passion, rabote et ponce, alors que ses frères, l'engouement passé, retournent volontiers à d'autres activités. Il est aussi le plus attentif en classe, visiblement le plus doué pour les études. A quinze ans, il passe avec dispense, en raison d'une attaque de fièvre typhoïde, son baccalauréat latin-grec. A dix-sept ans, il obtient son second baccalauréat (philosophie, mathématiques, allemand). Boris décroche ses diplômes sans difficultés, mais avec flegme. Encore un jeu, pas des plus drôles, qui ne mérite qu'un minimum de concentration. Un seul objectif, aisément atteint : la moyenne. « [...] sa paresse le rendait très rapide à finir ses devoirs[4]. »

A dix-sept ans, deux choix d'avenir au moins s'offrent à lui. Il peut tâter, comme il l'écrira, « de l'équation traîtresse », approfondir l'univers des maths et de la physique, suivre les inclinaisons de son père et les conseils de Jean Rostand. Ou s'engager vers les lettres. Le bon sens et les affectueuses pressions familiales le feront opter pour une grande école scientifique. A la rentrée scolaire de 1937, il prend le train pour Paris, entre au lycée Condorcet, où il prépare Centrale, tandis que, dans le même établissement, François Rostand, le fils de Jean, intègre une classe d'hypokhâgne.

Il le notera lui-même : « Pourquoi chercher sans cesse à cultiver tout droit la branche du savoir où l'on paraît briller[5] ? » Pourquoi chercher à faire profession de ce dont la famille est saturée : de culture littéraire ? Car tout le monde lit dans la maison du gardien, et parmi ses familiers. Tata Zaza connaît Keats et Goethe. Jean Rostand s'enferme de longues heures dans son bureau pour la rédaction de ses ouvrages. Ninon a lu *Madame Bovary* à douze ans. Paul, puis bientôt

---

4. *Le Lycée*, poème contenu dans un ensemble de sept pièces sous le titre *Le Ballot*, et qui compose une partie des *Cent Sonnets*, recueil inédit du vivant de Boris Vian.
5. *Ibid.*

Alain, premier poète de la jeune génération des Vian à l'ancienneté, enfin François Rostand, prennent plaisir à tourner des vers qu'on lit, le soir, après le dîner. Alain rédige aussi des articles sur la pêche, pour *Le Chasseur français*.

La rue Pradier renferme de très nombreux livres. Suivant la prédilection du père pour l'avant-garde, on privilégie les Modernes, toute la littérature des années vingt et trente. Boris possède, dans sa chambre, une petite bibliothèque qui contient les œuvres de Pierre Mac Orlan, les premiers livres traduits de Kafka et beaucoup d'auteurs anglo-saxons, notamment les humoristes comme P.G. Wodehouse ou Jerome K. Jerome. Il passe pour avoir découvert Alfred Jarry très tôt, et montre un intérêt marqué pour les contes d'Andersen, de Grimm ou de Perrault, les légendes, les romans d'aventures, avec Kipling, Daniel Defoe, Mark Twain, Stevenson, dont il lit même les nouvelles fantastiques. Toute la maisonnée s'est régalée des *Malheurs de Sophie*. « Boris trouvait que c'était l'ouvrage le plus érotique », se souvient Alain Vian. Pour l'heure, Boris laisse aux autres les rêves d'écriture. Il sait déjà que la littérature lui est fraternelle. Mais cela peut encore attendre, le temps de quelques explorations du côté des mathématiques.

A Ville-d'Avray, les loisirs forcés ont suivi l'évolution de l'adolescence. Lélio, Boris et Alain s'échappent désormais de l'attention maternelle plusieurs heures par jour. Commence l'âge des flirts, des premières émotions pour l'autre sexe. Yvonne, que Boris, on ne sait plus très bien pourquoi, peut-être en souvenir d'une chatte, a rebaptisée la mère Pouche, doit redoubler de vigilance. La vieille règle tient toujours : toutes les distractions, mais à domicile. Sous l'impulsion d'Alain qui préfère le sport et le théâtre aux études secondaires, de nouvelles activités sont ainsi drainées vers le jardin et la salle de jeux. Les garçons organisent des tournois de tennis de table. Alain apprend l'escrime et demande à un professeur de venir initier les autres à la maison. Peu à peu, Kerr-Goss se met à ressembler, à la joie de Paul et au vif soulagement de la mère Pouche, à l'annexe d'un patronage.

Des amis du lycée, des fils de voisins sont invités après les cours ou les jours de congés. Jean Rostand trouve, en ce cercle privé, une occasion pour son fils François, timide et très couvé par ses parents, de prendre un peu d'assurance au contact de jeunes gens au style délibérément potache. Après Yehudi

Menuhin qui a quitté les Fauvettes avec ses parents, en 1935, pour entamer une carrière de concertiste international, François devient le partenaire idéal des parties d'échecs. Seuls le nouveau locataire des Vian, un diplomate sud-américain, M. De Ambrosis Martin, et sa progéniture ne sont pas conviés à ces récréations.

Souvent, d'ailleurs, les occupants des Fauvettes se plaindront du bruit venant de la salle de jeux. Les garçons se sont aussi mis à la musique. Au jazz. En 1937, Boris, le plus fervent, adhère même au Hot-Club de France, dont Louis Armstrong assure la présidence d'honneur, et fait parfois un détour rue Chaptal, après la classe, pour emprunter des disques ou discuter. Dans l'antre du Hot-Club, qui milite pour extraire le jazz de son ghetto, il rencontre d'autres jeunes adeptes qui deviendront musiciens, comme Hubert Rostaing ou Jack Diéval. A Ville-d'Avray, Lélio a appris la guitare et l'accordéon, Alain, la batterie et l'accordéon. Boris choisit la trompette. Sans professeur, simplement en écoutant les rares émissions que la radio consacre à ce genre encore confidentiel et des disques sur un phono dont le système de sonorisation dans la salle de jeux est relié au salon de la maison. Laisser un déficient cardiaque souffler dans une trompette est bien entendu une négligence grave, mais les fermes recommandations du Dr Vrigny sont dédaignées. Boris ne doit pas être privé de cette soudaine et profonde passion.

François Missoffe, un ami qui deviendra plus tard ministre des gouvernements gaullistes, apporte lui aussi sa guitare. Peters, comparse de Boris depuis les premières classes du lycée de Sèvres, connaît à peu près tous les instruments. Ensemble, ils composent l'Accord Jazz, leur premier orchestre. Ils jouent dans quelques propriétés, où d'autres mères de famille, à Saint-Cloud ou à Sèvres, autorisent des fêtes à domicile ; le plus souvent rue Pradier, très vite réputée, sur ces bords de Seine, pour le raffinement de son accueil. Lélio, Boris et Alain montrent d'indéniables qualités d'hôtes ; ils donnent à leurs rassemblements une touche quasi professionnelle : l'expérience des loisirs ne leur manque pas. Tout le monde n'a pas la distraction innée.

Ils ont le sens de la bande, de la fratrie et collectionnent les « p'tits copains », selon l'expression de la mère Pouche. Manifestement, ils sont à l'aise dans cet univers très collégien, un peu macho, avec ses codes de chevaliers, ses rites et ses bizutages. Ils se gratifient de surnoms. Lélio est Bubu, pour la vie ; Boris, Bison, ou encore Bison Ravi, anagramme de Boris Vian, qui sera utilisée, plus tard, pour la signature de bien des textes. François Rostand est Monprince.

Pour régenter les entrées, ils fondent le Cercle Legateux, créé sur le modèle d'un club privé, avec cartes de membre et code d'honneur. Alain en devient le président, sous le pseudonyme de Nana Viali. Autre anagramme. L'adhérent potentiel doit prêter serment, sous les rires, se soumettre à des épreuves d'initiation, comme la dégustation d'un kilo de pâtes mal cuites. Les membres du Cercle Legateux se touchent les pouces en guise de salut. Ils frappent monnaie, le doublezon. Ils ont leur langage. Les fils Vian sont devenus inventeurs de mots, entre surréalisme et gaminerie, entre Jarry, *L'Almanach Vermot* et *L'Os à moelle*, né en 1938. Ils tissent un monde loufoque, qu'ils prennent très au sérieux.

L'enfance de Ville-d'Avray continue, dans des corps d'adolescents incertains, des têtes malmenées, désormais, entre le passé et l'avenir et qui cachent, derrière un esprit de caste et un imaginaire fécond, les émois propres à leur âge. Car, bien sûr, les filles sont devenues le principal sujet de préoccupation des garçons et, entre deux parties de sport, deux activités vaguement masculines, comme la batte sur pelouse ou les échecs, le Cercle Legateux a surtout pour vocation de favoriser le rabattage de jeunes filles de bonne famille en endormant la méfiance des parents. La grande spécialité du club, c'est l'organisation de surprises-parties. La salle de jeux devient salle de bal. Comme l'orchestre en est encore à ses premiers balbutiements, et qu'il ne faut pas confondre musique et « joue à joue », comme le dit Boris Vian, les disques sont mieux appropriés pour laisser les mains libres à l'heure du remue-ménage des sentiments.

Dans son *Journal intime*, en 1951, Boris Vian reviendra longuement sur la piste de danse de ses sens troublés, entre 1938 et 1940, pour y comprendre l'origine de ses relations avec les femmes, et évoquer une période qui avait déjà perdu son innocence, malgré le vertige du rythme. « La salle de bal au bout du jardin ; mes parents aimaient pas trop qu'on sorte ; pas trop de pognon d'abord ; et puis inquiets : Paris, tu penses quels dangers ! et les filles les dévoreuses ! les méchantes ! ils m'ont foutu la trouille dès l'âge de 13 ans avec la syphilis et le reste ; c'est quand même pas des choses à dire aux gosses de cet âge-là, c'est des coups à les rendre impuissants[6]. »

« Nous avons été élevés dans la peur des maladies vénériennes, confirme Alain Vian, et nous avions tout lu sur la vérole terminale de Maupassant. Je crois que Boris a eu les mêmes difficultés que moi. Il n'a fait l'amour qu'assez tard, vers vingt et un ans, sans doute la première fois avec sa première femme. » Aussi, les surprises-parties, au moins au début, répondent-elles à des règles strictes, régies par les peurs réciproques des deux sexes. Les filles sont chargées des gâteaux, les garçons des boissons. L'alcool est en principe proscrit du Cercle Legateux, mais cette interdiction est vite contournée. Alain déleste la cave à vins paternelle de quelques bons crus qu'il transvase dans des bouteilles ordinaires. Les initiés de la salle de bal apprennent vite où sont cachés les alcools. L'important est de ne pas effaroucher la mère Pouche, d'éloigner le jeune pochard intempérant, de boire juste de quoi se donner un peu de cœur au ventre. Officiellement, ces premières surprises-parties s'abreuvent de jus de fruit.

Alain Vian se souvient de quelques habitués de ces années-là, quand la maison offre deux surboums — le mot est déjà connu — hebdomadaires. Ils ont pour noms Decagny, Martin, de Voldère, Collet, Walton. Les filles sont souvent leurs sœurs. Ils viennent d'Enghien, de Saint-Cloud, de Sèvres ou de Versailles. Ils sont parfois condisciples de Boris ou de François, dans les classes préparatoires du lycée Condorcet. C'est l'époque des velléités et du refoulement sur des blues pour baisers hésitants, des atermoiements de fox-trot sur des morceaux de Bing Crosby et de l'orchestre de son frère Bob, ou du Français Alix Combelle. « Ça balance », selon l'expression consacrée, ça « swingue », déjà, car Charles Trenet vient de populariser cette définition passe-partout qui qualifie, d'abord, les ensembles musicaux adeptes du « riff ». Mais ça n'a que les apparences du défoulement.

La trouille... Le mot revient sans cesse dans les pages souvent amères du *Journal intime*. « A vrai dire, c'était salement chaste[7]. » Les préjugés, les appréhensions de la mère Pouche, l'ignorance des gestes et cette peur confuse : si Boris pique « à ça », c'en est sûrement fini de ses études à Centrale.

6. *Journal intime*, notes du 11 novembre 1951.
7. *Ibid.*

21

« Et ça, je voulais faire Centrale, ça me paraissait chouette d'être ingénieur. » « Feignant, écrivait-il à son propos, quelques pages plus tôt, un peu la trouille de ne pas être reçu, pas beaucoup la trouille parce que tout de même pas très dur ; carotteur parce que je faisais semblant de travailler, je savais qu'il faut avoir l'air de trouver ça dur pour donner du prix à la réussite et avoir une excuse si on loupe son coup[8]... »

Adulte, Boris Vian ridiculisera souvent le jeune homme emprunté qu'il se souviendra d'avoir été. Comme dans ces phrases rageuses, extraites du même texte : « J'arrive quand même à être furieux de me voir aussi con en 1939. A 19 ans ! Eh ben mon pote, il y en a des plus avancés. [...] Dieu que j'étais timide à 20 ans, avec ma carcasse d'étiré, vraiment le bon jeune homme. De quoi il ne faut pas se sortir ! Et puis au fond, bien miteux. Ça par la faute de mes parents[9]... » Ces années-là, Boris n'est encore conscient, selon les témoignages de ses proches, que de l'enfermement affectif qui doit le fragiliser, l'inquiéter, mais où il reste au chaud. « J'étais noyé dans le sentiment, confiera le personnage principal de *L'Herbe rouge*. On m'aimait trop ; et comme je ne m'aimais pas, je concluais logiquement à la stupidité de ceux qui m'aimaient. » Lui qui est curieux de tout, « pétillant d'intelligence », comme le note sa sœur, avide de connaissances nouvelles, se sent dépourvu de point de vue sur le monde. « Salement chaste. » Salement sage, jusqu'à l'ennui des jours qui se suivent au lycée, et se ressemblent, sans surprise. Salement terne, alors qu'il y aurait les filles, la fugue, la liberté. Mais Boris aime la mère Pouche et cela a toujours été, dans la famille, promesse de grand malheur que de lui faire de la peine.

Avant le désordre de la guerre, Boris ne parvient vraiment à s'échapper qu'une seule fois de Ville-d'Avray. Pendant quelques jours de juillet 1939, dix jours exactement, précisera-t-il. Reçu à Centrale dans un rang moyen, il obtient de haute lutte le droit d'accompagner l'un de ses amis, Roger Spinart, dit Zizi, nouveau centralien lui aussi, en vacances à Saint-Jean-de-Monts (Vendée). Boris a une petite fiancée, Monette : « Les cheveux roux châtain, une nuance assez agréable je crois, coiffée en page avec le petit rouleau sur la nuque », se souviendra-t-il. La jeune fille doit résider, ce même été, à

---

8. *Ibid.*
9. *Ibid.*

Croix-de-Vie, un village proche de Saint-Jean-de-Monts. Une semi-vérité est donc proposée aux parents. Zizi dissimule Monette. La mère Pouche cède, après des larmes et des recommandations. « Un de mes souvenirs formidables, notera-t-il, plus de dix ans plus tard. De liberté, au fond, on est dans le train avec Zizi. Des couchettes. Pas un chat. On a rigolé comme des cons. Une nuit gaie. [...] C'est six heures du matin. Être debout à cette heure-là, ça fait toujours une espèce de joie de conquête [10]. »

Dix jours de jeunesse à soi, hors du cocon et des fantômes de Ville-d'Avray, une échappée à distance de la tendre vigilance maternelle, c'est tout ce dont Boris Vian aura profité, avant d'être, comme des millions d'adolescents, brusquement projeté dans l'univers inconfortable des adultes.

10. *Ibid.*

II

LE BLUES D'ANGOULÊME

Lettres à la mère Pouche

Le 6 novembre 1939, Boris intègre l'école centrale des Arts et Manufactures. Non à Paris, mais à Angoulême. Le directeur de l'école, le colonel Léon Guillet, mobilisé dès le début des hostilités, a été affecté en Charente, et c'est une promotion en crise qui s'installe, à l'automne, dans l'ancienne bibliothèque municipale désaffectée, pour les cours ; dans les casernes locales, pour l'instruction militaire ; en ville, chez l'habitant, pour le logement. La moitié des élèves de première année ne rejoint même pas cet enseignement de transhumance. Mobilisée, depuis la fin de l'été. D'autres élèves reçoivent périodiquement une feuille de route pour un camp d'instruction à l'autre bout de la France et quittent la ville d'accueil, souvent du jour au lendemain.

Étrange année. Ce voyage-là, Boris aurait sans doute préféré ne pas l'entreprendre. Pour la mère Pouche, qui espérait encore limiter ses appréhensions aux seuls éloignements de l'adolescence, la guerre, dont l'idée même a été longtemps refusée dans la famille, paraît briser les dernières défenses de Ville-d'Avray. Lélio va quitter la maison pour faire ses classes au camp de Satory et, tout l'hiver, sa mère redoutera de le voir se rapprocher du front historique, aux marches de l'Est. Alain n'a pas encore l'âge requis, mais pour combien de temps ? Boris devrait achever sa première année d'études à l'abri, son cœur malade lui valant en principe une réforme automatique, mais le pire n'est-il pas déjà la seule perspective promise ?

Pendant cette année scolaire 1939-1940, le fils et la mère

échangeront une abondante correspondance, chacun cherchant à tranquilliser l'autre, à se rassurer soi-même derrière le rituel de leur vieille relation. Boris jouera le rôle du fils en manque d'argent et de sucreries, s'efforçant à une gaieté juvénile, racontant le décor et l'ennui des journées d'études. Yvonne multipliera les conseils de santé, les recommandations sur la prise des médicaments et les vêtements chauds. Ils partageront même un secret : Monette, officiellement accueillie dans la famille, dont l'existence, les faits et gestes rapportés alimenteront souvent la complicité épistolière de la mère et du fils.

Ils s'écriront parfois plusieurs fois par jour, de peur que leur courrier ne se croise ou se perde. La mère Pouche, le matin, Boris, le soir, avant de se mettre au lit. Simplement quelques lignes, des mots pour rien, pour meubler le silence, des anecdotes sans intérêt. Le jour de son arrivée à Angoulême, Boris livre le détail de son installation, sous le titre d'*Ici Bisonville* : « On nous a fait poireauter comme jamais, on n'a que des chambres à un lit. Je suis au 1er étage — chambre avec cabinet de toilette ; pas d'eau courante hélas. Mais j'ai une armoire à glace, une vache de femme en cire et une garniture de cheminée maison. Les goguenots sont presqu'inaccessibles. [...] A part ça, le pieu est confortable. Coût : 280 balles par mois (chauffé quand on voudra). Mais il fait bougrement chaud. J'ai bouffé ce soir à l'école. C'est très correct, même pour Bison. Attendons la faim : du bouillon au vermicelle, du chou-fleur à la vinaigrette (beaucoup de chou-fleur et on en a redemandé et un plat entier) et du veau au céleri et une pomme. Jusqu'ici, ça va. Ici, c'est plein de militaires. Je vais sûrement pas dormir cette nuit à cause de cette putain de pendule. Je la ferai enlever. Je t'apprendrai que dans le train j'ai bouffé le poulet entier sauf une aile et un blanc et un cake entier et trois sandwichs. C'est pas mal. Demain je te mets un télégramme en passant devant la poste (c'est sur le chemin, j'ai vu ça ce soir) et je mets aussi cette lettre[1]. »

Boris a en effet trouvé une chambre. Sa logeuse s'appelle Mme Truffandier, et deviendra vite la mère Truff-Truff. L'un des meilleurs amis de Boris, Jean Lespitaon, dit Pitou, habite aussi la maison. Roger Spinart — Zizi —, la maison mitoyenne. Fervents lecteurs de Jarry, tous trois inventent des

---

1. Lettre du 6 novembre 1939. Archives Ninon Vian.

phrases de reconnaissance, empruntées à *Ubu roi*, auxquelles leurs hôtes ne comprennent rien. Ils sont polis et dissipés, descendent l'escalier en courant puis s'en excusent. Ils ont emporté un pick-up et tentent d'initier le couple Truffandier aux subtilités du jazz.

Exilée en province, ses professeurs et ses élèves persuadés pour la plupart d'être mobilisés avant juillet prochain si les armées françaises ne gagnent pas rapidement la guerre, Centrale ne se ressemble plus. La discipline se relâche. Certains cours sont donnés devant une assistance clairsemée. Dans l'ancienne bibliothèque, des douches ont été installées à la hâte. Les élèves se plaignent des repas servis à la cantine et créent rapidement une coopérative de survie qui les occupera davantage que les « colles » sur la résistance des matériaux. Avec les fournitures, difficiles à trouver dans une ville qui ne comptait jusqu'alors qu'un lycée, la direction distribue des uniformes pour les jours d'instruction. Cela fait rire d'abord, puis cela inquiète.

Alors, Boris force un peu plus sur les blagues de « taupin ». Il est de tous les chahuts en ville. Il s'est rapidement pris d'affection pour le refuge des Truffandier, au 39 *bis* du boulevard d'Alsace-Lorraine, cocon douillet par les soins de sa logeuse, qui lave et repasse le linge, prépare des goûters, sert le thé les veilles de travaux notés. Le 10 novembre, Boris écrit à sa mère : « Nous continuons à angoumoisiner à bloc. On commence à connaître la ville, qui n'est pas très compliquée. Je t'apprends que le petit déjner s'est amélioré. On y sert du chocolat au lait. Alors j'y retourne. A part ça, on baffre toujours comme des veaux et on en redemande à tous les coups (ça marche toujours). C'est à 5 heures que nous déployons une grande activité dans les pâtisseries de la ville. Aujourd'hui, c'était effrayant : on s'est tapé, à 5 heures, 6 croissants, 30 petites madeleines, une tablette, et une boîte de crème de marrons. [...] En ce moment je suis ou nous sommes dans la chambre à Pitou comme tous les soirs. Zizi a une superbe robe de chambre et des belles pantoufles, et comme tous les soirs, on n'en fiche pas un trop grand coup[2]. »

Avec une minutie pointilleuse, Boris tient sa mère informée de ses préoccupations gastronomiques. Dans chacune de ses lettres, il réclame des cakes et des feuilles de palmier. Il confie

2. *Ibid.*

ses soucis d'études, s'enquiert du sort de ceux qu'il a laissés : le Patron, son père, qui souffre de calculs rénaux, Bubu, qui espère être affecté au Mans, assez loin du front, Monette, Monprince, Suki, le chien. Il s'efforce à l'humour-gamin, commence ses missives par : « ma chère Tortepoise », « chère madame » ou « ma vieille Pouche ». Affleure, pourtant, sous les mots pressés d'avant l'heure du coucher, un moral défaillant. Boris souffre de maux de ventre. Il est déprimé, et le confie. Dès novembre, il envoie ses dates de vacances de Noël : « Du samedi 23 à 16 h 30 au 2 janvier 1940 inclus. On pourra sans doute partir un peu avant. On prendra probablement le 13 h 19 qui nous met à Paris vers 7 h. On te dira ça exactement. Tâchez d'y être et de nous faire un accueil triomphal (avec des cakes et des feuilles de palmier car Zizi sera là aussi)[3]. »

Boris regrette Ville-d'Avray et l'écrit. « La santé est bonne, et le reste va à peu près. » Plusieurs lettres s'achèvent ainsi. Autour de lui, personne ne semble plus prendre Centrale au sérieux, et cela le navre. Tous ses compagnons ont l'esprit occupé par autre chose. Lui grommelle, pour mieux s'accrocher à cette illusion d'année scolaire. Ainsi, il est le seul à comprendre, pour l'avoir suivie jusqu'au bout, la leçon magistrale d'un enseignant brillant, M. Portevin[4]. Durant l'année scolaire suivante, il entreprendra d'ailleurs de restituer les éminentes considérations de son professeur dans un bandoir, document ronéotypé à l'usage de ses camarades. Ses notes serviront de base à la rédaction d'un manuel de physico-chimie des produits métallurgiques que Boris, assisté de Pitou et d'un autre élève nommé Demaux, publiera à usage interne, précédé d'un poème égrenant les portraits de sa promotion d'Angoulême et d'une épigraphe d'Anatole France : « Un seul beau vers a fait plus de bien au monde que tous les chefs-d'œuvre de la métallurgie. [...] Nonobstant, nous vous l'enseignerons. »

Il paraît minimiser les événements, les prendre à la légère, mais sous ses clowneries transparaît surtout une incompréhension qui le met mal à l'aise. Dans l'une de ses lettres, il écrit : « On a pris deux photos de nous en troufions qui sont suprêmement ravissantes. On les fera agrandir dès qu'on aura

---

3. *Ibid.*
4. *Boris Vian ou les facéties du destin*, de Jacques Duchateau, La Table Ronde, 1982.

le temps. Si Bubu file au Mans, il sera pas si loin qu'ici, c'est déjà ça. C'est un cochon de veinard. Un pékin, quoi ! ou presque. S'il a encore sept mois d'instruction, on partira ensemble et on fera la foire tous les deux [5]. » Boris a opté pour la section automobile de l'artillerie, arme à laquelle l'état-major de la « drôle de guerre » se propose d'affecter ces jeunes cerveaux de la physique. En tenue militaire, Boris suit quelques cours, aussi mornes que ceux de l'école. « Je sais ce que c'est qu'un cheval et qu'un 75 et le règlement n'a plus de secret pour moi. » Le jour où son directeur avait confié à chacun des membres de la promotion un bourgeron de treillis et un ceinturon, il avait déjà fait part à la mère Pouche de sa réaction dubitative : « C'est assez marrant. »

Les mois passent et la guerre, vue d'Angoulême, s'étire paresseusement en une rumeur incertaine. Pourtant, à des signes de plus en plus nets, cette ville à la vie harmonieuse se gonfle peu à peu du décor d'un drame aux couleurs plus crues que celles des naïves certitudes de la ligne Maginot. Boris raconte à sa mère que des réfugiés, en majorité belges, passent en grand nombre par Angoulême. Certains jours, les élèves de Centrale sont affectés au ravitaillement de ces Nordistes qui fuient le risque d'invasion. Boris refuse encore d'y croire. Il se replie sur sa scolarité, n'accepte pas les nuages qui s'amoncellent, simplement parce que ces cieux trop lourds n'entrent pas dans ses prévisions. Un jour du début de printemps 1940, Pitou reçoit sa feuille de route. Boris relate sobrement ce fait à sa mère, puis, sans autre commentaire, passe à ce qui l'occupe : « J'ai peur de ne pas faire une jolie note demain en chimie, parce que j'en sais pas un mot et il fait trop chaud pour travailler et pis je m'en fous pas mal, au fond. Je voudrais bien de pas être reparti de Paris, je sais pas ce que je fiche ici [6]. »

Déjà, il traite la guerre en cérébral, et par l'absurde. Il est le seul parmi ses camarades et leurs professeurs à parier sur un échec rapide des armées françaises. Non par défaitisme, ni par sympathie pro-allemande. Simplement par bon sens. Il est tellement facile de contourner la ligne Maginot ! Boris se querelle même avec ses plus proches compagnons qui lui reprochent son pessimisme. Lui répond par des raisonnements

---

5. Lettre d'Angoulême non datée. Archives Ninon Vian.
6. *Ibid.*

logiques, mais sans paraître s'impliquer sur un plan affectif. Ses camarades abandonnent ce qui leur reste d'innocence et tâtonnent à la recherche de nouvelles convictions. Lui s'accroche au passé proche. Beaucoup sentent qu'ils risquent de se retrouver au front, n'importe quel front, avant peu. Boris voit ça d'assez loin, par le prisme d'une mélancolie très individualiste. La guerre, ça ne peut arriver qu'aux autres.

A vingt ans, Boris est dépourvu de toute culture politique. Par accord tacite, les sujets graves ont toujours été proscrits à Ville-d'Avray. Paul, le père, a parfois discrètement affiché des idées antimilitaristes et anticléricales, mais par esthétisme aristocratique. Par élitisme. Les institutions demeurent peu ou prou du domaine du vulgaire. Les événements des années trente n'ont pas fait l'objet de discussions à la maison. Personne, dans la famille, ne s'est senti concerné par le mouvement populaire de 1936. Désargentés, contraints à des économies permanentes, les Vian n'ont pas renoncé à leur manière d'être. Les usages ont force de loi. Les enfants ont fait leur communion. Ils savent déjà qu'un jour ils se marieront à l'église. Et, en ces temps troublés, la famille adopte le point de vue de l'impuissance égoïste devant l'adversité universelle. Du fatalisme, par nostalgie des temps heureux. Pendant les surprises-parties du Cercle Legateux, des querelles ont parfois séparé les danseurs normaliens, plutôt de gauche, des danseurs de Polytechnique, plutôt de droite. Les élèves des prépas de Centrale comptaient les points. Boris comptait les points. Timide, dira-t-il. Antimilitariste, anticlérical, déjà, par dérision, par esprit de contradiction. Aussi par besoin d'attendre encore, comme si la vérité devait être forcément plus complexe, scientifiquement parlant, que ces contradictions réalistes de systèmes vieillots. Comme si la vraie vie devait se trouver plutôt du côté des histoires de romans d'aventures.

A Angoulême, cette autodéfense intime atténue en lui l'écho d'événements qui, pourtant, se précipitent. A la fin du printemps, lorsque les Parisiens songent à fuir la capitale devant l'avance ennemie, Boris s'inquiète du sort de ses parents. Ceux-ci envisagent de le rejoindre. Il déconseille cette solution, car les réfugiés s'entassent désormais dans la ville, et il leur faudrait coucher sous la tente. La mère Truff-Truff ne peut accueillir tout le monde. Mieux vaudrait gagner l'autre maison de famille, près de Bordeaux. Boris réceptionne des malles, l'accordéon de Bubu, et se soucie de leur convoyage. Si

Monette s'en va, recevra-t-il encore de ses nouvelles ? La guerre est devant lui. Il enrage cependant de perdre ses moyens, au tableau, lorsqu'il est obligé de s'adresser à ses congénères. Il compte les jours qui le séparent de la fin du semestre, se plaint de souffrir de la chaleur, ou, apaisé pour une matinée, se réjouit des bains dans la Charente. Obstinément, il refuse le présent. « On attend le 6 juillet, on fait son boulot, y a plus personne, c'est navrant. Et pis le fric s'en va tout seul. Enfin, ça finira par se tasser[7]. » La France commence à refluer vers le sud, mais le fils de la mère Pouche espère encore remonter à « Vildavret », comme il l'écrit, bénéficier d'un sauf-conduit, et, pourquoi pas, partir en vacances avec Monette. « J'ai un cafard assez conséquent, je voudrais bien savoir si ça va finir un jour, tous ces emmerdements[8]. »

Plus tard, il reconnaîtra ce qu'il appellera sa « plus complète indifférence aux problèmes de l'heure », ajoutant, comme en esquive, « qui n'étaient graves au fond que pour ceux qui en sont morts[9] ». A son terrible *Journal*, il confiera la meurtrissure d'un souvenir qui aurait pu lui ouvrir les yeux. « Il faut demain que je parle de Jabès. C'est une de mes images de 1940, près de la fin, en juin. Dans sa chambre. Vraiment, tout le monde commençait à foutre le camp. C'est lui qui m'a fait comprendre. Il était atterré. Juif italien, tout petit, drôle, bon copain. [...] Atterré, Jabès m'a atterré. J'ai compris : foutus, Allemands, etc. Compris rien du tout : juste compris que quelque chose cassait[10]. »

Le 8 juin, sans attendre la fin d'une année scolaire qui n'en était pas une, les élèves de Centrale quittent Angoulême en se disant adieu. Boris rate ses parents qui descendent, parmi les foules de l'exode, dans la Packard 1935. Avec un autre camarade, Jacques Lebovich, il s'éloigne à bicyclette, avec le sentiment, surtout, d'avoir été floué.

---

7. *Ibid.*
8. *Ibid.*
9. *Journal intime.*
10. *Ibid.*

Exode estival à Capbreton

Au bord de la mer, la guerre paraît beaucoup plus improbable. Les Allemands défilent dans Paris, les armées françaises se sont rendues partout sur le front, sans combattre ou presque. Armistice contre Appel du 18 juin. Le pays a reflué en ordre dispersé et maintenant il se demande ce qu'il doit penser de ces milliers de prisonniers dont le retour a été promis au maréchal Pétain, nouveau chef d'une France battue, ridicule et amère, sans autre souveraineté que ses obligations à l'égard de ses vainqueurs. Rentrer ? Rester ? S'exiler ou résister dans l'ombre, comme l'ordonne, depuis Londres, un général inconnu ?

Au bord de la mer, c'est l'été. Et ces questions donnent l'impression de fondre un peu au soleil des beaux jours. Les stations balnéaires conservent leur air accueillant, leurs villas sous les pins, leurs bars en terrasse et leurs plages piquées de parasols. Si les adultes remâchent de sombres réflexions, la jeunesse prend le décor au pied de la lettre. Elle investit en grand nombre tous les lieux de villégiature de la côte. Et elle danse sur l'air de *Begin the Biguine*.

Les Vian se sont installés à Capbreton (Landes), une station proche d'Hossegor, dans une villa de location dénichée par Ralph Lepointe, nommé magistrat dans la confusion générale des circonstances, et responsable local des réfugiés. Les transplantés de la côte basco-landaise étaient, hier encore, des Français aisés, et ils le restent, même en ces incertaines semaines de transit. Boris lit beaucoup, « tassé au coin d'un remblai de façon à avoir la gueule au soleil et au vent ». Il s'échappe de temps en temps pour rendre visite, par le train, à Monette, qui a suivi ses parents, repliés à Vernerque, près de Toulouse. Avec Alain, il est allé visiter Bayonne à vélo. Le reste du temps, il y a la plage, des dizaines de copains possibles, et des filles.

Peu à peu, sous l'air chaud de ce mois de juillet 1940, les souvenirs d'exode s'estompent. Jacques Lebovich et Boris, en juin, avaient fini par retrouver la mère Pouche, Paul, Tata Zaza, Alain et Ninon, sur la route de Bordeaux. La Packard 1935 pouvait encore embarquer les deux garçons et leurs bicyclettes. Plus au nord, les parents avaient vu leur avance enrayée par des bombardements. Mais la fin du voyage avait été sans histoire. Ils avaient fait halte dans la maison de Caudéran, qui avait dû posséder, autrefois, un magnifique jardin avant que Paul ne le vende par tranches. « Vieille maison basse chartreuse, pas d'étage, pierres blanches [11]. » Demeure livrée aux puces, occupée par une cousine des Vian, acariâtre et prête à vanter les mérites de l'occupant. La famille et Jacques Lebovich avaient partagé une chambre unique, la cousine louant les autres à des réfugiés alsaciens ou lorrains. Au prix fort. L'hôtesse écoutait, déjà, la radio allemande. « Hitlérienne à mort. » Ils avaient préféré repartir.

Assurément, Capbreton est un refuge plus agréable. « C'était chouette, notera Boris. Des vraies vacances [12]. » La villa donne sur la plage, à proximité d'un liséré de pins. « La côte sauvage avec les bois blanchis et les vagues et la petite chienne Sukette... » Alain, qui se fait appeler Jean-Loup, parce qu'il s'est lancé dans le théâtre, devient vite une célébrité de la plage et de l'estacade. Il joue du jazz sur son accordéon, et sourit aux filles. De ce frère, Boris Vian écrira plus tard, dans les pages d'une colère tous azimuts de son *Journal intime* : « C'est un gars plein d'abattage quand il veut, mais trop de couveuse l'a fait rester au sol et se conformer à l'idéal de médiocrité de la mère à nous quatre. Et d'un peu trouille [13]. » Mais, à vingt ans, Boris, plus secret, sauf à l'heure du swing, admire le bagout de son frère cadet, son aisance en société. Alain est sans doute moins impressionné que son aîné par ces jeunes de familles fortunées, moins humilié par la précarité refoulée des siens. Sa bonne humeur est constante. Son cœur, en parfait état. Il a déjà choisi de ne pas se compliquer l'existence. Surtout, ce même été, Boris lui doit deux rencontres qui marqueront sa vie.

Un jour, sur la plage, alors qu'il distrait la très provisoire bande de Capbreton, Alain reconnaît un garçon avec qui il avait fait le coup de poing, pour une rivalité de flirt, à la gare Saint-Lazare. Claude Léglise est Parisien, étudiant en « prépa » de médecine, lui aussi en exil balnéaire. Bien sûr sans rancune, les deux jeunes gens sympathisent. Claude a une sœur aînée, Michelle, une jolie blonde sur laquelle Alain jette spontanément son dévolu. Le frère et la sœur sont seuls dans

---

11. *Ibid.*
12. *Ibid.*
13. *Ibid.*

leur villa prêtée par les Candau, des amis de leurs parents. En plus de ce brutal début de guerre, ils viennent de vivre un drame personnel. Trois semaines plus tôt, le troisième enfant Léglise, Jean-Alain, âgé de dix ans, s'est noyé dans la mer trop forte de Capbreton. Emporté par une lame de fond, ainsi que trois autres gamins. Le fils du comédien Pierre Dux figure parmi les enfants rescapés. Michelle avait été chargée par sa mère, Madeleine, de surveiller la baignade trop risquée de son frère. Sa mère lui a reproché la mort de Jean-Alain. On a enterré le petit garçon. Puis la mère a suivi son mari, Pierre Léglise, affecté à Agen comme chef des services de météorologie, laissant Michelle et Claude livrés à eux-mêmes.

Dès le début de la guerre, Pierre Léglise, inventeur, spécialiste de la cartographie et de la météo, journaliste aéronautique, avait été rappelé comme officier de réserve et nommé responsable de la surveillance climatique de la zone sud-ouest. « Les Allemands étaient au Bourget lorsque nous avons quitté Paris avec ma mère et mes frères, explique Michelle Vian. C'était le 10 juin, deux jours avant mon anniversaire. » Autre récit d'exode. Dans une voiture au toit protégé par des matelas, la famille était parvenue jusqu'à Voutenay-sur-Cure. Là, le père leur avait envoyé un sergent, qui les avait convoyés jusqu'à Capbreton. Michelle avait passé son bac au lycée de Bayonne, le manquant pour avoir trébuché sur l'épreuve de philo : Dieu et le libre arbitre. Un sujet peu de saison, après la mort d'un frère et les haut-le-cœur de l'histoire.

Mais Michelle a vingt ans, l'âge de Boris, à deux mois près. Et c'est l'été. Une soudaine ivresse de liberté sans les parents, dans cette villa trop grande pour eux deux, baptisée Esslam, le long de laquelle coule le Boudigau, un méchant ruisseau entravé par une barre à l'approche de la mer. Michelle et Claude sont conviés par Alain à se joindre à la bande, au café de la Plage d'Hossegor. Après la noyade des enfants, la jeunesse, « où figuraient diverses variétés de spécimens de la bourgeoisie repliée ou locale », écrira Boris Vian, a déplacé son quartier général. Les surprises-parties se succèdent, sur des airs de Don Redman. Dans l'exode, quelques pick-up ont été sauvés, et les plus débrouillards ont fait provision d'aiguilles avant de quitter Paris. Essentielles, les aiguilles de phono, pour un après-midi dansant réussi. On se rend les invitations, et les fêtes « jazziques » musardent le long de la côte.

Alain a le béguin pour Michelle. Ensemble, ils font du canoë sur le Boudigau. Boris est plus effacé. Longtemps, pourtant, la famille expliquera que l'aîné avait gardé pour lui ses sentiments naissants par tendresse pour le cadet. Pas de rivalité entre frères. A la loyale, selon les préceptes du Cercle Legateux. C'est-à-dire au premier arrivé... Et puis, il y a Monette. « Moi, nescepas, j'étais empêtré de ma fidélité », se souviendra Boris[14]. Michelle et lui se sont provisoirement manqués à Capbreton.

L'autre rencontre, aussi importante, est l'intrusion, dans la vie de Boris, du Major. Lointain cousin de Michelle, amoureux platonique de sa cousine, Jacques Loustalot n'a que quinze ans en 1940. Mais il en paraît vingt, presque aussi grand que les frères Vian. C'est le petit-fils d'un député des Landes, le fils d'un haut fonctionnaire, maire d'une localité voisine, Saint Martin-de-Seignanx, et entre autres particularités, il déteste son père — « ce con de Marcel », dit-il sans arrêt — pour avoir délaissé sa mère.

C'est un gosse désespéré, mais déconcertant. Comme poussé trop vite, terriblement intelligent, anormalement cultivé, solitaire et charmant. Lorsque Jacques Loustalot se présente, il décline, invariablement : « Le Major, de retour des Indes. » Lui aussi a lu Kipling mais, contrairement à Boris, il est toujours le Major dans la vie. Il raconte des histoires insensées, paraît avoir déjà vécu mille existences. Adepte du « nonsense » en toutes circonstances, notion très britannique à laquelle Boris s'essaie depuis ses lectures des humoristes d'outre-Manche, il a choisi de laisser libre cours à ses prédispositions pour l'absurde. Il boit beaucoup trop, et cela le rend fort drôle aux yeux de ses spectateurs intrigués, avant de disparaître avec élégance et de s'endormir hors de vue, pour une nuit peuplée de pirates et de chasses au trésor.

Le Major peut allumer la cigarette de Michelle avec son briquet, puis jeter le briquet à la mer d'un geste faussement distrait. Décliner les pirouettes et les gags de toute nature entre une dérision profonde et une tendresse enfantine. A dix ans, il a perdu l'œil droit, sans doute par l'éclatement d'une douille de revolver. Il répète pourtant qu'il avait choisi de se suicider, lassé déjà d'une vie trop conformiste. Il joue sans cesse avec son œil de verre, l'avale et le recrache, le trempe, en

14. *Ibid.*

guise de glaçon, dans ses verres de pastis pur. Les garçons, à chaque apparition du Major, sont fascinés, les filles, horrifiées. Surtout qu'il en rajoute, prône mille folies et en réalise quelques-unes. Boris vient de se donner un ami, un double, un modèle. Son personnage idéal en littérature.

III

LE TUBE DES JOURS

Noces enfantines

« J'avais vingt ans en juin 40. » Cette phrase revient comme une ritournelle, une ligne harmonique de jazz, dans les rares confidences écrites de Boris Vian, l'écho de ses conversations ou les témoignages de ses proches. Vingt ans en l'an 40 : presque un avertissement. Pour Boris Vian, ce rude privilège façonne sans doute la suite des existences, distingue une génération malmenée, et explique son appétit de vie. On peut trouver à ce constat une résonance poétique, un air de slogan ou de refrain de chanson triste : en tout cas, jamais Boris Vian n'y cherchera la justification de sa cécité de jeune Français durant la guerre, vécue comme les années d'une jeunesse simplement un peu plus morose que les autres.

« Maman avait béni Pétain de lui laisser vivant son Bubu. Moi, je savais même pas de quoi tout ça retournait. Mon ignorance de la chose politique a perduré à un point inimaginable jusqu'à 30 ans au moins. J'avais vraiment trop de choses à faire — Centrale, la trompette, les filles — pour m'occuper de tout ça. Je me rappelle seulement la terreur mêlée de respect technique que j'avais eue à Capbreton en voyant défiler des éléments blindés teutons gris tellement motorisés, et la fanfare sous ce casque qui fait la tête de mort[1]. » Ces aveux d'ignorance, d'absence même, sont cruels pour leur auteur, égarés dans le contexte d'un *Journal intime* écrit entre 1951 et 1953. Mais par la plume, et sur « sa » guerre, Boris Vian ne

1. *Journal intime.* Notes du 11 février 1953.

confiera rien d'autre que ces quelques lignes. En fait, l'élève de Centrale vit l'Occupation comme beaucoup de jeunes gens de vingt ans dans l'agglomération parisienne. En tentant de la nier. En s'obstinant à penser à autre chose. Par le dédain, l'amnésie du présent, la recherche de mondes imaginaires, autant de manières, très répandues, d'échapper à l'oppression psychologique environnante et de se donner une chance d'attendre l'avenir. Comme le note l'éditeur Maurice Girodias dans son autobiographie, l'heure commande « d'être ultra-léger, impondérable, insaisissable[2] ». Avoir vingt ans en juin 1940 pour Boris Vian, ses proches, ses amis et ses condisciples, c'est se river, de toutes forces, à la jeunesse de ses artères et de ses rêves, rêver éveillé même, afin d'échapper à la grisaille du décor. S'infantiliser volontairement pour mieux se persuader, naïvement, que les dramatiques affaires de la France sont réservées aux adultes.

La famille Vian est rentrée de Capbreton dans les premiers jours d'août. Ville-d'Avray a conservé son apparence tranquille : les Allemands sont peu présents autour du parc de Saint-Cloud, et l'implacable réalité ne commence qu'à la gare Saint-Lazare, une demi-heure de train plus tard, lorsqu'on découvre Paris abasourdi, livré aux vainqueurs de la Wehrmacht. Dans la maison, à l'ombre des grands arbres, l'été reste chaud longtemps, cette année-là. Chacun a repris ses habitudes de jeu et on se prépare à la rentrée comme si de rien n'était. Paul est retourné placer les flacons de l'Abbé Chaupitre sur les marchés et, pas plus qu'avant le conflit, on ne l'entend se plaindre ; Ninon attend la réouverture du lycée, Alain, celle du Conservatoire d'art dramatique de Versailles, Boris, la réinstallation définitive de Centrale dans la capitale. Les Rostand viennent le soir, après dîner. Pour empêcher la mère Pouche de s'habiller de noir, mari, enfants et voisins promettent à celle-ci que Lélio ne devrait plus tarder à être libéré de son camp de prisonniers.

Michelle Léglise a passé le mois d'août sur la côte landaise. La jeune fille et Alain se sont écrit. Dès les premiers jours de septembre, les deux jeunes gens se fixent rendez-vous à la terrasse du Pam-Pam, un bar animé des Champs-Élysées, désormais fléchés de panneaux de direction rédigés en alle-

---

2. *Une journée sur la terre*, de Maurice Girodias, tome 1 : *L'Arrivée*, Éditions de la Différence, 1990, p. 417.

mand. Michelle est bien sûr invitée à la prochaine surprise-partie de Ville-d'Avray, le 8 septembre. Ce jour-là, c'est avec Boris qu'elle prend plaisir à danser. « Il était romantique, confie Michelle Vian, Alain était plus pressé. Alain a dû comprendre que j'étais une vierge convaincue. Boris, lui, préférait les filles sérieuses... » Naissance d'une histoire d'amour.

L'évidence attendra encore deux ou trois rendez-vous au Pam-Pam entre Michelle et Alain ; l'échange de quelques phrases aigres-douces entre Michelle et Monette, la fiancée de Boris ; une mise au point houleuse entre Boris et Monette, sur fond de morceaux de Duke Ellington. Encore deux surprises-parties d'après-midi, qu'on n'appelle déjà plus que Thé et Swing, puis Swing Tea, car la jeunesse se met, dès 1940, à « américaniser » l'intitulé de ses rites en guise de résistance passive aux événements. Quelques sorties en groupe : le 17 octobre, Michelle, Boris et Pitou — Jean Lespitaon —, que la défaite rapide des armées françaises a sauvé de la captivité, vont voir Alain au théâtre de l'Œuvre. Celui-ci a décroché un petit rôle dans une pièce de Rosemonde Gérard et de Maurice Rostand, le frère de Jean, « Tonton Mouton », pour les habitués de Ville-d'Avray, qui se réjouissent des capes et de la faconde de l'acteur.

Le 25, nouvelle soirée en bande, cette fois au cinéma, où les jeunes gens vont voir leur premier film allemand : *Pages immortelles...* Ces sorties n'ont en fait pour but que de protéger le secret de Michelle et de Boris pour quelques jours encore. Déjà, Michelle est allée attendre Boris à la sortie de Centrale. Il lui a confié qu'il était épris d'elle depuis leur rencontre de Capbreton. Elle a bafouillé quelques mots de réciprocité. Ils découvrent, avec des superlatifs et le rouge aux joues, qu'ils partagent les mêmes plaisirs de lecture, surtout des humoristes et des romanciers d'aventures anglais. Ils marchent dans les rues de Paris, sourds à la mélancolie ambiante. Troublée, elle écrit, dans son agenda, Bison avec un z. Vantard, il lui fait un récit idéal de son séjour à Angoulême, lui raconte qu'il a appris à boire du cognac et qu'il s'est bien amusé. Le samedi 26 octobre, en milieu d'après-midi, au Punch, un bar des Champs-Élysées, Boris offre à Michelle un bouquet de violettes et une photo de lui. Puis le quartier de la Trinité, avant que Boris ne rejoigne la gare Saint-Lazare pour attraper un train, sera le jardin de leurs premières confidences. Tous les jours ou presque, ils s'arrêtent, rue de Provence, dans le 9ᵉ arrondissement, pour boire un café et se tenir la main.

Leur mutuelle attirance est désormais secret de Polichinelle. Boris est amoureux. Les camarades de Centrale, la garde rapprochée que composent Jabès, Lespitaou, Spinart et Deleplanche, pressent le jeune homme de questions. Quelques jours encore, dans les conversations, Michelle est « Dupont ». Puis Boris-la-pudeur officialise sa relation sous les bravos et la nouvelle se répand à la gare Saint-Lazare, carrefour des retrouvailles. Insigne honneur, Michelle est présentée à Jean Rostand, et surtout à son fils François, l'ami timide et si fin de Boris. La rencontre avec la mère Pouche est plus problématique. La mère a trouvé sa rivale et, dès ces premiers mois, les relations entre les deux femmes se nourriront de méfiance. Non avouée, bien sûr, noyée sous la politesse et sous l'humour. Le style de Ville-d'Avray ne peut se démentir.

Michelle découvre avec étonnement l'univers préservé de la rue Pradier. « Ce qui m'avait d'abord frappée, explique Michelle Vian, c'était la grande liberté dont jouissaient les enfants. Boris ne m'a jamais fait le récit des temps de l'opulence financière des siens mais, à de nombreux signes, la recherche du bonheur restait ici sensible, une recherche volontariste, comme si le monde et la vie pouvaient s'épanouir entre ces murs, comme si tout avait toujours été fait pour retenir les enfants dans ce paradis communautaire. » Surprenant aussi, pour la jeune fille, cet art de l'esquive des questions graves, ces pirouettes afin d'éviter les sujets politiques, ces prédispositions pour le non-dit et l'aphasie des amertumes.

Michelle Léglise appartient, il est vrai, à une famille très différente, qui extériorise plus volontiers ses griefs. La jeune fille se sent incomprise des siens, rabaissée par des parents qui ont été tous les deux enseignants, sa mère de philosophie-latin-grec, son père de mathématiques, et qui conservent le ton caustique parfois en cours dans leur ancienne profession. Depuis 1931, les Léglise habite un appartement de plus de deux cent cinquante mètres carrés au 98 de la rue du Faubourg-Poissonnière, en lisière du 10ᵉ arrondissement, après avoir successivement vécu au Maroc, en Albanie, à Nancy, puis dans des localités proches de Paris. La mère et le père de Michelle ont peu à peu renoncé à leur premier métier, elle pour élever ses trois enfants, lui pour se consacrer à des recherches personnelles. Pierre Léglise est en effet un inventeur, doté d'une solide culture scientifique englobant l'aéronautique, la météorologie, la physique des métaux, la cartographie. Après avoir préparé de nouvelles cartes de l'Uruguay, il a gagné sa vie, au début des années trente, comme rédacteur de la revue *L'Aéronautique*. Durant la montée des périls, il a été l'un des meilleurs observateurs des progrès des armements aériens dans les nations occidentales.

Pierre Léglise emmenait parfois sa fille pendant l'un ou l'autre de ses reportages. La jeune fille a aussi effectué plusieurs séjours linguistiques en Allemagne, en Angleterre et en Italie, chez les correspondants des revues aéronautiques étrangères. A la maison, l'éducation est sévère, suspicieuse même. Michelle a suivi les cours du lycée Lamartine, juste en face de l'appartement du Faubourg-Poissonnière. « Mon père me surveillait à la jumelle, dans la cour de récréation », se souvient Michelle Vian. La radio, le téléphone sont des distractions proscrites. Les amies de classe de confession juive ne sont pas reçues. Dans ce quartier de diamantaires et de fourreurs juifs, les Léglise cultivent un antisémitisme ordinaire, très courant à la fin des années trente. L'atmosphère familiale est tendue. On se parle beaucoup, mais souvent dans les cris ou les reproches. De la littérature ou du cinéma, les conversations glissent rapidement aux sujets politiques. Les parents sont proches de l'Action française et entretiennent le culte de vertus « Vieille France ». Madeleine, la mère de Michelle, est membre d'un cercle royaliste féminin, le Cercle Geneviève Lecomte, au côté de son amie, la couturière Simone Baron. « Faute de pouvoir m'exprimer sans me faire rabrouer, je me suis réfugiée dans la lecture, explique Michelle Vian. J'avais tout lu à douze ans. A vingt ans, je ne pensais vraiment pas au mariage. Je cherchais ma liberté : être prof, lire, écrire peut-être, vivre un grand amour, un seul, jusqu'à la fin de ma vie... »

Durant ces premiers mois de l'Occupation, pourtant, Mme Léglise presse sa fille de se marier. Avoir vingt ans en juin 1940, c'est aussi cela : le rempart des alliances vite conclues contre les privations et les incertitudes. Michelle a raté son bac. La mort du petit Jean-Alain a endeuillé la famille. Personne ne sait ce que réserve l'avenir... Juste avant le conflit, un élève de l'École des ingénieurs en électricité de Grenoble, issu d'un milieu très aisé, avait multiplié auprès de la jeune fille les signes d'une cour bien élevée. En février 1941, ce soupirant demande la main de Michelle. Les parents acceptent avec empressement. Elle refuse, en s'échappant par la porte de la cuisine. Le soir, l'explication familiale est orageuse. L'élève-ingénieur est un beau parti. Michelle se voit menacée d'être envoyée à Bordeaux, chez des tantes, à défaut d'un mariage avec son nouvel amoureux, l'élève de Centrale.

Michelle rapporte la scène à Boris et lui détaille les périls promis. Celui-ci réagit de manière enjouée : « Eh bien, marions-nous ! » C'est d'abord un jeu, une marque d'insouciance, sans doute un serment d'amour qui les dépasse un peu. Les adultes vont en faire toute une histoire. Chez les Vian, la nouvelle d'un mariage est accueillie avec la bienveillance habituelle. Les noces précoces sont une tradition. L'année précédente, Boris aurait pu épouser Monette, personne ne s'y serait opposé. La maison adopte les fiancées successives d'Alain en laissant penser à chaque fois, par son attitude, qu'il s'agit de la bonne. Jean Lespitaon fait la cour à Ninon ? Ninon convolera aussi.

Les deux parties mises en présence, il apparaît clairement que la perspective de ce mariage tient de la mésalliance, du point de vue des parents. Des mères, surtout — les pères laissant faire —, qui se rencontrent en terrain neutre, gare Saint-Lazare, après la visite d'usage de Paul et de Boris Vian au 98 du Faubourg-Poissonnière. Les fiançailles sont fixées au 12 juin 1941. Le mariage suivra un mois plus tard. Pour les jeunes gens, les cérémonies civile et religieuse, les 5 et 7 juillet, sont l'occasion de joyeuses journées ; pour les parents, la première justification de leurs a priori défavorables. Boris porte un costume neuf que Alain s'empressera de lui soutirer par la suite. Ne parvenant pas à coller ses faux cils, Michelle arrive en retard à l'église Saint-Vincent-de-Paul, que Raymond Queneau jugera fort laide dans *Zazie dans le métro*. La fiancée porte un tailleur blanc à la jupe trop courte au goût des mères. Les ongles de ses pieds et de ses mains sont colorés de blanc. Une bonne blague, diversement appréciée.

La noce, par cette belle journée de juillet, prend ensuite le train pour Ville-d'Avray. La surprise-partie de ce samedi-là comptera parmi les plus réussies. Puis Roger Spinart et Jean Lespitaon entraînent le couple dîner au Lapin Frit, un restaurant voisin où le dramaturge Jean Anouilh a ses habitudes. Le lendemain, la tendresse inquiète de la mère Pouche remporte sans doute son ultime victoire : Yvonne Vian a obtenu de son fils qu'il renonce à un voyage de noces lointain. Tout était prêt pour que Boris et Michelle séjournent à Saint-Jean-de-Monts, en Vendée. Des *Ausweiss* avaient été délivrés grâce à des amis de Pierre Léglise. De guerre lasse, Boris a cédé, à la surprise de Michelle. A la hâte, on a loué, au Hameau-de-Passy, non loin de Ville-d'Avray, un studio, propriété du dessinateur Alain de Saint-Ogan, créateur de *Zig et Puce*.

Boris et Michelle passent un curieux mois d'été, entre un jardin minuscule, une chambre, une cuisine, et le décor de Ville-d'Avray. Ils demeurent des adolescents sous affectueuse surveillance, des mariés sans autonomie. Quelques semaines après son mariage, Michelle apprend qu'elle est enceinte : leur fils, Patrick, naîtra le 12 avril 1942. Boris va devenir, provisoirement un étudiant-marié-père de famille sans moyens financiers. Seule Michelle gagne un peu d'argent, depuis l'âge de dix-huit ans, en écrivant des articles que signe un rédacteur du magazine *Vedettes*. Le jeune époux aurait préféré que sa femme ne travaille pas. Toujours la tradition familiale. A la rentrée, alors qu'il entame sa dernière année d'études à Centrale, Boris accepte pourtant que Michelle retourne à ses articles sur le cinéma. L'argent manque.

Ils sont deux désormais, et bientôt trois, pour affronter ces années d'une jeunesse de dupes. Le mauvais sort semble d'abord épargner Ville-d'Avray. Lélio a été libéré juste avant les fêtes de la fin de l'année 1941. A dix-sept ans, Ninon épouse Jean Lespitaon, lors d'une cérémonie à l'ordonnancement très centralien. Roger Spinart s'engage aussi, auprès d'une amie de Ninon. La salle de bal de la rue Pradier voit grandir quelques-uns de ses animateurs. Paul abandonne la représentation de l'Abbé Chaupitre, pour rejoindre un ami, agent immobilier dans le quartier de l'Opéra. Cet autre emploi est un peu mieux rémunéré, et la distinction de cet homme fin y trouve le moyen de s'exprimer.

Mais Pierre Léglise a été arrêté par la Gestapo en août 1941, juste après le voyage de noces au Hameau-de-Passy. L'officier de réserve aux idées royalistes avait refusé la capitulation de Pétain et, avec ses sergents, il avait fourni à Londres les plans des aérodromes hexagonaux et étrangers et quantité d'informations sur les stocks d'avions et leurs modèles. « Un jour, j'arrive à la maison, raconte Michelle Vian, et je vois mon frère Claude occupé à brûler des papiers et, à ses côtés, mon père, effondré. Ils m'ont dit : va dans ta chambre, on va t'expliquer. Des gens de la Gestapo sont arrivés très vite, ils ont emmené mon père et emporté des documents. »

Arrêté pour avoir mis ses connaissances au service de la résistance, Pierre Léglise devra en fait à cette même compétence de garder la vie sauve. Parmi ses papiers, les Allemands ont découvert le carnet d'adresses du spécialiste aéronautique. Y figurent des noms d'inventeurs, de spécialistes entrés en guerre contre l'Allemagne, mais aussi ceux de techniciens de l'ancienne brigade Azul, en Espagne, d'Italiens passés au service de Mussolini, d'Allemands servant désormais le Reich. Après six mois d'internement à la prison de Fresnes, c'est d'ailleurs un Allemand, Feuschter, un ami de la famille Léglise qui avait accueilli Michelle en séjour linguistique avant le conflit, qui intervient en faveur de l'inventeur français. L'ancien correspondant allemand sait que Pierre Léglise travaille depuis des années à la mise au point d'un viseur de bombardement aérien et de lunettes de tir. Il parvient à négocier un délicat compromis avec la Gestapo : si Pierre Léglise accepte de venir travailler à Berlin dans les laboratoires de physique aéronautique, il ne rejoindra pas ses sergents, déportés au camp de Buchenwald. Sa femme est autorisée à l'accompagner. Les autorités scientifiques du Reich veilleront à sa tranquillité sur place, elles garantiront la protection de la famille, à Paris, notamment celle de Michelle, tant que l'inventeur se montrera digne de leur confiance. Les sergents, à Buchenwald, ne devraient pas être exécutés. Pierre Léglise passera le reste de la guerre dans une petite pension de famille du Kurfurstendam, faussant, la nuit, ses propres calculs de la journée. La visée de bombardement ne sera jamais mise au point. Feuschter et les correspondants allemands de l'ancien confrère français de *L'Aéronautique* fermeront les yeux.

Madeleine Léglise suit son mari à Berlin, laissant à Claude, à Michelle et à Boris un appartement immense et triste. Le jeune couple y séjournera d'abord assez peu, en raison du manque de chauffage, préférant les arbres apaisants et les services maternels de Ville-d'Avray. Boris, surtout, a du mal à s'éloigner de son paysage d'enfance, même si son amertume est plus sensible, s'il n'a jamais fait à Michelle le récit des temps heureux, s'il passe rapidement sur les souvenirs des vacances à Landemer.

Michelle et Boris cherchaient leur envol, l'adieu aux âges équivoques de l'adolescence, à l'encerclement familial, mais la guerre leur brise les ailes. Leur liberté convoitée est toujours remise au lendemain. « C'était une époque, des mois, des années sans balises », note Michelle Vian. Le temps piétine. Tout manque, et la mère Pouche, qui n'avait jamais mis les pieds au marché, se lève tôt pour prendre sa place dans les queues des magasins vides et dénicher quelques victuailles soustraites à l'emprise du marché noir. Ses garçons, surtout Boris, se plaignent d'avoir faim. Boris enrage de voir sa mère grignoter, sucer à table les restes de ses enfants en prétextant un manque d'appétit chronique. Les dévouements ostensibles lui pèsent. Il en veut à sa famille, à l'époque et à sa propre jeunesse d'être confronté sans cesse à une réalité très éloignée de ses chers contes de fées. Il est plus irritable. Si, durant les années d'Occupation, il ne se plaint pas des emballements de son cœur, il souffre du manque d'air, du manque d'espace, et ne supporte plus les trains bondés.

Déjà, ses études l'amusent beaucoup moins. Il ne reste vraiment fidèle qu'à l'humour potache de Centrale, découvert en première année. Comme beaucoup d'élèves surdoués, il manifeste volontiers un esprit caustique, une nonchalance un peu hautaine, sûr de son intelligence et vaguement ennuyé d'être privé d'interlocuteurs.

Le ricanement zazou

Le temps n'étant plus rythmé par rien, l'idée d'avenir retranchée du lendemain, Michelle et Boris se comportent, par réflexe, « comme si c'était toujours les vacances ». Amants de l'instant présent, ils militent pour l'amour fou, forcément en péril, peut-être condamné par trop de forces hostiles. Innocents et pessimistes. Terriblement romantiques. Boris dit déjà qu'il ne dépassera pas l'âge de quarante ans, qu'il mourra jeune ; alors il faut s'aimer très vite, très fort.

Ils forment un couple qui intrigue et attire leurs amis. Michelle est une jolie fille, plutôt petite, pourvue d'une opulente et ondulante chevelure d'or, qui s'habille avec goût et une féminité très recherchée, malgré les restrictions de l'heure. Boris vante le galbe de ses jambes, son nez droit, le charme de sa voix. « Boris aussi était vraiment beau à cet âge-là, se rappelle Ninon Vian. Il avait un corps magnifique pour un garçon, des jambes fines et fuselées. Il émanait de lui une impression de grande distinction, une apparence froide, un peu sévère, une beauté un peu glacée comme ses yeux, bleus comme tous ceux de la famille. » Les deux amants ne se quittent pas. Michelle vient attendre Boris à la sortie de Centrale, l'emmène au théâtre. Après leurs promenades dans Paris, ils choisissent, suivant leur inspiration ou les obligations du couvre-feu, d'aller coucher à Ville-d'Avray ou Faubourg-Poissonnière. Il l'appelle « mon Bibi », ce qui la fait enrager. Parfois, Michelle et leur fils Patrick sont « mes Bisonneaux ». Ou « mes Bisonnots ». Comme les héros de *L'Écume des jours*, ils vivent dans un autre monde où l'adolescence du cœur est protectrice, dans une bulle, à l'abri des Allemands, des collabos et des vichystes, des résistants, des profiteurs et des victimes, à l'abri des adultes, d'hier, d'aujourd'hui et de demain. Elle en révolte ouverte, lui en arrangement précaire.

Michelle et Boris se passionnent pour les mêmes livres et peuvent s'en parler pendant des heures. Toutes les grandes chasses au trésor de la littérature, les romans de science-fiction, les ouvrages de Simenon, publiés sous pseudonyme et qu'ils dénichent chez les bouquinistes. O'Flaherty et tous les Américains qui ont réussi à échapper, souvent grâce à la neutralité helvétique, aux inquisitions de la liste Otto. Jamais Boris ne fait allusion à sa culture germanique, à sa première langue apprise au lycée et que Michelle comprend assez bien. Leur amour est d'abord nourri du « nonsense » britannique, dont Boris est un adepte et que Michelle enrichit encore de Lewis Carroll ou d'auteurs « logiciens » pour enfants ; puis résolument américanophile, même avant l'engagement des États-Unis dans le conflit, par goût, par nécessité de la modernité. Michelle est déjà une remarquable angliciste, capable de pigmenter sa conversation d'idiomes américains. Elle traduit à Boris les paroles de ses airs de jazz préférés. Celui-ci recopie des phrases entières sur ses agendas, s'intéresse aux équivalences d'une langue à laquelle il trouve tous les charmes de la rue et de la vie. Il parle beaucoup moins bien l'anglais, est moins à l'aise dans l'expression orale, par timidité, par crainte du ridicule, mais il explore avec une ferveur toute scientifique les fulgurances linguistiques d'outre-Atlantique, fraternelles, pour lui, du jazz.

Ils sont aussi très « swing ». Ils redeviennent de grands gamins, leur fils Patrick sous le bras, gais et entraînants, à l'heure des surprises-parties. Pendant ces années d'Occupation, on en compte parfois deux la même semaine. Les invitations sont lancées à Centrale et au point de ralliement de la gare Saint-Lazare. Toujours grâce à la perméabilité de la frontière avec la Suisse, la vieille valse-jazz de 1939 s'est compliquée de figures syncopées pour dériver lentement vers le bop, bientôt le jitterburg : les danseurs lâchent désormais leur cavalière, qu'ils rattrapent à bout de bras, soulèvent puis rejettent, font passer de leurs hanches aux épaules. La jeunesse a trouvé un bon moyen de se différencier des adultes : entre deux slows, prétexte à l'affolement des sens, la danse est devenue un sport violent.

Si Boris danse assez peu — pour lui, la danse constitue déjà une sorte d'avant-propos à l'acte sexuel —, il passe pour le meilleur animateur de surboums du Grand Ouest de Paris. Il fait preuve, dans les circonstances fort complexes de ces célébrations sans parole de la séduction, d'une parfaite efficacité de maître de maison. « Deux surprises-parties par semaine, pendant quatre ou cinq ans, ça vous colle un peu l'aisance du tôlier professionnel », écrira-t-il[3]. Courtois et charmeur, plutôt sobre, impressionnant de calme, il a l'œil pour repérer les filles-tapisserie, les boutonneux en panne d'audace et faire les présentations. Il sait parfaitement doser les effets de la musique sur les libidos, varier Cole Porter et les Andrew Sisters, atténuer les périls d'une trop longue série de « musique à frotter » par le brusque rappel aux bonnes manières d'un solo de trompette. Sans certitude du lendemain, les jeunes gens de bonne famille jettent leur gourme et leur peur des maladies vénériennes. Sous l'Occupation, les surboums sont moins chastes. Souvent, l'heure du couvre-feu impose de coucher sur place et quelques ébats troubleront les nuits tranquilles de Ville-d'Avray.

Dans les milieux qui s'obstinent, même de manière discrète, souterraine, à vouloir jouir du plaisir de vivre, la salle de bal de la rue Pradier est désormais connue comme une bonne adresse. Trop connue, peut-être, car les voisins, sans toujours se plaindre ouvertement, tissent peu à peu les fils d'une réputation douteuse qui inquiète la mère Pouche et fait sourire

3. *Journal intime.*

Paul : l'exemple donné par les enfants Vian ne correspond pas exactement aux exhortations du régime de Vichy pour élever le niveau de vertu de la jeunesse française. Dans *Vercoquin et le plancton*, son premier roman publié, Boris Vian décrira ce temps des surprises-parties à Ville-d'Avray sous l'Occupation, l'arrivée de ses invités remontant l'avenue Gambetta « en braillant comme des Parisiens à la campagne[4] ». « Ils ne pouvaient pas voir du lilas sans crier : " Oh ! du lilas. " C'était inutile. Mais cela faisait voir aux filles qu'ils connaissaient la botanique. »

Les héros du roman sont zazous. Michelle, Boris, ses frères, la plupart de leurs amis sont zazous, sans toutefois le revendiquer. Zazous de la périphérie chic, en bons termes avec leur parents, zazous de villas le long desquelles la Feldgendarmerie et la police de la zone occupée ne patrouillent pas. Zazous de week-end, entre soi, sans grand risque, jamais à Centrale, jamais au grand jour des bars du Quartier latin et des rues de Paris où le mouvement zazou connaîtra, de 1940 à 1943, sa furtive heure de gloire, jusqu'à sa fin dérisoire et douloureuse. « Le mâle portait une tignasse frisée et un complet bleu ciel dont la veste lui tombait aux mollets. Trois fentes par-derrière, sept soufflets, deux martingales superposées et un seul bouton pour la fermer. Le pantalon, qui dépassait à peine de la veste, était si étroit que le mollet saillait avec obscénité sous cette sorte d'étrange fourreau. [...] La femelle avait aussi une veste dont dépassait d'un millimètre au moins une ample jupe plissée en tarlatane de l'île Maurice. [...] Il s'appelait Alexandre, et on le surnommait Coco. Elle se nommait Jacqueline. Son surnom, c'était Coco[5]. » Dans *Vercoquin et le plancton*, Boris Vian forcera le trait, ridiculisant ses personnages par une ironie tendre mais décapante. Reste que dès les premiers mois de la guerre, son attitude face à la pesanteur du présent recoupe souvent celle des zazous déclarés.

Contrairement à certaines idées reçues, le phénomène zazou ne naît pas en réaction à la pantomime sclérosée d'un régime fantoche logé dans une ville thermale. Les zazous sont d'abord « swing » ou « hot », et ils aiment la musique jazzique, les déhanchements, les couleurs vives et la provocation estudiantine depuis la fin des années 30. L'effondrement de l'Europe, la

---

4. *Vercoquin et le plancton*, Gallimard, coll. Folio, p. 17.
5. *Ibid.*, p. 47-48.

prise de Paris par les troupes allemandes ne sont que les contraintes d'un processus déjà enclenché, et l'occasion de sa radicalisation. Le 19 décembre 1940, le Hot-Club de France (HCF) est dépassé par le succès de son premier festival de jazz, salle Gaveau, à Paris. Les meilleurs musiciens français, Alix Combelle, Hubert Rostaing, Django Reinhardt, le Quintette du HCF, se sont réunis pour le plaisir des initiés d'une confrérie qui se pense encore marginale. Or, il faut refuser du monde, annoncer un second concert. La salle est animée, joyeuse, dansante presque. Beaucoup de spectateurs ne sont pas des familiers. Bien peu ont vu Duke Ellington, cinq ans plus tôt, à Paris, et ils s'en moquent : ce concert de 1940 inaugure une ère de comportement « swing ». Bouger en rythme, faire « swinguer » ses humeurs contre les rigueurs des temps et de cet hiver 1940-1941, particulièrement froid, tel est le nouveau mot d'ordre d'une jeunesse qui n'avait pas prévenu de ses picotements dans les pieds et dans la tête.

Un mois plus tôt, Charles Delaunay, secrétaire général du HCF, racontait sa surprise d'avoir vu un peu partout, sur son chemin de retour de province, des affiches de concerts dans des villes qui jusqu'ici ignoraient le jazz. « Je découvrais la popularité soudaine et extraordinaire de la musique de jazz en France[6]. » Cet hiver-là, le Hot-Club voit passer son nombre d'adhérents d'environ quatre cents à cinq mille membres. Les locaux de la rue Chaptal sont envahis de nouveaux adeptes et des antennes locales s'ouvrent un peu partout dans les grandes villes des deux zones. C'est encore l'époque où Vichy croit pouvoir faire admettre par le pays sa fiction d'une Nouvelle France, réplique à gros traits de la France Éternelle, bien évidemment placée sous la bannière protectrice de Jeanne d'Arc et de quelques autres grands perdants de l'histoire nationale qu'on maquille en héros pour les écoles. Un vieillard sénile rêve d'un « redressement » par le moral rendu à la jeunesse, et des écrivains, dont Robert Brasillach, brossent à longueur d'éditoriaux de leurs journaux, *La Gerbe*, *Je suis partout* ou *Jeunesse*, les victoires promises de la vertu sur le vice. On ouvre des Chantiers de jeunesse comme on lève des légions. Privés d'armée, ridiculisés, humiliés par

---

6. Cité par Jean-Claude Loiseau dans son livre *Les Zazous*, Grasset-Le Sagittaire, 1977.

l'occupant, des officiers d'opérette et leurs conseillers revanchards s'offrent de l'apparat à peu de frais, des défilés d'enfants en uniforme, le regard tourné vers l'avenir, menton relevé, et haranguent les parents dans l'espoir illusoire d'une nouvelle renaissance de la grandeur par le sens de l'honneur, et la coupe, nette, des cheveux. « Travail, Famille, Patrie »...

Et comme le pouvoir allemand réserve son hostilité à ses ennemis réels : la résistance gaulliste puis communiste, bientôt la constitution du front allié, Vichy, avant de ratifier, à partir de 1942, la terreur nazie, s'invente des adversaires à sa mesure. Imaginaires. Les dignitaires emmédaillés d'une autre guerre et les pamphlétaires schizophrènes de l'Ordre nouveau désignent, entre autres signes du diable, le jazz comme un mal déclaré. Musique « judéo-négro-américaine », tranchent-ils. Les autorités allemandes ne doivent voir dans la plainte du jazz que peu de danger, car elles se sont contentées d'exiger une traduction française des titres américains, et quelques coupes dans les solos les plus connus d'Armstrong. En moins d'un mois, sur tous les programmes de concerts et sur les ondes de Radio-Paris, *Tiger Rag* est devenu *La Rage du Tigre*, *Saint-Louis Blues*, *La Tristesse de Saint-Louis*. Cela ne trompe personne, mais les apparences sont sauves. Le jazz, en tout cas le jazz-dansant, peut donc se répandre dans le pays et soulager quelques bleus à l'âme. La Nouvelle France enrage. Elle n'est encore armée que de mots contre ces rebelles un peu potaches, simplement réfractaires à ses visions délirantes de l'idéal. Et même les mots sont dérisoires : les zazous sont des « ultra-swing » ou des « petits swing », des « apaches » ou des « dégénérés ». Acide, sans plus.

Surpris d'un tel hommage, et ne risquant encore, en représailles, que l'insulte par voie de presse, quelques centaines de jeunes Parisiens forcent donc un peu la note, s'inventent une mode vestimentaire pour permettre à *La Gerbe* de renouveler ses éditoriaux vengeurs, ornent leurs entrechats syncopés d'onomatopées de l'âge des cavernes (*Yeah !!!*), investissent quelques cafés sur les Champs-Élysées et surtout au Quartier latin, comme le Capoulade, à l'angle de la rue Soufflot, ou le Dupont-Latin, à l'angle de la rue des Écoles. Ils sont irréprochables, au regard de ce qu'attend l'occupant du peuple français. Ni gaullistes ni communistes. Ni juifs. S'ils éprouvent de l'aversion pour le Reich, leur reproche est muet, imperceptible. Ils cultivent plutôt l'indifférence, affichent leur cécité de l'heure. Ils ne boivent pas d'alcool, plutôt de la bière-grenadine, surtout des jus de fruit. Ils ne sont qu'« ultra-swing », et même si cela énerve la presse vichyste ou collabo, cela ne constitue pas encore un crime passible de l'emprisonnement. Ils sont zazous, parce qu'un pamphlétaire indigné a déniché l'expression à partir d'un cri de reconnaissance dans les surprises-parties : « Zazouzazouzazouhé ! » Ils sont zazous, simplement parce qu'ils forment l'avant-garde frivole d'une capitale qui soigne ses malheurs et ravale son impuissance dans la futilité des derniers plaisirs permis, parce que Paris est à peine moins « swing » qu'eux : plus Brasillach et Maurice Bardèche se déchaînent contre ces briseurs de moral, ces « mauvais Français », plus la bonne presse pour jeunes stigmatise leur apparence vestimentaire, plus le pays, en tout cas les grandes villes, au Nord comme au Sud, adoptent leur mode, et parfois même leur nonchalance rigolarde.

« Les hommes portent un ample veston qui leur bat les cuisses, écrit *L'Illustration* qui, dans son numéro du 28 mars 1942, a envoyé un reporter, René Baschet, en pays zazou, des pantalons étroits froncés sur de gros souliers non cirés et une cravate de toile ou de laine grossière, mais comme si cela ne suffisait pas à les distinguer de tant d'autres Parisiens, ils lustrent à l'huile de salade, faute de matières grasses, leurs cheveux un peu trop longs qui descendent à la rencontre d'un col souple maintenu sur le devant par une épingle transversale. Cette tenue est presque toujours complétée par une canadienne dont ils ne se séparent qu'à regret et qu'ils gardent volontiers mouillée. Car ils ne sont vraiment eux-mêmes que sous la pluie ; obéissant en cela à l'un des rites qui leur sont chers, ils traînent avec délices leurs pieds dans l'eau crottant leurs pantalons, exposent aux averses leurs cheveux touffus et gras. Quant aux femmes, elles cachent sous des peaux de bêtes un chandail à col roulé et une jupe plissée fort courte, [...] leurs bas sont rayés, leurs chaussures plates et lourdes ; elles sont armées d'un grand parapluie qui, quelque temps qu'il fasse, reste obstinément fermé [7]. »

On dirait du Boris Vian. Involontaire. Des descriptions extraites de *Vercoquin et le plancton*. Mais sans humour. Aux

---

7. *Ibid.*

cheveux près, Boris, ses frères et ses amis ressemblent beaucoup à ces portraits-robots. Michelle porte de lourds souliers à talons compensés que, parfois, Boris taille lui-même. Ses jupes sont courtes. Dans les Pam-Pam de la Madeleine, de l'Opéra ou des Champs-Élysées, elle préfère le Martini au jus de fruit zazou. Elle a vendu ses bijoux de jeune fille pour offrir une gourmette à Boris, autre ornement dénoncé par *Jeunesse*. Oui, Boris et ses amis sont zazous, zazous en retrait ou d'élite, comme leurs meilleurs copains de surprises-parties, le trotskiste Alexandre Laforgue ou le futur comédien Jean Carmet — dit Bibiche —, en compagnie desquels ils canalisent, le dimanche, la fougue des zazous estampillés, invités forcés de Ville-d'Avray. Ils sont même en avance sur la tribu que la Préfecture de police évalue à quelques centaines d'énergumènes. Ils ont lu, avant guerre, *Sparkenbroke* de l'Anglais Charles Morgan, qui avait été un best-seller avant le conflit et dont les zazous font, en 1941, un chef-d'œuvre de littérature « pompier ». Ils sont encore plus américanophiles que les bandes du Dupont-Latin et vont aussi souvent qu'elles au cinéma, se délecter des navets mélos concoctés par la propagande. Zazou, c'est d'abord une façon d'être, de ne pas voir la guerre et de se moquer à demi-mots des songe-creux de Vichy. Beaucoup peuvent donc prétendre à ce titre ou se trouver désignés sous ce label.

Les mois de rafles des juifs du terrible printemps 1942 obligeront cependant les zazous à réfréner leurs irrésistibles ricanements. Les collaborateurs perdent patience devant le laxisme et la mollesse — de leur point de vue — de Vichy à l'égard de ces Français déviationnistes. L'inquiétude gagne les rangs fascistes : le Reich et ses alliés ne sont pas maîtres du monde ; la Résistance opère désormais en plein Paris et la répression allemande aux sabotages rend le régime fantoche de moins en moins populaire. L'Ordre nouveau se fait attendre et les plus fanatiques ont décidé d'en découdre. Tout au long de l'année 42, les « chemises bleues », membres des Jeunesses populaires françaises (JPF) et cadets du doriotisme, traquent les zazous pour les tondre et les passer à tabac. « Rasez le zazou ! » devient le nouveau mot d'ordre. La collaboration ne cherche pas seulement à refouler ainsi ses premières peurs confuses d'une défaite de l'Axe. Les descentes musclées de ses enfants au Quartier latin ne sont pas simplement une sorte de réplique — à la mesure, dérisoire, du doriotisme — aux représailles à grande échelle contre les juifs de France, même si les militants des JPF ont offert leurs services aux policiers parisiens, lors de la rafle du Vel' d'Hiv' : les fascistes français veulent forcer Vichy à mettre au pas une France qu'ils sentent de plus en plus sensible à l'écho de l'avance alliée. Ils exigent une réaction brutale, pour ne pas désespérer l'ami nazi de leur loyauté. Vichy décrète donc le STO. Les zazous répertoriés seront parmi les premiers à partir pour l'Allemagne soutenir, à la campagne ou en usine, l'effort de guerre du Reich.

Parmi les amis de Boris, beaucoup seront de ce sinistre voyage, dont trois de ses proches, en septembre 1943 : ses frères Alain et Lélio, ainsi que son beau-frère Jean Lespitaon. Son cœur malade sauvera Boris. Mais ces départs auront des causes diverses, le systématisme des arrêtés préfectoraux ou la malchance, peut-être les dénonciations. La mère Pouche ne devra pas directement ce chagrin-là à la sympathie zazou de Ville-d'Avray.

Pour échapper au STO, et sans grande conviction, les rebelles zazous seront souvent les premiers jeunes gens à rejoindre les maquis de la Résistance. Leur mouvement éphémère se meurt ou s'enterre. C'est Paris qui prend la relève. Leurs cafés préférés seront fréquentés jusqu'à la fin de la guerre par des étudiants ou des adultes, par des soldats allemands même, heureux de se faire photographier dans les chapelles de la brève perdition zazou. Les garçons à houppette et écharpes de couleur vive, les filles en pantalon, ces dandys à lunettes noires et parapluie « Chamberlain » auront-ils été des précurseurs ? A leur exemple, la capitale s'encanaille de tous les plaisirs non encore interdits. Les spectacles affichent complet. Paris, épicentre « swing » du Reich...

L'ingénieur à la trompette

En juillet 1942, Boris a achevé, sans regrets, ses études à Centrale. Dans *Colles*, un poème des *Cent Sonnets*, il laissera filtrer un peu d'amertume pour une aventure intellectuelle qu'il avait d'abord prise au sérieux :

« A l'école, un gros homme à la mine flétrie,
   Membre de l'Institut — c'était le directeur —

L'ignora, comme ceux dont crime indicateur
Le père n'était pas " quelqu'un dans l'industrie " [8]. »

Boris quitte les Arts et Manufactures dans un rang moyen (54e sur 72, section métallurgie), mais n'en a cure. Il ne croit pas à son avenir d'ingénieur, un métier déjà trop limité à ses yeux. Même les lois de la physique, la géométrie et la résistance des métaux méritent plus de curiosité, d'invention qu'il n'en a rencontré chez ses compagnons ou ses professeurs. Pour Boris Vian, les études seront toujours une perte de temps nécessaire, un « rouleau de peau d'âne à piper les gamins [9] », un viatique pour commencer enfin, diplômes en poche, des apprentissages sérieux d'autodidacte éclairé. A Centrale, il reprochait à ses congénères de se satisfaire des seules matières du programme. Ingénieur, il s'éloigne rapidement, tourne le dos à la plupart d'entre eux, bien décidé à multiplier les savoirs, à croiser les genres, à dépasser les ghettos professionnels.

Pour l'heure, il se retrouve contraint de chercher un emploi. D'autant qu'en plus de Michelle et de Patrick, né cinq mois plus tôt, Ville-d'Avray compte sur lui. Le temps des rentes est déjà loin, même si demeure une inclinaison familiale au « laisser venir ». Alain inquiète les siens avec ses rêves de théâtre. Sans vocation particulière ni sentiment d'urgence, Lélio envisage de travailler avec son père dans l'immobilier. Le système familial inconscient repose donc sur Boris, dont on vante les dons variés et l'intelligence. « Il peut tout faire », se réjouit-on. Après avoir consulté les petites annonces durant l'été, interrogé quelques employeurs potentiels, notamment De Dietrich et les Chantiers de la Loire, relevé leurs mérites respectifs sur son agenda et leurs offres de rémunération, il se décide pour l'Association française de normalisation, l'AFNOR, une création très vichyssoise qui se propose de rationaliser, depuis une loi du 24 mai 1941, les formats de différents produits et d'en imposer au pays un modèle unique, symbole domestique de la Nouvelle France. Reçu par le directeur de l'AFNOR, Robert Lhoste, Boris est engagé en qualité d'ingénieur stagiaire, d'abord pour une période d'essai de trois mois, au bureau de la verrerie. Le 24 août 1942, il écrit

---

8. *Colles*, poème d'une série intitulée *Le Ballot*, récit en vers de ses années d'études, que Boris Vian a placée au début des *Cent Sonnets*.
9. *Ibid*.

dans son agenda : « Bison intravit in AFNOR. » Son activité essentielle, les premières semaines, consiste à comparer les mérites respectifs de centaines de bouteilles afin d'en proposer une, idéale.

Ce n'est pas directement l'attrait de l'absurde bureaucratique qui conduit d'abord Boris à l'AFNOR. Cette administration, il est vrai fort ubuesque, qui ne peut manquer de ravir un lecteur de Jarry, a le bon goût de verser chaque fin de mois à son jeune ingénieur la somme de 4 000 francs, salaire fort modeste, un peu supérieur cependant aux propositions des autres employeurs prospectés, et d'être située au 23 de la rue Notre-Dame-des-Victoires, dans le 2e arrondissement. Une localisation idéale par rapport à l'appartement du Faubourg-Poissonnière et à la gare Saint-Lazare. L'AFNOR présente aussi l'immense avantage de ne pas mobiliser toute l'énergie de ses employés. De laisser à Boris encore un peu de temps pour ses distractions variées. Surtout pour sa vraie passion de l'Occupation : le jazz.

En mars de cette même année 1942, il a fait la connaissance de Claude Abadie, et à elle seule, cette rencontre vaut bien quelques concessions à l'ambition professionnelle. Depuis plusieurs semaines, Alain tenait la batterie dans la formation de ce jeune clarinettiste et chef d'orchestre. Inévitablement, Claude Abadie a été convié un jour à se mêler à la foule d'une surprise-partie. Pour le plaisir, Claude, Boris et ses frères ont « fait la jam ». Un « bœuf », jusque tard dans l'après-midi. Puis, ils ont décidé de jouer ensemble, en « amateurs marron », comme le dira Boris Vian, c'est-à-dire ni professionnels, ni tout à fait amateurs, plutôt amateurs rétribués à la diable, s'exhibant contre ce qu'on voudra bien leur laisser et d'abord pour le bonheur de faire de la musique devant un public.

Claude Abadie a le même âge que Boris. Comme lui, c'est un produit des grandes écoles, « une grosse tête », un matheux intrigué par la logique secrète du jazz. Élève de l'École polytechnique repliée à Lyon, il a intégré l'orchestre du Hot-Club 41, dirigé par Jacques Ivermon, et participé à la saison d'été de Megève. Comme la plupart des musiciens, comme Boris, il a appris, depuis 1937, à jouer sans partition, à l'oreille. D'ailleurs les partitions, dans le jazz, c'est un peu l'Arlésienne. Chaque orchestre a les siennes, ou plutôt celles de ses arrangements d'une base musicale commune, plutôt restreinte. Claude regagne Paris en août 1941, fréquente le siège du Hot-Club de France, rue Chaptal, et le Quartier latin. Il va devenir un brillant attaché de direction à la Banque de Paris et des Pays-Bas, mais cela peut attendre : il cherche surtout à monter son propre orchestre. Comme d'autres, il trouve que le jazz s'empâte en France. Et ce n'est pas simplement la rançon de ses récents succès, pas même de la censure. Le « jazz flamboyant » de la fin des années 30 a perdu ce qui lui restait d'audace dans les solos, dans les chorus. En ces années de racisme triomphant, il manque de violence, de négritude. C'est du jazz blanc, hérité des grandes formations dansantes du « post-Chigago » et de New York, cru 1935, et encore affadi. A la française. A la manière de. Les professionnels de l'époque, Aimé Barelli, Django Reinhardt, Emmanuel Soulier, Hubert Rostaing, etc., sont tous d'excellents musiciens, mais, au goût de quelques jeunes passionnés, leur jazz a perdu ses racines.

Claude Abadie aimerait renvoyer sa chère musique dans une autre direction, remonter aux sources. Oser un « revival », comme disent les « jazzoteux », une réexploration de ce qu'on a appelé le « vieux jazz » noir, ou le « Nouvelle-Orléans ». Rompre la chaîne des évolutions, reprendre plus haut, vers le début du XXe siècle, lorsque, après Buddy Bolden, les « brass-bands » du Sud avaient fait sonner leurs cuivres, roucouler leurs clarinettes « créoles » des parades de la rue aux boîtes du quartier de Storyville, puis de Storyville à Chicago et à New York. Retrouver le jazz lorsque celui-ci était encore gorgé d'influences africaine, créole et européenne, lorsqu'il était encore juste synthèse du noir, du métis et du blanc, et souvenir d'esclavage. Lorsque Barney Bigard, le premier grand saxo, le jouait à tirer des larmes, que George Lewis mettait de la folie dans la clarinette de son Big Band, et que King Oliver et le jeune Louis Armstrong, pendant les soirées chaudes du Lincoln Gardens de Chicago, multipliaient les duos d'improvisation au cornet pendant les « breaks », ces ruptures de rythme qui déchaînaient les hurlements de la salle. Depuis, chaque époque avait connu son « revival », pour ou moins appuyé, avant une autre page d'histoire. La musique « Nouvelle-Orléans », revisitée, avait souvent servi de point de passage obligé entre deux périodes. Et, en 1941, Claude Abadie, rationnel sous sa passion créatrice, juge que le jazz, tel qu'il parvient en France, mérite un nouveau nettoyage par les origines.

Oui au « swing », mais pas à n'importe quoi de vaguement

« swing ». Celui qui s'arrête, en 1935, avec Duke Ellington et avant Benny Goodman et cette ère de vulgarisation qu'on appelle le « middle-jazz ». Celui qui reste battement du cœur, « une qualité émotive, une impulsion rythmique qui se dérobe à la notation », comme l'écrit Dan Morgensten[10]. Celui qui s'adresse, expliquera de son côté Boris Vian, « à ceux qui sont touchés, d'abord, par les sens, par l'intelligence, par n'importe quoi... un souvenir, une association d'idées, mais qui cherchent à approfondir, à savoir, à connaître[11] ».

A Paris, Claude Abadie fait part de son envie à quelques amis. Un jour, à l'heure du déjeuner, Claude Léon l'entend jouer du piano dans un foyer d'étudiants de la rue des Fossés-Saint-Jacques. Voilà le batteur. Puis, un violon se présente. Peu à peu, l'orchestre se forme, au gré des rencontres. La formation Abadie anime des surprises-parties, déniche quelques engagements pour des galas, puis de plus en plus, à mesure que Paris et les villes environnantes s'abandonnent aux plaisirs du spectacle. « Durant la guerre, explique Claude Abadie, je gagnais, en jouant, autant que par mon travail. » Parfois, cet orchestre perd l'un de ses musiciens. Son batteur surtout, qui multiplie les handicaps : chercheur en Sorbonne, militant de gauche et juif. « Il venait aux répétitions en cachant son étoile jaune derrière une cymbale », se souvient Claude Abadie. Jeune intellectuel brillant, Claude Léon, qui deviendra à la Libération l'un des plus proches amis de Boris, rejoindra bientôt la Résistance. Dès son entrée dans l'orchestre, il est inquiété, puis recherché, arrêté, interné successivement aux camps de Drancy et de Compiègne. Par la suite, la Résistance gagnera un compagnon. Sous une fausse identité, Claude Léon fabriquera des centaines de plaquettes incendiaires dans son laboratoire de chimie générale de la Sorbonne, mais Claude Abadie sera définitivement privé de son premier batteur jusqu'à la fin de l'Occupation.

En janvier 1942, le jeune chef d'orchestre remporte, salle Pleyel, le tournoi amateur du HCF, parrainé par le magazine

10. Texte de Dan Morgensten dans l'ouvrage collectif : *Une histoire du jazz*, Fayard, 1976.
11. *Chroniques de jazz*, par Boris Vian, publié en 1967 par les Éditions Jean-Jacques Pauvert. Cet ouvrage regroupe une sélection, établie par Lucien Malson, d'articles et de revues de presse de Boris Vian, extraites des collaborations de celui-ci à la revue *Jazz-Hot* et à *Combat*. Ce texte date de janvier 1948.

Vedettes et dont le jury est composé des meilleurs professionnels. C'est auréolé de ce titre qu'il fait la connaissance de Boris. Claude Abadie anime un trio, dont le batteur est Alain, mais il cherche à renforcer sa formation. Peut-être un quintette. Boris sera son trompette. Lélio son guitariste. Boris est enchanté de la perspective de se produire en public comme de la tentative de Claude Abadie en faveur d'une musique « Nouvelle-Orléans ». Il n'a encore jamais été « amateur marron », simplement fort modeste amateur, jouant au gré des surboums ou à Centrale. Mais il s'est beaucoup entraîné, entêté, solitaire, dans la salle de bal de Ville-d'Avray. Michelle lui offre une trompette de chez Selmer, rue de Douai, dont Charlie Parker appréciera tant les saxos. L'orchestre répète beaucoup, ambitieux et rigoureux. Parfois, Alain et Lélio décrochent, attirés par d'autres activités. Boris s'obstine, enthousiaste, reculant l'heure, le soir, de clore une séance de travail, prônant l'obligation, pour l'orchestre, d'atteindre rapidement le niveau technique des professionnels, rêvant d'enregistrements et de gloire. Plusieurs de leurs interprétations seront en effet conservées pendant les années de guerre, mais non « pressées ». Quant à la gloire, elle tient surtout à l'incongruité de leur musique — qu'on dit proche de celle de Bill Coleman — dans la généralisation d'un « swing » dansant sirupeux.

En 1943, Claude et Boris — l'orchestre prend parfois le nom de Formation Abadie-Vian — échouent au concours du HCF, malgré la présence, à leurs côtés, du pianiste Jackie Daubois et du bassiste Édouard Lassal. Mais ils se sont acquis la sympathie de Charles Delaunay et d'Hubert Rostaing. Ils sont très souvent sollicités pour des galas, et plus seulement ceux des grandes écoles. Ils passent souvent en première partie des concerts des meilleurs musiciens de l'Occupation. Après le départ pour l'Allemagne d'Alain, de Lélio et de quelques autres de leurs partenaires, Claude, appuyé par Boris, monte un octet, notamment avec les frères Hubert et Raymond Fol, deux extraordinaires musiciens. Lorsqu'ils jouent, ils retrouvent souvent un jeune clarinettiste, Claude Luter, qui va bientôt imiter leur tentative de « revival ».

Les campagnes du Major

Dans la salle, assis aux côtés de Michelle, il y a aussi le Major. « Le bienheureux Major », comme il le dit, toujours « de retour des Indes », de toutes les Indes mystérieuses d'une époque incertaine. Jacques Loustalot s'échappe dès qu'il le peut de son statut précaire de jeune homme de moins de vingt ans et de la surveillance paternelle, et d'où qu'il revienne, rigolard et écorché, c'est pour rejoindre Michelle et Boris. Comme point fixe, dans une courte vie déjà saturée, il n'a guère qu'eux. Ils sont sa famille élective, Ville-d'Avray son havre, pour deux jours, avant de repartir, insaisissable. Les Vian l'ont adopté, sans s'étonner de ses loufoqueries, ni de son intimité précoce avec l'alcool. Il est toujours amoureux de Michelle, mais n'en espère rien, soupirant juvénile et fataliste, sincèrement heureux même du mariage de l'été 1941.

Sous l'Occupation, Jacques Loustalot se mue en chevalier servant. Il porte le petit Patrick dans ses bras pour de longues promenades au bois de Boulogne. Il fait des courses avec Michelle puis court rejoindre Boris à une répétition. Souvent ils perdent sa trace : le Major est toujours quelque part entre Paris, où vivent sa mère et sa sœur, et les différentes affectations de son père, officier de l'État français, se jouant des contrôles de police, falsifiant les *Ausweiss*, étonnamment libre de ses mouvements, étranger à ces temps de guerre qu'il ne voit que de son œil valide. Non loin des locaux de l'AFNOR, il y a un bar anglais, où Boris écrira quelques-uns de ses premiers poèmes. Il s'y rend souvent, en sortant de son bureau. Le Major l'y attend peut-être devant un cocktail coloré, occupé à raconter d'imaginaires aventures tropicales à des consommateurs incrédules. Lorsqu'il annule sa présence à une surprise-partie, Jacques Loustalot envoie un mot : « Je suis un de ces êtres familiers et bien méconnus qui subissent les parties, qui en organisent, qui se promènent et qui s'ennuient [12]... » C'est assez dire qu'on peut se passer de lui. Le Major multiplie ces soudaines et volontaires mises à l'écart, sans explication, et Michelle, comme Boris, se garde bien de lui en demander. Le Major s'en va porter ailleurs un désespoir existentiel qui se moque de l'époque et ne revient que lorsqu'il

---

12. Archives Michelle Vian.

juge ses problèmes suffisamment allégés, supportables pour les autres. Alors, il resurgit, tonique et inventif. Il appelle d'un village de campagne : Boris doit le rejoindre sur l'heure. Il a trouvé des œufs ou de la viande. Il lui arrive aussi de donner de ses nouvelles par d'énigmatiques cartes postales. La censure pourrait y flairer des messages codés, comme dans celle-ci, du 3 août 1942 : « L'expédition se poursuit. Bonne forme. Le Major[13]. »

A l'intérieur d'un garage, près de la piscine Molitor, à Paris, le Major a découvert une véritable salle de projection clandestine où, avec quelques comparses audacieux, il projette de vieux films américains. Michelle et Boris s'y rendent régulièrement, au mépris des interdictions. Leur compagnon, pourtant plus jeune de cinq ans, paraît avoir toujours une longueur d'avance sur eux. C'est lui qui déniche les romans d'outre-Atlantique, qui leur fait lire Camus et Sartre, qui, en 1944, les entraîne voir *Le Malentendu*, le 5 juillet, au théâtre des Mathurins, et *Huis clos*, le 7, au Vieux-Colombier. Ivre, il se met à déclamer des poèmes. Où les a-t-il appris ? Qui lui a fait connaître les auteurs dont il parle ? De qui tient-il cette philosophie déprimée et argumentée, portée par une bonne humeur intarissable ? Le Major n'est encore, officiellement, que lycéen. Mauvais lycéen. Adepte, surtout, de l'école buissonnière. Il aurait pu être résistant ou agent de la 5e colonne, tant il cloisonne sa vie, s'enivre avec des amis que Boris ne connaîtra jamais et tait les moyens de sa liberté. Ses jeux favoris sont des jeux dangereux.

Ainsi, il adore se promener sur les toits des immeubles, quitter une surprise-partie par la fenêtre, jeter le combiné téléphonique par-dessus bord et descendre par le fil comme le long d'une corde. Si la surprise-partie est ennuyeuse ou si ses hôtes manquent trop de fantaisie, il se met à inventer des procédés, très surréalistes, de destruction de l'ambiance. Il explique par exemple qu'il ne supporte pas le vert, que la maîtresse de maison porte une robe verte et qu'elle doit, de toute urgence, enlever celle-ci. Il fait rouler les tapis, qu'il jette par les fenêtres. Il danse au bord du vide ou se présente par la gouttière. Beaucoup des idées apparemment farfelues du Major tournent autour de la notion de chute. Il amuse ou affole par une rare capacité d'invention de l'approche du suicide.

13. *Ibid.*

Il parle aux animaux et surtout, très sérieusement, aux objets. A son œil de verre, avec lequel il entretient une intimité ombrageuse, une sorte de roman vécu et continu dont il n'écrira jamais la moindre ligne. Quand, après une nuit de ce qu'il appelle ses « couillonnades », il se met en quête de sa prothèse égarée, sur le palier, dans l'escalier ou sous le comptoir du dernier bar visité, il s'exclame en le retrouvant : « Il me regarde ! » Ou bien : « Ce salaud ne m'aime pas ! »

Il n'est pas zazou. Il est plus, ou mieux, que cela : dada, agitateur solitaire et sans cause. Anar sans autre idéologie qu'une forte certitude de l'absurdité de l'existence. Il ne respecte que sa mère, n'aime que Michelle, Boris, quelques autres. Tout le reste est médiocre plaisanterie. Boris est fasciné par cette rébellion sans objet, par la force ou la folie manifestée par un garçon de dix-huit ans en 1943, sa capacité à tourner en dérision leur jeunesse sans avenir évident. Boris se sait trop bien élevé. Même s'il y fait peu référence, son cœur malade, son éducation protégée amortissent ses velléités d'audace. Il n'a pas encore le courage de son goût pour le non-sens. En plus, il boit peu. Le Major lui ouvre la voie, expérimente pour lui ce qu'il n'ose pas : les distorsions d'un réel sans épaisseur. « Le temps glisse, visqueux, dans le tube des jours », écrira Boris[14]. Mais il s'y soumet, malgré le jazz, les surboums, et son intelligence irrévérencieuse. Le Major, lui, attaque ce temps en toutes occasions. N'est-il pas « le bienheureux Major de retour des Indes » ?

Lassé des frasques de son fils, et de la façon toute personnelle de celui-ci de se rire de l'embrigadement ambiant qui vise sa génération, Marcel Loustalot parvient à capturer le réfractaire et à l'expédier, en avril 1943, dans un Chantier de jeunesse installé au camp de Corbiac, reconverti en usine à munitions sur le site d'une poudrière, au profit des armées allemandes. Marcel Loustalot est l'un des commandants du camp. L'un des « majors », ironise Jacques. Ce mois-là, pestant, se moquant de tout et de tous, le Major va raconter ses invraisemblables aventures dans des lettres à Michelle, que Boris lit avec application. Et d'abord ses adieux à la capitale, scellés par les apéritifs que des amis ont portés jusqu'au quai de la gare. Son amnésie du voyage vers Bordeaux, seulement interrompu de quelques querelles avec des passagers du train.

---

14. *S.E.P.I., etc.*, poème extrait des *Cent Sonnets*.

Ses retrouvailles, glaciales, avec Marcel Loustalot : « Mon père m'agaçait. Il me donnait des tas de conseils inutiles, comme à son habitude. M'en fous, je le laisse dire. Je pense à autre chose, j'ai l'habitude, moi aussi [15]. »

Le Major découvre avec un étonnement de Martien inadapté la poudrière nationale, le camp, les fouilles au corps, les mises en cartes, les milliers d'ouvriers réquisitionnés qu'on dirige sans ménagement vers la visite médicale. « Sans oublier ceux qui pétaient. Bruyamment. Ou sournoisement. Les ouvriers qu'ont faim pètent avec une violence inouïe, y a pas ! Et j'dirai même avec une violence opiniâtre, rancunière, anarchiste et provocante. » Lui-même est bon pour le détour chez le médecin : « Et il a fini cette visite en me tâtant les couilles, à moi, oui, les couilles ! Ce nœud volant de docteur m'a tâté, m'a malaxé et soupesé les couilles, oui, les couilles, à moi, au Major ! »

Les sorties du camp sont contrôlées sévèrement, sauf pour « le fils du major ». Les Allemands ont installé des rangées de barbelés et des blockhaus à toutes les entrées. Il est interdit de fumer, mais le Major et ses compagnons de bureau — Jacques Loustalot est vaguement magasinier — grillent une cigarette après l'autre. Il boit et décrit, dans ses lettres, les variantes de ses évasions. Son cocktail préféré ? « Un grand verre d'eau-de-vie avec du lait, du sucre et un jaune d'œuf. » Il parle de lui à la troisième personne du singulier, note que les ouvriers abordent ouvertement le communisme dans leurs conversations, que leurs femmes, celles en tout cas qui habitent le camp, lui font la cour. Alors ses lettres se veulent Nouvelles Aventures du Major, comme si lui-même n'était plus que le narrateur de ce séjour absurde dans une réalité plus crue, dans des Indes simplement plus détrempées. Ses messages se perdent dans des digressions cocasses où le taux d'alcoolémie de l'auteur a sa part. Il est souvent question d'animaux ou d'insectes, d'une bravoure imaginaire, ou au contraire, d'une lâcheté revendiquée. « M'en fous », conclut le Major à propos d'à peu près tout.

Parfois, il s'échappe, avec ou sans le consentement paternel. Il retourne à Saint-Martin-de-Seignanx, fief politique de son père, ou à Hossegor. « Rien à faire et rien à boire ici. Cet après-midi, à Hossegor, un Cinzano [...] m'a rappelé un bon vieux

---

15. Archives Michelle Vian.

temps, le temps où l'on se tapait des Martini-gin à glotte rabattue avec des bons vieux chichnoufs bien sympathiques. Le temps où les bons vieux cocktails nous portaient au huitième ciel. Tu te souviens Bison ? Et toi, Michelle ? M'est arrivé une histoire drôle et macabre : un gars [...] que j'ai ramassé vendredi soir, mort, et bien mort...! Il avait pris une cuite trop violente avec de l'alcool à 96°...! Un gars qui buvait, quoi ! »

Les bons et les mauvais chichnoufs courent au long des pages du Major. Autre façon, que partage Boris, de parler des êtres. Jacques Loustalot, perdu dans une poudrière par décision paternelle, poursuit à distance les narrations éparpillées de chasses au trésor inventées, mises au point avec Boris. Ce n'est pas la guerre. Les tracasseries bureaucratiques du camp ne sont qu'un mirage, comme les médiocres habitudes de ceux qui, sur place, subissent un sort ambigu : le Major est en expédition en terre inconnue. Ses lettres sont ses carnets de bord. Pour une querelle avec un garde à l'entrée, cinq pages délirantes et poétiques. « Je suis un peu noir. Oh pas trop ! mais un peu seulement. Je viens de boire avec des types huit vins blancs, quatre vermouths et deux pernods. C'est bon, ça fait plaisir. » Les récits du Major sont donc un peu hallucinés.

Michelle et Boris s'inquiètent pour leur ami. Celui-ci exprime de plus en plus nettement son aversion pour son père. « J'ai décidé de tuer un homme (comment, je ne sais pas encore) et le camp de Corbiac va être réoccupé. Mille bonshommes doivent arriver à la fin du mois. Alors je suis dégoûté. Quant à l'homme que je vais tuer — j'ai pris cette décision de sang-froid (car je ne bois plus). Je sens que je ne serai tranquille que lorsqu'il sera mort. Enfin, j'attends le moment propice [16]. » Négligeant les sirènes et les abris, le Major se promène sous les bombardements alliés. « Mardi dernier, vos amis les Américains sont venus — enfin ! — nous bombarder. Ils ont manqué leur but, les bombes sont tombées à côté. Il y avait 91 avions (c'est du moins ce que j'ai compté) volant très bas, à mille mètres environ. [...] J'avais pris ma caméra pour les filmer mais dans mon empressement, le film s'est mal accroché et j'ai rien pu prendre. C'est pas de veine... » A distance, Ville-d'Avray prodigue ses conseils de prudence. Le Major se veut rassurant. Puisqu'il est « de retour des Indes ».

16. Lettre datée de septembre 1943. Archives Michelle Vian.

Immortel, comme dans les contes. Tout ce qu'il risque, à le lire, en plus des fréquentes migraines provoquées par son infirmité, c'est une bonne cuite. Il conclut souvent ses lettres par un vieux signe de reconnaissance : Bizobizon. Soit : Bises au Bison. Le Major, au cours de ces mois de 1943, survit grâce aux souvenirs des jours heureux passés avec Michelle et Boris, et à l'espoir de remonter à Paris au plus vite. Il y parvient souvent, en risquant les arrestations. Alors, après les tendres embrassades avec sa mère, dans l'appartement de la rue Cœur-de-Vey (14ᵉ arrondissement), recommencent, pour quelques jours ou quelques semaines, les surprises-parties et les longues discussions avec Boris.

Repris par la vigilance paternelle au début du mois de mars 1944, le Major est cette fois expédié à Vichy, sous la surveillance de son oncle Labarthe, général pétainiste et conseiller au ministère des Sports. Cet autre séjour sera l'occasion de nouvelles loufoqueries et de la découverte de bars inconnus. Il sera l'hurluberlu, l'observateur non concerné des derniers soubresauts d'un régime fantoche. Préposé à la réparation de récepteurs d'alerte, qu'il omet de réparer, le Major se propose même, dans l'une de ses lettres, d'accélérer cette chute historique. « Je m'amuse bien — une vraie rigolade —, quelques appareils sautent, des gars se retrouvent en caleçon, quelques morts graves de temps en temps et le Major sur ses pieds. Vive le Major ! Je vais essayer de me procurer de la dynamite au poste de maquisards le plus près de mon domicile — ça ira plus vite et j'aurai plus de temps libre. Vive le Major [17] ! »

L'écriture en famille

Le passage à l'écriture était inévitable. De trop nombreux présages : une maison pleine de livres, un père, un frère, poètes à leurs heures, un éminent voisin, écrivain reconnu. Les appétits multiples de Boris ne pouvaient négliger longtemps le plaisir des mots. Il paraît même avoir tardé, reculé cette autre rencontre, au point que les exégètes de son œuvre romanesque rajeunissent volontiers ses premiers écrits, les situant même

---

17. Lettre du 19 mai 1944. Archives Michelle Vian.

parfois en 1939[18]. C'est plus vraisemblablement en 1942 que Boris est pris d'une véritable fringale d'histoires et de phrases, qu'il ajoute à ses heures déjà encombrées de jazz, de bricolage, de disc-jockey, d'études ou de « normalisation », de fils encore docile, de père hésitant et de jeune époux romantique, des heures de rimes et de prose.

Et bien sûr, cela passe d'abord, comme le reste, par cette très rituelle obligation familiale au loisir. Par les jeux de société raffinés ou, au contraire, très collégiens : le Cercle Legateux ne s'est pas éteint avec la guerre. Alain et Boris ont maintenu ses activités, les agrémentant même de quelques nouveautés, dont un club de modèles réduits. Boris a rédigé l'acte fondateur de cette filiale aéronautique : « Aujourd'hui lundi 26 mai de l'an de grâce 1941, les individus soussignés déclarent adhérer de plein cœur à la création d'une section volante, déchaînée, sociale et cosmique de la science aérotechnique à seules fins de créer des petits monstres volants genre sarigue qu'ils se plairont à exhiber dans les remous aériens du parc de Saint-Cloud oûsqu'il y a des vaches ascendantes[19]. »

Couchés dans un petit carnet, les statuts, de la main de Boris, témoignent d'un même goût pour la farce égrillarde : « 1. L'association sera essentiellement mâle. 2. Il pourra être prévu des dérogations à cette règle dans les conditions définies

---

18. L'œuvre écrite de Boris Vian, de même que ses notes, ses ébauches, ses articles non publiés, ses correspondances, beaucoup de ses chansons, est rarement datée, ce qui a compliqué, depuis la redécouverte de l'auteur de *L'Écume des jours* au début des années 60, la tâche de ses bibliographes. Du numéro spécial de la revue *Bizarre*, en 1965 — dont l'édition, parfois augmentée, a été plusieurs fois republiée sous le titre : *Les Vies parallèles de Boris Vian*, de Noël Arnaud (dernière version, chez Christian Bourgois, en 1981) — à l'hommage rendu par la revue *Obliques*, en 1976, la datation précise des textes se révèle une entreprise difficile. La bibliographie idéale de Boris Vian est impossible, et Claude J. Rameil (*Obliques*) comme Noël Arnaud ont passé des années à s'en approcher au plus près. Ces recherches, très poussées, font cependant remonter les premiers écrits, notamment les poèmes inauguraux des *Cent Sonnets*, à 1940, voire à 1939. Préfacier de nombreux ouvrages de Boris Vian dans la collection 10/18, Noël Arnaud s'est longtemps appuyé sur « le caractère un peu gauche, quasi puéril, de la graphie vianienne » pour étayer cette thèse, qu'il a nuancée par la suite. Les proches de Boris Vian, et en particulier Michelle Vian, assurent, sans être tout à fait crus par les exégètes de l'œuvre, que les premiers exercices littéraires du jeune ingénieur ne peuvent pas être antérieurs à l'hiver 1941-1942.
19. Archives de la Fondation Boris Vian.

par l'article 3. 3. Les membres femelles de cette association ne devront pas toucher à Zizi [...] Le président ne fait rien. Le vice-président fait tout ce que ne fait pas le président. L'infirmier soigne les gonzes. Le mécanicien soigne les zincs [20]. » Le président, c'est bien sûr Boris. Les familiers de Centrale se partagent les autres responsabilités de cet étrange conseil d'administration. Ils sont sommelier, pilote d'essai, aumônier, même « porte-biroute ». Depuis des années, chez les Vian, on a pris l'habitude de parodier les organigrammes, les règlements, d'une façon générale le style creux et boursouflé des jargons administratifs. Boris explore aussi avec délices les emphases du journalisme laudatif dans ses comptes rendus du Cercle Monprince, la section d'échecs du club. Régulièrement, François et Jean Rostand, Alain, Lélio et Boris, deux ou trois voisins de la rue Pradier se réunissent pour disputer de très sérieux tournois. Boris se charge du compte rendu de la séance du 8 juin 1943 : « Après un habile tirage au sort effectué par le Secrétaire général, cinq parties extraordinaires furent jouées avec passion sous l'œil étonné des invités d'honneur, peu accoutumés à voir pareil acharnement de la part de personnalités assez calmes à l'ordinaire. D'ores et déjà, l'on se trouve en mesure d'affirmer que la lutte ne peut manquer d'être brûlante, car les résultats les plus surprenants sont venus à maintes reprises bouleverser les notions personnelles des joueurs sur leur potentiel réciproque. L'air de l'immense salle de réunion, éclairée a giorno par des lustres et des girandoles, frémissait étonnamment et les personnes les moins habituées à ces sortes de compétitions eussent perçu sans effort les vibrations cérébrales dont tremblait l'atmosphère [21]. »

Les adultes de la rue Pradier, en particulier Jean Rostand et Paul Vian, sont des passionnés des « cadavres exquis », des bouts-rimés, des jeux d'esprit et de plume prisés, notamment, par les surréalistes. Les enfants ont pris le virus et, le dimanche, ou certains soirs après le dîner, on tire au sort les mots à assembler en rimes. La plupart de ces parties, très raffinées, se déroulent en présence des femmes, mais les hommes se retrouvent aussi pour trousser entre eux quelques poèmes gaillards. Ainsi, sur les terminales tapir, prunelle,

20. *Ibid.*
21. *Ibid.*

soupir, rebelle, shérif, machine, rétif, échine, museau, roseau, Boris composera-t-il ce poème :

« Nous nous baisions quand je vis l'ombre d'un tapir
Passer, ma bien-aimée, dans ta noire prunelle.
Je me levai. Sans qu'il puisse émettre un soupir
D'un coup de gandoura je tuai le rebelle.
L'aventure arriva sur les monts du Chérif
Le monstre remuait, trémulante machine.
Ah ! criai-je, animal ! Tu te montres rétif,
Et je sautai debout sur sa robuste échine.
Un cri plaintif alors sortit de son museau
Et mort il est tombé tout près des roseaux.
Allah ! »

Ce jour-là, Paul se montrera plus habile que son fils à manier, sur les mêmes rimes, le sous-entendu :

« Comme un chat ronronnant je voudrai me tapir
Sur ton sein, cependant qu'au feu de ta prunelle
Mon être s'échauffant parmi les soupirs
Viendra peut-être à bout de ta beauté rebelle
Insinuant, puis enfin raide ainsi qu'un shérif,
Je saurai, conducteur maître de sa machine,
Manier artistiquement le matériau rétif
Qui devra, devant moi, plier sa noble échine.
Et parfois comme un rat fourrageant du museau
J'écarterai du nez les touffes de roseau [22]. »

Ces jeux de société ne sont encore que l'environnement, l'humus de l'écriture. Le déclic, en 1942, doit plus sans doute à la présence de Michelle et à sa propre familiarité avec les mots. La jeune femme rédige des articles sur le théâtre et le cinéma. A l'âge de dix-sept ans, elle avait commencé un roman. Les deux époux se lancent, par complicité, pour se plaire, dans la préparation de quelques scénarios de films, durant les derniers mois de la grossesse de la jeune femme. Scénarios pour rire, « pour faire de l'argent », croient-ils,

---

22. Boris Vian conservera toute sa vie quelques dizaines de ces entremets poétiques, sagement répertoriés dans des chemises de carton. Archives de la Fondation Boris Vian.

parce qu'Alain cherche à monter des pièces ou des films autour des Chantiers de jeunesse et qu'il a demandé des projets à ses proches. L'un de ces essais, *Trop sérieux s'abstenir*, propose même une distribution idéale d'acteurs que Michelle et Boris ont vus sur les écrans : Micheline Presle, Jean Tissier, Jandeline, Bernard Blier, Roger Blin, etc.

Ces textes, parmi lesquels se mêlent les synopsis et les « continuités dialoguées », simples pages de résumé ou développements sommaires, ne connaîtront pas d'autre avenir que les chemises en carton qui contiennent les bouts-rimés et les premiers poèmes. Boris ne leur destine d'ailleurs aucun débouché professionnel. En 1942, ce serait tâche impossible, à moins d'aller faire le tour des studios et des sociétés de production. Et encore : même avec des appuis, ces scénarios sont invendables. Trop courts ou trop proches de la nouvelle. Ces tentatives à deux voix ne sont qu'un sport de gentlemen, un de plus, conçus dans un pur esprit d'amateurisme. Leur commercialisation n'est qu'un rêve lointain, à peine entrevu, sauf les jours de dèche financière. Le cinéma qui pourrait éclore de ces histoires demeure un cinéma intime, l'imaginaire d'un couple ou, plus largement, un cinéma familial. Comme dans une autre de ces ébauches, *Le Vélo-taxi*[23], où les amis de Boris, Roger Spinart et Jean Lespitaou, les musiciens de sa connaissance, Aimé Barrely et Alix Combelle, Charles Delaunay et Hubert Rostaing, sont au compte des personnages. Et bien sûr, à égalité avec le premier rôle sous lequel se cache Boris lui-même : le Major.

Durant sa grossesse, Michelle est victime d'une maladie de la thyroïde, inopérable avant son accouchement. Ces semaines de début 1942 sont moroses, angoissantes, encore marquées, pour Boris, par une inflammation des amygdales et une crise aiguë de coliques néphrétiques qui le tiennent alité. Comme une petite fille à la recherche d'un réconfort, Michelle demande à son mari de lui écrire un conte de fées. Boris s'y attelle le soir même. Mais ce *Conte de fées à l'usage des moyennes personnes*, illustré de dessins d'Alfredo Jabès, l'ami de Centrale, renonce, dès les premières pages, à toute ressem-

---

23. En fait, ce projet de scénario ne comporte pas de titre. Le *Vélo-taxi* n'est qu'un incipit, ce qui consiste à donner pour titre à un écrit ses premiers mots. Le texte commence en effet par cette phrase : « Le vélo-taxi portait le numéro 00000. » Malheureusement, le vélo-taxi disparaît très vite de cette histoire.

blance possible avec les traditionnelles histoires de Chevaliers de la Table Ronde. Une rude folie s'empare de la narration, des personnages et des descriptions. L'imagination contrariée par trop de lectures de logiciens de l'absurde et du gag, Boris détruit d'emblée, avec un plaisir irrépressible et un penchant tonique pour l'irrévérence, les règles classiques du conte. Ou plutôt, il y force l'entrée des siennes, à coups de dérapages surréalistes, de jeux de mots et d'esprit, de digressions et de brutales ruptures du récit. Il s'agit bien d'une sorte de quête du Graal, mais le héros, Joseph, le prince « beau comme le jour », parcourt le monde à la recherche de quelques kilos de sucre. Son compagnon de voyage, Barthélemy, est un usurier repenti et ses fourbes adversaires ont les manières du marché noir. Les rois de rencontre sont atteints de schizophrénie et les princesses éprouvent de bien fâcheuses tentations pour l'empoisonnement.

Dans ce *Conte de fées à l'usage des moyennes personnes*, les seuls personnages sympathiques sont les animaux. Gédéon, le noir palefroi, qui mange un yoghourt le matin, un vieux dragon, bavant « des flammes toutes mangées sur les bords », un scarabée « de mauvais poil »... Les autres ne sont pas vraiment méchants. Idiots, plutôt. Comme ce troll qui « frappe à coups de grolles de troll » ; comme la fée, munie d'une baguette magique, « engagée par un enchanteur dans la purée ». Au fond, ils n'aiment pas les princes, la jeunesse, la pureté des intentions. Sans raison, la princesse du Pays des Lunes bleues, où « personne ne meurt avant d'avoir l'âge de dix-huit ans », a juré la perte de Joseph. Comme Boris, Joseph a déjà plus de dix-huit ans... Les femmes de ce conte sont mauvaises.

Michelle Vian se souvient avoir pensé, à sa première lecture de ce présent littéraire, « que cela n'avait que peu de choses à voir avec un conte de fées ». Trop de mauvais génies s'emploient, en effet, à briser le cours, difficile à suivre, de cette croisade pour le sucre. Quelques bons génies, aussi : l'écrivain Boris Vian apparaît en filigrane dès cette première tentative. La distorsion des décors, comme ce « tapis de haute laine que l'on venait de faucher », les objets animés, le goût du calembour, le choc des époques, les raisonnements d'ingénieur, le sexe dru, et déjà cette prise de risque permanente avec les conventions romanesques. Déjà cette intuition : il ne faut pas laisser la littérature sérieuse aux gens sérieux.

Michelle juge ce conte trop inquiétant et pessimiste. Boris le remodèle, tout aussi délirant, tout aussi sombre. Puis, sans attendre, il se lance dans la rédaction d'une autre histoire, non pour être lu, pour lui, pour Michelle lorsque celle-ci dactylographiera le manuscrit. Pour le Major aussi, puisque Jacques Loustalot devient, sous son nom de guerre, le personnage principal de *Troubles dans les Andains*, aux côtés d'Antioche Tambrétambre. Boris, bien sûr. La première version du *Conte de fées* avait demandé une quinzaine de feuillets. *Troubles dans les Andains* est un court roman en chapitres de quelques pages. Le Major y est gratifié d'une description complète : « Au physique, c'était un beau type de crétin, le front bas, le poil hirsute, l'œil torve et l'autre en verre, un rictus satanique déformant les lèvres minces. Il s'habillait long, portait toutes ses dents et professait un amour immodéré du gros rouge. » Boris, lui, se présente ainsi : il « mesurait 1 m 87. Il était blond et pâle, et ses yeux bleus aux paupières perpétuellement closes à demi donnaient à chacun l'impression d'un profond travail cérébral. Intelligent ? Complètement nave ? Bien peu de gens pouvaient se vanter d'être fixés sur ce point. Un front haut et bombé, quasi génial, complétait cet ensemble typique à plus d'un titre ».

Troubles dans les Andains est encore le récit, compliqué à souhait, d'une quête du Graal. Le comte Adelphin de Beaumashin doit se rendre à une partie chez la baronne de Pyssenlied, en compagnie de son ami Sérafinio Alvaraide. Tous deux sont adeptes du dandysme, et mettent un soin extrême à leur mise. Adelphin a des souliers jaunes, un valet, Dunœud, qui rappelle beaucoup « *l'Inimitable Jeeves* » de P.G. Wodehouse. Sérafinio ne peut s'empêcher de sodomiser, distraitement, tous ceux ou celles qu'il croise dans le roman. Après quelques aventures échevelées dans les caves du château, où bien sûr les armoires à double fond, les souterrains renferment des mécanismes magiques, ceux que le lecteur prend d'abord pour les héros de ces *Troubles* débouchent à l'air libre, en plein Paris, évitant de justesse le passage d'un autobus. Pendant leur déambulation en sous-sol, Sérafinio a perdu son « barbarin », un précieux talisman. Il est aussitôt fait appel au Major, un détective formidable dont le lointain aïeul avait eu la bonne idée de bouter l'ennemi, en 1464, à Saint-Martin-de-Seignanx. Les paysans reconnaissants s'étaient exclamés : « Il a j'té l'ost à l'eau ! » Loustalot. Le nom était donc resté à ses descendants. Le Major et son ami Antioche, habile à manier une mitraillette et à piloter une Cadillac bourrée de gadgets télécommandés, se mettent en chasse du voleur de barbarin, menant les deux dandys, déjà moins sympathiques, d'Auteuil à Bayonne, puis de Bayonne à Bornéo. Dans une maison hantée, ils apprennent que le barbarin avait été rapporté autrefois de Bornéo par le Baron Visi et le policier Brisavion — autres anagrammes de Boris Vian — et que ce Baron navigue toujours dans les eaux sombres de la cave[24]. A la fin, les bons, le Major et Antioche, qui n'est autre que le fils du Baron, tuent les méchants, les deux dandys et le valet. Puis, Antioche tue son père, pour lui épargner d'autres soucis. Le Major jette le barbarin à la mer...

Comme dans le *Conte de fées*, les calembours abondent. Isaac Laquedem exerce la profession d'« antique hère ». Un autre personnage secondaire, l'Indien Popotepec Atlazotel, qui sauve son ami le Major aux commandes de son avion de chasse, est « Inca exceptionnel ». On écoute la « Téhéssef » et l'ascenseur a pour inventeurs « Roux-Conciliabusier ». Comme dans le *Conte de fées*, les télescopages verbaux, les raccourcis narratifs, les démonstrations professorales — à propos notamment des différents usages des poches d'un veston selon l'âge de son propriétaire —, la violence sexuelle étourdie font de *Troubles dans les Andains* un essai de roman sans queue ni tête, libre de toute entrave, de tout respect d'un seul genre littéraire à la fois. La facture rappelle le roman policier, du côté de Maurice Leblanc et de Conan Doyle, mais bousculée sans cesse par les emprunts aux romanciers d'aventures, distinguée, réveillée par une langue directe, moderne, un peu à l'estomac, qui rappelle Alfred Jarry et les auteurs américains de la future Série Noire.

Boris Vian montre dans ce texte l'importance des objets, des plantes surtout et de leurs effluves dangereux qui dévoreront ses œuvres. Déjà, ses descriptions sont très ornementales, comme si de la précision et de la préciosité des adjectifs devait surgir une contradiction du personnage qualifié, presque une méfiance à son égard : « Une fine moustache pommelée serpentait de biais au-dessous d'un nez de pur style baroque,

---

24. Toute sa vie, comme autant de doubles et de personnages, Boris Vian cherchera de nouvelles anagrammes de son nom. Après Bison Ravi, Baron Visi et Brisavion, sur son agenda de 1956, il notera encore : Vin Arbois et Roby Savin.

aux proportions dignes de tenter les ciseaux d'une Parque et surplombait la lippe charnue du comte, fleur odorante semblable à quelque vénéneuse renonculacée. »

La dactylographie de ce manuscrit porte une date : mai 1943. Boris s'est remis à l'ouvrage à plusieurs reprises, avant d'en confier la frappe à sa femme. En 42 et 43, il écrit un peu dans le désordre. Il a l'embarras du choix : ce nouvel engouement s'emballe, plus secret que le jazz. Boris prétend ne consigner des phrases sur le papier, ses « conneries », juge-t-il, que pour ne pas les oublier et « pour amuser les copains ». Toutefois, bien peu de ses congénères ou de ses comparses de surboums connaîtront l'honneur d'être mis dans la confidence de ces ébauches. François Rostand, promu lecteur attitré, Michelle et le Major, l'intime, le double... Cette part de Boris demeure longtemps plus pudique encore que les autres.

Il ne cesse plus d'écrire, ou plutôt de penser à l'écriture. De tourner autour. Entre deux schémas de physique, ses comptes de dépenses et le rappel des prochaines surprises-parties, son agenda de 1942 fourmille d'idées, de projets, de gags à exploiter. Celui-ci :

« Monsieur, j'ai vérifié dix fois de suite mon opération
— C'est très bien.
— Et voilà les dix résultats que j'ai trouvés. »

Cet autre, du samedi 27 juin :

« Un petit garçon pousse une voiture de bébé à toute vitesse.
— Attention, tu vas le tuer !
— Ça fait rien, y en a un autre à la maison. »

C'est encore Boris, le « taupin » zazou. Le 30 août, il trouve deux anagrammes pour Claude Abadie : Aile de Cabaud et Adèle au Caïd. Quelques pages plus tôt, ce jeu sur les mots : « Le contraire d'un ingrat, c'est un géant maigre. » C'est encore Boris, mais, à cet arsenal de potache lettré, se superposent désormais une ambition de notes, une tension de réflexions d'une autre nature. L'agenda « swing » a pris du poids.

Après son entrée à l'AFNOR, en août 1942, Boris s'est aussi lancé dans le classement de ses premiers poèmes, se mettant en tête d'en rédiger cent, pour justifier le titre qu'il a choisi pour un recueil. *Cent Sonnets*. Rationnel. Au total, cependant, on en retrouvera cent douze. Boris en aurait détruit plusieurs. L'un d'eux aurait François Rostand pour auteur. Boris modifiera plusieurs fois sa sélection. Il songera à y adjoindre une série intitulée *Un seul Major un Sol majeur*, réalisée en 1944, mais se ravisera. L'hommage à son ami reste d'ailleurs toujours inédit. Ainsi, la fin de ce poème, sans titre, daté du 21 juillet 1944 :

« [...] Il y eut des bombardements de tous côtés
Suivis de tous côtés de dures représailles
Les rares survivants mouraient sous la mitraille
Et les corbeaux mangeaient de l'herbe, dégoûtés
Et quand tous les vivants furent morts, pour leur bien
La lutte entre les deux se fit plus vive...
Et le Major pensa, de son âme naïve
Pourquoi se battent-ils puisqu'il ne reste rien[25] ? »

Ces *Cent Sonnets*, Boris les écrit dans le train pour Ville-d'Avray, à son bureau, dans le bar anglais où il attend le retour du Major. Il s'agit à la fois d'un exercice littéraire où subsiste l'influence des séances de bouts-rimés, et où se rode l'apprentissage d'une liberté. Revue de détail des outils de base, ceux de l'enfance et ceux de l'avenir. La forme en demeure classique, en tout cas, presque à chaque poème, respectueuse du genre. Alexandrins souvent, octosyllabes ou heptamètres parfois. Le premier poème, *A mon Lapin*, dédié à Michelle, est déjà en soi une manière de justifier une originalité ironique et distante, de s'excuser de ne pas prendre tout à fait la poésie au sérieux

« Comme je suis très vieux, je sais bien des histoires,
Et j'en ai fait pour toi pas moins d'un petit cent.
Oh, ça n'est certes ni très fin ni très puissant
Ça ne m'a pas demandé des efforts méritoires
Mais c'est un peu loufoque, un peu blasphématoire
Un peu gai quelquefois, un peu triste en passant. »

Voilà le lecteur prévenu ! Paul Fort, « prince des pohètes », Paul Claudel, Jean Giono seront écorchés au détour d'une

---

25. Comme les ébauches de scénarios et tous les textes de « jeunesse », *Conte de fées à l'usage des moyennes personnes* et *Troubles dans les Andains*, les *Cent Sonnets* ne seront pas publiés du vivant de Boris Vian, qui ne les considérait pas comme des œuvres littéraires achevées. *Un seul Major un Sol majeur*, « par le Chantre espécial du Major », ajoute Boris Vian, demeure inédit pour sept des neuf poèmes. Les deux autres ont été insérés par Boris Vian lui-même dans *Vercoquin et le plancton*.

rime. Le recueil contiendra une « autodéfense du calembour ». Une suite, *Les Proverbiales*, n'ayant d'autre but que de jouer, en chute de chaque poème, avec une maxime trop célèbre et qu'il importe de malmener : « La cruche a tant vu l'eau qu'à la fin c'est la classe » ; « Tant vaut la cruche, Allah !, qu'à la fin je la casse » ; « Tant va la crue Chalot, qu'à la fin, y a pus de gaz » ; « Tant vida cruche Alain que la faim le tracasse » ; « Tant va l'autruche à l'eau qu'elle feint la bécasse » ; « Tan, valasque, russe, halo, carafon et Caucase » ; etc.

Tout au long des *Cent Sonnets*, Boris multiplie les avertissements. Il sent bien que sa poésie ne peut émouvoir, que lui-même contrarie tout lyrisme par ses brusques pudeurs et le raidissement soudain de ses mots. Il biaise, s'échappe avec le secours de ses réserves d'invention. Il a l'esprit et le cœur ainsi faits. Il s'en explique dans une autre série, *Déclinaisons*, un dialogue avec sa « Muse » :

> « Pourquoi me souffles-tu toujours des âneries
> Je ne t'ai point traitée comme vile putain
> Tu me fais un beau vers, je l'écris, puis soudain
> A l'improviste, tac ! c'est la plaisanterie. »

Ce recueil, que Boris classera et reclassera toute sa vie comme on consulte un album de photos de famille pour retrouver celui qu'on a été, en l'occurrence l'écrivain naissant qui exposait si sincèrement, à ses débuts, ses forces, ses manques et ses curieuses tournures de plume et de sentiment, renferme une chronique intime, et cela fait tout son intérêt. Une vie jusqu'à vingt ans en l'an 40. Ville-d'Avray et l'innocence malmenée. Les séries de poèmes sur l'enfance, le lycée, Centrale, et les séries sur les zazous. Son éveil tardif aux autres, et à la guerre : « Il nous faut des vivants pour fabriquer des morts », comme l'absurdité tranquille, bonasse de l'AFNOR. Ce recueil, Boris Vian le consultera souvent, sans y ajouter des poèmes postérieurs à 1944, comme on laisse clos un journal intime d'adolescence, s'interdisant, adulte, de le retoucher pour ne pas déranger son propriétaire.

L'adieu au paradis

Paul Vian est assassiné dans la nuit du 22 au 23 novembre 1944. Des inconnus pénètrent par effraction dans la maison du gardien. Tante Zaza, la mère Pouche, Paul, Ninon et Joëlle, née un an et demi plus tôt du mariage de la jeune femme avec Jean Lespitaou, dorment au premier étage. Les intrus font du bruit. Paul se réveille en sursaut, passe une robe de chambre et descend prudemment l'escalier. Peut-être suffirait-il de crier, d'allumer la lumière pour que les maraudeurs prennent peur et s'enfuient. Mais entre Paul et les inconnus, surgit Zaza qui, alertée, s'est emparée d'un objet lourd. Elle croit Paul menacé et vise l'homme le plus proche. Celui-ci tire. Sans doute par réflexe, pour se dégager, pour éviter l'objet. En tout cas, le coup part.

Paul s'effondre, atteint au ventre. Les inconnus, trois, quatre hommes, s'échappent et disparaissent. On les a à peine vus. On croira se souvenir qu'ils portaient des brassards des FFI, l'un ou l'autre un uniforme. Vrais, faux maquisards? Depuis la libération de Paris, en août, des bandes de voyous visitent les villas isolées, sous prétexte de traquer des collaborateurs. Paul a été touché par la balle d'un colt 45, l'arme des officiers américains. Mais depuis l'été les colt 45 s'échangent pour une bouteille de vrai cognac français...

Paul meurt avant son transfert à l'hôpital. Prévenu alors qu'il sautait d'un camion de l'armée américaine, de retour d'un concert de jazz offert à des GI's, Boris arrive trop tard. Après l'autopsie, il verra cependant le corps de son père, le ventre encore ouvert. Puis il conduira le deuil des femmes au cimetière de Marne-la-Coquette, qui jouxte Ville-d'Avray. Personne n'aura le cœur d'écrire à Lélio, Alain et Jean Lespitaon, toujours retenus en Allemagne. Les trois garçons ignoreront le décès de Paul Vian jusqu'à leur retour, l'hiver suivant. Les policiers enquêteront en vain. En ces premiers mois de libération, le nombre des crimes inexpliqués est en brutale augmentation. On remontera un temps la piste d'une ex-fiancée d'Alain, avec laquelle le jeune homme aurait eu des différends financiers. Le passeport de la jeune femme était un faux. On interrogera les voisins, la famille De Ambrosis Martin, locataire des Vian. L'enquête sera déclarée close, faute de suspects et de mobiles, le 17 janvier 1945.

Commencée au début des années 20, la chronique de Ville-d'Avray s'achève dans le drame, au moment même où les tambours de la guerre s'éloignent. La propriété est mise en vente. Les Fauvettes, comme la maisonnette du gardien. Sur la pelouse du parc, on brade les meubles, les tableaux, les objets, en des enchères douloureuses. Les Vian s'en vont. Jean Rostand engage le fidèle Pippo à son service. Le père de Jean Lespitaon procure un appartement parisien aux femmes de la famille. Au 30 du boulevard Exelmans, dans le 16e arrondissement. Le beau-père de Ninon facilitera aussi aux Vian l'obtention de quelques indemnités pour dommages de guerre.

Car ce n'est pas seulement la mort d'un père et l'adieu aux jeux, à l'abri des grands arbres de Saint-Cloud. C'est l'enfance qu'on a assassinée, et son décor tout entier : Landemer, l'autre paradis, a été détruit à l'explosif par les ouvriers de l'Organisation Todt, lors de la construction du Mur de l'Atlantique. « [...] ils ont tout rasé, les Allemands, écrira plus tard Boris dans son *Journal intime*. Et les péquenots du coin ont mis du leur. Y avait du meuble à barboter [...] Jamais encore j'ai osé y retourner. J'ai les foies, ils ont tout rasé, moi je vais chialer comme un môme. »

Boris reviendra parfois à Ville-d'Avray, le dimanche, dans la maison des Rostand, pour faire lire un texte à son ami Monprince, ou jouer aux échecs avec Jean. Mais il ne confiera jamais plus rien des jours heureux. Ceux qui le rencontreront par la suite n'apprendront rien, ou si peu, des doux secrets de la colline de Saint-Cloud. Il sera comme tant de jeunes gens, à cette époque : né avec la Libération. Certains s'étonneront de le voir posséder une arme à feu. Il s'esquivera d'une pirouette. Les Vian sont désormais des gens pauvres. La mère Pouche et Zaza déménageront souvent, dans des appartements de plus en plus petits, un peu comme les futurs personnages des *Bâtisseurs d'empire*. Atteinte de diabète, Ninon divorcera, peu après le retour d'Allemagne de Jean Lespitaon, et vivra avec sa mère. Avec le maigre pécule des dommages de guerre, Lélio ouvrira une papeterie. Alain ira tenter sa chance dans les tourbillons de l'après-guerre.

A la fin de l'année 1944, Boris emporte ses disques, la collection de bouts-rimés et les règlements écrits du Cercle Legateux. Il s'offre un dernier solo de trompette dans la salle de bal déserte. Il vient d'apprendre que, par testament, son père lui léguait la charge de chef de famille. « Après la mort de son père, pendant quinze jours, il n'a pas parlé, se souvient Michelle Vian. Ensuite, il n'a jamais plus été tout à fait le même. Il avait perdu une part de sa gaieté. »

IV

LES AMERLAUDS

La libération du jazz

Pour une surprise ! Les boys n'entendent à peu près rien au jazz ! Interrogés, même dans le meilleur anglais, sur les arrangements de Duke Ellington, la plupart des jeunes libérateurs de Paris ouvrent des yeux incrédules. Charlie Parker ? Le saxo Johnny Hodges ? Inconnus. Les GI's peuvent citer Louis Armstrong, mais préfèrent souvent l'orchestre « glamour » de Ray Ventura. Ils écoutent Glenn Miller, chef d'orchestre officiel de leur armée de reconquête. Ils aiment le « swing », n'importe quel jazz, n'importe quel dérivé du jazz, pourvu qu'il soit dansant, promesse d'oubli de la guerre et, si possible, de repos du guerrier. Pour le reste... A la fin de l'été 1944, beaucoup de jeunes gens qui avaient placé leur espérance, et pas seulement de liberté, dans l'arrivée des Américains, remâchent une légère déception.

« On aurait dit une armée à la Chaplin », précise un proche de Boris. Débraillée et braillarde, indisciplinée, aux uniformes et aux accents disparates. Les soldats de la « Campagne de France », arrachés à leurs coins perdus du Middle West ou de la côte Ouest, fascinent les Parisiens mais troublent les américanophiles. Rigolards et pragmatiques, jusqu'à s'adapter très rapidement, et parfois à grande échelle, aux pratiques du marché noir, bons buveurs et amateurs empressés de jolies femmes, mais inconscients du mythe violent qu'avait fait naître leur pays dans les imaginations pendant ces années d'Occupation. « Un mythe ne se laisse pas toucher », écrira Simone de Beauvoir dans ses souvenirs des premiers chocs franco-américains dans la capitale retrouvée[1]. Le dépit n'en est pas moins perceptible. En quelques semaines, Paris prend un terrible coup de vieux, entre ses défoulements de joie et les restrictions aggravées de sa vie quotidienne : le nouveau monde étale sa technologie, ses armes, ses voitures et sa capacité de savoir-faire. Une radio est créée, l'AFN, qui diffuse de la musique yankee. Des « PX », magasins d'alimentation réservés aux troupes US, s'ouvrent un peu partout dans la capitale, ainsi que des bars, des clubs, des dancings pour les soldats en permission. Les rapports entre les vainqueurs et leurs obligés sont inégaux, et très vite naît un malaise à tendre, ou voir tendre la main pour une barre de chocolat ou un paquet de bouteilles de bière. La défiance des années à venir à l'égard de l'Amérique trouvera largement son origine dans la démonstration de cette opulence d'outre-Atlantique sur fond de vieille ville européenne exsangue. Si, en plus, les boys n'éprouvent aucune passion pour cette Amérique idéale, rêvée dans la capitale et exacerbée par les romans de John Dos Passos, de William Faulkner ou d'Erskine Caldwell...

Boris ressent ce même regret. Mais comme il préfère les contes de fées, il choisit de continuer à privilégier cette autre Amérique qu'il appelle « Les Uhessa », celle du Major, la sienne, intime, pleine de livres policiers et de solos de trompette, de perfectionnements techniques et de girls entreprenantes. Les premiers mois de la Libération le trouvent en enquête permanente. Comme il s'était nourri des documentaires allemands pour comprendre les progrès des matériaux de la guerre, il visionne les films américains susceptibles de nourrir sa curiosité d'ingénieur, dont *Pourquoi nous combattons*, montage de documents réalisés par Frank Capra. Il récupère tous les numéros d'*Esquire* ou de *Collier's* qu'il peut emprunter à des GI's de rencontre. Il discute pendant des heures des mérites de la Jeep, cette boîte de sardines sur quatre roues qui connaît dans Paris un rapide succès d'estime. Il peste contre les « V-discs », ces disques réservés aux GI's, et à usage volontairement limité pour éviter les copies. A bicyclette, Michelle retourne à Ville-d'Avray inviter aux premières surprises-parties du Faubourg-Poissonnière des soldats cantonnés dans le parc de Saint-Cloud. Les boys

---

1. *La Force des choses I*, de Simone de Beauvoir, Gallimard, 1963.

rendent l'invitation par des caisses de vivres, parfois de livres, généreusement déposées les jours suivants.

Partout où il le peut, Boris enseigne ce qu'il sait du jazz dans un anglais encore maladroit ou par l'intermédiaire des traductions simultanées de Michelle, en échange de toute information sur le génial pays qui a eu le bon goût d'inventer les cigarettes Chesterfield et les pin-up du dessinateur Vargas. Il aborde surtout les soldats noirs, croyant pouvoir comprendre, à travers eux, les mystères de sa chère musique.

Certains jeunes gens traquent leur propre Amérique dans les bars fréquentés par les visiteurs yankee, espérant y croiser Ernest Hemingway, le plus illustre des correspondants de guerre, en repos à Paris après la Campagne de France ; en cherchant le moyen de se faire inviter à l'hôtel Scribe, où séjournent des intellectuels, des journalistes, des romanciers mobilisés, inconnus, méconnus hier et devenus fameux, dans les fortes et soudaines passions des faits d'armes en couleur kaki qui secouent les lecteurs parisiens ; ou encore en se procurant le numéro de la revue lyonnaise *L'Arbalète*, consacrée à des textes d'auteurs introuvables durant la guerre, et qui publie notamment des inédits de Dorothy Baker ou d'Horace McCoy, traduits par Marcel Duhamel.

Boris, lui, est au plus près possible de la source de son engouement. L'orchestre de Claude Abadie se voit proposer de distraire les libérateurs. Le *Special Service Show* de l'état-major a été rapidement débordé par les demandes de spectacles et de soirées dansantes. Paris n'est qu'une pause pour les alliés occidentaux et la guerre continue, aussi meurtrière, au nord de la France. Les soldats savent que les mois à venir, jusqu'à la chute de Berlin, seront terribles, que les divisions allemandes se regroupent dans les Ardennes ou en Hollande. Ils seront encore nombreux à mourir. Alors, autant prendre ce qu'offre cette ville meurtrie, rationnée, privée de gaz et d'électricité mais qui symbolise, phantasme US contre phantasme français, la patrie des plaisirs. Les amis musiciens de Boris jouent d'abord au Royal Villiers, mais le patron, un Français, rechigne à respecter ses engagements financiers. L'orchestre remballe ses instruments, non sans avoir arraché quelques touches du piano. Au Rainbow Corner, boulevard de la Madeleine, l'accueil est plus cordial. Cet établissement est placé sous gestion américaine. Et, en plus d'un salaire fixe, les musiciens sont gavés sur place et, à l'heure de la fermeture, comblés de boîtes de lait, de café, de beignets, de rations alimentaires pour leurs familles. Les GI's s'éprennent vite de ces garçons étonnants qui ont, sur la musique de leur propre pays, des idées très arrêtées qu'ils défendent avec passion. Souvent, en début de soirée, les discussions sont vives. Les danseurs réclament des airs connus qu'ils ont imposés dans les boîtes d'Angleterre ou dans le sud de la France. L'orchestre tient à jouer des morceaux du Duke, ainsi que son « New Orleans », de plus en plus affirmé au fil des mois et des arrangements de Claude Abadie. Bons bougres, les soldats acceptent à chaque fois de bouger en rythme sur ce programme imposé.

Au Rainbow Corner, qui nourrira Boris et ses amis durant les premiers mois de disette de l'après-guerre, les femmes mariées sont proscrites. L'endroit milite pour la rencontre de célibataires des deux continents. Michelle obtient cependant un droit d'entrée permanent. Le jeune couple Vian plaît aux Américains. Le Major, qui ne tient aucun instrument, mais dont la présence s'impose naturellement, devient vite, au bras de Michelle, l'un des danseurs fétiches du club, habile à dessiner sur la piste ce jitterburg échevelé qui se répand bientôt dans Paris comme le premier signe tangible des temps nouveaux. Certains soirs, on croise aussi Madeleine, l'épouse de Claude Léon, le chimiste résistant de la Sorbonne, sorti de sa clandestinité.

Quelques semaines après la libération de la capitale, Claude Léon a retrouvé Claude Abadie par hasard, dans une boîte de Pigalle, près de l'Apollo. Le second a proposé au premier, dans les embrassades, de rejoindre l'orchestre. « Tu verras, c'est payé en dollars. » Dès leur première rencontre, Claude Léon et Boris deviennent amis. « Pendant le concert, raconte Claude Léon, il m'a demandé de jouer plus fort. Il est rare qu'on demande cela à un batteur. C'est généralement le contraire : on le fait taire. » Ce soir-là, les deux jeunes gens décident de rentrer ensemble à pied par les rues silencieuses de la ville. Ils habitent du même côté. Ils partagent une même culture scientifique. Ils sont mariés tous les deux, responsables, préoccupés par leur précarité financière. La femme de Claude attend un enfant. Boris est déjà père. En ces temps arrêtés de la perte des règles de vie, ces particularités les distinguent, les rendent immédiatement solidaires. Et tandis qu'ils marchent, ils se racontent. Non d'où ils viennent : Claude ne dit rien de son engagement, Boris de son indifférence à la guerre. Ils parlent de littérature, cherchant inconsciemment les balises de leur amitié à venir dans le labyrinthe de leurs lectures préférées. « Il aimait Marcel Aymé, se souvient Claude Léon, et, à l'époque, cela m'avait un peu surpris. Mais nous nous sommes tout de suite retrouvés sur les écrivains américains, et sur Joseph Conrad. C'était bien : nous aimions tous les deux Conrad. Par la suite, nous nous sommes aperçus que nous avions beaucoup de goûts en commun, *Les Thibault*, et des œuvres en plusieurs volumes, les romans populaires de notre jeunesse, ceux de Ponson du Terrail, de Paul Féval, ou les *Pardhaillan*. Cette première nuit, j'ai proposé de lui prêter *Comment j'ai écrit certains de mes livres*, de Raymond Roussel. J'ai eu tort. Il a violemment détesté cette destruction du romanesque. » Avant de se quitter, du côté du 9e arrondissement, les deux jeunes gens ont scellé leur lien. Boris confie encore sa méfiance pour Mozart et son peu d'appétit pour le fromage. Claude dit sa curiosité des recherches sur la logique. Il a déjà entendu parler du *Théorème* de Gödel. Il espère dénicher des livres, qu'il prêtera à Boris... Claude Léon a gagné le droit de figurer parmi les personnages des écrits de Boris. Il sera Doddy, ou Dody.

L'orchestre devient rapidement l'une des coqueluches des lieux de réjouissance. Il se produit partout où on le réclame. Plusieurs fois par semaine, au soir d'une « jam » devant des inconnus, soldats de toutes les armées, réfugiés d'Europe ou Français revenus à la lumière, les musiciens « polognent ». Ce verbe transitif direct a été inventé par Boris. Son synonyme : se partager la recette. Son étymologie : le partage de la Pologne, en septembre 1939. Et parfois, « pologner » n'est pas tâche aisée. Les organisateurs de galas renâclent à payer le prix proposé. Ils exigent que Claude Abadie et ses camarades jouent en uniforme, ou en veste blanche. Ceux-ci refusent, car il leur est impossible d'aller enlacer une danseuse, ainsi vêtus, pendant les pauses. Souvent, ils sont contraints de rentrer à pied, après rupture des négociations. Lors d'un gala de « Ceux de la Résistance », à Livry-Gargan, les responsables de cette association ordonnent que l'orchestre, en ouverture, entonne les hymnes nationaux anglais, américain, russe et français. Boris éclate de rire, demande s'il leur faut jouer *L'Internationale*. Les résistants ne plaisantent pas. Alors, ils « swinguent » les hymnes alliés et provoquent le premier scandale de la soirée. L'assistance, peu familière de l'ironie naturelle au jazz, menace d'en découdre ; elle soupçonne les musiciens de sentiments patriotiques équivoques. Heureusement, le Major exhibe son œil de verre et improvise un autre récit de blessures et de bravoure. Ce n'est qu'un répit. Ce gala s'achèvera lamentablement, Boris, les frères Fol, Claude Léon et Claude Abadie devant traîner, à pied, le Major ivre mort sur une route enneigée. Épuisés, ils abandonneront leur cher poisson-pilote aux soins d'une aubergiste compatissante. Le Major réapparaîtra deux jours plus tard, ravi de son séjour dans cet hôtel de fortune.

Débarrassé de la tutelle paternelle par le débarquement allié, Jacques Loustalot paraît être partout à la fois dans les défoulements de l'immédiat après-guerre. Et partout à son aise. Il arbore une fine moustache, qui le vieillit un peu. Il porte régulièrement un uniforme kaki, parfois orné des insignes de major, entre dans les « PX » pour restaurer des inconnus de rencontre ou acheter de l'alcool. Pendant quelques semaines, à l'ouverture de l'université américaine de Biarritz, il a réussi à se faire prendre pour un véritable interprète. Il explore quelques-unes des sensations extrêmes de la paix, en son nom et un peu à la place de Boris. Après les surprises-parties de Vichy et de Paris occupé, il détourne désormais le cours normal de soirées pro-gaullistes. Il s'invite, par la fenêtre, chez ceux qu'on appelle les « naphtalinards », nantis qui s'enhardissent à montrer au grand jour qu'ils n'ont pas souffert de la guerre. Avec d'autres irrespectueux, Jacques Loustalot perfectionne son art du sabotage systématique de réunions complaisantes, auxquelles, en ces nouvelles circonstances, on ne manque jamais de convier quelques officiers américains, impressionnés par la qualité de l'accueil *made in France*. Un soir, dans l'un des beaux quartiers de Paris, il parvient à déclencher un assaut mimé, fait placer les meubles en barricade, choisit des otages, avant de s'écrouler au sol, mortellement blessé, sous les applaudissements des élégantes et de leurs hommes d'affaires de maris. La jeunesse, surtout impécunieuse, est gage pour soi-même de ne pas rater la prochaine mode, quelle qu'elle soit. Alors, la jeunesse a sa place à table. C'est encore l'époque où chaque famille aisée a ses pique-assiettes, le soir, comme on a ses bonnes œuvres, dans la journée, en faveur des prisonniers de retour d'Allemagne qui débarquent, hagards, à la gare d'Orsay.

Le Major se lie, à l'occasion de quelques mémorables opérations de terrorisme mondain, avec ceux qui deviendront par son intermédiaire des amis de Boris. Jean Suyeux, futur cinéaste, Marc Schutzenberger, futur savant de réputation internationale, André Frédérique, futur poète incompris. Quelques autres... Des amis non dupes, qui omettent volontairement de demander à leurs camarades de rencontre, au bout de ces longues nuits à l'air libre, s'ils étaient hier résistants ou collabos, prisonniers ou réquisitionnés. Du bon ou du mauvais côté. Ces bandes n'ont pas de passé. Elles attendent un signe et l'ivresse d'alcool, la boulimie de séances de cinéma, les lectures d'une littérature enfin contemporaine, l'assaut des hôtels particuliers leur servent de passerelle précaire avec un avenir qui, après quelques mois, se brouille déjà. La Libération n'a rien réglé. Ces jeunes gens que Boris croise au détour d'un gala, d'une soirée, illustrent assez bien cette phrase de Paul Gadenne : « Malgré lui, malgré tout son désir de retrouver Paris où il avait vécu, il comprenait, en circulant sur ces trottoirs gris, que personne n'aurait jamais plus vingt ans[2]. »

Quelques-uns, sombrant dans la paix, mourront jeunes. Suicides. Comme Philippe Papin, fin latiniste et spécialiste du droit canon. D'autres arrêteront de boire et d'attendre, et ravaleront leur nihilisme, comme Maucor, préfet communiste, ancien membre du BCRA, qui tirera le Major de quelques cellules de commissariat. Plus tard, leurs faits d'armes seront racontés comme de simples blagues d'étudiants. Ainsi, cette séance de moulages en plâtre de seins de jeunes femmes à même les poitrines réquisitionnées, qui restera comme l'une des surprises-parties les mieux gâchées. Mais leurs dérèglements masquaient une autre gravité. Pour citer encore Paul Gadenne : « [...] chacun avait reconquis une seule chose, sa solitude[3]. »

« Boris ne buvait pas, explique Jean Suyeux, ou peu. Il était marié. On sentait qu'il s'abreuvait des exploits du Major, mais il restait en retrait. » En fait, Boris participe peu à ces ricanements aigres qui dynamitent la joie affichée et chargée de sous-entendus de l'après-guerre. Claude Léon se rappelle pourtant l'ahurissement de son compagnon devant les valets de pied immobiles, costumés et portant flambeaux, lors d'une

---

2. *La Plage de Scheveningen*, de Paul Gadenne, Gallimard, 1952.
3. *Ibid.*

fête donnée par le couturier Jacques Fath. Mais, on ne le voit pas — pas encore — aux réunions hebdomadaires des grandes prêtresses comme la vicomtesse Marie-Laure de Noailles, amie de Jean Cocteau, Marie-Louise Bousquet ou Lise Deharme, poétesse, riche et communiste, qui protègent déjà quelques jeunes gens pressés de leur connaissance.

Boris, c'est l'Amérique. Pas les relations franco-américaines de luxe. L'Amérique, patrie du jazz. Il a paru insensible à la libération de la capitale durant l'été 1944. Simplement soulagé, comme tous les Parisiens. « Il lui tenait surtout à cœur de libérer le jazz », explique Michelle Vian. Lors des journées de l'insurrection parisienne, il a ignoré les escarmouches des quartiers nord, lorsque les FFI tentaient d'empêcher les troupes allemandes de quitter la ville : longeant les murs, inconscient du danger, il voulait atteindre sans encombres la Cigale, à Pigalle, et les bars de la place Clichy, où il entendait, avec sa trompette, sonner la charge de la musique rendue à la vie civile. Et désormais, il joue sans arrêt, multipliant les « bœufs » avec des partenaires d'un soir, les soirées spéciales en compagnie de sa formation, méthodique dans la passion et sourd aux plaintes de son cœur. Heureux, anxieux de bien faire. Son agenda enregistre ses impatiences, comme après un concert à l'Étincelle, rue Mansart, où il passe derrière Hubert Rostaing et le jeune Eddie Barclay : « Gênant. Foiré le premier. » Il est furieux, et le dira, de ne pas avoir remporté, avec l'orchestre Abadie, le 24 décembre 1944, le 8e Tournoi des amateurs organisé par le Hot-Club de France. Il pousse ses compagnons à revendiquer des passages à la radio et des enregistrements. Au-delà de la nécessité de « pologner », Boris milite pour le plaisir de jouer, de se produire partout, même au prix de longs voyages en camion, même loin de Paris.

Dès le début de 1945, l'orchestre est la plus connue des formations d'amateurs, souvent invitée à rivaliser avec les professionnels à l'occasion des Nuits du Jazz qui se succèdent sous l'influence du *Special Service Show*. Le 17 novembre 1945, Claude Abadie et ses musiciens raflent tous les prix du premier festival organisé par le Hot-Club de Belgique. Ils gagnent aussi la sympathie d'un patron d'établissement qui les engage pour les deux réveillons de la fin de l'année. Sans être classé parmi les meilleurs solistes, Boris est désormais un trompettiste connu. Son apparence physique intrigue, attire immédiatement le regard. Longue silhouette mince, yeux de glace gris-bleu, immense front de Martien, visage en lame. Déjà, cette peau couleur d'aube, propre aux cardiaques. Surtout, ce sérieux impressionnant, cette concentration en action, qui distille de l'intelligence pure dans les lamentos de la trompette.

Et puis, par goût ou par hasard, par romantisme ou par souci d'originalité à tout prix — ses amis sont partagés sur ce point —, Boris s'est mis à jouer comme « Bix ». Bix Beiderbecke, Christ blanc du début du siècle, mort à vingt-huit ans, qui avait choisi les Noirs et qui, seul, supporta la comparaison avec les meilleurs cornets du début de l'ère Armstrong. « Un gars qui avait de l'atmosphère dans les doigts », écrira plus tard Boris dans l'une de ses chroniques pour *Jazz-Hot*[4]. Dans le même article, il évoquera son modèle à travers le récit de Jimmy Mac Portland, trompette de l'âge d'or du style Chicago, qui remplacera Bix dans l'orchestre de Jean Goldkette : « Eh bien, il était très fermé. Son seul intérêt dans la vie, la musique, un point. A part ça, c'est tout juste s'il existait. » Bix mourut d'alcool, d'épuisement et de solitude, comme dans la meilleure mythologie du jazz. Boris l'aime et l'imite pour cela. Aussi pour l'originalité de son style, très ornemental, « baroque », dit Claude Abadie, gorgé de « groupetto » et d'« anacrouses ». Un style que les uns et les autres avaient aimé au début de leur apprentissage, comme en littérature on commence par les contes, et qu'ils avaient abandonné au profit de manières plus drues, plus directes, plus adultes. Boris s'était accroché à cette définition de l'enfance, au souffle lyrique et fleuri de Bix, supplicié du jazz et de sa noire légende, Blanc égaré dans le ghetto souverain de l'autre sang.

Boris joue comme Bix, l'embouchure de la trompette au coin des lèvres, les jambes écartées, et cela le distingue. L'orchestre de Claude Abadie se retrouve seul, ou presque, à maintenir la tradition « Nouvelle-Orléans » alors que le bebop, d'abord appelé re-bop jusqu'en 1946, submerge le jazz des GI's et des amateurs français. Ces contradictions ne sont qu'apparentes. Boris et ses camarades déclenchent, avec d'autres, au sortir de la guerre, une querelle des modernes et des anciens. Une polémique qui ne s'éteindra jamais vraiment et qui enflamme encore, cinquante ans après, les souvenirs des meilleurs experts du jazz. Une expression restera de ces

---

4. *Jazz-Hot*, chronique de mars 1954.

premières années de révolution culturelle, titre d'un article d'Hugues Panassié, président du HCF : « Les figues moisies et les raisins aigres ». Traduction de *mouldy figs* contre *sour grapes*, car ce désaccord a d'abord divisé les critiques américains. Le jazz doit évoluer, demandent les modernes. Saluons le jazz contemporain ! Le jazz ne sera jamais meilleur qu'hier, rétorquent les anciens. Hugues Panassié, des années durant, sera accusé par Boris de nostalgie et d'archaïsme. Ancien, donc. Les membres de l'orchestre Abadie, qui maintient pourtant une tradition classique, se comptent parmi les progressistes. Modernes, donc. Lors d'un concours en 1944 les amis de Boris s'étaient présentés, le visage envahi par une fausse barbe, avec pour nom de formation : Professeur Dupiton et ses joyeuses mandolines. Manière d'affirmer que le jazz de la Libération se faisait vieux et qu'il était temps de passer à autre chose. « Nous avions vingt-cinq ans, raconte Claude Abadie, nous étions à peine plus jeunes que les professionnels, et déjà nous nous sentions archaïques. Il fallait brusquer le changement. »

De son côté, Boris a déjà clairement indiqué ce que serait son action en faveur du jazz dans les années à venir. C'est, de l'avis unanime, un honnête trompette, sans plus et, pour son plaisir, il aime jouer ses chers classiques. Mais cette musique est comme le vieux monde. Usée. Un peu d'air frais ! En mars 1944, répondant à une enquête du HCF sur la situation sur le jazz en France, il avait envoyé un poème, *Référendum en forme de ballade*, par la suite classé parmi les *Cent Sonnets*, et signé Bison Ravi :

> « Weatherford, Briggs et le Florence
> Coleman, Wells, et toi, pardi
> Le Duke à la jeune prestance
> Sans vous, tout s'est abâtardi
> Ça gueule et ça cherche midi
> A quatorze heures. Sans défense
> Le hot se traînasse, affadi
> Il n'y a plus de jazz en France. »

Fidélité à ses premiers bonheurs de solos et appel à l'ouverture de l'avenir. Crainte d'une dérive blanche chez un instrumentiste amateur qui, à l'image de Bix, sent que négritude est synonyme de jazz. En se répandant, le genre se délie dans des imaginaires cartésiens de Blancs. Boris, tout en choisissant le camp des « modernes », a décidé de lutter contre ces mises en théorie qui affadissent les épices fortes du jazz noir. Plus que les musiciens européens ou français, parce qu'on ne choisit pas sa couleur de peau, il s'en prendra aux radoteurs, aux conférenciers, aux dogmatiques blancs. Rageur, ou ironique. En jouant de la provocation dans un milieu d'exégètes qui met volontiers les chorus en équations.

En 1946, dès que lui est offerte la possibilité d'écrire dans *Jazz-Hot*, Boris s'emploie à tourner en ridicule la nouvelle question fondamentale de « l'évolution du jazz ». Avec son complice Franck Ténot, il rédige le compte rendu, largement inventé, d'une enquête auprès des musiciens français. Les deux compères s'y moquent gentiment d'à peu près tout et de tout le monde, enfilant volontairement, l'air sérieux, les évidences plates très en cour parmi les amateurs. Du genre : « L'évolution se fait naturellement en musique, dit-il. Les choses doivent se passer et se passent ainsi... Exemple : l'évolution de l'orchestre de Duke Ellington. Tout ce qui évolue est bon, puisque cela apporte du nouveau. Si cela doit nous influencer, nous nous en apercevrons bien. » Depuis le début de l'année 1946, *Jazz-Hot*, dans une « nouvelle série », tente de fédérer, même si la querelle va éclater en son sein, toutes les tendances du jazz de l'après-guerre. Cette fausse enquête est un baril de poudre, posé distraitement au milieu de chroniques définitives. Faut-il la censurer ? Obliger ses auteurs à la reprendre ? Le comité de rédaction s'en tire par une tentative d'humour, dans une note au bas de l'article : « [...] le lendemain de l'interview, on ramenait au HCF deux individus en état d'ébriété avancée en lesquels les diverses compétences rassemblées eurent un certain mal à reconnaître les nommés Ténot (Franck) et Vian (Boris). L'article en question se trouvait dans la poche intérieure droite du premier, et, comme le temps pressait, fut directement porté à l'imprimeur. Ceci explique cela [5]. »

L'incident est évité. Le premier éclatement interne différé. Mais les animateurs du jazz en France réalisent, dès cet article, que Boris Vian, cet ingénieur à l'air convenable, cet adepte du vieux « Nouvelle-Orléans », risque fort de jouer les trublions en leur sein. Trop tard pour l'évincer. Il est dans la place. Il n'y aura pas d'autre issue, à l'avenir, que de lui

---

5. *Jazz-Hot*, n° 11, décembre 1946.

confier une rubrique bien distincte, une revue de presse, dont le ton et le style des plus libres permettront à *Jazz-Hot* de prétendre à une attitude d'ouverture. Désormais les doctrines figées, la mauvaise foi, les approximations, la bêtise auront, chaque mois, leur équarrisseur. Boris, avec sa manière de trouver l'intelligence naturelle, réclamait juste un peu d'esprit pour le jazz, en même temps qu'un peu de tendresse pour les sonorités profondes et graves de la jeunesse des autres, et de la sienne. Un juste équilibre. Dans le temple du jazz en France, le voilà contraint, pour un poème de dépit et quelques articles irrévérencieux, sans vraiment l'avoir cherché consciemment, à contre-courant souvent, contre ses propres amis parfois, d'attaquer chaque semaine le conformisme ambiant qui sclérose sa chère musique.

Queneau mon ami

Comme des milliers de jeunes couples, Michelle et Boris attendent un signe. L'après-guerre les trouvent impécunieux. Le rationnement paraît encore plus draconien que sous l'Occupation. Par la couturière Simone Baron, Michelle a fait la connaissance de l'illustrateur Raymond Brenot qui peint ou dessine des jolies filles pour les magazines de mode et elle pose désormais pour les pages de *Plaire*, un journal suisse, et quelques réclames. Elle multiplie aussi ses critiques de cinéma, pour *Les Amis des Arts*, ou le magazine communiste *La Vie heureuse*. Boris, lui, s'ennuie à l'AFNOR et se plaint de son maigre salaire. En mars 1944, il avait rédigé, pour amuser quelques collègues de bureau, une « Gamme d'injures normalisées pour Français moyen », classifiant les injuriés selon les paramètres en cours à l'AFNOR, séparant les insultes à l'usage des ecclésiastiques de celles destinées aux capitaines au long cours, prenant même soin, après les hommes et les femmes, de retenir une catégorie des « injuriés du troisième sexe ». « Une norme en préparation, précisait-il dans ce document lui-même fort aux normes, donnera la traduction en quatre langues européennes usuelles des termes faisant l'objet du texte ci-dessous avec leur prononciation phonétique[6]. »

Cette gamme d'injures avait bien entendu valu à Boris

6. Archives de la Fondation Boris Vian.

quelques solides inimitiés parmi ses supérieurs. Décidément, le jazz était la seule consolation d'une époque qui tardait à retrouver le sens de l'humour. Les parents Léglise avaient réussi à s'échapper de Berlin avec les dernières troupes allemandes et, par un large détour en Europe, étaient rentrés à Paris. Pierre Léglise avait trouvé un emploi au Canada, dans les états-majors alliés qui mettaient sur pied les futures infrastructures aériennes de l'OTAN. Il avait proposé à Boris de lui faire intégrer un laboratoire du Nouveau Monde, mais celui-ci avait décliné l'offre. Pierre Léglise était parti seul, puis sa femme l'avait rejoint, malgré les premières atteintes de la maladie de Parkinson.

Michelle, Patrick, Boris et Claude Léglise occupent à nouveau l'appartement trop grand où Boris s'est aménagé un bureau. Claude abandonne ses études de médecine, et rentre souvent au petit jour. L'hiver, ils ont froid. Boris, pour tromper la morosité d'une vie de famille qui ne comble pas le vide laissé par l'abandon de Ville-d'Avray et la disparition de son père, fabrique lui-même des meubles, dresse des étagères. Le Major passe. Pour vivre, et aider sa mère, Jacques Loustalot vend désormais des cravates, que les amis décorent de peintures très inspirées. Ensemble, ils prendront quinze jours de vacances, durant l'été 1945, dans un appartement de la rue Gambetta, à Saint-Jean-de-Luz. Mais le Major et sa compagne de l'heure arrivent au Pays basque avec plusieurs jours de retard sur le rendez-vous fixé. Cette nouvelle aventure, à base de pannes de voiture et de résistance des événements, fournira plus tard à Boris la matière d'une nouvelle : *Les Remparts du Sud*[7]. Avec encore, bien sûr, le Major pour héros.

Ces mois de latence irritent Boris. Son impatience, désormais, ne s'apaise plus. Il enrage souvent : la vie doit s'incliner. Il veut aller vite. Déjà un quart de siècle d'insuffisance cardiaque ! A quelques signes, le manque d'air dans les transports en commun, ses brusques accès de fatigue ou, au contraire, son trop-plein d'énergie, ses engouements soudains, puis ses volte-face, son irritation de devoir partager un monde où tous les cerveaux ne tournent pas au même rythme, c'est-à-dire au rythme du sien, perce son inquiétude. Une sorte d'urgence. Mais vers quoi s'engager ? Boris est sans illusion

---

7. *Les Remparts du Sud*, nouvelle probablement écrite en 1946, publiée après la mort de Boris Vian dans *Le Loup-garou*, Christian Bourgois, 1970.

sur ses talents de trompettiste. Il est sans cesse partagé entre son goût pour l'amateurisme, une éducation de la gratuité dans les arts et les plaisirs, et son obsession à retrouver l'opulence financière de Ville-d'Avray. Dans quelle activité, apte à accélérer le temps ou à reculer le terme, s'orienter ? Comment calmer ce cœur qui cogne trop fort, comment, par réaction, brûler un temps compté ?

Comme un ultime cadeau du paradis perdu, c'est de Ville-d'Avray que survient le signal. Boris va devenir écrivain. L'un de ses manuscrits doit être édité par le plus prestigieux des éditeurs français, Gallimard. Boris avait bien sûr fait lire à François Rostand les pages décapantes de *Vercoquin et le plancton*, un court roman écrit durant l'hiver 43-44, une fois encore pour distraire les amis. François avait montré l'œuvre à son père. Jean Rostand avait dû trouver quelques mérites à cette exploration grinçante des surprises-parties zazous, car il a, à son tour, confié le manuscrit à Raymond Queneau. En 1944, Boris n'aspirait pas à devenir écrivain. Ce statut lui paraissait — encore — hors de portée. Ses « œuvrettes », comme il s'en confiait, n'avaient d'autre fonction que d'entretenir l'amitié. Mais Monprince apprécie les écrits de son ancien compagnon de jeux. Jean Rostand publie ses propres livres à la NRF, où il anime également des collections scientifiques. Et Raymond Queneau, secrétaire général de la maison Gallimard depuis 1941, a obtenu de Gaston Gallimard de préparer une nouvelle collection, « La Plume au vent », qui doit révéler de jeunes romanciers.

Boris ne pouvait rêver meilleur parrainage, entrée plus aisée en littérature, et pendant de longs mois, jusqu'à la signature de son contrat, le 18 juillet 1945, il lui arrive parfois de douter de la réalité de ces circonstances trop favorables. Les autres jours, cependant, ce clin d'œil de la chance lui paraît presque normal, dans l'ordre des choses des désirs réalisés. Selon quelques-uns de ses proches, Raymond Queneau lui aurait demandé de revoir certains passages de *Vercoquin et le plancton*. Michelle Vian, qui s'est chargée de la dactylographie du manuscrit définitif, estime que ces corrections se sont limitées à la simplification des patronymes de quelques personnages, surchargés de calembours, et à la réduction du titre initial : *Vercoquin et le plancton, grand roman polisson en quatre parties réunies formant au total un seul roman, par Bison Ravi, chantre espécial du Major*. A disparu aussi l'épigraphe qui suivait cette autoproclamation : « Elle avait des goûts d'riche, Colombe... Paix à ses cendres. Vive le Major. Ainsi soit Thill (Marcel). » Dans un brouillon de lettre à Raymond Queneau, en date du 28 juin 1945, probablement la première correspondance entre les deux hommes, Boris évoque le « remaniement partiel de Vercoquin[8] ». En tout cas, Boris s'acquitte de ces retouches, minimes ou importantes, avec empressement. Il est euphorique. Et assez sûr de lui.

Raymond Queneau est tout à fait homme, et écrivain, à lui convenir. Boris a lu *Pierrot mon ami*. Il se procure *Loin de Rueil* et *Foutaises*. Âgé de quarante-deux ans, membre du comité directeur du Comité national des écrivains (CNE) depuis la libération de Paris, Queneau est, aux yeux de Boris, un ancien surréaliste rebelle au dogme, un solitaire des lettres qui préfère la banlieue à l'épicentre de la rive gauche. Un broyeur de mots, iconoclaste et persifleur, qui met de la gouaille dans ses phrases et masque une culture encyclopédique derrière des contrepèteries. L'auteur de *Chiendent* (Prix des Deux-Magots en 1933) apparaît très vite à Boris comme une sorte de frère aîné idéal par la diversité de ses curiosités. Cet écrivain s'adonne à la peinture, aux maths, à la linguistique, à la logique et à la pataphysique. Cet anticlérical est passionné de mysticisme. Il aime les détours par le cinéma, la chanson, et anime, en qualité de sous-directeur, les services littéraires de la radio. Avec sa femme Janine, la sœur d'André Breton, il traduit des ouvrages anglais ou américains, comme *Vingt ans de jeunesse* de Maurice O'Sullivan et *Impossible ici* de Sinclair Lewis. Bref, à Raymond Queneau, il ne manque que des souvenirs de Centrale, et un souple toucher de trompette...

Contrairement aux commentaires de plusieurs autres œuvres de Boris Vian, il ne reste pas trace de l'appréciation de Raymond Queneau sur *Vercoquin et le plancton*. Ni lettre, ni mention dans son journal intime. Les proches de Boris, ceux de Queneau, n'ont pas conservé de souvenir particulier. L'éditeur de « La Plume au vent » a dû apprécier, c'est tout. Lorsque paraît, courant 1946, le premier livre de la collection,

---

8. Boris Vian avait d'abord pensé rédiger sa lettre, qui commence respectueusement par : « Cher Monsieur », sur les portées d'un papier à musique. Cette ébauche a été reproduite en fac-similé dans le numéro spécial de la revue *Obliques*, et publiée dans la revue *Les Amis de Valentin Brû* (n° 21), qui a présenté, en 1982, un florilège de la correspondance entre Raymond Queneau et Boris Vian.

Prête-moi ta plume, de Robert Scipion, la « quatrième de couverture » reproduit un curieux texte, vraisemblablement rédigé par Queneau lui-même, qui ne cache pas, sous la protection invoquée d'Alfred Jarry, la finalité provocatrice de l'entreprise :

« Parmi les jeunes écrivains, il y en a quelques-uns qui, continuant la vénérable tradition qui prit naissance avec la Batrachomyomachie d'Homère (aède grec), ne dédaignent point de temps à autre de faire " Ha, ha " (comme disait Fontenelle, très illustre vieillard qui atteint un âge avancé sans s'être jamais permis de rire), ou même " A, a " (comme le non moins illustre Bosse-de-Nage, cynocéphale et compagnon fidèle du docteur Faustroll).

« Voici leurs œuvres — ou du moins quelques-unes d'entre elles. Le rire étant contagieux, comme chacun sait, il a paru bon aux éditeurs — afin de limiter les dégâts — de réserver à ces ouvrages une couverture spéciale

« Revêtus de leur livrée de plumes, ils (ces modestes ouvrages) se présentent ainsi au public en toute franchise : pas très habillés et pas mal insolents. »

Vercoquin et le plancton, que Boris lui-même, avant ses lecteurs, appelle « Vercoquin et caetera » ou simplement « Vercoquin », trouve naturellement sa place, avec la bénédiction posthume d'Alfred Jarry, dans cette famille remuante. Sous des abords sérieux, et malgré un narrateur volontairement très raisonneur, obsédé par le souci de la précision, le roman enfonce allègrement la porte ouverte des conflits de génération. Il règle son compte avec une bonne humeur tonique à la fois à la jeunesse zazou et à des bureaucrates inquisiteurs très proches de ceux de l'AFNOR. C'est la guerre, vécue par Boris, entre les surprises-parties de Ville-d'Avray et les gammes de normalisation des ingénieurs, c'est-à-dire à peu près sans trace de la guerre. Sans le climat pesant de l'Occupation. La seule guerre des âges et des points de vue. Les zazous de « Ville d'Avrille » qui forniquent dans un jardin hérissé « de fleurs fraîchement écloses » dont les coquilles forment « sur les allées, un tapis craquant au pied », symbolisent plutôt une jeunesse éternellement « swing », quelle que soit l'époque. Les fonctionnaires sont aux ordres, comme sous tous les régimes, et l'État français ne s'y manifeste que par l'absurdité de ses règlements. La guerre est retranchée de cette histoire non datée. Cela pourrait être la paix, l'avant-guerre ou l'après-guerre : Boris, en effaçant de leur contexte des personnages très typés historiquement, laisse entendre que la grisaille des jours, pour les plus jeunes, et la bêtise des plus grands sont de tous les temps. Ces néo-adolescents se regardent sous la ceinture et les bureaucrates dorment derrière leurs piles de dossiers. Incompatibilité générale.

Le Major et Antioche Tambrétambre, les deux amis de *Troubles dans les Andains*, donnent une fête dans l'une des demeures du Major, « située tout auprès du parc de Saint-Cloud, à deux cents mètres de la gare de Ville d'Avrile, au numéro trente et un de la rue Pradier ». Le Major veut rencontrer Zizanie de la Houspignole, il veut tomber amoureux d'elle, il le sait au premier chapitre sans l'avoir jamais vue, et l'épouser. En véritable ami, Antioche propose : « Écoute, [...] je n'ai pas l'intention de te laisser faire des bêtises. Je vais m'en occuper un peu aujourd'hui et puis je te dirai si c'est pour toi. » Le Major est touché de tant de sollicitude. Antioche trousse donc Zizanie au-dessus de la pile de manteaux entassés sur le lit d'une chambre libre, au milieu d'une surprise-partie qui tourne à l'ivresse générale et au « baisodrome ». On fait l'amour partout où il reste de la place, de préférence avec des filles « habillées intelligemment », c'est-à-dire faciles à dévêtir rapidement. Les partenaires d'une demi-heure changent de bras, derrière des massifs de fleurs exubérantes. Dans *Vercoquin*, Boris décline sans tendresse, mais avec un soin d'entomologiste, le lexique des surboums, le dosage d'alcool, les techniques d'approches de « types » et de « typesses » pressés de conclure, sur des airs à la mode. « Ne cherchez pas à faire de l'esprit, recommande le narrateur aux mâles. Elles ne comprennent jamais. Celles qui comprennent sont déjà mariées. »

Roman acide, roman misogyne, comme l'époque. Comme Zizanie a déjà un prétendant, Fromental de Vercoquin, et qu'elle s'extrait des bras du Major avec un ventre qui grossit à vue d'œil, celui-ci doit se dépêcher de demander la main de la jeune fille à son oncle, le sous-ingénieur principal Léon-Charles Miqueut, qui coule des jours inutiles dans les bureaux poussiéreux du Consortium national de l'Unification (CNU). Ami précieux, Antioche se chargera de la démarche. Changement de décor : Boris tire à l'encre rouge sur les savoureux archaïsmes d'une administration sans cesse sommée par le gouvernement et les Superviseurs de réfréner son irrépressible production de Nothons, normes destinées à « régler toutes les formes de l'activité humaine ». Mais depuis longtemps, sans que personne ne se souvienne de l'origine du dérèglement, les Nothons se reproduisent tout seuls. Miqueut étant un homme très occupé, qui multiplie les réunions, dans le seul but de retarder l'afflux de Nothons, sur l'art de poser les virgules ou de limiter les coups de fil personnels pendant les heures ouvrables, Antioche voit sans cesse son rendez-vous retardé. Lorsque, enfin, il peut raconter l'histoire de Zizanie et du Major, il a le malheur de citer le mot de surprise-partie, qu'aussitôt le fonctionnaire veut normaliser. Un regrettable oubli, que le Major, engagé comme adjoint de Miqueut, sera contraint de réparer. Le roman s'achève, le jour des fiançailles, par une surprise-partie délirante, quoique en principe normalisée, jusqu'à l'explosion finale, des lieux et des règles, rébellion d'une jeunesse hostile à la mise en fiches du jitterburg.

Dans *Vercoquin* subsistent des réminiscences des manuscrits précédents. Passe un « mackintosh », animal de compagnie qu'on caresse négligemment entre deux ébats amoureux. On croise Monprince et Claude Abadie. Spectatrice silencieuse, la végétation semble sans illusion sur la condition humaine... Mais plus réaliste que *Troubles dans les Andains*, *Vercoquin et le plancton* passera pour le roman d'une génération qui a éparpillé sa naïveté romantique sous la besogne prosaïque des sens et le cannibalisme des commandements. Pas la guerre, donc, pas une métaphore des temps traversés par Boris et ses amis de 1940 à 1945. Plutôt la rencontre, inévitable, avec l'absurdité de l'âge adulte. Cependant, pour ses lecteurs et ses premiers critiques, *Vercoquin* restera le roman zazou par excellence, témoignage d'une révolte sans résistance de jeunes gens préservés. Les références à Kafka et à Jarry seront souvent omises, comme la misogynie de ces années, les difficultés amoureuses, les confusions de jeunes gens frustrés dans une rude époque pour les mœurs.

Roman de jeunesse, aussi, pour Boris. Lorsque Raymond Queneau lit le manuscrit, ces aventures, assez autobiographiques, du Major et d'Antioche-Boris, dont l'inspiration remonte aux divertissements de l'année 1942, ont déjà plus d'un an. Elles en compteront trois, lors de la parution, début 1947, de l'ouvrage. Boris est déjà loin. Même ce titre zoologique renvoie, en écho, à un imaginaire centralien. Boris le conserve par fidélité. Il dédie le livre, en souvenir, à son voisin de Ville-d'Avray : « A Jean Rostand, avec mes excuses. » Le manuscrit accepté par Gallimard, ce premier roman masque ces décalages, dans sa préface, rédigée fin 45, sous un essai d'irrévérence : « Quand on a passé sa jeunesse à ramasser des mégots aux Deux-Magots, écrit Boris, [...] en un mot quand on s'est nourri de plancton, on a des titres au nom d'écrivain réaliste, et les gens pensent en eux-mêmes : cet homme a vécu ce qu'il raconte, a ressenti ce qu'il dépeint. [...] Mais j'ai toujours dormi dans un bon lit, je n'aime pas fumer, le plancton ne me tente point [...] De plus, cette œuvre magistrale — j'entends : *Vercoquin et caetera* — n'est pas un roman réaliste, en ce sens que tout ce que l'on y raconte s'est réellement produit. En pourrait-on dire autant des romans de Zola ? Par conséquent, cette préface est absolument inutile et, par là même, atteint bien le but visé. »

Boris a tout de suite compris qu'il pouvait, à l'égard de Raymond Queneau, agir avec « impudence », selon le terme qu'il emploie dans sa première lettre : « Je n'arrive pas à vous joindre au téléphone, et la lettre est le plus sûr moyen qui me reste de vous importuner. Je voudrais vous rapporter les deux romans policiers de Wheatley que vous m'aviez prêtés le 30 mai, et aussi *Vercoquin* qui est retapé. Voudriez-vous, par le moyen que vous voudrez, avoir l'obligeance de me faire savoir quel jour de quelle semaine vous pourriez les recevoir — je serai là aussi, malheureusement pour vous. Je m'excuse encore de vous déranger mais vous m'aviez si aimablement reçu que j'en conçois une grande impudence[9]. »

Queneau affectionne la décontraction, et Boris entreprend sans détour, et avec aplomb, de gagner son amitié. Avant que ne débutent, durant l'été 45, ses relations suivies avec son directeur de collection, Boris lui fait savoir son engouement dans l'une des chroniques littéraires qu'il rédige pour *Les Amis des Arts*, sous le pseudonyme d'Hugo Hachebuisson. « Il est difficile cependant de s'empêcher de penser à Joyce en lisant ces pages plaisantes », écrit-il, à propos de *Loin de Rueil*[10]. Au passage, il salue aussi dans cet article deux autres responsa-

---

9. Lettre portant simplement la mention « juin 1945 », que Boris Vian enverra à la place de la précédente. *Les Amis de Valentin Brû*, n° 21.
10. *L'Étagère à livres*, dans *Les Amis des Arts*, n° 5, 1er avril 1945. Repris dans *La Belle Époque*, choix d'articles de Boris Vian, préface de Claude J. Rameil, 10/18, 1982.

bles de Gallimard, dont il vient juste de faire la connaissance. Jacques Lemarchand, qui publie *Parenthèse* : « Avec un livre parfaitement intelligent, ce jeune auteur fait tinter, pour la première fois depuis bien longtemps, une note d'humour dans la littérature française. » Et Jean Paulhan : « [...] de peur d'attirer sur nous les foudres de Jean Paulhan, et l'on craint les foudres de ceux qu'on estime. » Les tentatives de Boris dans la chronique littéraire ne dépasseront pas les quelques articles, ses premiers articles, en fait, qu'il confie aux *Amis des Arts*. Trop d'obligations au jugement sentencieux ou à la flatterie.

Queneau, dit-on, a souri de cet empressement à plaire. Boris a l'art d'adopter tout nouveau venu en quelques jours, de le faire entrer dans une sorte de tribu idéale de ses affections. De le brusquer, même. Un jour de la fin de l'année 1945, Robert Scipion ouvre la porte du bureau de Raymond Queneau, à la NRF. Boris y joue de la trompette pour l'écrivain, arrosant de son solo plaintif tout l'étage de la vénérable maison. Queneau est sommé de venir écouter du jazz dans les bars de la place Clichy, où les WACS, personnels féminins de l'armée alliée, apprennent à dire en français « juste un dernier verre, et je rentre seule » ; forcé de venir jouer aux échecs chez Jean Rostand ; poussé à s'amuser des jeux d'œil du Major. Le lendemain même de son retour d'une série de conférences en Scandinavie, l'écrivain se retrouvera même, sans avoir eu le temps de refuser, au milieu d'une surprise-partie.

Raymond Queneau, durant l'hiver 45-46, se laisse volontiers bousculer. Il traverse une crise personnelle. Il vient une nouvelle fois de renoncer à la peinture et met volontairement fin à une longue analyse. Il est las de vivre de manière modeste et cherche à étendre le cercle de ses lecteurs, encore assez confidentiel. Le soupçon d'intellectuel résistant de la dernière heure pèse sur lui comme sur beaucoup d'écrivains, et s'il a loyalement participé aux réunions du Comité national des écrivains, les règlements de comptes l'ennuient. Il a ardemment défendu Gaston Gallimard, accusé par les nouvelles autorités d'avoir édité des écrivains collaborateurs durant la guerre, mais ce soutien n'a pas vraiment renforcé sa position rue Sébastien-Bottin. Jean Paulhan répète régulièrement que, malgré l'effort de la NRF depuis le début des années 30, Queneau n'a toujours pas percé. De plus, Jean Paulhan s'est déclaré réservé sur le projet de collection de « La Plume au vent ». L'auteur de *Loin de Rueil* se sent isolé entre les deux générations du comité de lecture, celle qui gère l'influence déclinante des romanciers d'avant-guerre, comme André Gide ou André Malraux, et les nouveaux, Sartre, Camus, Lemarchand. Malgré ses quarante-deux ans, il se retrouve souvent classé d'office parmi les anciens, pour sa participation au mouvement surréaliste. Au mieux, il est à part. En marge, par tempérament et par les circonstances.

Le tourbillon provoqué par l'entrée de Boris, de Michelle, de Robert Scipion et de leurs amis dans sa vie quotidienne tombe plutôt bien. Ceux-là se moquent joyeusement des réputations installées, sauf peut-être de celles que renvoie l'écho de l'Amérique. Et ils croient sincèrement représenter l'avenir. Scipion a amené son ami Jacques-Laurent Bost, auréolé de sa brève expérience de correspondant de guerre pour *Combat* et de sa qualité d'ancien élève de Jean-Paul Sartre au Havre. Alexandre Astruc, lui aussi installé dans le quotidien de Camus et de Pascal Pia, n'est jamais loin. Il y a Jean Suyeux, Marc Schutzenberger, le futur savant atomiste Paul Braffort. De l'alcool, de la bonne musique et des rêves qui rajeunissent Queneau. L'écrivain se distrait à voir ces trublions dérober des piles de *Cinémonde* et tenter de les vendre à la file d'attente d'un cinéma pour réunir de quoi voir le film. Ses yeux de myope se plissent derrière ses lunettes aux verres épais au récit de la dernière audace du Major : ce soir-là, avenue Hoche, dans un très riche appartement peuplé d'inconnus, celui-ci avait exigé qu'on lui apporte, sur l'heure, de quoi se laver les pieds...

Ils font du journalisme, sérieusement ou beaucoup plus vaguement, pour entrer sans payer là où il peut rapporter d'être vus. Ils sont gauchistes bien avant l'heure, surtout Jean Cau, le cathare, qui s'intéresse plus aux filles qu'à la philosophie ; ni gaullistes ni communistes, sauf Jacques-Francis Rolland, un jeune enseignant qui, pour eux, tempère son sectarisme. Ils sont lancés à l'assaut des lettres et de la gloire. Ils feraient tous volontiers un brin de cour à Michelle, dont ils aiment le maquillage et la mise très sophistiqués, mais n'osent pas, car la jeune femme quitte rarement Boris. Ils sont quelques-uns, Boris, Claude Léon, l'orchestre de Claude Abadie, à vivre leur première expérience du cinéma, à l'invitation de Robert Scipion, qui a réussi à se faire engager par un ami du Groupe Octobre comme second assistant sur le tournage de *Madame et son flirt*, un film de Jean de Marguenat. Ils sont figurants, l'orchestre ne tient que le rôle de l'orchestre, mais ces deux journées, comme d'autres, tournent, selon l'expression chère à Boris, à « la crise de gondolance extrême ». De cette rencontre avec le cinéma, Boris tirera d'ailleurs une nouvelle, *Le Figurant*, dans laquelle le Major aura encore la meilleure part [11].

En réponse à la première lettre de l'auteur de *Vercoquin*, Raymond Queneau a invité son futur protégé à le rejoindre dans un café, le 4 juillet 1945 à 18 heures. Rentré chez lui, Boris note dans son agenda : « Parlé de Cheyney, de Miller, d'Aymé [12]. » Ils ne cesseront plus de se voir, Boris passant régulièrement chez Gallimard, en fin d'après-midi, souvent sans prévenir. Les deux hommes prendront l'habitude de garder secret leur bar du mois, ou flâneront en direction de Montparnasse. Queneau présente Boris à quelques-uns de ses amis, Michel Leiris, le dramaturge Armand Salacrou et le peintre Mario Prassinos. Ils se retrouvent souvent à des vernissages d'expositions, ou fouillent les bouquinistes à la recherche de romans policiers. Il arrivera à Queneau de confier ses incertitudes, mais Boris respectera toujours les secrets de son compagnon, et l'histoire littéraire n'en conserve guère de trace, même dans leurs journaux intimes respectifs. Ils échangeront des diagnostics réconfortants, l'un sur son asthme chronique, l'autre sur les déficiences de son cœur. Mais, surtout, les ingrédients de leur amitié les isoleront souvent de leur entourage. Ce qui les intéresse — la théorie des nombres, la phonétique, la pataphysique, la science-fiction, le perfectionnement constant de leur culture protéiforme — les entraîne dans des discussions sans fin. Souvent, ils oublient l'heure, et Queneau rentre en retard chez lui, à Neuilly. Sur ces rendez-vous, Boris dira simplement : « Tiens, j'ai vu Raymond... » Boris a vu Raymond. Les proches de l'un et de l'autre prendront peu à peu l'habitude de ces innocentes cachotteries.

Durant cette première année de leur relation, Boris, suprême hommage, a montré à son éditeur ses chers *Cent Sonnets*, méticuleusement rangés dans un cahier à spirales selon l'ordre de la table des matières et illustrés de quelques hors-texte dus à la plume de Peter Gna, pseudonyme de Claude

---

11. *Le Figurant*, publié dans *Les Fourmis*, le Scorpion, 1949.
12. Archives de la Fondation Boris Vian.

Léglise. Il évoque son envie de préparer quelques nouvelles, de quoi remplir un recueil. Queneau acquiesce sans réserve. Le contrat des *Lurettes fourrées* sera signé le 18 avril 1946, sans que personne, ni Jean Paulhan ni Gaston Gallimard, ni même Queneau, n'ait pu lire le moindre texte. Rien qu'une préface, peut-être, ou plutôt différentes versions d'une préface, dont le contenu varie, et ce dans l'hypothèse, non confirmée, où Boris ait fait porter ces ébauches, rue Sébastien-Bottin[13]. Si l'on excepte la lecture de *Vercoquin*, Queneau mise sur Boris Vian les yeux fermés, à l'instinct et, ces premiers mois, la maison d'édition lui en laisse le pouvoir. « Tout le monde et, bien sûr, surtout Queneau, avait été immédiatement séduit par Boris, se souvient Robert Scipion. Tout lui paraissait extrêmement facile, entrer chez Gallimard, devenir aussi vite l'ami de Queneau, rencontrer des gens connus, et il répondait à ces circonstances très favorables avec un naturel étonnant. Nous, nous ne revenions pas de notre chance d'aborder ce milieu. »

« Boris était un peu en retrait de la bande que nous formions avec Cau, Bost et Astruc, ajoute Robert Scipion. Il vivait en couple avec Michelle, et parfois, on avait l'impression d'un couple un peu bourgeois. Boris ne buvait pas. Même s'il était pauvre, il avait un métier, un appartement. Nous, nous étions constamment fauchés, et nous habitions des chambres d'hôtel. Je l'ai trouvé tout de suite sympathique et fin, mais il n'avait rien d'un joyeux luron. Il ne se départissait jamais d'une certaine retenue. Chez lui, on sentait encore l'enfance, l'éducation, une profonde nostalgie. »

Outre ses premiers articles, Boris, en 1945, n'écrit qu'une nouvelle, inspirée des romans noirs américains dont l'importation s'accélère : *Martin m'a téléphoné à cinq heures*, récit blême d'une soirée morose dans un club privé des environs de Paris, par un trompettiste engagé à l'improviste et qui ne fait rien pour apaiser ses regrets d'être là. Ses partenaires d'un soir, Martin surtout, un Hollandais sans moralité, jouent mou. Le narrateur peste contre le chauffeur qui ne sait pas conduire une Packard 1939, contre une Chrysler bleu ciel de l'US Navy qui aurait pu servir au voyage, contre les officiers américains

---

13. Des extraits d'une note préparatoire à la préface des *Lurettes fourrées* ont été publiés par François Caradec en introduction au volume édité chez Jean-Jacques Pauvert, en 1962. Ce livre réunissait *L'Arrache-cœur*, *L'Herbe rouge* et trois nouvelles posthumes regroupées par l'éditeur sous le titre *Les Lurettes fourrées*.

qui en prennent à leur aise. Contre les filles, sans nom, ni même un prénom, qui laissent simplement lire dans leurs yeux que leurs chairs anonymes sont offertes pour un prix moyen. « Il entre un Major, non, une étoile d'argent, un colonel, avec une belle fille dans les bras, belle fille, c'est peut-être trop dire, elle a la peau claire et rose, les traits ronds comme si on venait de la tailler dans la glace et si ça avait déjà un peu fondu, ce genre de traits tout ronds, sans bosses, sans fossettes, ça a quelque chose d'un peu répugnant, ça cache forcément quelque chose, ça fait penser à un trou du cul après un lavement, bien propre et désodorisé. »

Les musiciens sont nourris de sandwichs. Dans une autre pièce, plus discrète, il y a même du café à volonté, de l'alcool et des jus de fruit, un colonel « et sa femelle frotteuse ». Dégoûté, le trompettiste, qui peste aussi de ne pas avoir pu prévenir Doddy, le batteur — au moins il s'ennuierait moins —, compte les heures sans comprendre si l'assistance danse « pour les airs, pour les filles, ou pour danser ». Même sa trompette, ce soir, lui donne du souci : « [...] je dévisse le second piston qui accroche quand on met de l'huile et je bave un peu dessus ; trop mou, il n'y a que la bave, même le *Slide Oil* de Buescher c'est pas assez fluide et le pétrole, j'ai essayé une fois et la fois d'après, j'ai eu le goût dans la bouche pendant deux heures. » Bien sûr, le Hollandais escroquera le narrateur au moment du partage. Ils rentreront en Lincoln. C'est déjà ça.

Martin m'a téléphoné à cinq heures ne sera pas publié du vivant de Boris[14]. Une nouvelle écrite pour le plaisir, le 25 octobre 1945. Peut-être pour être montrée à Queneau, après le retour de Scandinavie de l'écrivain, fin novembre. Boris ne cherche pas à placer son texte, ni même à le faire lire, sauf à sa femme, devenue son indispensable dactylographe. La nouvelle ne doit même pas figurer dans le projet de recueil des *Lurettes fourrées*. Comme ça, vraiment, pour accumuler. A classer dans les chemises en carton de son bureau, rue du Faubourg-Poissonnière. Nouvelle n° 1, avant la n° 2, avant beaucoup d'autres. Boris a des nouvelles plein la tête. Beaucoup d'idées, de points de départs d'histoires, qu'il jette en vrac sur son agenda de poche. Puisque désormais Boris sait, grâce à l'ami Queneau, qu'il est devenu écrivain.

---

14. Publication posthume dans *Le Loup-garou*.

V

LA RENCONTRE DE COLIN
ET DE JEAN-SOL PARTRE

L'Écume des jours

Le roman s'appelle *L'Écume des jours*, mais nul parmi ses proches ne sait très bien pourquoi. Boris n'a rien dit, et s'est mis au travail en mars 1946, pour en terminer fin mai. Trois mois, peut-être moins. Il a quitté l'AFNOR le 12 février, démission ou licenciement, les avis sont partagés, et Claude Léon l'a immédiatement fait entrer chez son employeur, l'Office Professionnel des Industries et Commerces du Papier et du Carton. Ils travaillent l'un en face de l'autre dans le même bureau, Doddy en charge des questions relevant de la chimie, Boris de celles intéressant la physique. Ils pantouflent, en ayant le pouvoir, les jours de mauvaise humeur, de fermer une papeterie s'ils le décrètent. Mais Boris ne confie rien, ou à peine, du projet en cours. Claude lui trouve même l'air mystérieux, comme s'il préparait une blague. A Michelle, le minimum. « Pendant des semaines, explique celle-ci, il m'a paru très concentré, c'est tout. Il n'a rien changé à son programme habituel déjà surchargé de répétitions, de concerts, de rendez-vous... Je ne sais même pas pourquoi il a appelé son héros Colin. »

Peut-être à Queneau ? Celui-ci et Jacques Lemarchand ont mis Boris en appétit en lui parlant du Prix de la Pléiade, prix maison créé en 1943, à une époque où tous les lauriers littéraires échappaient à la NRF, et destiné à distinguer un jeune écrivain. Décerné sur manuscrit, doté d'une somme appréciable, ce prix garantit à son lauréat la publication de son texte dans la maison d'édition de son choix. En clair, chez

Gallimard. Queneau est membre du jury, Lemarchand, secrétaire du prix. En 1944, cette récompense a révélé Marcel Mouloudji et son roman *Enrico*. En 1945, Roger Breuil. En 1947, elle fera connaître Jean Genet et *Les Bonnes*. En 1946, Boris Vian ? Déjà commandé, contrat signé, *Vercoquin* ne peut concourir. Boris tente-t-il le pari fou de décrocher la lune, en tout cas la lune de la rue Sébastien-Bottin, avec un autre roman, dans ce qu'il lui reste de temps ? Le lui conseille-t-on ? Le manuscrit doit être prêt début juin, lu et discuté par le jury dont la décision tombe, cette année-là, le 25 juin. Boris s'est-il mis à la tâche avec le secret espoir d'être sélectionné, voire couronné ? A-t-il volontairement tu son projet, de crainte que ses proches le soupçonnent de confondre littérature et précipitation, littérature et honneurs ? Queneau, Lemarchand, l'existence même d'un prix qui pourrait saluer l'entrée en scène de l'auteur Boris Vian, décidément très impatient, ont sans doute compté, d'une manière ou d'une autre, dans la première originalité de *L'Écume des jours* : sa rédaction à la vitesse de la lumière.

C'est sans doute la création romanesque la plus rapide de l'après-guerre, même si son auteur a pu y réfléchir longtemps, sans toutefois prendre de notes ou en conserver la trace. D'abord, on dirait du Boris Vian, celui de *Troubles dans les Andains* et de *Vercoquin*. D'ailleurs, cela commence, dès la première page, par un gag : « Son peigne d'ambre divisa la masse soyeuse en longs filets orange pareils aux sillons que le gai laboureur trace à l'aide d'une fourchette dans de la confiture d'abricot. » Il y a Colin, le héros, jeune, beau et riche d'une fortune en doublezons, qui habite une merveilleuse maison dont les espaces bougent au rythme de *Chloé*, arrangé par Duke Ellington. En fait, ils sont deux, Colin et son ami Chick, comme Antioche et le Major. Chick collectionne les œuvres et les reliques du philosophe Jean-Sol Partre et visite régulièrement son oncle. « Car son métier d'ingénieur, note l'auteur, ne lui rapportait pas de quoi se maintenir au niveau des ouvriers qu'il commandait, et c'est difficile de commander à des gens mieux habillés et mieux nourris que soi-même. »

Comme chez le jeune Boris Vian, on trouve un domestique cultivé et très stylé, Nicolas, frère de celui des œuvres de P.G. Wodehouse, qui fait la cuisine selon les recettes de Gouffé et commande un tableau de bord surchargé de cadrans « correspondant aux divers appareils culinaires alignés le long des murs ». Des machines fantastiques pour faciliter la vie quotidienne, comme le « pianocktail », qui sert automatiquement des cocktails différents, en fonction des airs de jazz joués sur les touches du piano. Des souris qui portent bonheur, et dansent « au son des chocs des rayons de soleil sur les robinets ». Un pick-up dernier cri, bien sûr, des assiettes, des verres et des lance-pierres pour manger et du « mimosa en lanières » obtenu par croisement « du mimosa en boules avec le ruban de réglisse noir que l'on trouve chez les merciers en sortant de classe ». Le roman est très coloré. Surtout en jaune, comme le soleil, le pupitre culinaire et les jupes des filles. Chick a rencontré Alise, la fille d'un professeur au Collège de France. « Ma mère ne se console pas de n'avoir épousé qu'un agrégé de mathématiques, alors que son frère a réussi si brillamment dans la vie », dit-elle, avant d'ajouter : « C'est lamentable... à trente-huit ans. Il aurait pu faire un effort. » Chick et Alise entreprennent de s'aimer, à travers leur mutuel attachement pour Jean-Sol Partre. Colin voudrait tomber amoureux à son tour, comme le Major, un roman plus tôt, mais pas pour le sexe ou les réparations du sexe, pour l'amour, l'autre, le vrai, celui qui sauve et fait, dans le thorax, « comme une musique militaire allemande, où l'on n'entend que la grosse caisse ». Lorsqu'il découvre Chloé, l'émotion ne lui inspire que cette question : « Êtes-vous arrangée par Duke Ellington ? »

Alors, ce n'est plus tout à fait la suite des œuvres complètes du jeune Boris Vian. Il se met à régner dans le roman une étrange gravité. Une terrible poésie, exprimée par une économie de mots et de situations, une fulgurance de phrases aiguisées et d'images trop nettes, comme celles des enfants. « Il se fit un abondant silence alentour, et la majeure partie du monde se mit à compter pour du beurre. » *L'Écume des jours* est un conte, d'abord enchanteur, où les êtres, les souris et les objets sont animés des meilleures intentions. L'amour fou rend les choses simples et purifie le décor environnant. Un petit nuage rose descend de l'air pour envelopper Chloé et Colin. « [...] à l'intérieur, ça sentait le sucre à la cannelle. » Colin et Chloé se marient dans une église qui ressemble à un parc d'attractions. Il a dépensé beaucoup de doublezons pour payer le Chevêche, le Religieux, le Bebon et le Chuiche. Rien n'est trop beau pour celle qu'il couvre de serments éternels : partout des fleurs blanches, un bouquet de roses rouges et un bracelet de feuilles de lierre, l'orchestre qui joue l'arrangement d'Ellington, des boîtes de chocolat à la sapote, la tendresse de Nicolas et de la souris...

Lorsqu'ils partent en voyage de noces, Colin met des vitres de différentes couleurs, pour voir, de la voiture, le monde plus doux, en vert ou en jaune. Mais ils croisent des ouvriers à la peine, le long de la route, ce qui choque Chloé : « Ce n'est pas tellement bien de travailler... » Chloé ne supporte pas la réalité. Elle préfère l'amour, et même l'amour de l'amour. L'amour-refuge, l'amour-bulle, qui protège de toutes les peurs et de toutes les questions. « C'est épuisant, ces sujets-là. Dis-moi si tu aimes mes cheveux... » Cela devrait continuer ainsi, mais le conte de fées s'est détraqué. Cet éloignement de la maison et du nuage rose a été fatal à l'harmonie. Chloé paraît soudain plus égoïste. Nicolas, exaspérant. Colin s'énerve. Nicolas flaire un mauvais présage dans la neige qui tombe : Chloé se met « à tousser comme une étoffe de soie qui se déchire ». Elle a attrapé un nénuphar au poumon droit.

La jeune fille va mourir, le roman, de plus en plus déprimé, ne laissant plus guère d'illusions sur la fin de l'histoire. La maison rapetisse. Le soleil ne colore plus en jaune les carreaux qui respirent mal, et une souris crache, avec dégoût, un chewing-gum pour chat. Pour sauver Chloé, la médecine ne propose plus que d'entourer le corps de la jeune fille, sur le lit nuptial, de toujours plus de fleurs pour effrayer le nénuphar, et les fleurs sont hors de prix. Colin y perd sa fortune, il vend même le pianocktail qui ne donne plus aux boissons « le goût du blues ». Le jeune homme doit se résoudre à chercher du travail, et cette découverte d'un monde hostile accroît son désespoir. Le passeport de Colin vieillit. Veillée par la souris, Chloé agonise dans une chambre réduite à la taille de celle d'un HLM, où la lumière n'entre presque plus, où les couleurs se fanent, où les disques de jazz se sont usés. Chloé va mourir pauvre et Colin ne parvient pas à repousser cet autre mal. Chick, lui, sombre dans la dépendance de son admiration pour Partre. Il a dépensé tous les doublezons que lui avait donnés Colin à l'achat de reliques. Alise le perd, et se sacrifiant, la jeune fille s'en va tuer Partre au café où le philosophe a ses habitudes. « Par un miracle ordinaire, ce qui est extraordinaire, Alise vit une chaise libre à côté de Jean-Sol et s'assit. » Elle le supplie de ne pas publier le dix-neuvième volume de son « Encyclopédie de la Nausée ». Après une courte discussion existentialiste sur le choix individuel, donc celui de perdre sa vie à lire l'encyclopédie, Alise plante un arrache-cœur dans la poitrine du philosophe.

Le dernier jour, il ne reste qu'un étroit passage jusqu'au lit de Chloé. Colin revient avec des fleurs. « Il l'aimait beaucoup trop pour les forces qu'elle avait, et l'effleurait à peine, de peur de la briser complètement. De ses pauvres mains encore abîmées par le travail, il lissa les cheveux sombres. » Puis Chloé ferme les yeux. Avec ses derniers doublezons, Colin ne peut offrir à sa femme qu'un enterrement d'indigent, et encore, à crédit. Chloé repose à l'intérieur d'« une vieille boîte noire, marquée d'un numéro d'ordre ». Sur sa croix, Jésus paraît s'ennuyer, et Colin tente de lui arracher une explication :

« — Pourquoi l'avez-vous fait mourir ? demanda Colin.

« — Oh ! dit Jésus. N'insistez pas.

« Il chercha une position plus commode sur ses clous.

« — Elle était si douce, dit Colin. Jamais elle n'a fait de mal, ni en pensée ni en action.

« — Ça n'a aucun rapport avec la religion, marmonna Jésus en bâillant. »

A la fin du roman, Colin surveille la surface de l'eau. Il attend, pour le tuer, que remonte un nénuphar. A proximité, la souris parlemente avec un chat. Elle voudrait que l'autre la dévore, mais le chat est bien nourri. « [...] il a de la peine, explique la souris, désignant Colin. C'est ça que je ne peux supporter. Et puis, il va tomber dans l'eau, il se penche trop. » Le chat, au fond, est un brave type, et sans rien comprendre à de tels malheurs, il accepte de rendre service. La souris entre dans la gueule du chat. Colin, on s'en doute, n'attendra plus longtemps.

Roman de la perte de l'innocence, de l'impuissance de l'amour face aux coups du sort, roman de la passion d'avant mariage, roman sur la fragilité des âmes pures face à l'hostilité générale. Roman au pathétique de diamant. Des centaines de milliers de jeunes lecteurs pleureront Chloé, Colin et la souris, durant des décennies, comme on pleure sur soi le matin où l'on se réveille adulte, résigné, et battu d'avance. De *L'Écume des jours*, Raymond Queneau écrira que « c'est le plus poignant des romans d'amour contemporains ». Nombreux seront ceux qui s'inclineront devant ce point de vue. Michelle pleurera en dactylographiant le manuscrit, reconnaissant ce trait tiré par son mari sur sa propre innocence, sur les amours heureux, le leur, leurs premières années de mariage, sur le miel des enfances épargnées et le paradis de Ville-d'Avray. Mais tous, en 1946, seront surpris par ce roman dépouillé et sincère, cette épure de roman, presque sans plaisanteries ni jeux de mots de la part d'un jeune écrivain dont l'intelligence sécrète volontiers le paradoxe froid et l'ironie cinglante. Avec Chloé, Boris enterre sans doute des pelletées d'illusions.

Il dédie le livre à Michelle : « à mon Bibi ». Pour se moquer des romanciers qui se croient souvent obligés de confier au lecteur leur lieu de réclusion volontaire et la durée de leur épreuve, il note : « Memphis, 8 mars 1946. Davenport, 10 mars 1946. » *L'Écume des jours* est introduit par un avant-propos, pour une fois rédigé avant le roman. Soit le 10 mars 1946, à « La Nouvelle-Orléans » : « Dans la vie, l'essentiel est de porter sur tout des jugements a priori. Il apparaît en effet que les masses ont tort, et les individus toujours raison. » Boris s'offre, d'entrée, aux coups de tous ceux qui, dans les milieux intellectuels, depuis la Libération, relancent l'idée de la victoire promise de la révolution communiste, ou veulent absolument trouver un sens à l'Histoire. « [...] il y a seulement deux choses : c'est l'amour, de toutes les façons, avec de jolies filles, et la musique de La Nouvelle-Orléans ou de Duke Ellington. Le reste devrait disparaître, car le reste est laid... » Et comme s'il s'en voulait d'en avoir trop dit sur sa conviction profonde, il s'empresse de faire déraper sa préface vers l'ironie, au moyen de cet humour d'ingénieur qu'il affectionne : « [...] et les quelques pages qui suivent tirent toute leur force du fait que l'histoire est entièrement vraie, puisque je l'ai imaginée d'un bout à l'autre. Sa réalisation matérielle proprement dite consiste essentiellement en une projection de la réalité, en atmosphère biaise et chauffée, sur un plan de référence irrégulièrement ondulé et présentant de la distorsion. On le voit, c'est un procédé avouable, s'il en fut. » Lecteurs et éditeurs se débrouilleront. Boris est satisfait de son avant-propos, les autres devraient l'être aussi. Ainsi introduit, *L'Écume des jours* est prêt pour la conquête.

Le Prix de la Pléiade

Raymond Queneau l'avait prédit : le roman serait bon. Il le juge même « très en avance sur son temps », selon une confidence faite à Michelle. Lemarchand approuve. Simone de Beauvoir, qui lit pour Jean-Paul Sartre, ou avant lui, apprécie également le livre, surtout, dans l'avant-dernier chapitre, la scène entre Colin et le Christ, la préférant même, dira-t-elle ensuite, au *Non*, dans *Le Malentendu* d'Albert Camus. « [...] plus discret et plus convaincant. » Le 13 juin 1946, à 15 heures, Jacques Lemarchand est venu, Faubourg-Poissonnière, arracher à Boris le manuscrit retapé. La date du Prix de la Pléiade approche et les membres du jury doivent se faire une opinion et donner leur avis, même si la rumeur court que Jean Paulhan a déjà promis la récompense à Boris. En tout cas, celui-ci s'en vante. Jean Paulhan lui aurait confié son optimisme dans une lettre. Claude Léon assure que deux jours avant la remise du prix, Boris a reçu un appel téléphonique de Paulhan, à son bureau de l'Office du papier, lui confirmant qu'il avait bien toutes les chances de se voir décerner la distinction.

Boris n'a aucune raison de se méfier. Le Prix de la Pléiade est une récompense Gallimard remise par des jurés Gallimard à un espoir Gallimard. Et puisque Paulhan, qui peut tout ou presque à la NRF, s'est engagé... Boris ne prend même pas la peine de compter ses voix potentielles. Le jury se compose d'André Malraux, de Paul Eluard, de Marcel Arland, de Maurice Blanchot, de Joë Bousquet, d'Albert Camus, de Jean Grenier, de Jacques Lemarchand, de Jean Paulhan, de Jean-Paul Sartre, de Roland Tual et de Queneau. Tous éditeurs, auteurs ou alliés de la rue Sébastien-Bottin. Et on n'oppose à *L'Écume des jours*, dans une ultime sélection, que *Terre du temps*, un recueil de poèmes de l'abbé Jean Grosjean, un écrivain-curé en délicatesse, durant les premiers mois de la Libération, avec le Comité national des écrivains [1].

Boris ne cache plus son impatience, d'autant qu'il sait *Vercoquin* destiné à être publié avant *L'Écume des jours*, et qu'il renie déjà, passé les premiers mois flatteurs de la lecture

---

1. *Terre du temps*, de Jean Grosjean, collection Métamorphoses, Gallimard, 1946.

du manuscrit chez Gallimard, ce roman de jeunesse[2]. Boris veut aller vite. Après celle de Queneau, il aimerait s'attirer la sympathie de Jean-Paul Sartre, devenu depuis l'automne précédent plus qu'un philosophe à la mode : le pape de l'existentialisme. Depuis la fin de la guerre, le petit homme à lunettes est cause de mauvais rêves pour ses confrères. Il n'y en a plus que pour lui ou presque, et lorsque les autres, comme Albert Camus, gagnent honneur et gloire, c'est un peu aux côtés de Sartre, avec ou contre Sartre, avec Sartre en point de mire. Les communistes en ont fait leur bête noire. Les gaullistes s'en méfient. Il a ridiculisé le CNE, en démissionnant. Il a déjà une bonne partie de son œuvre derrière lui, *La Nausée*, *Le Mur*, *L'Être et le Néant*, *Les Mouches*, même *Huis clos*, qui fut l'un des événements théâtraux de l'année 1944, et paraît écrire plus vite que les critiques ne le lisent. Sartre a inventé une philosophie radicale pour un après-guerre désorienté, qui agace les intellectuels en place et séduit la jeunesse. Fin 44, il a résumé ses conceptions dans une mise au point publiée par *Combat*, en réponse aux attaques en règle des écrivains du PC : « L'homme doit se créer sa propre essence ; c'est en se jetant dans le monde, en y souffrant, en y luttant, qu'il se définit peu à peu... L'angoisse, loin d'être un obstacle à l'action, en est la condition même... L'homme ne peut vouloir que s'il a compris qu'il ne peut compter sur rien d'autre que sur lui-même, qu'il est seul, délaissé sur la terre au milieu de ses responsabilités infinies, sans aide ni secours, sans autre but que celui qu'il se donnera à lui-même, sans autre destin que celui qu'il se forgera sur cette terre[3]. »

Jean Paulhan qualifie Sartre de « chef spirituel pour mille jeunes gens[4] ». Beaucoup d'écrivains, même — ou surtout — chez Gallimard, l'éditeur de Sartre, manifestent leur irritation devant la renommée grandissante du philosophe de « l'écriture engagée ». Celle-ci déborde même le cadre strict des milieux de la rive gauche, pour devenir phénomène de presse. Le 29 octobre 1945, dans la salle des Centraux, rue Jean-Goujon, l'une des conférences traditionnelles de Jean-Paul

---

2. Dans son livre, *Boris Vian, essai d'interprétation et de documentation*, publié, en 1969, aux Éditions Minard, Michel Rybalka cite une dédicace, sur un exemplaire de *L'Écume des jours*, dans laquelle Boris Vian confie son envie de se voir « jugé sur d'autres khonneries que *Vercoquin* ».
3. *Sartre, 1905-1980*, d'Annie Cohen-Solal, Gallimard, 1985.
4. *Ibid.*

Sartre, « L'existentialisme est un humanisme », tourne à l'événement parisien. « Succès culturel sans précédent. Bousculades, coups, chaises cassées, femmes en syncope[5]. » Le lendemain, des journalistes, des critiques exagèrent la réalité de cette soirée, où seules trois cents personnes ont pu écouter le philosophe parler sans notes, mais Sartre est « lancé ». Paris se divise entre ceux qui étaient aux Centraux et ceux qui n'y étaient pas, et la presse, à grands renforts de superlatifs et de métaphores sartriennes, vient au secours de ces derniers. On raconte les faits et gestes de Sartre comme ceux d'une star de cinéma. Sa pipe et le café de Flore, Saint-Germain et Simone de Beauvoir, la vie quotidienne du petit homme entouré d'une bande de jolies femmes et de jeunes gens. Les sartriens sont nés.

Pour aller à Sartre, Boris s'empare sans vergogne de tout ce matériau, de la renommée soudaine et de la fascination des disciples. Pour intéresser Sartre, il agit à rebrousse-poil. L'admiration est un moyen déjà dépassé : trop de jeunes écrivains admirent Sartre. Il lui faut une méthode plus originale. Auteur audacieux de *Prête-moi ta plume*, pastiches aigus et spirituels, très iconoclastes, de Cocteau, Mauriac, Montherlant, Giraudoux, Céline, Aymé, Romains et quelques autres, Robert Scipion avait pris le risque d'aller montrer à Sartre le chapitre qui lui était consacré. Scipion avait besoin de l'aide de Sartre pour être présenté à Queneau. Honnête, mais inconscient. Beau joueur, flatté sans doute, Sartre avait organisé une rencontre, et Scipion avait alors fait lire à Queneau... son propre pastiche. Dans le chapitre consacré à Henri Michaux, sorte de voyage anthropologique au cœur des milieux littéraires, Scipion se moquait avec une belle santé des « Genpolçarthres », « suceurs de nausée », qui, sous la présidence du Kastor, se réunissent, « à Flaure », devant une soupière posée sur une petite table. « A un signal donné, ils s'introduisent le doigt au fond de la gorge et il s'agit alors de remplir la soupière de vomissures, et cela en un temps record. » Cette technique, provocatrice, avait réussi à Scipion. Elle pouvait encore être améliorée. Boris s'engouffre, de bon cœur et la plume intrépide, dans la brèche ouverte par son compère.

Dans des notes, Boris avait d'abord envisagé de raconter

---

5. *Ibid.*

l'histoire de Zin ou de Zolin, « un type qui collectionne Mac Orlan, Queneau ou un autre[6] ». Mais, en cette période de succès existentialiste, Sartre est une tout autre cible. Sartre, victime désignée d'un abordage, signe, paradoxal au premier abord, d'un impérieux besoin, chez Boris, d'identité et de reconnaissance. Et ceci comme cela ne se réclame qu'aux maîtres. Boris veut se mesurer au meilleur, et s'en faire aimer.

Sous le nom de Jean-Sol Partre, le nouvel intellectuel-phare de Paris se retrouve donc hissé au rang de personnage de *L'Écume des jours*, et pas des plus sympathiques, maître à penser surtout préoccupé de ses droits d'auteur, gourou indifférent aux conséquences humaines de la fascination qu'il exerce, et dont l'abondante production ruine les lecteurs fanatiques. Boris joue avec les titres des œuvres qu'on ne cite plus, en ville, qu'avec un respect entendu. Avec le plus imagé, surtout, *La Nausée* : Chick dépense tous ses doublezons pour se procurer un exemplaire du *Vomi*, du *Choix préalable avant le haut-le-cœur*, du *Renvoi de fleurs* ou du *Remugle*, « relié de maroquin violet aux armes de la duchesse de Bovouard ». *L'Être et le Néant* devient *La Lettre et le Néon*, « étude critique célèbre sur les enseignes lumineuses ». Des libraires spécialisés vendent des pipes ayant appartenu au Maître, des empreintes de son pouce gauche, même un vieux pantalon, rongé de brûlures de pipe. Chick recherche surtout les volumes reliés en « peau de néant, épaisse et verte », et les articles de Partre, « extraits avec ferveur des revues, des journaux, des périodiques innombrables qu'il daignait favoriser de sa féconde collaboration ». Boris utilise le culte partrien, exagération du phénomène déclenché autour de Jean-Paul Sartre à la fin de l'année 1945, l'engouement d'une poignée de jeunes gens, touchants ou ridicules, ridicules pour Boris, dans leur adhésion passionnelle. « C'est vrai que plus tard, en y réfléchissant, je me suis un peu reconnu dans le personnage de Chick », admet Jean Pontalis, membre éminent de la « famille sartrienne ».

Surtout, Boris fait un sort à la fameuse conférence des Centraux, donnée quatre mois avant qu'il ne se mette à écrire, et qui devait sonner l'heure de la mode existentialiste. « Le public qui se pressait là, écrit Boris, présentait des aspects bien particuliers. Ce n'étaient que visages fuyants à lunettes,

---

6. Cité par Michel Rybalka, *op. cit.*

cheveux hérissés, mégots jaunis, renvois de nougats et, pour les femmes, petites nattes miteuses ficelées autour du crâne et canadiennes portées à même la peau [...] Une loge spéciale, dans laquelle trônaient la duchesse de Bovouard et sa suite, attirait les regards d'une foule presque exsangue et insultait, par son luxe de bon aloi, au caractère provisoire des dispositions personnelles d'un rang de philosophes montés sur pliants [...] Nombreux étaient les cas d'évanouissement dus à l'exaltation intra-utérine qui s'emparait particulièrement du public féminin. »

La foule réclame Partre, qui se fait attendre. Enfin arrive le Maître, protégé par des tireurs d'élite, carré dans un houdah blindé que supporte un éléphant. Une entrée de monarque. La conférence peut commencer et Partre parle, sans cesse interrompu par les acclamations, présentant « au public des échantillons de vomi empaillé ». « Le plus joli, pomme crue et vin rouge, obtint un franc succès. » Surchargé de resquilleurs, le plafond de la salle s'effondre. Il y a des morts parmi les adorateurs, de la poussière de plâtre, et Partre, toussant, qui rit « de bon cœur en se tapant sur les cuisses, heureux de voir tant de gens engagés dans cette aventure ». Une belle soirée.

Boris avait fait le pari que Jean-Paul Sartre avait de l'humour. Pari gagné. Non seulement le philosophe assure Queneau et Lemarchand de sa voix en faveur de *L'Écume des jours* pour le Prix de la Pléiade, mais Simone de Beauvoir retient le roman pour une prépublication dans le n° 13 des *Temps Modernes*, en octobre 46. Toutefois, les extraits choisis éviteront soigneusement toute référence à Jean-Sol Partre.

Avec de tels parrainages, Boris estime que le prix ne peut lui échapper. C'est sans compter avec le souci d'équilibre interne qu'exige le bon développement de Gallimard. Jacques Lemarchand confiera plus tard que Jean Paulhan n'avait pas aimé le manuscrit de Boris. Plus sûrement, Jean Paulhan procède, au dernier moment, à un de ces renversements d'alliances dont ses contemporains de la NRF assurent qu'il a le secret. Ami de Jean Grosjean, André Malraux a mené une vive campagne en faveur de *Terre du temps*. Il a persuadé Marcel Arland, hostile à *L'Écume des jours*, mais surtout d'une grande influence auprès de Blanchot, de Bousquet et de Grenier, de voter pour Grosjean. C'est lui, Arland, qui assène l'argument décisif : depuis deux ans, la rue Sébastien-Bottin a fait la part belle, notamment pour éloigner les soupçons de la Libération, aux auteurs proches de la Résistance ou qui s'en réclament. Il est temps de renvoyer un peu le balancier dans l'autre sens, de rassurer les gloires maison et de réfréner les appétits de Sartre et de ses amis. Bref, cette année, le prix doit rassurer la vieille garde.

Le 25 juin, le Prix de la Pléiade est décerné à Grosjean par huit voix contre trois à Boris, et une à Henri Pichette qui n'était pas candidat. Seuls Sartre, Queneau et Lemarchand ont soutenu jusqu'au bout *L'Écume des jours*. Tous les autres ont suivi Paulhan et Arland. Paul Eluard, refusant la querelle interne, aurait donné sa voix à Pichette. Après avoir, dit-on, promis de voter pour Boris Vian, sur le conseil de son ami Lemarchand, Camus a rejoint la majorité. Boris est effondré, et Sartre, le soir même, pour le réconforter, l'emmène dîner, avec Lemarchand et quelques membres de la « famille ». Mais Boris ne décolère pas. Il refuse de se montrer beau joueur, dédaigne l'humilité tactique qui vaut à qui sait encaisser des prix de consolation. Il affirme haut et fort que Paulhan n'est pas homme de parole, et que Arland est aux ordres de l'ancien régime. On l'incite à la modération, mais il n'en a cure. Il veut solliciter l'arbitrage de Gaston Gallimard, demande des rendez-vous d'explication. Trop sûr de lui, ou mal préparé aux mystères de l'édition, il prend l'affront comme une injustice et aucun proche ne parvient à le raisonner.

Le lendemain même — à en croire certains de ses amis — de ce qui n'est au fond qu'une mauvaise nouvelle, un obstacle normal, presque obligé, pour un romancier débutant, Boris rédige un poème au vitriol, intitulé *J'ai pas gagné le Prix de la Pléiade* :

> « Nous étions partis presque-z-équipollents
> Hélas ! tu m'as pourfendu et cuit, Paulhan.
> Victime des pets d'un Marcel à relents
> J'ai-z-été battu par l'Abbé Grosjean
> Qui m'a consolé, c'est Jacques Lemarchand
> Mais mon chagrin, je le garde en remâchant
> Je pleure tout le temps
> Que n'eau, Que n'eau
> Sartr'apprendra, qu'ils m'ont dit en rigolant
> A ne pas écrire des poésies mystère[7]. »

7. Cité par Noël Arnaud, dans *Les Vies parallèles de Boris Vian*, op. cit.

Dès lors, pendant des mois, les références à la déconvenue du prix apparaissent souvent dans les écrits de Boris. Fin juin, dans *Sous le banian*, un poème qui, comme le précédent, ne paraîtra qu'à titre posthume, le jeune écrivain offensé ne peut s'empêcher d'ajouter une note à ces premiers vers :

> « Ouvrir un jour sa fenêtre
> Et pisser sur les passants[(1)]
> Ça c'est amusant. »

En note : « (1). Ou sur Jean Paulhan, ou sur Marcel Arland[8]. »

Dans *Les Bons Élèves*, une nouvelle écrite vraisemblablement le 1er juillet 1946, Boris raconte une journée d'apprentis policiers, « les fliques », qui s'appliquent à retenir les mille et une manières de frapper les manifestants du PC, le « parti conformiste ». Au réfectoire, les deux héros, Lune et Paton, retrouvent « Arrelent et Poland, deux des fliques les plus arriérés de l'École ». Arrelent, surtout, qui jure comme un charretier. A Lune qui s'enquiert de ses résultats à l'examen de passage à tabac de la matinée, celui-ci répond : « De la kouille en barre ! [...] Ils m'ont donné une viocque d'essai qui avait au moins soixante-dix piges, et dure comme un cheval, la garce ! » Mais c'est surtout dans *L'Automne à Pékin*, que Boris écrit de septembre à novembre 1946, tout à sa fureur de l'échec de la Pléiade, que se retrouvent les mauvais acteurs de ce qu'il continue de considérer comme un outrage. « L'abbé Petitjean », « Ursus de Janpolent » et surtout l'abominable contremaître « Arland », dont Boris ponctue chaque référence d'un définitif : « un beau salaud ». Et comme si cela ne suffisait pas, Boris leste aussi de cette précision l'un de ses nombreux projets de notice biographique, demandée par Gallimard pour *Vercoquin* : « Second roman, *L'Écume des jours*, pour le Prix de la Pléiade. A cause de la mauvaise volonté du Pape qui soutenait Jean Paulhan et Marcel Arland, pas de Prix de la Pléiade. C'est bien fait. »

Comme Sartre et Queneau ont donné de la voix dans les

---

8. Ce poème figure dans la dernière édition commune de *Barnum's Digest* et de *Cantilènes en gelée*, auxquels les éditeurs ont rajouté quelques textes inédits, 10/18, 1972.

bureaux de la rue Sébastien-Bottin après l'incident du Prix de la Pléiade, soulignant le caractère dérisoire d'une récompense attribuée à un recueil de poésie et à un auteur qui n'est déjà plus « un jeune espoir », comme la presse s'est fait l'écho des arrangements du jury, les minoritaires du comité de lecture précipitent la disparition de cette distinction équivoque. Grâce à l'insistance de Sartre, Jean Genet, l'année suivante, en sera le dernier lauréat. Et, tacitement, Boris profite d'une sorte de repêchage. Puisque *L'Écume des jours* a le soutien des plus remuants, et même de Camus qui plaide en faveur de sa publication, puisque Paulhan lui-même ne s'y oppose plus, l'ouvrage sera édité. L'équipe des *Temps Modernes* explique d'ailleurs partout qu'elle va divulguer de larges extraits du livre « qui n'a pas eu le prix ». L'affaire, jusqu'à présent, est restée limitée au cadre familial de la NRF. Consulté, ennuyé, Gaston Gallimard soutient la proposition de Queneau de donner autant de publicité au livre de Boris qu'à celui de Jean Grosjean. Un contrat est donc proposé à la signature, le 30 septembre 1946. Le troisième en un an, fait gentiment remarquer Gaston Gallimard. Peu de jeunes auteurs, en tout cas parmi ceux dont on ignore quel accueil leur réserveront la critique et le public, peuvent se vanter d'avoir trois projets garantis par leur éditeur : *Vercoquin*, *Les Lurettes fourrées*, *L'Écume des jours*... Mais Boris reste sourd à l'argument. Il enrage. Le prix lui avait été promis ! Sa confiance en lui est provisoirement meurtrie.

L'Écume des jours ne sera pas abrité dans la collection animée par Raymond Queneau. Faute de réserves de papier et d'une véritable ambition éditoriale, les titres de « La Plume au vent » sont retardés. Celui de Robert Scipion, le premier accepté, va paraître à la fin de l'année, alors que son copyright remonte à 1945, et que l'ouvrage est « achevé d'imprimer » depuis le 15 février. Suivront *Vercoquin* et *Succube* de Roger Trubert. Les autres manuscrits retenus par Queneau, certains sous contrat, comme *Sur un air de flûte* de Raymond Fauchet, *L'Honneur de Pedonzigue* de Roger Rabiniaux, ou *Cœur de laitue* d'Eugène Moineau, ne seront pas publiés. Les enfants « pas mal insolents » de Queneau sont mort-nés. Peut-être par défaut, *L'Écume des jours* aura les honneurs de la fameuse collection « blanche ».

Boris peste toujours, et il enfonce le clou de son humour sarcastique et juvénile. A son exemplaire du contrat de

L'Écume des jours, il ajoute quelques plaisanteries. Il renvoie les feuillets « dûment signés, paraphés, pataphiolés et bénis par notre Saint-Père le Pape [9] ». Il regrette le style « pas très marrant » de l'accord et propose d'y introduire, dans la marge, « de petits dessins coloriés ». Chez Gallimard, le directeur commercial, Louis-Daniel Hirsch, est le premier destinataire de ces relations que Boris place délibérément sous le signe de l'irrespect tranquille. Dans une lettre du 20 juin 1946, soit avant même le Prix de la Pléiade, le jeune auteur écrit ainsi à son nouveau correspondant : « Cher monsieur, comme suite à votre téléphonaison du mardi 18 juin 1946 à 8 heures 49, j'ai l'honneur de vous remettre ci-joint, en un seul exemplaire (vu le prix du papier, d'une part, et l'incertitude où je me trouve de leur utilisation, d'autre part) : 1) quelques éléments d'une biographie que je regrette d'avoir étendu plus que je ne le désirais, 2) une présentation anodine de *L'Écume des jours*[10]. »

Anodine, cette présentation ne l'est guère, et Louis-Daniel Hirsch a dû rester perplexe à sa lecture : « Il s'agit, bien entendu, des jours obliques, écrit Boris, les seuls présentant un intérêt du point de vue morphologique. Quelques-unes des théories familières à l'auteur s'y trouvent exposées, et l'on peut affirmer que certaines pages de cette œuvre cruelle résolvent enfin des problèmes abordés avec crainte par l'obscurantisme des siècles passés. C'est un des rares ouvrages qui, pour suivre la voie brillamment tracée par Bossuet et ses prosélytes, ne se lisent pas moins avec un minimum de dégâts. Les personnages sont peints avec un sens très vif de la couleur, ce qui s'explique par ce que l'auteur est un musicien, bien connu des milieux spécialisés. »

Impubliable, bien sûr, inutilisable, et Hirsch, sans se départir de sa courtoisie, priera M. Boris Vian de bien vouloir lui suggérer d'autres résumés de l'œuvre. Dans toutes ses correspondances avec Gallimard, notamment à chaque fois que Hirsch sollicite une notice, ou un prière d'insérer, Boris répond comme à un congénère de Centrale passé par les surprises-parties zazous. Il en a pris l'habitude, et tout le monde est placé sur un strict plan d'égalité : l'échelle sociale, ou éditoriale, n'existe pas. Puissant ou sans influence aucune,

---

9. Archives Gallimard.
10. Archives de la Fondation Boris Vian.

chacun, considère Boris, a droit à son quart d'heure de rire ou de scepticisme, à la lecture de ses lettres. Le 28 août 1946, Hirsch, avec sérieux mais aussi avec chaleur, demande à l'auteur de *Vercoquin* — « en prévision du lancement, dans le courant octobre » — de lui envoyer des textes pour la bande et le prière d'insérer. Boris propose plusieurs projets pour la couverture de *Vercoquin*, dont celui ayant sa préférence : « Mes coqs sont lâchés... rentrez vos poules. » Et y joint cette lettre à Hirsch, le 10 septembre : « [...] les bandes, vous les prendrez, si vous voulez, et sinon, vous en mettrez d'autres. Comme disait Balzac, je ne suis pas contrariant. Notez que ça ne lui a pas porté chance puisqu'il est mort. Quant à la prière d'insérer, c'est une ignoble corvée que vous m'avez imposée là, et je vous en garde une rancune de sept mètres de long. Mais grâce à la Saponite, ce sera bientôt fini. J'en ai fait deux aussi brillamment réussies que tout ce que j'écris d'habitude [...] N'oubliez pas de mettre votre montre à l'heure dès la réception de cette lettre : il sera dix-heures-trente-deux [11]. »

Avec les sartriens

Nul ne peut se vanter de l'impressionner. Ni Jean Paulhan ni Albert Camus. Ni même Gaston Gallimard. Boris porte son intelligence en bandoulière, toujours prêt à s'en servir comme d'une épée, par réflexe de pudeur ou de provocation. A vingt-six ans, il ne sait induire que des relations strictement égalitaires, même si ses interlocuteurs sont plus âgés et célèbres, même si, consciemment ou non, lui-même cherche à provoquer, par son charme, leur sympathie ou leur soutien. Il ne se force pas. Ce naturel, que certains confondent parfois avec un complexe de supériorité, tient aux vertus de Ville-d'Avray, à l'estime précoce de Jean Rostand, à la simplicité des rapports dans la confrérie du jazz où l'on peut être n'importe qui, ingénieur ou clochard céleste...

Ainsi, Sartre. La rencontre était inévitable. Aux deux hommes, au début de l'année 1946, Scipion, Cau, Astruc et Jacques-Laurent Bost ne pouvaient que proposer leur médiation. Tous sous l'influence du philosophe, et camarades de Boris. Au-delà du phénomène de cour, Jean-Paul Sartre

11. *Ibid.*

apprécie ces jeunes intellectuels, normaliens ou anciens khâgneux, qui mêlent à leur admiration de sa pensée et de son œuvre, un solide appétit de vivre, collectionnent les conquêtes féminines, les croisements amoureux, dont Sartre, grand amateur de ragots, compte méticuleusement les coups. En ces années d'après-guerre, ils sont férocement infidèles, boivent ferme, et vivent un peu comme Sartre prône de vivre, entre un travail acharné, des « fiestas » et ce que Simone de Beauvoir nomme « les amours contingentes ». « Nous buvions dur à l'époque, note le Castor dans *La Force des choses* ; d'abord, parce qu'il y avait de l'alcool ; et puis nous avions besoin de nous défouler, c'était fête ; une drôle de fête ; proche, affreux, le passé nous hantait ; devant l'avenir, l'espoir et le doute nous divisaient. »

Rétif à l'esprit de clan, se tenant prudemment aux marges de la « famille », Queneau choisit ses rendez-vous avec la bande. Le 12 mars, il a présenté Boris à Simone de Beauvoir, au bar de l'hôtel du Pont-Royal, à deux pas de Gallimard. Depuis la vogue de l'existentialisme et la surveillance obsessionnelle dont ils font l'objet de la part de la presse à sensation, Sartre et les siens ont préféré abandonner l'abri du Flore, dont la chaleur, près du poêle, leur avait rendu la fin de la guerre un peu plus douce, et l'auteur de *La Nausée* va quitter son campement de l'hôtel de la Louisiane, pour habiter chez sa mère, Mme Mancy, au quatrième étage du 42, rue Bonaparte. Au cœur même de Saint-Germain-des-Prés. Queneau espère persuader le Castor du talent de Boris, lui faire lire *Vercoquin* et lui parler de *L'Écume des jours*. Le Prix de la Pléiade est en point de mire et *Les Temps Modernes*, dès leurs premiers numéros, cherchent à attirer de jeunes collaborateurs. L'équipe des *Temps Modernes* ne peut se nourrir longtemps des textes d'auteurs américains et des contributions épisodiques de Michel Leiris ou de Raymond Queneau. Jean Paulhan, Albert Ollivier, Raymond Aron, en désaccord, entre autres sujets, sur les positions antigaullistes de la revue, vont quitter rapidement le comité de lecture. Albert Camus, trop absorbé par *Combat*, n'y entrera pas. Les sartriens doivent se débrouiller seuls, surtout Simone de Beauvoir, qui passe souvent ses journées à composer le matériau éditorial que Maurice Merleau-Ponty réduit ensuite, avec hauteur.

D'ailleurs, en ce mois de mars 1946, Sartre est toujours aux États-Unis, où le retient sa passion compliquée pour Dolorès

Vanetti. Comme l'hiver précédent, il retarde son retour en France de semaine en semaine, et le Castor redoute, cette fois, une remise en cause du vieil arrangement — « le pacte », dit-elle — signé avec son compagnon, les jeux sentimentaux, Olga, Wanda, les amies de l'un servant à la sensualité de l'autre, bref, cette galaxie relationnelle qui a pimenté leur union depuis dix ans. Fait rarissime, Jacques-Laurent Bost l'a vue pleurer. Elle s'épuise à conserver son rôle de première organisatrice de la nébuleuse sartrienne. Elle répond aux attaques de la presse ou du PC, lit des textes pour *Les Temps Modernes*, s'échine à maintenir la présence de Sartre absent et à écrire pour elle-même. Mais, de son propre aveu, en cette fin d'hiver, elle se fragilise, seule, au milieu du grand chantier sartrien.

C'est peut-être ce qui explique qu'elle ait fort mal reçu Boris, ce 12 mars. « C'est ainsi que je rencontrai Vian au bar du Pont-Royal, écrit-elle dans son journal ; il avait en lecture chez Gallimard un manuscrit qui plaisait beaucoup à Queneau ; je pris un verre avec eux et Astruc ; je trouvais que Vian s'écoutait et qu'il cultivait trop complaisamment le paradoxe[12]. » Toutefois, cette première impression ne dure pas. Boris possède l'arme idéale pour apaiser les cœurs meurtris et corriger les jugements hâtifs : une bonne surprise-partie. Plus exactement, une tarte-partie, soirée du Faubourg-Poissonnière qui tire son nom de la capacité de Michelle et de Madeleine Léon, la femme de Doddy, à servir des tartes à la chaîne, arrosées de redoutables mélanges alcoolisés.

Celle du 17 mars réunit un large pan de l'univers de Boris : les membres de l'orchestre de Claude Abadie, plus Charles Delaunay et quelques amis musiciens, le jeune clarinettiste André Reweliotty, le pianiste Jean Marty ; ceux de Ville-d'Avray, Ninon, Pitou, Lélio, les Rostand ; Queneau et Astruc ; le fils du conseiller d'État Georges Huysmans, rencontré lors d'une fête, le 10 février, chez Armand Salacrou ; des épouses légitimes et des filles de rencontre, ainsi que Béatrice, jeune comédienne du film *Madame et son flirt*... Sans oublier le Major. Et Simone de Beauvoir, venue après les autres. « Quand j'arrivai, écrit-elle, tout le monde avait déjà beaucoup bu ; sa femme Michelle, ses longs cheveux de soie blanche répandus sur ses épaules, souriait aux anges ; Astruc dormait sur le divan, pieds nus ; je bus vaillamment moi aussi tout en

---

12. *La Force des choses*, 1, *op. cit.*

écoutant des disques venus d'Amérique. Vers deux heures, Boris me proposa une tasse de café ; nous nous sommes assis dans la cuisine et jusqu'à l'aube nous avons parlé : de son roman, du jazz, de la littérature, de son métier d'ingénieur. Je ne découvrais plus rien d'affecté dans ce long visage lisse et blanc mais une extrême gentillesse et une espèce de candeur têtue ; Vian mettait autant de feu à détester " les affreux " qu'à aimer ce qu'il aimait : il jouait de la trompette bien que son cœur le lui interdît. (« Si vous continuez, vous serez mort dans dix ans », lui avait dit son médecin.) Nous parlions et l'aube arriva trop vite : j'accordais le plus haut prix, quand il m'était donné de les cueillir, à ces moments fugaces d'amitié éternelle [13]. »

Les relations entre Simone de Beauvoir et Boris ne varieront plus. Elles s'espaceront simplement avec le temps, et par l'usure de leurs jeux inoffensifs de mutuelle séduction. Boris se confiant fort peu, le Castor saura attirer ce pudique à l'heure du thé, au Pont-Royal, pour le faire parler d'autre chose que de jazz. Boris l'aimera un peu comme une grande sœur, et il aura, sous l'humour, des mots assez tendres, quatre ans plus tard, en rédigeant le portrait de la duchesse de Bovouard, pour son *Manuel de Saint-Germain-des-Prés* : « Physiquement, Mme de Beauvoir a le gros mérite de s'écarter du type " femme de lettres ", à mine pointue et teint triste. Jeune, vive, une voix plaisamment éraillée, le cheveu noir et l'œil de Delft, le visage clair et le soulier plat [14]... » Lorsque Sartre rentre enfin des États-Unis, après la mi-avril 1946, pour subir le choc de la jalousie castorienne, Simone de Beauvoir peut lui offrir le présent d'un « superbe » jeune couple sympathique. L'arrivant est surtout sensible à la beauté de Michelle, et à sa façon, très silencieuse, de suivre une conversation en groupe. « Boris n'aimait pas que je parle, explique Michelle Vian, il devait avoir peur que je dise des bêtises. Et de moi-même, j'étais incapable de parler devant ces gens brillants. Je sentais que ma présence physique faisait plaisir, mais quand je parlais, j'avais l'impression d'avoir dit un mot d'enfant. » Simone de Beauvoir est d'abord sévère envers la jeune femme. « Belle mais insipide, un peu ennuyeuse en fait », lâche-t-elle au

---

13. *Ibid.*
14. *Manuel de Saint-Germain-des-Prés*, de Boris Vian, Éditions du Chêne, 1974.

début. Puis, elle changera d'avis, à mesure que Michelle se rapprochera des sartriens. « On l'aimait toujours parce qu'elle ne se préférait jamais », consignera la chroniqueuse de l'épopée existentialiste [15].

Comme tout le monde, Sartre trouve Boris énigmatique. « Dents éclatantes. Lèvres rose pâle, presque violettes. Des yeux bleus. Une longue tête de cheval mélancolique. Il était grand et cardiaque. Il souriait souvent, d'un sourire un peu tordu, sur le côté droit de la bouche. » Ce portrait a été brossé par Jean Cau [16]. Mais tous les jeunes collaborateurs ou amis de Jean-Paul Sartre auraient pu le contresigner. Étrange Boris. « Il avait une personnalité incernable par rapport à nos critères de Saint-Germain-des-Prés, confirme J.-B. Pontalis. Lui-même était disparate, avec des côtés " rive droite ", ses vêtements sérieux d'ingénieur, sa culture scientifique, et son univers, aussi, était disparate, Michelle, le Major, ses camarades musiciens... » Comme Sartre adore la plaisanterie, et qu'il reproche souvent à ses amis de trop se ressembler, Boris prend naturellement sa place à la table du père. Celle du trublion, imperméable à l'esprit normalien, capable, en deux jeux de mots et quelques contrepèteries, de rendre dérisoires de graves démonstrations philosophiques, amollies par l'avancée de la nuit. Souvent, il irrite, par sa différence. « Comme ennuyé de parler sur le monde sérieux, écrit Jean Cau, il se mettait aussitôt à nasiller, en tordant la bouche, de petites phrases brèves et se cuirassait d'un humour auquel j'étais assez insensible. Un humour de " mots ", sans esprit, qui tenait à distance par timidité. Ancien élève de Centrale, il avait, pour mon goût, l'humour " taupin " [17]. »

Déroutés par la difficulté, beaucoup d'autres réduiront par la suite Boris à sa qualité de musicien. Vian et sa trompette. Boris à la trompinette. Curieusement, ce timide dégingandé, un peu « rive droite », et qui, jusqu'en 1946, n'a pas souvent fréquenté Saint-Germain, passe rapidement pour un expert des plaisirs qui vont décrocher l'époque de l'avant-guerre. Il peut parler de l'Amérique pendant des heures, pas la même, la sienne, et celle du Major. Il paraît tout connaître de la littérature américaine, surtout celle qui pointe à travers les

---

15. *La Force des choses*, 1, *op. cit.*
16. *Croquis de mémoire*, de Jean Cau, Julliard, 1985.
17. *Ibid.*

premiers romans policiers. Il aime l'écrivain Richard Wright, ancien communiste et antiraciste convaincu qui a beaucoup impressionné Sartre. Il a une parfaite maîtrise du jazz, de ses légendes et de ses techniques, et ses nouveaux compagnons de bar lui envient une culture encyclopédique qui, en 1946, vous vaut tous les cartons d'invitation. Souvent, Sartre lui pose des questions sur cette musique qui cache les plaintes de la ségrégation raciale américaine. Lors de son premier voyage aux États-Unis et de sa rencontre avec Dolorès, en décembre 1944, l'auteur de *La Nausée* avait rapporté, pour *Combat*, des reportages sur les inégalités sociales des États du Sud, et la situation faite aux Noirs avait été son premier « engagement ». A New York, Sartre était allé écouter Charlie Parker, il avait beaucoup fréquenté le Jimmy Ryan's et le Nick's Bar. « [...] personne ne bouge, le jazz joue, avait-il noté, [...] il y a un pianiste sans merci, un contrebassiste qui gratte ses cordes sans écouter les autres. Ils s'adressent à la meilleure part de vous-même, à la plus sèche, à la plus libre [...] [18]. » Deux ans plus tôt, l'un de ses anciens élèves, Jacques Besse, avait tenté d'initier Sartre à cette musique. Pour le jazz, Sartre a désormais son prof personnel.

« Merleau-Ponty disait de Boris et de moi que nous étions à l'aise comme deux poissons rouges dans leur bocal », se souvient Michelle Vian. Le couple maîtrise l'air du temps, le « swing », les tourbillons du jitterburg, et ce que la parenthèse zazou a laissé derrière elle. Apprendre quelques pas de danse à Simone de Beauvoir vous fait gagner deux ou trois places dans l'échelle des sympathies de la « famille ». L'art de la préparation de cocktails explosifs, le savoir-faire de « tôlier », pendant les surboums, vous attirent une gratitude émue. Tout au long de l'année 46, Michelle, Boris et quelques-uns de leurs comparses vont guider le groupe dans le labyrinthe des effluves et des sonorités fortes. Les sartriens ne comptent encore qu'un noctambule chevronné : Merleau-Ponty. Le professeur de philosophie, que Boris qualifie de « tiers de la trinité existentialiste », et juge volontiers « pontyfiant », dissimule derrière son allure ascétique et les complexités de sa pensée un intérêt inattendu pour les promesses de la nuit. « Le seul parmi les

---

18. *Nick's Bar, New York City*, article de Jean-Paul Sartre pour la revue *Jazz 47*. Repris dans *Les Écrits de Sartre*, de Michel Contat et Michel Rybalka, Gallimard, 1970, et cité par Annie Cohen-Solal, *op. cit.*

philosophes qui invite les dames à danser », concède Boris[19]. En fait, de la bande, le seul explorateur de nouveaux lieux. Les autres, surtout les plus jeunes, vont là où réfléchit, boit et fume Sartre. Au Pont-Royal, au Montana, rue Saint-Benoît, au Bar Vert. Merleau-Ponty et Boris découvrent ensemble, en octobre, les Lorientais, la première cave de Saint-Germain, au sous-sol de l'hôtel des Carmes, en lisière du quartier. Claude Luter vient d'y ouvrir, avec la complicité de la patronne de l'hôtel, Mme Pérodo, son temple du jazz Nouvelle-Orléans, où, selon Boris, il enchante les amateurs par « l'improvisation collective basée sur des thèmes choisis de préférence parmi les blues et les rags qui composaient le répertoire des musiciens noirs King Oliver et Jelly Roll Morton[20] ». A force de l'écouter, Luter a imité, puis dépassé la bande de Claude Abadie.

Boris les entraîne tous, ou les rejoints aux Lorientais, simplement le temps d'un verre, pour s'échapper ensuite en compagnie de Queneau. Il apprend à mieux les connaître, mais Michelle et lui sortent plus souvent avec J.-B. Pontalis, de tous le plus tenté par la psychanalyse, et sa compagne Eurydice. Ils passent parfois des journées entières tous les quatre. Ainsi, à lire l'agenda de Michelle, les 13 et 14 juillet : après un petit déjeuner pris avec Merleau, rendez-vous avec les Pontalis. Balade dans Saint-Germain. Déjeuner, Faubourg-Poissonnière, avec les mêmes et Jacques-Francis Rolland, plus Jacques Lacan, déjà psychanalyste, et Sylvia, sa compagne. L'après-midi, mondanités communes au cocktail de lancement de la revue *La Rue*, auquel Léo Sauvage, son téméraire directeur, a convié les amis de Queneau, le critique Maurice Nadeau, Mouloudji et Jean Genet. Fin de soirée au Bar Vert. Le lendemain, sans répit, les quatre vont nager à la piscine Deligny, puis danser, jusque tard, de bal en bal...

Avec Cau, les œillades aux filles, aux terrasses des cafés. Avec Astruc, des silences complices de comptoir. Avec Bost, l'Amérique, car Bost a fait le voyage que Boris se contente de rêver, et ils comparent. Boris trouve du talent d'écrivain à Bost, et un sacré charme : « [...] d'abord il a depuis quinze ans l'air d'avoir quinze ans, ensuite c'est un Cévenol et on croirait un Indien : mince, le teint chaud, le cheveu noir et plat, le profil noble, très beau garçon. Gros succès dans le cœur des

---

19. *Manuel de Saint-Germain-des-Prés*, op. cit.
20. *Ibid.*

dames[21]... » Sartre, lui, place systématiquement Michelle à ses côtés, et parle d'autre chose avec Boris. Tous ont leur image identifiée, cette année-là, sauf peut-être Camus. Michelle et Boris ont aimé *L'Étranger*, mais la personnalité de l'écrivain, surtout depuis son vote lors du Prix de la Pléiade, ne leur inspire que peu de sympathie. En plus, Camus n'entend rien au jazz. « Comme homme, écrit Boris, il est assez connu pour une certaine susceptibilité qui s'explique mal chez un amateur de lucidité[22]. »

Camus, de son côté, n'a que peu d'estime pour l'écrivain Boris Vian. Il est resté insensible à *L'Écume des jours*, et prise peu le « nonsense » qui détourne régulièrement les écrits et les paroles de cet ingénieur zazou qui paraît tout prendre à la légère alors que se posent, à propos de la révolte et de la liberté, de la guerre froide naissante et du stalinisme menaçant, les plus graves questions philosophiques de l'histoire moderne. Entre les deux hommes, la méfiance est donc réciproque. Camus accepte parfois de participer à une surprise-partie, surtout pour ne pas perdre le fil de sa relation avec Sartre, dont la « famille » sent déjà les premières distorsions. Il se trouve dans l'appartement des Léglise, le 12 décembre 1946, pour l'une des fêtes données par les Vian. Il y a là l'équipe des *Temps Modernes*, le Castor, Sartre, Merleau, Jean Pouillon, Bost et Pontalis, le trio Astruc, Queneau et Lemarchand, toujours des musiciens, dont Reweliotty et Dody, Lélio, Alain et Ninon, des compagnes officielles, Béatrice, de *Madame et son flirt*, quelques filles... Et, bien sûr, le Major.

Cette tarte-partie restera célèbre entre toutes, car elle marque la rupture entre Merleau-Ponty et Camus et la première brouille partielle entre Sartre et Camus. Ils ont tous déjà beaucoup bu. Les autres écoutent les disques de Boris ou flirtent dans la cuisine ou au salon. Entre Camus et Merleau-Ponty, la discussion tourne à l'aigre, le premier reprochant au second son article *Le Yogi et le Prolétaire*. Sartre soutient son compagnon des *Temps Modernes*. « Ce fut terrible, raconta Sartre ; je les revois encore, Camus révolté, Merleau-Ponty courtois et ferme, un peu pâle, l'un se permettant, l'autre s'interdisant les fastes de la violence. Tout d'un coup, Camus se détourna et sortit. Je lui courus après, accompagné de

21. *Ibid.*
22. *Ibid.*

Jacques-Laurent Bost ; nous le rejoignîmes dans la rue déserte ; j'essayai tant bien que mal de lui expliquer la pensée de Merleau, ce que celui-ci n'avait pas daigné faire. Avec ce seul résultat que nous nous séparâmes brouillés[23]. » Les collaborateurs de Sartre mis à part, les acteurs de la surprise-partie n'ont pas prêté attention à cette profonde querelle. Boris corse trop ses mélanges.

Chroniques du Menteur

Le Menteur. Boris a proposé plus que le titre. La fonction. Et Sartre, qui ne demande qu'à rire avec Boris, a accepté. Le directeur des *Temps Modernes* juge parfois sa revue trop sérieuse même si, en ces premières années de parution, les sommaires restent plus littéraires que politiques, si, plus que d'autres, les textes d'auteurs américains y ont régulièrement leur place. Une respiration y serait la bienvenue, une récréation, un contre-pied, voire un pied-de-nez, histoire de montrer que tout cela, même fort talentueux, même très profond, n'est encore que littérature. Quelques mois durant, Boris tient le rôle de trouble-fête. D'empêcheur d'écrire en rond. Ses interventions prennent le nom de *Chroniques du Menteur*. Honnête, puisque Boris a fait le pari de ne rien raconter de vrai, en tout cas d'historiquement vrai à la première lecture. Puisqu'il se charge allègrement du fardeau du mensonge, dans une aventure collective en quête de vérité. Après avoir promis sa voix, en juin, pour le Prix de la Pléiade, et une publication partielle de *L'Écume des jours* dans le numéro d'octobre de la revue, Jean-Paul Sartre a aussi accepté de prendre une nouvelle, *Les Fourmis*, publiée dans le n° 9 en date du 1er juin 1946. Au même sommaire : le premier article signé Boris Vian.

Cette *Chronique du Menteur* tranche, en effet. Boris y retrouve ses plaisirs de coupeur de cheveux en quatre, le ton de raisonneur absurde et méticuleux qu'il avait expérimenté dans ses écrits de jeunesse. « Rappelons qu'Édith Piaf, autrefois la môme Piaf, raconte notamment le Menteur à propos d'un film imaginaire, vient de se faire anoblir par le pape, moyennant l'enregistrement de *Minuit, chrétiens* avec Alix Combelle au ténor, et se nomme maintenant baronne Piaffe. »

23. *Situations IV*, de Jean-Paul Sartre, Gallimard, 1964.

La suite de ce texte introductif est ainsi, du côté de *Troubles dans les Andains* et de *Vercoquin*, libéré de toute contrainte, irrévérencieux et loufoque. Boris met en scène Astruc et André Frédérique, se moque d'Aragon — « car l'on se rappelle que ce pseudonyme cache l'évêque de Béziers » — et ment sans vergogne. Dans la deuxième livraison, pour le n° 10 de juillet, le Menteur tente d'imaginer, à voix haute, ce qui se passerait s'il lui prenait l'idée de tuer Marcel Cachin : il se ferait aussitôt traiter de « salaud de fasciste » dans la presse communiste. « Et pourtant, ça n'est pas vrai, je ne suis pas un fasciste, je suis juste un peu réactionnaire, inscrit au PC et à la CGT, je lis *Le Peuple* et le fais lire à mes amis. » Manifestement, Boris cherche le point de rupture. Inconsciemment ou non, il force la censure, ou bien veut démontrer que Sartre est assez libéral pour tout supporter. Quelle est la limite du rire de Sartre ? L'engagement existentiel peut-il supporter la provocation absolue ? La dérision, dans la page suivante ? Il ne s'agit pas seulement d'une curiosité de matheux, d'explorateur. Boris croit sincèrement à ce qu'il a écrit dans sa préface à *L'Écume des jours* : « [...] l'histoire est entièrement vraie, puisque je l'ai imaginée d'un bout à l'autre. » Derrière le mensonge, il y a toujours du vrai. Donc du faux dans la vérité des pages précédentes.

Ses voisins de sommaire sentent-ils où Boris, avec ses histoires à dormir debout, veut en venir ? Comme il n'en est pas certain, il force le trait dans cette même chronique de juillet. Il vise nommément Merleau-Ponty, grand manieur de ciseaux de la revue. « Pour leur montrer ma bonne foi, je tuerai Merleau-Ponty aussi (c'est lui le gérant, mais personne ne s'en doute). C'est un capitaliste et il prend trop de pages dans cette revue, je n'aime pas les égoïstes. » Tout dire, même les secrets de famille, voilà, pense le Menteur, une bonne façon de mieux rendre *Les Temps Modernes* en mesure de s'attaquer aux barbaries de l'époque. L'innocence contre les équivoques. Sartre avait inauguré sa revue par un article généreux qui allait marquer toute une génération d'intellectuels : « Nous écrivons pour nos contemporains, avait-il proclamé, nous ne voulons pas regarder notre monde avec des yeux futurs — ce serait le plus sûr moyen de le tuer — mais avec nos yeux de chair, nos vrais yeux périssables. Nous ne souhaitons pas gagner notre procès en appel et nous n'avons que faire d'une réhabilitation posthume : c'est ici même et de notre vivant que les procès se gagnent ou se perdent[24]. » Avec ses contes de Martien halluciné qui dérèglent l'actualité littéraire ou politique, Boris estime servir cette ambition de la revue, rappeler, dans les quelques pages qu'on lui cède, et à la rigolade, la relativité du regard porté.

En octobre, dans le n° 13 des *Temps Modernes*, pince-sans-rire, le Menteur entreprend même de suggérer une réforme de la revue. Qualité du papier, présentation, corps, prix, format, contenu... tout passe à la froide et objective observation d'une sorte de rapport de l'Office du papier, avec sections et sous-sections, choix de solutions, A, B, C et 1, 2, 3... Après avoir noté la médiocrité de l'apparence de la revue, le conseilleur bienveillant propose de « faire des couvertures odorantes : pain brûlé, vomi, cattleya de Renoir, chien mouillé, entre-cuisse de nymphe, aisselles après l'orage, seringa, seringue, mer, forêt de pins, Marie-Rose, Marie-Trifouille, Marie-Salope (analogue au vieux goudron à bateau) ». Ce ne sont encore là, comme le recours à des photos de « pin-up girls, mais des bien, pas du tout-venant », que des remarques techniques. Plus important : les collaborateurs de la revue sont mal rétribués, « même s'il faut dire à la gloire de Gaston Gallimard qu'il fait pourtant tout ce qu'il peut ». Surtout, les colonnes de la revue ne sont pas « ouvertes », pas aux plumes distraites, aux plumes de Menteur. « En fait, si l'on veut écrire n'importe quoi dans *Les Temps Modernes*, on peut pas. Il faut du sérieux, du qui porte. De l'article de fond, du resucé, du concentré, du revendicatif, du dénonciateur d'abus, de l'anti-tyrannique, du libre, du dégagé de tout. » Indigné, le Menteur en appelle aux lecteurs de la revue : « Citoyens ! Assez de baratin ! »

Bien sûr, tout cela est pour rire. Mais, tout de même... Précis, Boris relève que *Les Temps Modernes* n'accueillent que fort peu de chroniques scientifiques — si l'on excepte, note-t-il, celle du Menteur —, militaires ou d'actualité, et plusieurs comités de rédaction, par la suite, aborderont sérieusement ce point. Il préconise de « vilipender Gallimard jusqu'à ce qu'il abandonne ses droits ». « Ensuite tirer à 500 000 exemplaires et les vendre. Se partager le fric. » Le chantage d'André Malraux, coutumier du fait, qui menace de quitter Gallimard si Gaston continue de publier *Les Temps Modernes*, entraînera

---

24. Extrait de la « présentation » de la revue par Jean-Paul Sartre, *Les Temps Modernes*, n° 1, octobre 1945.

en 1948 le départ de la revue chez Julliard. Parfois, le Menteur parle vrai. Les réactions aux *Chroniques* sont toutefois très mitigées. Simone de Beauvoir les juge « drôles mais faciles ». On les trouve potaches, irrévérencieuses surtout, à mesure que *Les Temps Modernes* deviennent la référence obligée de la pensée. Déplacées, pour Violette Leduc, collaboratrice de la revue, qui écrit dans une lettre à Boris : « [...] la prétention que vous avez engagée dans la Chronique du Menteur m'emm... bête [25]. » Inutiles, pour Merleau-Ponty, qui s'efforce d'en espacer la publication, surtout lorsque Sartre s'absente. La livraison destinée au numéro spécial consacré aux États-Unis (11-12, août-septembre 1946), probablement le premier texte de Boris destiné à la revue, peut-être écrit le 10 juin 1946, a été purement et simplement retirée du sommaire. Boris y pastichait Sartre dans ses articles sur l'Amérique et les textes d'une équipe toute à la fascination de sa découverte. « Pour ne pas aborder les États-Unis avec du préjugé, commençait-il, j'y suis arrivé en sous-marin. » La verve de ce récit hilare et débridé rappelait celle mise au service des aventures d'Antioche et du Major. Parti avec Astruc pour ce grand voyage initiatique, Boris donnait l'impression d'avoir posé le pied chez les Indiens. « Ces gens-là sont en progrès sur nous, on peut pas se figurer. Et puis ils savent tous l'anglais, ça leur donne une grosse supériorité sur ceux qui ne le savent pas, et en un sens, on a l'impression qu'ils sont à leur place aux États-Unis où tout le monde parle l'anglais. » Sartre avait rencontré Breton à New York, deux ans plus tôt. Astruc et le Menteur se mettaient également à la recherche de l'écrivain surréaliste : « Pas de doute, c'était lui. Mais quel camouflage !... Il s'est passé au noir ; on dirait absolument un vrai Nègre, il a même des grosses lèvres de Nègre et des cheveux crépus, et il parle comme un Nègre. Il se fait appeler Andy, les autres n'ont pas l'air d'avoir beaucoup de respect pour lui. » C'était trop, on ne pouvait jouer ainsi avec l'Amérique de Merleau, déjà antiségrégationniste et solidaire d'Henry Miller — que le Menteur découvrait « en rut dès qu'il voit de la chair, fraîche ou faisandée » —, ou penser donner, pour un film à venir, le rôle « de la fille perdue » à François Mauriac, et celui de la « dame des lavabos » à Paul Claudel.

---

25. Lettre non datée de Violette Leduc, sans doute écrite après la Chronique du Menteur du n° 26, en novembre 1947. Archives de la Fondation Boris Vian.

Boris Vian censuré d'entrée. Boris Vian, collaborateur très provisoire des *Temps Modernes*, Menteur en sursis. Au total, cinq chroniques et un texte sur l'auteur radiophonique américain Norman Corwin, en un peu plus d'un an [26]. Sartre avait aimé l'idée d'un canard noir pour stimuler la nichée, il goûte moins d'être obligé de défendre l'irrespectueux au comité de rédaction. De lui-même, Boris sent que ses goûts, ses centres d'intérêt, sa forme d'esprit s'accommodent mal de l'ambition placée dans la revue par les sartriens. Qu'il fasse sourire pendant les réunions préparatoires, le mardi ou le dimanche, pendant que Mme Mancy sert à boire, soit. Que son humour nihiliste perturbe une affaire aussi grave... Décidément, pensent-ils, Boris est peut-être un écrivain, quoique toujours non publié, plus sûrement un joyeux drille qui joue de la trompette. L'époque commande que tous les jeunes intellectuels s'engagent. Lui esquive. Qu'ils choisissent leur camp, auscultent les réalités sociales et géopolitiques. Il fait mine de trouver tout cela assommant, et leurs manifestes, vaniteux.

Jean Cau a raison : dès que les discussions deviennent sérieuses, Boris rompt d'une pirouette, la bouche en coin et la voix haut perchée. Le communisme est évidemment un système barbare, le capitalisme américain, une fausse démocratie, surtout pour les Noirs ; il est donc inutile de s'appesantir. S'interroger sans cesse, tenter de relativiser, de comprendre, voire de pardonner ne sont que perte de temps, autopersécution, ou intérêt ambigu de carrière chez les philosophes. La vie file, et il y a tant de choses à apprendre et d'instants à éprouver. Souvent, Boris hausse les épaules, ou soupire devant les indignations très idéologiques de ses camarades. Même maquillés par le vernis existentialiste, ces mots nouveaux qui font soudain fureur dans les bars de Saint-Germain, les concepts, pour Boris, sont éculés. Trop vieux ou en attente inutile de lendemains qui chantent, le monde est fou, fichu, car les hommes s'acharnent à l'enlaidir, et ce depuis des lustres. Le reste n'est que fards, articles de Merleau ou divorce de coquette, laisse-t-il souvent entendre, à la manière de Camus. Autant parler de jazz. Voilà une espérance de révolution authentique, dans la grisaille ambiante ! Le jazz, et l'autre

26. Outre les trois chroniques citées, et datées de 1946, la revue publiera encore deux autres contributions du Menteur : dans les numéros 21, en juin 1947, et 26, en novembre 1947. Ces textes ont été regroupés, sous le titre *Chroniques du Menteur*, chez Christian Bourgois, en 1974.

sexe. Désabusé quant aux systèmes humains de son époque, il n'éprouve pas plus de curiosité pour l'après que pour l'avant-guerre. Critique si radicale qu'elle ne trouve plus d'autres mots que ceux de l'esquive. Pétain condamné à mort, le 15 août 1945 ? Pierre Laval fusillé ? Les procès de Nuremberg, de Robert Brasillach, les comédies de procès de Moscou ? Le départ de De Gaulle, le retour de la molle République parlementaire ? Les risques de guerre coloniale en Indochine, la guerre de Corée ? Sur tous ces sujets, Boris n'a pas de « corps de doctrines » à servir tout prêts. Comme le dirait Cau, il sourit, mi-ironique, mi-embarrassé, et les autres l'observent, incrédules.

En littérature, il aime Aymé et Mac Orlan, il ne reviendra pas là-dessus ; Queneau et Sartre, par proximité ; surtout les Américains, moins philosophiques. Mais il s'ennuie à lire les éminents écrivains de la maison Gallimard, surtout à les entendre raconter leurs livres. Pour Boris, il y a la manière : un gentleman des lettres ne parle pas de littérature. Il en fait ! « Il trouvait à peu près tout dépassé, note Michelle Vian. La littérature française s'écoutait beaucoup à cette époque. Dans les livres américains, et surtout dans le jazz, Boris était sensible à une langue plus charnelle, directe, sensuelle, à une langue prohibée. » Son tempérament romantique et son éducation bourgeoise lui donnent, en 1946, une sorte de vision esthétique, presque rimbaldienne, des choses. Sa révolte est individualiste, solitaire, cérébrale, et ces caractéristiques le rendent réactif, par exemple, à toute demande de signature de manifeste. Le collectif, ou sa dérive, le collectivisme, ne peut rien pour l'individu. A chacun de se débrouiller dans cette jungle existentielle implacablement régie par l'absurde. C'est ainsi que ses amis l'entendent tenir d'étranges discours sur ce que l'intelligentsia redécouvre après les années 30 : la lutte de classe. Des propos ironiques sur les certitudes communistes, qui peuvent parfois plaire à Sartre, puis, soudain, étonnamment élitistes sur les ouvriers.

Alors, régulièrement, l'un des convives s'emporte, rappelant à Boris qu'il n'a pas dû rencontrer beaucoup d'ouvriers à Ville-d'Avray. C'est vrai et, le sachant, Boris se remet à parler un peu pointu. Il a surtout connu des gens bien nés ou bien élevés, il a été habitué à ne concevoir l'autre que par sa culture, son sens de l'invention, ou son avis sur Duke. Rarement par son niveau de vie ou son origine sociale. Libertaire préservé, il manque d'acquis personnels. Insolent sous la plume, prompt à la fronde, comme l'ont été, sans trop de risques, quelques promotions de Centrale, il estime qu'il revient à chacun de gérer ses chances ici-bas. Qu'elles aient pu être nulles au départ ne lui vient pas à l'esprit, ou alors l'échauffe, car il déteste l'analphabétisme, les molles pensées de masse, l'absence de vivacité spirituelle chez ses contemporains. Boris Vian, homme intelligent, déçu que l'intelligence soit inégalement répartie ! Boris Vian incrédule sur la capacité des systèmes sociaux, éducatifs, à compenser les carences innées. A la différence des convictions de ses amis des *Temps Modernes*, pour lui, c'est toujours, aussi, un peu de la faute des moins intelligents, des moins riches, des plus exploités, s'ils restent ce qu'ils sont.

En cette année 46, quelques futurs pensionnaires de Saint-Germain-des-Prés lui chercheront parfois querelle de tels avis. Astruc, Pontalis, Cau surtout. Même Scipion : « On était tous terriblement de gauche, raconte l'écrivain, fascinés par l'URSS manichéen, braqués contre les USA, qui incarnaient le mal politique, malgré leurs romans et leurs " séries noires ". Boris était plus fin, plus en avance. Moins dupe. Nous devions nous comporter comme des moutons. Lui passait pour un apolitique, et souvent, il a été dédaigné pour cela. En fait, il était en avance. Il avait compris que tout cela tournerait court, par son tempérament, par un mélange d'égoïsme et de sens de l'absurde. »

Boris est-il de droite ? Le vocable, il est vrai, a peu de sens pour l'époque. Certainement pas de cette droite version Vichy, revancharde et nostalgique du vert-de-gris. Plutôt non engagé à gauche, en retrait des positions en vogue qui vont s'affirmer, avec ou contre le parti communiste, dans les années 50. Ni au PC, donc, ni dans ses franges ; pas plus parmi les « atlantistes » ou les gaullistes de la reconstruction nationale. Ailleurs. Parfois avec Sartre, lorsqu'il s'agit d'aimer l'Amérique pour ses artistes et ses militants des droits de l'homme, ou encore de critiquer le sort réservé aux Noirs au pays de la liberté. Le plus souvent en marge de la « famille », vite lassé du combat du mois, inconstant par manque de prédispositions militantes. Sur la route impériale de Sartre, on verra tout de même se dresser quelques écrivains hostiles au modèle paternel dominant, et qu'on nommera les « Hussards », peut-être pour qu'ils se tiennent chaud, ensemble, dans leur désert d'influence immédiate. Antoine Blondin, Roger Nimier, Jacques Laurent... Eux seront classés à droite. Ils composeront même, assez injustement, « la jeune droite ». Boris les croisera souvent, leur parlera, il collaborera un peu à *La Parisienne*, la revue littéraire que dirigera Jacques Laurent. Mais, pour eux comme pour les autres, Boris ne sera jamais un compagnon de route. Ailleurs, de leur point de vue à tous.

De droite ? De gauche ? Inclassable, plutôt, et discrètement fier de l'être, s'évertuant à brouiller les pistes, comme Raymond Queneau, jamais là où on l'attend, en tout cas, jamais avec la majorité du jour. Secoué d'immenses crises de rire, ou d'effroi, devant l'innocence utopiste. Faussement désengagé, au plus fort de l'engagement. Comme Queneau encore, plus préoccupé de culture universelle que de révolution, matheux sceptique trouvant plus utile, et plus drôle, de chercher la clé des mystères des nombres dans un poème. Anar élitiste. Combattant néo-surréaliste du désenclavement des mots.

Sensible à la bêtise, et la bêtise étant partout, Boris n'a pas le temps de s'attarder sur une seule adversité à la fois. D'où ces dynamitages tous azimuts, en un même texte. La bêtise, il la sent et la traque partout, dans les institutions, l'armée, l'Église, dans les frilosités d'une période qui n'ose rien, n'innove pas, d'une presse libérée qui se scandalise de l'existentialisme et confond Saint-Germain avec Pigalle. C'est un libéral, comme on le dit encore des grands bourgeois, que l'inertie environnante décontenance. Il amuse ses compagnons avec ses récits d'inventions techniques, découvertes, la veille, dans un magazine américain, alors que pour lui, il y a là, évidemment, matière à s'enrichir. En fait, il ressemble beaucoup à Queneau et à son rêve de « l'homme complet », qui se montre apte à l'écriture, à la réflexion comme aux pratiques manuelles ou sportives. Que tout intéresse, qui entraîne son esprit à lutter contre la sclérose par de nouvelles curiosités. Qui ouvre des chemins inexplorés. Les personnages de *Vercoquin* et de *L'Écume des jours* détestent le travail, qui avilit et éloigne du bonheur. Boris, militant du temps libre... Lui-même, pourtant très dépensier de son énergie, émet souvent le regret de devoir sacrifier aux obligations matérielles de l'existence : « perdre sa vie à la gagner » est l'une de ses phrases préférées. Ses héros, beaucoup d'ingénieurs, passent leur temps à ordonner de l'inutile, alors qu'ils seraient mieux aux champs, ou au concert.

Depuis la fin de la guerre, un sujet paraît, cependant, le toucher plus que les autres : la guerre, justement. Ce qu'il en retient des films projetés sur les écrans de la Libération, ce qu'il en a lu dans l'abondante littérature américaine et chez Céline, et qui provoque une haine froide, active, déconcertante pour ses premiers amis. Universelle rancœur après la mort de son père, tué par une arme ? Déclic simplement tardif ? Boris ne répond pas. Mais, après la guerre, il se met à combattre la guerre. Pas particulièrement celle de Corée, ni les menaces du troisième conflit mondial. La guerre en général, pour elle-même, jamais bonne, quelle qu'en soit la juste cause, machine à tuer les hommes, et à les tuer inutilement. La guerre, à la fois vue par un enfant et par un ingénieur. Boris lit tout ce qui lui tombe sous la main à propos de la fameuse bombe atomique. Chaque fois qu'il le peut, il retourne aux images des premiers champignons atomiques. Depuis août 1945, depuis Hiroshima et Nagasaki, il se range parmi les antimilitaristes virulents. Sa nouvelle, *Les Fourmis*, publiée dans *Les Temps Modernes*, décrit un effroyable charnier sur la plage d'un débarquement, et l'humour de Boris y prend la couleur du sang. « Il venait des balles d'un peu partout et je n'aime pas ce désordre pour le plaisir. On a sauté dans l'eau, mais elle était plus profonde qu'elle n'en avait l'air et j'ai glissé sur une boîte de conserve. Le gars qui était juste derrière moi a eu les trois quarts de la figure emportée, et j'ai gardé la boîte de conserve en souvenir. J'ai mis les morceaux de sa figure dans mon casque et je les lui ai donnés. »

Boris ne cessera plus d'écrire contre la guerre. Mais est-ce suffisant pour garder la sympathie de Sartre, au-delà de l'amusement que le philosophe retire de sa fréquentation régulière ? Tout au long de l'année 1946, Boris s'acharne, sans trop le montrer, à se faire reconnaître par celui qu'il s'est choisi. Comme Cau, il l'appelle « patron », ce qui a le don d'énerver Sartre. L'auteur de *La Nausée* s'est montré des plus généreux à l'égard de l'iconoclaste, appréciant souvent mieux que ses compagnons la pertinence du Menteur à la trompette, même s'il tique, parfois, devant la manière retenue par Boris pour lui plaire... Et puis le jeune écrivain a fait un joli cadeau à son aîné qui, à lui seul, pourrait excuser un comportement non conforme au style des sartriens orthodoxes. Un texte, publié dans le numéro inaugural de l'hebdomadaire *La Rue*, le 12 juillet 1946. Un texte de défense de Sartre, violent réquisitoire contre les critiques visant l'existentialiste en chef. Un texte de presse contre la presse : *Sartre et la merde*. Reprochant à certains « plumitifs » d'attribuer à Sartre, dans ses œuvres, « des préférences exclusivement latrinaires », Boris enfonce sa plume comme un poing, avec une audace rare dans les références à la matière citée : « Louons, Messieurs, louons Sartre ! Il est en psychanalyse un signe qui ne trompe pas : seuls les tarés, les refoulés, les enifrés de toute espèce, ont peur de la merde. Les braves la manient à pleines mains, sans plus de gêne que s'il s'agissait d'une ordure quelconque, et s'empressent, l'ayant reconnue, d'en fumer leurs terres. Nous soupçonnons les dégoûtés à hauts cris de l'aimer secrètement. Ils en veulent à Sartre — comme ils en voulaient à Joyce — d'avoir dissipé le mystère. Ce sont les mêmes dont les pères ont enterré Jarry sous le fiel de Chassé [...] Périssent les dégoûtés ! Ils ont nié l'évidence. Il y a de la merde sur les trottoirs : Sartre la voit et tâche à lui trouver un usage. Eux, levant les yeux au ciel, marchent dedans exprès et la gardent à leurs semelles. » A lui seul, ce témoignage de soutien vaudrait à Boris le titre envié de sartrien. De sartrien iconoclaste, soit. Marginal, hors du cercle, mais sartrien tout de même.

VI

EN ATTENDANT
SAINT-GERMAIN-DES-PRÉS

Plusieurs années en une

Il est difficile à suivre. Partout à la fois, mais pourtant disponible, à la fois détendu et concentré, en chaque point de son éclatement. Il y a ceux qui le croient ingénieur huit heures par jour. Il l'est, et s'en plaint assez. Trompettiste : le soir, plusieurs fois par semaine, et quelques fins d'après-midi, pendant d'homériques séances d'enregistrement. Occupé à rédiger *L'Automne à Pékin*, roman épars, bourré de personnages jusqu'à la gueule, qui infligerait des mois de migraine à n'importe quel homme de lettres. Il l'écrit en plaisantant, presque à voix haute, en face de Claude Léon, à l'Office du papier, priant même son compagnon de lui choisir quelques citations, plaisamment hors sujet, en exergue de ses chapitres, dans la bibliothèque très composite de leur bureau. L'entreprise n'occupe Boris qu'un automne, d'où, peut-être, le choix du titre d'un roman qui ne se situe ni en cette saison ni à Pékin.

Quelques-uns découvrent qu'il s'est lancé dans une abondante production de nouvelles, sans se préoccuper vraiment de leur usage. Sans se soucier d'en voir figurer l'une ou l'autre dans le recueil promis à Gallimard. Réaliste quant au nombre déjà compté de ses numéros, *La Rue*, l'hebdomadaire de Léo Sauvage, profite de quelques textes, comme *L'Oie bleue* et *Le Ratichon baigneur*, mais, le plus souvent, Boris préfère garder, classer ses nouvelles, au rythme de plusieurs histoires par mois. D'autres le pensent tenté par la chronique journalistique, puisqu'il commence à collaborer à *Combat*, à *Opéra*, à *Jazz-Hot*, et au magazine suisse *Hot-Revue*, mais il ne fait que répondre là à des sollicitations ou aux nécessités pédagogiques de sa passion pour le jazz. Il a plaisir à honorer Charles Delaunay ou Don Redman, de passage à Paris. Sans plus. Il ne sait pas refuser et comme il écrit vite et qu'il plaint les rédacteurs en chef en mal de copie... En cette fin d'année 1946, Boris paraît toujours avoir du temps libre. Et bien sûr, les autres, ses proches ou ses nouveaux amis, s'en étonnent régulièrement. Comment peut-il se multiplier ainsi, et donner l'impression d'être heureux de perdre une ou deux heures à la terrasse d'un café, attentif à la conversation, curieux et chaleureux ? Parfois, il confie son secret : comme beaucoup de cardiaques, il est devenu insomniaque. Il ne parvient plus à s'endormir sans médicaments, se retourne, s'agite, craint d'étouffer dans un sommeil non réparateur. La nuit, souvent, les battements précipités de son cœur, si sonores dans le silence, inquiètent Boris et réveillent Michelle. Alors, il tarde de plus en plus à se coucher, et une ou deux heures plus tard, se relève énervé. Comme il ne peut pas bricoler ou écouter ses disques, il attend le jour penché à son bureau.

Combien d'années vit-il en une seule ? Car il se met aussi à peindre, un peu pour imiter Queneau, une dizaine de tableaux en quelques semaines, lui qui s'était toujours contenté de griffonner des dessins de géomètre en marge des pages de ses cahiers ; des œuvres néo-cubiques, résolument déprimées, où des personnages somnambuliques glissent le long de damiers qui se dérobent dans le vide. Le 2 décembre, l'une de ses toiles est même accrochée à la galerie de la Pléiade, annexe de la NRF, au 17 de la rue de l'Université, à l'occasion de l'exposition « Si vous savez écrire, vous savez dessiner ». Bien sûr, une plaisanterie de Raymond Queneau, convié à montrer ses propres aquarelles. Mais le nom de Boris Vian, auteur inconnu n'ayant jamais rien publié, figure, sur les cartons d'invitation, parmi un Panthéon littéraire impressionnant, commençant par Apollinaire, Aragon, Baudelaire, selon l'ordre alphabétique... et finissant par Tristan Tzara, Valéry, Verlaine. Avant Boris Vian, donc.

Avec Michelle, il prépare aussi une revue, *Jazz 47*, projet que Charles Delaunay a proposé à l'éditeur Pierre Seghers, sollicitant la contribution de Sartre, du peintre Dubuffet, de ceux qu'il vient de rencontrer. Et pour en rencontrer... Il s'est lié d'amitié avec Eugène Moineau, journaliste à *Spectateur*, et auteur du premier portrait journalistique de Boris Vian à l'occasion du Prix de la Pléiade. Dans un autre article, Moineau avait moyennement apprécié une récente prestation de Django Reinhardt au music-hall de l'Étoile. Boris lui a donné raison, et l'a présenté à Queneau. Amis d'un jour, apparemment amis pour toujours. Donc, par esprit de bande, amis d'amis. « Je le trouvais gidien, se souvient Eugène Moineau, au sens des *Nourritures terrestres* : " et maintenant, Nathanaël, jette mon livre ". Il était un peu comme cela. Il émanait de lui un esprit de gratuité, en même temps de dérisoire. » A tous, Boris donne l'impression d'une relation élective, privilégiée, et beaucoup pourront se prévaloir d'un lien fort, sans toujours savoir que tous ces rapports sont compartimentés, cloisonnés et, qu'entre eux, ils ne se connaissent pas toujours. Boris suscite l'engouement, mêle quelque temps ses nouveaux amis les uns aux autres, si l'occasion ou les projets se présentent, puis les laissent à cette tierce relation. A eux d'en faire ce qu'ils veulent. Lui les a tous adoptés, mais il les voit souvent séparément. En 1946, il se lie d'abondance, mais avec éclectisme. Ainsi, comme Claude Léon et les collaborateurs de Sartre, Eugène Moineau, juif et ancien résistant, se situe résolument à gauche. Cela n'empêche pas Boris, le même mois, peut-être la même semaine, de sympathiser avec des jeunes gens de l'autre bord. Comme Jean-François Devay, qui deviendra l'animateur de l'hebdomadaire *Minute*, après avoir travaillé pour *Combat*. Ou comme les frères d'Halluin, fils de Jean Dorgère, qui s'était illustré, avant guerre, dans l'extrême droite paysanne des « Chemises vertes ».

Ces deux-là, il les aurait rencontrés de toute façon, quelles qu'aient été leurs convictions. Parce qu'ils sont, comme lui, obsédés de jazz. Musiciens tous les deux et adeptes du « Nouvelle-Orléans ». Le cadet, Georges, dit Zozo, contrebassiste de talent, cherche à faire partie de l'orchestre de Claude Abadie. A vingt-trois ans, son frère Jean espère monter sa propre maison d'édition, après avoir été correcteur pendant la guerre chez l'éditeur Carbuccia. Il a commencé par acquérir un stock de livres de Marcel Proust, et a tenté de l'écouler, puis il a voulu publier *L'Histoire des Trente* de Balzac, tombé dans le domaine public, et une bande dessinée : *Trotte-Menue et Ronge-Tout Trappu*, l'histoire d'une souris et d'un rat. Autant d'échecs, mais le jeune homme est ambitieux. Il hante Saint-Germain, là où sont les éditeurs et les auteurs, à la recherche d'une bonne idée et de quelques talents nouveaux. Comme d'autres, Jean d'Halluin rêve de se mesurer à Gallimard.

Un village si tranquille

En quelques mois, derrière Queneau, Sartre, grâce au jazz, Boris acquiert une parfaite maîtrise de Saint-Germain, au point d'en connaître, parfois simplement de vue, tous ceux qui comptent. Oh! une poignée. Quelques Auvergnats compatissants enrichis dans la limonade, des notables ou des solitaires de la littérature, et un court phalanstère de Rastignac en conquête. A peine plus que durant les décennies précédentes. En 1946, le quartier n'a encore rien, ou si peu, de l'autel satanique qu'on décrit déjà dans les gazettes. Un village plutôt bourgeois, sans histoires, de quiétude provinciale en étages et d'échoppes au rez-de-chaussée, avec pour unique particularité la proximité, autour des guéridons de bars, des anonymes des petits métiers et de la fine fleur de l'intelligentsia nationale. « Voisinage de la gouaille et de la méditation », écrira Léon-Paul Fargue[1], qui alla, toute sa vie, de l'une à l'autre. Il y avait encore peu, une quinzaine d'années, l'église abbatiale du XIIe siècle, son carrefour — ancien Pré-aux-Clercs des duels de gentilshommes, à l'aube — et quelques rues parallèles ou perpendiculaires à la Seine passaient pour être à la traîne de Montparnasse. Il avait fallu l'usure, rive droite, du Bœuf sur le toit, et la lassitude de Jean Cocteau, pour que le quartier des Champs-Élysées et plus encore Vavin cessent d'être attractifs au début des années 30; la rupture surréaliste, pour que les poètes et les peintres en rébellion contre leur pape, André Breton, songent à quitter les antres du groupe, sur les hauteurs sud ou nord de la capitale, et à explorer le creux, rive gauche, de la cuvette parisienne. En 1918, Saint-Germain avait manqué les rendez-vous de l'après-guerre. De toute façon, Apollinaire, le blessé emblématique de la « der des ders », n'en aurait rien vu : il était mort, dans un immeuble du boulevard, la veille de l'armistice.

Modeste, Saint-Germain-des-Prés. Le village s'était peu à peu spécialisé dans la pensée et la rime, comme d'autres font dans l'alimentation. A sa main. Sans ostentation ni surme-

---

1. *Méandres*, de Léon-Paul Fargue, Éditions du Milieu du Monde, 1946.

nage. De la bonne ouvrage par une armée d'artisans consciencieux. Imprimeurs, relieurs, éditeurs, libraires... Ils s'étaient retrouvés là, la NRF, Flammarion, Stock, Grasset, le Mercure de France, etc. Alors, la clientèle avait pris ses habitudes, juste à bonne distance, dans l'un des cafés d'une rue voisine. Apollinaire, dès 1912, avait fondé au Flore sa revue *Les Soirées de Paris*. Peut-être parce qu'il habitait, rue Cassette, au-dessus d'un magasin d'objets de piété, Alfred Jarry avait tiré au revolver contre le plafond des Deux-Magots. Longtemps, le scandale ne dépassa pas les innocentes ruptures d'ennui. Aux Deux-Magots, les tablées de Breton étaient bruyantes, mais James Joyce, qui venait se reposer des impatiences des deux éditrices d'*Ulysse*, Sylvia Beach et Adrienne Monnier, y buvait en silence. Comme Antonin Artaud. Comme Paul Valéry. On ne voyait Jean Giraudoux que le matin, devant un petit crème. *La Revue des Deux-Mondes*, des tirages à comptes d'auteur, des bibliothèques de prêt, des lectures publiques, c'est-à-dire pour vingt personnes, derrière le poêle d'Adrienne... Bref, dans le quartier, dans les quelques cafés, de la littérature à juste échelle, au juste prix du beurre et des légumes environnants.

Avec les années 30 et le déclin de Montparnasse, on avait cru que le quartier sortait, un peu, de sa respectable somnolence. Les peintres redescendaient la colline, plus chahuteurs, surtout Picasso. On ne se contentait plus de cafés au lait ou de sévères rasades. On s'installait. Robert Desnos, rue Mazarine. Jacques Prévert, rue Dauphine. Michel Leiris, quai des Grands-Augustins. Après Léon-Paul Fargue, quelques « piétons de Paris », Queneau, Jacques Prévert, s'aventuraient même au-delà du quartier. On donnait des fêtes dans les appartements de quelques riches Américaines. Et, en public, chaque nouvel élu dans le métier reprenait les rites de ses aînés, sommé de choisir son cercle de congénères, en tout cas son port d'attache, entre trois établissements. Un peu comme on choisit son camp : Lipp, les Deux-Magots et le Flore. Longtemps, ce triangle, sur le boulevard Saint-Germain, à l'orée de la place, s'était présenté ainsi, par ordre historique et respect des préséances. La brasserie avait été fondée en 1871 par un Alsacien nommé Lippman qui lui avait donné un nom en accord avec sa nostalgie : les Bords du Rhin. Mais aucun habitué n'en avait parlé autrement que de « chez Lippman », puis de « chez Lipp ». Après la Première Guerre, on adopta définitivement le patronyme raccourci. Un Aveyronnais de Laguiole, Marcelin Cazes, racheta le fonds en 1920. Louis Jouvet, André Gide, Jacques Copeau, Gaston Gallimard venaient y dîner. Le théâtre du Vieux-Colombier comme la NRF n'étaient pas loin. Des parlementaires s'y disputaient autour d'une bière ou pariaient, les nuits de crise à la Chambre, sur la chute du cabinet. Les querelles dreyfusardes ou maurassiennes s'accommodaient du cervelas sauce moutarde. Un soir de 1935, Léon Blum y avait été agressé. Les intellectuels de l'Action française, pourtant née en face, au Flore, y avaient aussi leurs tables. Les poètes, dont Robert Desnos, avaient dû défendre l'homme du Front populaire.

Tous ces messieurs, surtout les écrivains, traversaient le boulevard, l'après-midi, pour le salon ou la terrasse des Deux-Magots, établissement d'allure raffinée car il avait abrité, jusqu'en 1885, un magasin de frivolités. Sûre de l'attrait de son emplacement, la direction relevait sans cesse le prix de ses consommations et exigeait de l'orthodoxie dans les tenues vestimentaires. La clientèle grognait, mais ravalait ses insultes : à côté, juste après la rue Saint-Benoît, le Flore n'était encore qu'un modeste café, fréquenté surtout par des joueurs de dominos et incapable de rivaliser avec son voisin. Être vu au Flore ne vous valait encore aucun titre. Sauf pour Fargue, peut-être, qui s'honorait d'être partout chez lui. Il avait fallu attendre le remplacement des moleskines, au début des années 30 et les progressifs changements d'habitudes des consommateurs pour que le petit dernier de la trilogie ait à son tour pignon sur rue. Lauréat du premier Prix des Deux-Magots en 1933, Queneau avait pris l'argent et était allé, dans l'instant, boire chez la concurrence. Le Flore était lancé.

Michel Leiris, Georges Bataille... la dissidence surréaliste y avait alors ses tables, au fond de la salle. Mais c'est surtout Jacques Prévert qui allait donner au Flore, et au-delà, au quartier, un peu de rouge aux joues. Prévert ou plutôt ce qu'on a appelé « la bande à Prévert », ce Groupe Octobre de bric et de broc qui allait imposer, juste avant la guerre, le réalisme poétique au théâtre et au cinéma, réunir des poètes, des comédiens, des peintres, des scénaristes et se rire des événements dans les usines ou sous les préaux d'écoles, par des sketches écrits la nuit et à peine répétés. Anars, surréalistes en deuil, orphelins d'Alfred Jarry en quête d'exercices pratiques, vrais prolos ou prolos d'estrade, éducateurs en rupture d'institution, Jacques et son frère Pierre, Marcel Duhamel, Jean Lévy, Jean-Paul Le Chanois, Raymond Bussières, Paul Grimault, Louis Chavance, Gilles Margaritis, Maurice Baquet, Marcel Mouloudji, d'autres encore, allaient donner un peu de noblesse et d'esprit révolutionnaire aux spectacles pauvres, de rue ou de grèves, dépoussiérer, dans leur accompagnement du Front populaire, quelques modes d'expression politico-poétiques, le mime, l'improvisation collective, le dialogue de film, la scène, le cirque, le music-hall...

Jamais on n'avait vu, entre les trois établissements, plus remuant que le Groupe Octobre. Ses membres, ses amis, surtout les peintres, ses compagnes occupaient plusieurs tables du Flore, et ne buvaient que du vin rouge. Parfois, ils composaient une fanfare, sur le trottoir, et Prévert entonnait ses chansons. Ils s'amusaient à relancer la mode 1900, en maillots rayés et canotiers, arrivaient grimés, et ne manquaient jamais d'aller faire un peu le coup de poing avec les militants de la Cagoule, ou les royalistes, qu'en face, chez Lipp, Cazes tentait de contenir ou de repousser vers la Reine blanche, café contigu qu'il possédait aussi. Les effervescences germanopratines, cependant, se limitaient encore à ces quelques facéties, ces séances d'« agit-prop », comme l'on dirait plus tard, dans l'étroit périmètre d'un carrefour célèbre mais frileux, facéties d'ailleurs souvent jugées déplacées par les habitués du Flore, amis du Groupe, ou par Simone de Beauvoir, jeune professeur timide et nouvelle venue. Le plus souvent, « la bande à Prévert » se fondait dans les modestes paysages du quartier, les rues avoisinantes grouillantes de ménagères à l'heure du marché, de camions de livraisons, de crieurs de journaux. Désargentés, les amis, qui s'appelaient entre eux les « loucoudem » (« ceux-qui-se-reconnaissent-en-se-frottant-le-coude »), louaient des chambres meublées autour de l'appartement de Prévert, rue Dauphine[2]. A midi, ils déjeunaient dans des bouchons débonnaires, à la IVe République, au Petit Saint-Benoît ou encore au Casque. Surtout chez Chéramy, maison fondée par Augustin Chéramy, au 10 de la rue Jacob, qui allait, toute la guerre durant, soutenir le moral des intellectuels et des artistes en ayant le bon goût de ne jamais se précipiter pour tendre l'addition. « Le Saint-Ger-

---

2. *L'Âge d'or de Saint-Germain-des-Prés*, de Guillaume Hanoteau, Denoël, 1965.

main-des-Prés triomphant, écrit Guillaume Hanoteau, dans *L'Âge d'or de Saint-Germain-des-Prés*, aurait dû élever un monument à ces bouchons courageux. C'est là, devant leurs marbres mal garnis que le quartier, épars avant guerre, a trouvé peut-être son unité et même son style. Les assiettes étaient vides mais autour d'elles il y avait une bousculade de grandes vacances[3]. » Plus grand-chose à manger, c'est vrai, des ragoûts équivoques quand le marché noir connaissait des ratés, mais, toute la guerre, il resta à boire. Cheramy et les autres restaurateurs, provinciaux déracinés aux rondeurs compréhensives, s'étaient mis à nourrir des dizaines d'étudiants des Beaux-Arts, des jolies filles surgies de nulle part et quelques poètes recherchés, espérant, sans trop d'illusions, persuader les plus fortunés de leurs clients de subventionner de temps à autre ces refuges pour estomacs vides. Grâce à eux, Saint-Germain avait tenu le coup, soudé, débrouillard, sans cette sale curiosité qui allait scruter les visages d'inconnus, cinq ans durant, dans les lieux publics de la capitale. Ces alliances de circonstance ou de conviction n'étaient pas nouvelles : le patron du Catalan, par exemple, rue des Grands-Augustins, possédait déjà une belle et vieille collection d'œuvres sur nappes en papier. Des dessins de Valéry, Picasso, Leonor Fini, Jean Cocteau, Paul Eluard, Aragon... acquis souvent contre un bœuf en daube ou un plat de charcuterie. Mais la guerre avait accentué le phénomène, l'avait édifié en règle morale. Rue Saint-Benoît, rue Jacob, rue des Canettes, lorsque aucun habitué n'avait de quoi vous offrir le couvert, la serveuse décrochait l'ardoise d'un crédit à peu près sans limite. Les comptes étaient renvoyés à des jours meilleurs.

C'est par le ventre que ce quartier de cellules grises se forgeait des fidélités que l'après-guerre ne comprendrait pas toujours. On s'était mis au rhum, non par goût du dépaysement, les temps n'étant plus à l'exotisme, plus sûrement parce qu'au 166 du boulevard, les fils de l'Antillais Jules Louville ne comptabilisaient pas tous les punchs servis. Roger Vailland y avait bu plus que le prix payé, tout comme Leiris, Bataille ou Antonin Artaud, comme des journalistes, des fonctionnaires, des demi-mondaines, des étrangers dont les regards trahissaient l'inquiétude et qu'on prenait soin de placer au fond,

---

3. *Ibid.*

sans jamais leur poser de questions. Toute une guerre sans questions ! Saint-Germain était un havre de relative tranquillité que les Allemands, plus présents sur la rive droite ou au Quartier latin, négligeaient, et leurs permissionnaires croyaient toujours que Paris respirait à Montparnasse. Quelque chose gonflait pourtant, entre ces estaminets de réputation et ces quelques restaurants aux cuisines de terroir, l'après-guerre des idées et des modes en gestation, l'esquisse d'un décor pour une angoisse existentielle d'un genre nouveau, entre les ruines d'hier et les sombres présages d'un monde qui allait être déclaré moderne. Un style qui irait autant au défoulement qu'aux sourdes interrogations levées par la brisure du demi-siècle.

Mais, de danse et de musique, de music-hall, point ! De théâtre, à peine ! Sur ce plan, la guerre n'avait rien changé, ou si peu. Saint-Germain ne songeait pas à s'encanailler, même dans les limites permises par les autorités d'occupation. Quelques rares prostituées battaient la semelle rue Grégoire-de-Tours, avant l'heure du couvre-feu. Sonia Mosset et Agnès Capri, ancienne élève de Charles Dullin, avaient bien ouvert un cabaret, en 1939, rue Molière, où l'on chantait des chansons de Prévert, où l'on disait des poèmes d'Apollinaire devant un minuscule rideau rouge. Il avait fallu fermer. Juive, Sonia Mosset allait mourir en déportation. Au fond, ce silence, même avant l'heure imposée, convenait assez au quartier, qui s'était toujours couché tôt, prompt à la fermeture car levé aux aurores. Les noctambules gagnaient Montparnasse à pied, ou encore Montmartre en vélo-taxi. Le boulevard, dont la chaussée était déjà étrangement vide dans la journée, faute de voitures, était désert à la nuit tombée. Il y avait encore de la lumière chez Lipp, d'où s'échappaient parfois quelques rires et des éclats de voix, mais le Flore et les Deux-Magots rangeaient leurs tables à mi-soirée.

Particulièrement le Flore. Après la tournée d'exode du Groupe Octobre, de ville en ville, jusqu'à Marseille, après les exils de surréalistes, les départs sans explication de cinéastes, d'actrices ou de peintres, le café avait adopté un style fort monacal de salle d'études. En 1939, un Auvergnat, Paul Boubal, avait racheté le fonds, sur l'insistance de sa femme, Henriette. Pour son goût, lui-même aurait préféré s'installer à la porte de Vincennes. Il s'était tout de suite entendu avec ces clients solitaires, qui passaient des heures à écrire à leur table, sans relever la tête. Il les connaissait mal. Ces manières d'école l'intriguaient. Même avec la guerre, il s'était attendu à plus d'animation, à des tablées un peu plus joyeuses. Il s'était imaginé tout autrement l'un des temples littéraires de la capitale. Mais il était sensible au calme étrange qui régnait dans son établissement depuis quelques mois, à ces vies retenues, ces existences en sommeil. Ceux qui entraient évitaient d'élever la voix, pour ne pas déranger ceux qui travaillaient. On les sentait inquiets de retrouver leur place de la veille. En 1942, au plus fort de l'hiver le plus rigoureux de la guerre, Boubal avait fait installer un poêle, et aux signes muets d'approbation, il avait compris qu'il venait de se faire des amis reconnaissants. On n'en parlait pas, jamais le Flore n'avait accumulé autant de pudeurs mêlées, mais Boubal savait que ces silhouettes aux gestes prudents, dans sa salle, stockaient de la chaleur pour la nuit. Il ouvrit encore plus tôt. Une attente feutrée, et fraternelle. Avant même sa première attaque cardiaque, Fargue avait renoncé à pérorer. Desnos écrivait sans répit, comme s'il allait mourir bientôt. Un jour, Prévert revint y tenir ses quartiers de guerre, sans sa bande. Roger Blin bégayait à mi-voix.

Ils se sentaient chez eux, plus à l'abri que n'importe où ailleurs. Ils avaient perdu leurs destinations, mais le Flore était leur buffet de gare. Un jour de 1942, Jean-Paul Sartre était entré derrière Simone de Beauvoir et il s'était installé à demeure, comme en pension. « Ils se tenaient fréquemment éloignés l'un de l'autre à des tables différentes, mais toujours dans le même coin quand ils étaient en bas, racontera Boubal. Je suis resté longtemps sans savoir qui c'était. L'après-midi, dans la salle du premier, on les voyait toujours avec un grand dossier, gratter d'interminables papiers. Pendant de longs mois, on a ignoré leurs noms, jusqu'au jour où on demande M. Sartre au téléphone. Ayant un ami personnel à moi qui répondait au nom de Sartre, j'ai dit à la personne au téléphone que ce monsieur n'était pas là ; cette personne insiste et redemande plusieurs fois M. Sartre, assurant qu'il était dans la salle. Je me suis décidé à appeler M. Sartre, et j'ai vu se lever notre grand Jean-Paul qui m'a dit : " C'est moi qui m'appelle M. Sartre." A partir de ce moment-là, il est devenu mon ami, avec qui je bavardais très souvent le matin ; et par la suite, les coups de téléphone devenaient si nombreux que j'ai jugé utile de lui affecter une ligne spéciale [4]. »

Habitué des hôtels, Sartre avait toujours vécu, et écrit, dans les cafés. La présence allemande à Montparnasse lui avait fait fuir le Dôme, son antre des années 30, après quelques mois d'Occupation. Et puis la station de métro Vavin était fermée. Le Flore était pratique, juste en face de la station Saint-Germain-des-Prés, restée ouverte. Pendant les alertes aux bombardements, le café se vidait, mais Boubal faisait discrètement monter Sartre et Simone de Beauvoir à la salle du premier étage. Les œuvres en cours devaient continuer. Boubal y veillait personnellement. « Bientôt, Simone de Beauvoir et moi, confiera Sartre, nous nous y installâmes complètement : de 9 heures du matin à midi, nous y travaillions, nous allions déjeuner, à 2 heures nous y revenions et nous causions avec des amis que nous rencontrions, jusqu'à 4 heures. Puis, nous retravaillions jusqu'à 8 heures. Après dîner, nous recevions les gens à qui nous avions donné rendez-vous. Cela peut vous paraître bizarre, mais nous étions au Flore chez nous [5]. » « La clientèle immuable composait des groupes absolument fermés, notera encore Jean-Paul Sartre. [...] Quand Sylvia Montfort commença à fréquenter le Flore, tout le monde s'interrogea sur elle pendant des jours. C'était comme un club anglais. Les gens entraient et se connaissaient tous ; chacun connaissait les moindres détails de la vie privée de son voisin ; mais de groupe en groupe, on ne se disait pas bonjour, tandis qu'on s'empressait de le faire si on venait à se rencontrer ailleurs — en terrain neutre [6]. » Près du poêle, revêtu d'un curieux manteau de fausse fourrure, mordillant une pipe de bruyère, Sartre couvrait les pages de ce qui allait devenir les bombes philosophiques ou théâtrales de la fin de la guerre. Puis, il recevait ses premiers disciples, Lise, Wanda, Olga et Jacques-Laurent Bost.

En fin d'après-midi, le Flore redevenait, moins qu'avant-guerre cependant, un café littéraire, c'est-à-dire un lieu où l'on vient surtout parler de ses œuvres. Une autre clientèle, qui travaillait en chambre ou à la NRF, et qui jetait un œil distrait sur les cahiers refermés des bons élèves de la journée. Jacques

---

4. *Ibid.*
5. *Saint-Germain-des-Prés*, de Marcelle Routier, aux Éditions R.P.M. à Paris, 1950.
6. *Manuel de Saint-Germain-des-Prés*, de Boris Vian, *op. cit.*

Audiberti, qui quittait l'hôtel Taranne, de l'autre côté du boulevard, Arthur Adamov, toujours pieds nus dans ses souliers, Alberto Giacometti, qui avait passé la journée dans son atelier glacial, Mouloudji, qui, même après son Prix de la Pléiade, se faisait rabrouer pour son allure bohème par le père Boubal, et qu'Henriette, à sa caisse, devait défendre en élevant la voix contre son mari. Eluard, Queneau, Jean-Louis Barrault et un metteur en scène encore inconnu : Jean Vilar. Simone de Beauvoir donnait rendez-vous à ceux qui allaient avoir la chance de participer, le soir, aux fêtes données chez les Leiris. Sartre et Camus se liaient, pour les dernières heures du réseau de résistance Combat ; aussi pour leur goût des jeunes filles. La jeunesse, la première, allait chercher un signe auprès de ces écrivains plus âgés qu'elle et peupler un coin du Flore pendant les derniers mois de la guerre. Attendre là, à trois ou quatre autour d'un café, la réponse aux questions du présent. Pourquoi là ? Pour la rumeur, bien sûr, d'une littérature du néant, née sur ces banquettes et ces chaises de couleur rouge. Pour Sartre, depuis *Huis clos*, et cette formule : « L'enfer, c'est les autres. » Peu de jeunes, au fond, deux ou trois dizaines, à peine une avant-garde, en majorité des filles, sorties des cours de théâtre, du cours Simon, surtout, qui venaient guetter au Flore la chance d'être élues par leurs nouvelles idoles.

A la recherche des existentialistes

Saint-Germain n'est toujours pas Saint-Germain-des-Prés, mais la presse s'y emploie. Sans les journaux populaires, le quartier serait sans doute resté, même après la Libération, le creuset très villageois, intimiste, des querelles philosophiques du second demi-siècle naissant. Le CNE, la question du pardon aux collabos, la rupture avec les communistes, l'accompagnement du communisme, Mauriac contre Aragon, Sartre contre Mauriac, Camus, pour ou contre, selon les jours... Temps des doctrines soupesées sans fin, à midi dans des bouchons, le soir dans la fumée et l'ivresse des bars. « On ne peut pas être anticommuniste, on ne peut pas être communiste », tentent de prouver les amis de Jean-Paul Sartre et de Maurice Merleau-Ponty. On doit être communiste, tranchent, en 1946, avant leurs futures exclusions, les membres germanopratins du PC, collaborateurs du journal *Action*, comme Roger Vailland, Pierre Hervé, Pierre Courtade, Claude Roy, ou amis de Marguerite Duras, comme Edgar Morin ou Dionys Mascolo, qui se retrouvent, rue Saint-Benoît, dans l'appartement de la romancière. Ces « preux du proche futur », comme les appelle Claude Roy, font plutôt bon ménage avec ceux du Flore, avec les solitaires, les promeneurs célèbres du quartier. Avec la nouvelle vague de la NRF. Avec Camus, Pascal Pia, Pierre Herbart et les jeunes collaborateurs de *Combat*, qu'on retrouve, le soir, rue Saint-Benoît ou rue Jacob, après le bouclage du journal. Avec les sartriens, même avec les amis de Prévert, les anars revenus de tout. Avec le révérend père Bruckberger, ancien résistant, fin lettré, et dernier couché. Ces communistes-là sont encore de la famille, puisqu'ils sont de Saint-Germain. « Au fond, jeunes gens bien sages, écrira honnêtement Claude Roy, bons " militants ", et qui, de leur noctambulisme, faisaient un club bavard, errant et permanent. La Révolution était à l'ordre du jour, des nuits et des paroles, jusqu'à la fermeture des derniers bistrots, quand les garçons rangent les chaises sur les tables, et qu'on se raccompagne sans fin, un peu ivres et furieusement " dialectiques "[7]. »

En 1945, le village vit ces fusions, ces confusions, avec le naturel des fraternités de comptoir. Ils sont encore plus libertins que militants, plus noceurs qu'engagés. En élisant domicile au bar de l'hôtel Montana, rue Saint-Benoît, les Américains ont donné le goût du whisky à l'élite libérée. Et celle-ci a pris à Hemingway, vite reparti, le style du correspondant de guerre témoin de son temps. Correspondants de guerre, quelques-uns l'ont été, les mois précédents, et ils en conservent les chemises d'uniforme, et les discours incertains d'après-boire. Parfois, ils se battent, au bout de la nuit, dans des rues désertes. Sartre, Camus, Arthur Koestler, l'écrivain égyptien Albert Cossery... Plus seulement pour des idées. Pour des filles, souvent mineures, qui tardent à rentrer chez leurs parents.

Oui, sans la presse, le reste du monde serait sans doute resté indifférent à ces agitations feutrées d'estaminets, au cœur d'un quartier d'habitudes. Manquait le déclic. L'agent de propagande. La campagne de communication à grande échelle. Pour

---

7. *Nous*, de Claude Roy, Gallimard, 1972.

Yvonne Ravenez, mère de Boris.
Photo D.R.

Le 3 décembre 1917, le jour du mariage de Paul Vian et d'Yvonne Ravenez.
Photo D.R.

La villa « Les Fauvettes », rue Pradier à Ville-d'Avray.
Photo D.R.

Au fond du parc, rue Pradier, la maison du gardien, rehaussée d'un étage par Paul Vian.
Photo D.R.

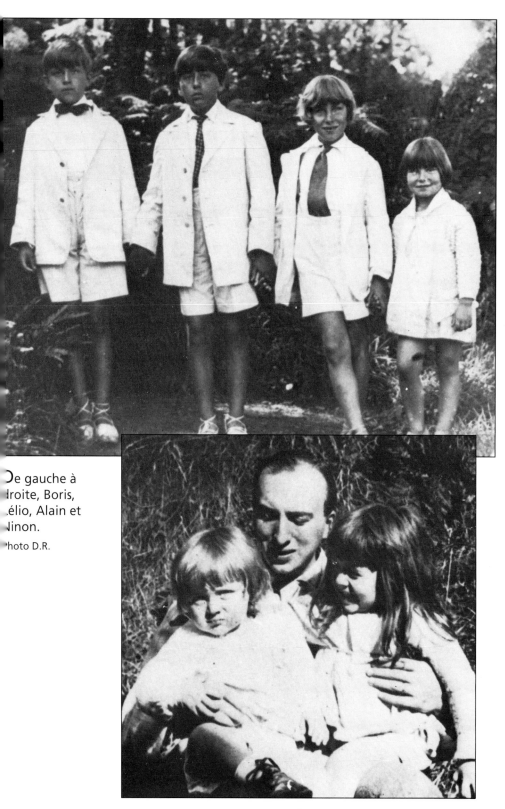

De gauche à droite, Boris, Lélio, Alain et Ninon.
Photo D.R.

Paul Vian, compagnon de jeux.
Photo D.R.

Boris et son père
à Landemer, en 1926.
Photo D.R.

Sur la route de
Landemer, avec des
cousins et, sur le siège
avant, portant Ninon,
tante Zaza
Photo D.R.

Le premier orchestre, en 1938 : Boris est à la trompette, Alain à la batterie ; au centre, à la guitare, François Missoffe, futur ministre.
Photo D.R.

Souvenir de surprise-partie, devant la salle de bal de la rue Pradier.
Photo D.R.

Mariage de Michelle et de Boris, le 5 juillet 1941.
Photo D.R.

Michelle, Boris et Jacques Loustalot, dit le Major.
Photo D.R.

Patrick, né le 12 avril 1942, dans les bras de sa mère.
Photo D.R.

Michelle Vian en 1948.
Photo D.R.

Claude Abadie, à la clarinette, Boris, à la trompette :
l'orchestre des « amateurs marron ».

Photo D.R.

Influencé par l'admiration qu'il porte au style « fleuri »
du cornettiste blanc Bix Beiderbecke.

Photo D.R.

Le Major sur un toit perché.
Photo D.R.

Photo-montage avec le Major en soutane, l'une de ses tenues préférées.
Photo D.R.

Juliette Gréco,
Jean José Marchand et Boris,
au Tabou, pendant le tournage
du film de Freddy Baume.
Photo D.R.

Mélodies en sous-sol :
photos extraites du film de
Freddy Baume sur
Saint-Germain-des-Prés.
Photo D.R.

Photo Doisneau-Rapho.

Michelle et Boris Vian, Simone de Beauvoir et Jean-Paul Sartre.
Photo Manciet.

Michelle Vian et Jean-Paul Sartre.
Photo Manciet.

Le jury du Prix du Tabou ; de gauche à droite, Guyonnet, Gus, Raymond Queneau, Boris, Michelle, François Chevais et Alain Vian.

Photo Keystone.

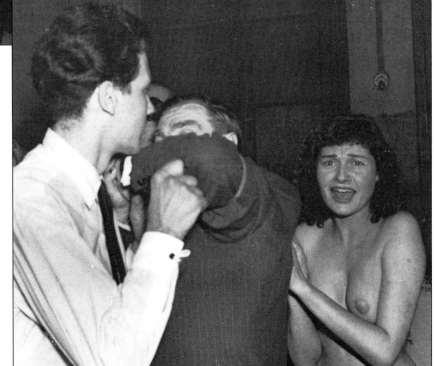

Début de bagarre pour un sein nu… L'une des nombreuses élections de « Miss » à Saint-Germain-des-Prés.

Photo Manciet.

Raymond Queneau et Anne-Marie Cazalis.
Photo Serge Jacques.

Juliette Gréco et Annabel, à l'hôtel de La Louisiane.
La photo de la « légende » de Saint-Germain-des-Prés.
Photo Dudognon.

L'arrivée de Duke Ellington à Paris, le 19 juillet 1948. Boris, au premier plan.

Photo Keystone.

Miles Davis, Michelle et Boris au Club Saint-Germain, lors du cocktail de *Cantilènes en gelée*, en mai 1949.

Photo D.R.

faire un succès, donner à Margot l'envie de lire et de s'effrayer, il faut d'abord trouver un scandale, assez visible, assez consistant pour nourrir plusieurs numéros. Donc un bouc émissaire. En 1945, celui-ci est tout désigné : Jean-Paul Sartre. Immédiatement célèbre, trop célèbre, trop critiqué par ses pairs, trop identifiable, facilement assimilable aux changements souterrains de la fin de la guerre. Qui « colle » aux temps, même si on ne sait pas encore très bien de quoi ces temps sont faits. Depuis des mois, surtout depuis sa fameuse conférence des Centraux, la création des *Temps Modernes*, la parution de *L'Être et le Néant* et des *Chemins de la Liberté*, Sartre est une vedette populaire.

Mais une vedette qui se dérobe. Un homme banal d'apparence, plutôt rond et binoclard, qui ne respecte pas, du point de vue de la presse, les règles du succès. Ne fuit-il pas les photographes ? Ne renonce-t-il pas à aller au Flore, où on l'attend en vain ? La presse réagit mal, en tout cas la presse qui confond la liberté rendue à l'opinion par les ordonnances du 26 août 44 avec le droit de se livrer à une concurrence effrénée, et sans limites éthiques. Elle salue Sartre à sa manière, en le diabolisant. En rabaissant sa pensée. Surtout, en usurpant, en détournant la notion et le terme d'existentialisme. Sur ce chapitre, elle n'a rien à redouter : les intellectuels, les critiques sèment eux-mêmes le trouble, depuis deux ans, par des commentaires et des analyses forts contradictoires de l'œuvre de Sartre dans leurs articles. Eux-mêmes jugent dangereux ce chemin ouvert au néant existentiel. Démobilisateur, a-t-on lu, équivoque, en cette période de nécessaire marche en avant, d'humanisme positiviste, de valeurs morales bien assises, après ces années de barbarie. Sartre et ses amis avaient déjà eu à lutter contre certains des meilleurs esprits de leur temps. Les vulgarisateurs ne risquent donc rien. Ils peuvent mettre le lecteur en avant, son besoin, son fameux droit de savoir, autant que ses naïvetés de midinette et ses complexes d'infériorité.

Infatigable chroniqueuse des avatars de la « famille », Simone de Beauvoir, dans ses mémoires, s'irrite de ces dérives malveillantes, de ces réductions ambiguës qui cachent autant de réflexes d'intolérance, cette vieille morale raide et étriquée, que la chute de Vichy n'a pas fait disparaître. « On traitait l'existentialisme de philosophie nihiliste, note la compagne du philosophe, misérabiliste, frivole, licencieuse, désespérée, ignoble[8]. » Simone de Beauvoir s'énerve au souvenir de ce jeune homme, journaliste strasbourgeois, qui lui avait demandé une définition de l'« essence » en quatre mots. Pour ses lecteurs. De cet autre « plumitif », comme dirait Boris, suisse cette fois, qui, s'adressant à Sartre, avait ainsi introduit sa question sur l'existentialisme : « Il paraît que c'est une doctrine qui permet tout. N'est-ce pas dangereux[9] ? » En octobre 1945, les deux écrivains s'étaient déjà emportés, lors d'un colloque organisé à Bruxelles pour un auditoire catholique par les éditions du Cerf, lorsque le philosophe Gabriel Marcel avait assimilé la démarche de Sartre à l'existentialisme. L'auteur de *La Nausée* avait répondu : « L'existentialisme ? Je ne sais pas ce que c'est. Ma philosophie est une philosophie de l'existence[10]... »

Trop tard ! L'existentialisme, notion floue, variable en tout cas, répartie entre Heidegger, Kierkegaard et Jaspers, est désormais attribuée à Jean-Paul Sartre. A Jean-Paul Sartre, philosophe grand public, car la presse, dans ses retrouvailles avec la liberté, refuse d'être tenue à distance du phénomène, de cette célébrité rarissime pour un intellectuel, et du malentendu. La presse veut Sartre à elle, comme elle a l'habitude de dompter les étoiles du music-hall et les actrices, pour mieux l'exhiber. Premier grand cérébral à passer les feux de la rampe ! Mieux que Jean Cocteau. Encore plus scandaleux ! Une aubaine, juste au moment où la presse épouse la modernité, les gros tirages, où naît la notion d'opinion à grande échelle.

Pour Simone de Beauvoir, cette opinion avide, inconnue avant guerre, a été choquée par « le naturel » de Sartre. « [...] les comédies de la vanité et de l'importance, écrira-t-elle, ne suffisent pas à cacher que l'auteur célèbre est un homme, un semblable ; il bâille, il mange, il marche, autant de preuves de son imposture. On ne hisse l'écrivain sur un piédestal que pour mieux le détailler et conclure qu'on a eu tort de l'y jucher. Tout de même ; tant qu'il s'y cramponne, la distance émousse la malveillance. Sartre ne jouait pas le jeu, il restait au niveau de la foule : n'importe qui[11]. » Alors, comme l'existentialisme est de tous les dîners en ville, bientôt de province, et qu'on

---

8. *La Force des choses*, 1, de Simone de Beauvoir, *op. cit.*.
9. *Ibid.*
10. *Sartre, 1905-1980*, d'Annie Cohen-Solal, *op. cit.*.
11. *La Force des choses*, 1, *op. cit.*

s'interroge dans les familles, les enfants pour, les parents contre, quelques journaux vont brosser coûte que coûte le portrait du dangereux philosophe, lui inventer des habitudes, forcément étranges, à partir des quelques informations disponibles sur la vie quotidienne de Jean-Paul Sartre. Ils plantent le décor. L'hôtel de la Louisiane, rue de Seine, où le Castor et Sartre ont vécu, à partir de 42, comme certains de leurs proches, Mouloudji et son amie Lola-la-Brune. Hôtel banal, normal, pour une vie de privations, mais où les lecteurs sont invités à imaginer de bien curieuses cérémonies entre disciples de l'existentialisme.

En novembre 46, après l'échec, et le nouveau scandale, de *Morts sans sépulture*, l'hebdomadaire *France-Dimanche* envoie une jeune journaliste et le photographe Walter Carone « voler », rue Bonaparte, l'image de Mme Mancy, la mère de Sartre. Sur le thème, bien sûr : comment peut-on être la mère de Sartre ? La technique : sonner, dans le noir, et appuyer sur le flash lorsque s'ouvre la porte. Le lendemain de la parution, Sartre écrit au journal : « C'est Eugénie, notre vieille bonne, que vos reporters ont photographiée [12]. » *France-Dimanche* est dirigé par Max Corre, un habitué de Saint-Germain, ami de beaucoup de célébrités locales, qui a très vite compris que ce chaudron méritait mieux que sa tranquille vie littéraire retrouvée. *Samedi-Soir*, l'hebdomadaire concurrent, à l'origine d'inspiration gaulliste, est placé entre les mains expertes de deux personnalités protestantes, Marcel Haedrich et Yves Krier, deux écrivains, eux aussi dîneurs de chez Lipp et fidèles du Montana. Leurs collaborateurs sont tous plus ou moins des littérateurs en herbe, qui gagnent leur vie en truquant le décor et les modes de vie environnants. En forçant la note. En maniant l'amalgame et l'insinuation. *Samedi-Soir* a un talent de plume, placé au service de gros ragots qui surprennent souvent leurs propres inventeurs, notamment Jacques Robert, le futur cinéaste Richard Balducci, Christian Le Borgne.

Ils ont souvent croisé Sartre. Ils ont parfois de l'admiration pour son œuvre. Ils sont, plus que les autres, les adeptes nocturnes de Saint-Germain. Et lorsque, à gros traits, *Samedi-Soir* entreprend de doubler *France-Dimanche* sur le terrain de l'existentialisme, ils n'ont qu'à se décrire eux-mêmes et à paraphraser leur propre errance dans les rues étroites des

---

12. *Les Mémoires d'une Anne*, d'Anne-Marie Cazalis, Stock, 1976.

bords de Seine. Les premiers existentialistes que *Samedi-Soir* se met à traquer après « Sartre-l'existentialiste-en-chef », comme on se lance à la recherche d'une tribu inconnue, ce sont eux. Amis de Robert Scipion, de Jean Cau, de Jean d'Halluin, d'Eugène Moineau, de Boris Vian. Habitant l'hôtel, impécunieux, mal coiffés, amoureux des jeunes nymphes qui rêvent de faire du théâtre.

Bien forcés, sur ordre de leurs rédacteurs en chef, d'inventer les existentialistes, puisqu'à l'automne 1946 ces peuplades d'Indiens sont toujours invisibles à Saint-Germain-des-Prés. Qui qualifier ainsi, qui réponde assez fidèlement au modèle d'angoissé déguenillé prêté à Sartre ? Danielle Delorme et Daniel Gélin, Simone Signoret et Yves Allégret ont bien vécu à l'hôtel Saint-Yves, rue de l'Université. Mais leurs succès d'artistes leur valent d'avoir déjà quitté le quartier, leur ardoise réglée chez Chéramy ou au bar-tabac le Saint-Claude. Les enfants du marché noir remplacent peu à peu les pensionnaires précaires du Montana et de la Louisiane. De toute façon, le « Tout-Paris » s'amuse plutôt sur la rive droite. Autour des music-halls, au Club de la rue Jean-Mermoz, ou au Silène, rue François-Ier, rendez-vous des comédiens, même ceux des pièces de Jean-Paul Sartre. Pour les engagements, les productions de pièces, les rôles au cinéma, l'autre bord est plus sûr. Et il n'y a aucun lieu drôle, mondain, cossu, dansant, à Saint-Germain...

La jeunesse fait défaut, au pied de l'église abbatiale, ou plutôt, elle ressemble à ce qu'une autre avant elle avait dû être. A Montparnasse. Mineurs en attente de leur majorité. Fugueurs du domicile familial. Imitateurs d'écrivains, apprentis poètes maudits, étudiants des Beaux-Arts. On fera grand cas, dans les années à venir, de la torpédo à damier noir et jaune du peintre Yves Corbassière. En 1946, celui-ci exécute des toiles abstraites que personne ne veut acheter, et s'il porte des chemises à carreaux, c'est qu'il se sert sur un stock de vêtements envoyés à Paris par la communauté juive de New York. Si ses amies modèles s'habillent de sweaters et de larges jupes noires, c'est parce que le noir est moins salissant.

Alors, qui ? Marc Doelnitz, jeune comédien, ancien engagé volontaire, styliste de mode qui végète en recopiant des modèles de chez Dior pour des acheteurs américains ? S'il flâne entre le Flore et la rue Jacob, c'est d'abord par erreur. Ou par intuition. Marc Doelnitz aurait dû proposer, rive droite, ses talents de bateleur homosexuel, d'excellent danseur et d'animateur inventif. Il est l'ami de Jean Cocteau et de Jean Marais, qui suivent de loin l'agitation philosophique des bouchons du quartier, préférant les invitations à dîner à domicile, sous les ors. Christian Bérard, dit Bébé, décorateur en vogue de Cocteau et de Louis Jouvet ? Avec sa barbe, son embonpoint, son goût de l'opium et sa chambre tendue de soie noire, il paraît plutôt sorti d'une nouvelle de Paul Morand. Vingt ans plus tôt.

Anne-Marie Cazalis ? C'est elle la jeune reporter de *France-Dimanche*, pour la fausse photo de Mme Mancy ! Rétribuée pour ridiculiser Sartre, et amie de Sartre, en quelques semaines, par l'intermédiaire de Boris, d'Astruc et de Jean d'Halluin. Cette sage poétesse, fille de pasteur, auteur d'un recueil qui obtiendra le Prix Paul Valéry mais trop intimidée pour dire ses poèmes en public, est à Saint-Germain pour se faire reconnaître de l'élite littéraire. Pas pour y perdre son âme. Elle utilise un moyen paradoxal : l'écho de presse. Par elle, les reporters de *Samedi-Soir* savent tout des faits et gestes de la « famille » de Sartre, sur lesquels il y a si peu à dire. Et Sartre le sait. Laisse faire. Anne-Marie Cazalis a le charme des filles élevées dans des pensionnats, point trop belles, mais décidées, délicieusement bourgeoises. « Fausse maigre, douée d'une espèce de génie pour faire dire ou faire faire des blagues aux gens », écrira Boris[13]. Anne-Marie Cazalis a un jour débarqué au Flore par admiration pour *L'Invitée* de Simone de Beauvoir, fascinée par les pages du roman consacrées à l'hôtel de la Louisiane. Cela vaut bien une place à table.

Samedi-Soir colle au plus près aux activités et aux figures d'un Saint-Germain-des-Prés encore fort éloigné des fantasmes de presse et que l'hebdomadaire ne parvient ni à damner ni à rendre attractif, au gré de ses motifs de vente. Les journalistes composent bientôt la population la plus nombreuse du quartier. Mais sans sujet. Un reporter « planque » en permanence aux Lorientais. Mais, chez Claude Luter, il ne se passe rien. Ou si peu. Claude Luter joue de 5 à 7 heures de l'après-midi. Après, il faut rendre la cave à sa vocation de restaurant vietnamien. « Pour cinq francs, on avait droit à l'entrée et à une orangeade saccharinée », raconte Anne-Marie

---

13. *Manuel de Saint-Germain-des-Prés*, op. cit.

Cazalis[14]. La moitié de la recette va encore aux sinistrés de Lorient. Fidélité des propriétaires. Boris, qui prend parfois la trompette, fait régner, rue des Carmes, une ambiance quasi religieuse. Le jazz avant tout ! Leiris, Sartre, Queneau, Vailland, Bataille, Marie-Laure de Noailles, Nicole Védrès, lorsqu'ils descendent dans ce sous-sol surchauffé, doivent pouvoir entendre la musique aux conditions fixées par Boris. Celui-ci supervise les battements de pieds, réclame un peu de silence du côté des copains journalistes, Cazalis, Astruc, Moineau, Bernard Lucas, le jeune directeur de la revue *Arts et Lettres*. Il grogne d'abord lorsque les patrons des Lorientais acceptent qu'une jeune troupe de danseurs, les Latin's Bopstars, se livre à de courtes exhibitions de bop.

Les Lorientais, antre de perdition de l'existentialisme ? Jusqu'à l'heure du dîner, peut-être. Pour la clientèle régulière, ces compagnons de Michelle et de Boris Vian que l'absence de projets personnels très définis retient ensemble et pousse ensuite vers le Montana ou chez Chéramy. Astruc, qui sort avec Cazalis, Doelnitz et Cazalis, Cazalis et Boris. Parfois Corbassière. Plus rarement Christian Bérard. Pas de quoi nourrir un reportage édifiant. D'ailleurs, les Lorientais, ancêtres des caves germanopratines, échapperont injustement à la légendaire chronique. Né trop tôt, et sans intérêt pour la presse.

Une existentialiste, à bien y regarder, il en est peut-être une. Une très belle fille étrange à l'allure de pauvresse, coiffée « à la noyée », comme dit la presse, et habillée de vêtements de garçon retaillés. Cafardeuse, revenue du néant, le vrai, muette devant les autres, mais tendue par l'ambition de se sauver sur les planches. Angoissée, naufragée, vivant au jour le jour, selon les critères de *Samedi-Soir*. Juliette Gréco. Elle aussi est arrivée un jour de 46, au Bal nègre de la rue Blomet, dans le 15ᵉ arrondissement. Un bal populaire, situé loin du périmètre sacré, mais que le Saint-Germain littéraire et journalistique a élu, sur l'insistance de Prévert, pour danser le samedi soir. Preuve que leur labyrinthe est encore un trou... A la table de Sartre, elle a vu Anne-Marie Cazalis. « Elle regarda Jujube, raconte Juliette Gréco, et décida qu'elle était belle. Elle réussit à le faire croire à une impressionnante quantité de gens. Pas à Jujube. Elle décida que

---

14. *Les Mémoires d'une Anne*, d'Anne-Marie Cazalis, *op. cit.*

Gréco deviendrait célèbre et fit tout pour y parvenir. Elle prit Jujube en charge sans en avoir l'air et doucement Jujube réalisa qu'elle n'était plus seule[15]. »

Juliette Gréco parle si peu qu'elle s'est donné un surnom intime, pour ses monologues intérieurs. Jujube. Sartre et Boris la baptiseront d'abord la Toutoune, tant elle paraît avoir fait de chemin, tant de campagnes, jusqu'au cœur de la ville. Elle a moins de vingt ans, lorsqu'elle leur tombe dessus, comme un poids mort. Enfermée. Enfant du divorce, fille d'une grande résistante. Longtemps après la libération de Paris, elle était allée, chaque fin d'après-midi, à l'hôtel Lutétia, où les autorités réceptionnaient les rescapés des camps de la mort. Enfin, elle avait vu, parmi des grabataires, sa sœur, « ce qu'il en restait », dira-t-elle, et sa mère. Puis sa mère, officier supérieur, était partie pour l'Indochine, n'expédiant que de rares mandats, et Juliette était restée seule. Comme un oiseau tombé du nid, offerte, tétanisée, dans des chambres d'hôtel du quartier qu'elle quittait au petit jour, faute d'argent pour régler la note. Elle apitoyait les comédiennes, Hélène Duc, Alice Sapritch qui lui avait offert une paire de chaussures pour remplacer ses éternelles sandales de raphia. Elle avait passé, sans succès, le concours d'entrée au Conservatoire d'art dramatique. Après sa prestation, le professeur avait noté : « Chiot de trois mois. A suivre[16]. » Solange Sicard, autre professeur de théâtre, l'avait adoptée. Elle avait volé des sandwichs, s'était laissé inviter à boire un café par des inconnus, puis sans un mot, le café bu, s'était enfuie. Elle était entrée aux Jeunesses communistes, vendant *L'Avant-garde* à l'agression silencieuse, dans la rue, collant l'exemplaire sous le nez du passant. Elle s'était fait aimer de Pierre Courtade et de Pierre Hervé, puis, malgré la sympathie de Marguerite Duras, avait été exclue du Parti par l'écrivain Jorge Semprun. « Son indifférence exaspérait, assure Guillaume Hanoteau. Elle était quasi orpheline, sans métier, sans diplôme, livrée à la charité publique et elle opposait à cette adversité le front têtu des êtres doués et sûrs de leur succès final[17]. »

En 1946, Juliette Gréco a un gros passé. Elle attendrit les illuminés qui lui trouvent du culot et de soudaines inspira-

---

15. *Jujube*, de Juliette Gréco, Stock, 1982.
16. *Ibid.*
17. *L'Âge d'or de Saint-Germain-des-Prés*, de Guillaume Hanoteau, *op. cit.*

tions dignes de Jarry, et les rimbaldiens. Comme Boris. Tous deux s'échappent, parfois, pour échanger leurs silences. « En moi, il a beaucoup apprivoisé l'animal, dit Juliette Gréco. Sans Boris, à cette époque, j'aurais eu plus de mal à vivre. » « Boris Vian était beau, confiera-t-elle encore, d'une beauté romantique due à la pâleur extrême de son teint et à son air rêveur. Tout cela cachait aussi une terrible inquiétude. Sous un sourire féroce couvaient les grimaces. Il était grand et penchait la tête sur le côté pour vous écouter parler, ou rire, ou pleurer. Avec la même gravité que celle qui assombrissait son visage quand il regardait sa trompinette dans le creux de sa main trop blanche[18]. » Ils l'adoptent, Sartre, Astruc, Queneau... Merleau-Ponty lui fait une cour empressée. Elle est la muse silencieuse et brune du Lorientais, blottie contre Anne-Marie Cazalis, son ange blond. Son attachée de presse. Associées « comme le jour et la nuit », écrira Boris[19]. Gréco, Cazalis, Doelnitz : ils ne se quittent plus. Le soir, ils rejoignent le Montana ou leur tanière du Bar Vert, rue Jacob, le premier bar américain ouvert en 1944. Antonin Artaud y fait ses ultimes apparitions, y râle quelques poèmes en maudissant son auditoire, avant de céder au dernier assaut de la folie. Roger Vailland y boit ferme, entre Merleau-Ponty et Cossery. Bernard Lucas y travaille, et comme il aime les livres, il en expose sur son comptoir.

A Saint-Germain, il reste cependant difficile de se perdre, simplement de durer, dans un lieu public, après une heure du matin. Même le Méphisto, succursale de la Rhumerie martiniquaise du carrefour Mabillon, où l'on sert en sous-sol des boudins créoles, à la grande joie de Camus et de ceux de *Combat*, et où il arrive qu'on danse au son d'un pick-up, doit tirer sa révérence. Entre le Bar Vert et le Méphisto, Gréco, Cazalis, Doelnitz, Jean-Pierre Vivet, écrivain prometteur, Astruc n'ont donc plus que le choix du trottoir. Le Major surgit parfois de l'ombre, à la recherche de Boris. Mais Boris écrit. Les voisins jettent des seaux d'eau ou le contenu de leur pot de chambre sur ce groupe bruyant. Décidément, il manque un dernier refuge.

Ainsi naît le Tabou. De la nécessité. Au 33 de la rue Dauphine, à quelques mètres du Bar Vert, un vilain bistrot

---

18. *Jujube*, de Juliette Gréco, *op. cit.*
19. *Manuel de Saint-Germain-des-Prés*, *op. cit.*

reste ouvert pour les ouvriers des Messageries parisiennes, rue Christine, sert des sandwichs toute la nuit et des croissants chauds au lever du jour. Pas très avenant. Plutôt prolétaire, de boisson et de style. Des patrons, les Guyonnet, anciens commerçants toulousains, plutôt hostiles à cette faune littéraire qui a introduit les alcools américains autour du carrefour Buci. Les derniers résistants au sommeil se mêlent aux livreurs des Halles et aux camionneurs des Messageries. On ne sait plus si c'est Bernard Lucas, Gréco ou Doelnitz qui apprit l'existence d'une cave sous le Tabou. Lucas et Jujube cherchent depuis des semaines un lieu de répétition pour la troupe de Michel Gallieni, petit-fils de maréchal de France et héritier des beaux quartiers, existentialiste-phare puisqu'il se fait appeler Michel de Ré, clame sa haine de l'armée, et apparaît, hirsute, du haut de son mètre quatre-vingt-treize. Par goût et par opposition familiale, il veut faire du théâtre. D'avant-garde. Mineur encore, il s'est caché quelques mois dans les bistrots de Saint-Germain, mais les gendarmes sont parvenus à l'arrêter et à l'envoyer faire son service militaire. Pour l'honneur des Gallieni. A son retour, devenu définitivement Michel de Ré, il monte, au cinéma Récamier — et pour le concours des Jeunes Compagnies — un spectacle de pièces en un acte, dont *Chaînes* d'Henri Michaux et *La Peur dans l'amour*, de Jarry. Avec Michel Serrault et d'autres jeunes comédiens inconnus.

Michel de Ré rêve de mettre en scène *Victor ou les enfants au pouvoir*, de Roger Vitrac, jamais rejouée depuis sa création en 1928 par le théâtre Alfred Jarry, fondé par Antonin Artaud. A la générale, les surréalistes, en désaccord, s'étaient battus entre eux. Artaud trouve plaisante l'idée d'une reprise. Son dernier pied-de-nez aux pisse-froid du répertoire. La pièce sera donc remontée, les soirs de relâche, à la Gaîté Montparnasse d'Agnès Capri. Juliette Gréco s'est vu proposer, une nuit de trottoir, devant le rideau baissé du Bar Vert, le rôle de la Femme adultère. Jujube a voulu refuser. Anne-Marie Cazalis a accepté pour elle.

Mais où répéter et jouer plus souvent qu'une fois par semaine chez Agnès Capri ? Pressé de questions, Guyonnet finit par admettre, de mauvaise grâce, que ce que Juliette Gréco a découvert, au sous-sol du Tabou, est bien une cave. A certaines traces, on dirait même que ce court tunnel a dû servir déjà de cabaret. « Une longue cave voûtée, se souviendra Gréco, peuplée de tables et de tabourets vides, éclairée de petites ampoules de couleurs vives, qui servent de regards à des masques africains, s'offre à ses yeux. Fascinée, elle va jusqu'au fond de la cave pour toucher une grille. Elle donne sur un endroit sablonneux, genre prison sous Louis XI. Jujube s'en retourne à son point de départ et sur le chemin, bien caché, à côté de la porte d'entrée, un bar [20]... » Guyonnet ne veut rien dire. Il n'est pas propriétaire depuis longtemps. L'endroit, peut-être un cabaret, a dû être fermé par la police.

Quatre mois durant, de novembre 46 à mars 47, Bernard Lucas, Michel de Ré et ses comédiens, Gréco, Cazalis, Astruc, Doelnitz... font le siège du couple toulousain. D'accord pour un lieu de répétition, pas pour un cabaret! Bernard Lucas obtient pourtant gain de cause. On déménage les caisses, on nettoie à la hâte. Le Club du Tabou ouvre ses portes le 11 avril 1947, sous le parrainage officiel de quelques aînés, dont Frédéric Chauvelot, éphémère diplomate, et Roger Vailland. Sartre accepte d'aller y faire un tour. Il s'y ennuie. Merleau s'enthousiasme. Pour Gréco. On récite encore du Prévert. Il y a parfois un peu de jazz, mais surtout sur disques. Boris n'est pas pressé d'aller y jouer. Au Tabou, on danse mou. Michel de Ré rameute des compagnons d'espérance théâtrale, comme Christian Marquand et Roger Vadim. Les copains journalistes ne prêtent pas longue vie à cette cave. Le photographe Georges Dudognon, grand connaisseur de l'éclairage nocturne de Saint-Germain, trouve la lumière trop blême.

En juin 1947, Bernard Lucas prend la responsabilité du Bar Vert. Il passe la main à Fred Chauvelot, sans fortune mais riche de ses rêves, grand communicateur, qui se fait fort de dénicher un financement pour rénover la cave et tenir en attendant des jours meilleurs. *Samedi-Soir*, dit-on, est prêt à participer aux frais. Anne-Marie Cazalis et Juliette Gréco seront les animatrices du Tabou, Marc Doelnitz, l'organisateur de fêtes. S'il vient assez de monde pour faire la fête. Fred Chauvelot presse Boris d'apporter, certains soirs, sa trompinette. Fidèle des Lorientais de Claude Luter, Boris rechigne encore, confie que son médecin lui a définitivement interdit les solos. S'il accepte, c'est parce que certains de ses compagnons d'orchestre seront de l'aventure. Ses frères, Lélio et Alain, Guy Longnon à la trompette, Guy Montassut au saxo

---

20. *Jujube*, de Juliette Gréco, *op. cit.*

ténor. Timsy Pimsy, aussi, guitariste et excellent chanteur de jazz, moins connu sous son véritable nom : Teymour Nawab, Persan de père, Irlandais de mère, déclaré fort riche et toujours sans argent, généreux, surtout lorsqu'il est ivre. Et comme il est souvent ivre...

Comme Michel de Ré, Boris apprend vite comment descendre l'escalier dangereux pour les clients de plus d'un mètre soixante-quinze. La simple vue du boyau voûté lui coupe la respiration. La fumée des cigarettes fatigue son cœur. L'orchestre se tiendra au bout, contre la grille, sur une petite estrade surmontée d'une paillote de roseaux. Ridicule, répète-t-il, sceptique. Comme ce nom, le Tabou, dont personne n'a jamais pu déterminer l'origine. Dehors, sur la façade, on s'est contenté de repeindre les lettres en jaune.

VII

LA GLOIRE DE VERNON SULLIVAN

Le sexe vengeur de Lee Anderson

Le 3 février 1947, Boris note dans son agenda de poche : « Je serai content quand on dira au téléphone V comme Vian. » Songe-t-il à la prochaine parution de ses deux romans chez Gallimard ? A cette date, son vœu sera bientôt exaucé. Boris Vian va devenir un personnage connu, qui aura souvent les honneurs de la presse dans les années à venir. Peut-être pas tout à fait comme il l'aurait souhaité. Pas pour les livres qui lui tiennent à cœur.

Après une si longue attente, *Vercoquin et le plancton* finit par paraître. Exactement le 11 février. *L'Écume des jours* va suivre, le 30 avril[1]. Sorties trop rapprochées, sans gros effort de promotion, sans l'habituel accompagnement des critiques liés à la maison Gallimard. S'il n'y avait eu *L'Automne à Pékin*, déjà soumis au comité de lecture, les traits d'ironie contre Jean Paulhan et Marcel Arland, Boris aurait pu estimer que c'était là un sort normal pour un auteur débutant. Mais, malgré les conseils de Raymond Queneau, Boris a refusé de

---

1. Ces deux romans ne se sont pas vendus du vivant de Boris Vian. Les Éditions Gallimard nous ont autorisés à reproduire les chiffres de vente à des dates assez proches de la mort de l'auteur. En 1962, soit trois ans après le décès de Boris Vian, il restait encore en stock 1 250 exemplaires de *L'Écume des jours*, sur un tirage initial de 4 400 exemplaires. En 1971, après réimpression, un peu plus de 10 000 exemplaires de *Vercoquin* avaient été écoulés. Mais sur le premier tirage de 1947, soit 4 400 unités, il restait en 1964, « une centaine d'exemplaires défraîchis en stock », selon une note à Claude Gallimard. Archives Gallimard.

supprimer les allusions aux deux personnalités de la NRF de sa quête du Graal ébouriffée en Exopotamie. Jacques Lemarchand trouve le roman trop touffu, curieusement construit, en séquences parallèles, hésitant entre la brutalité goguenarde de *Vercoquin* et le lyrisme retenu de *L'Écume des jours*. Il ne le défend pas. D'autres lecteurs, chez Gallimard, suggèrent de ne pas publier le manuscrit. Depuis le Prix de la Pléiade, Boris irrite. Paulhan n'a pas pardonné. A la parution de *Vercoquin*, l'éminence grise de la NRF adresse à Boris un mot de chanoine : « Très content de voir enfin paraître ce *Vercoquin*, que j'ai été le premier à lire et à défendre. Eh bien, je le trouve excellent. Et même passionnant (mais évidemment l'abbé Petitjean, mais évidemment Armand Grosjean...) Votre cordial. J.P.[2]. »

Les deux romans ont été tirés chacun à quatre mille quatre cents exemplaires. Il s'en vend quelques centaines, les premiers mois. Peu de critiques. Lorsqu'ils écrivent, les journalistes préfèrent s'intéresser à l'auteur lui-même, « enfant de chœur du pape de l'existentialisme », pour Robert Kanters, dans *La Gazette des Lettres* ; « très représentatif de la fraction la plus avancée de la jeune génération littéraire », pour Jean Blanzat, dans *Le Littéraire* ; expert en surprises-parties, trompettiste de jazz, farceur, etc. Lorsque paraît *Vercoquin*, et plus encore lors de la mise en place de *L'Écume des jours* en librairie, la presse littéraire hésite manifestement à prendre au sérieux l'ambition créatrice de Boris Vian. Avertis de l'épisode du Prix de la Pléiade quelques mois plus tôt, de l'insolence du Menteur aux *Temps Modernes*, ils se méfient, retiennent leur curiosité des deux romans. Surtout, une rumeur vient perturber leurs plumes prudentes : ce Boris Vian pourrait être le traducteur d'un « roman pornographique » américain dont on parle de plus en plus depuis sa parution, à la fin de l'année 1946. Et dont on parle en mal : *J'irai cracher sur vos tombes*. Vrai ? Faux ? Les doctes critiques ne peuvent pas prendre le risque d'être ridiculisés. Aussi s'abstiennent-ils. Vernon Sullivan vient de briser net l'entrée de Boris Vian dans la carrière.

Pendant les derniers jours de juillet 1946, Jean d'Halluin cherchait à assurer le lancement de sa maison d'édition, le

---

2. Lettre, peut-être écrite le 25 janvier 1946, sur papier à en-tête de la NRF. Archives de la Fondation Boris Vian.

Scorpion, par un coup d'éclat. Il lui fallait un roman américain, car Paris ne lisait plus que cela, des gros romans nourrissants, de bons romans ou de moins bons, imitations d'*Autant en emporte le vent*, d'excellents ou d'exécrables romans policiers. Grand cònnaisseur de la littérature américaine, traducteur lui-même, Marcel Duhamel avait persuadé Gaston Gallimard d'accueillir dans sa prestigieuse maison une collection de romans noirs. Malgré les avis négatifs de son entourage, Gaston avait cédé. Duhamel était parti pour Londres, poste avancé de l'édition anglo-saxonne en Europe, et avait racheté les contrats de James Raymond (James Hadley Chase), chef d'escadrille de la RAF, et de Peter Cheyney. Il avait convaincu Dashiell Hammett, déjà publié par Gallimard, de continuer à confier ses traductions françaises à la NRF, et acquis les droits d'un roman d'Horace McCoy. La Série Noire s'était lancée avec ce maigre bagage. Marcel Duhamel avait obtenu un petit bureau, rue Sébastien-Bottin, et l'aide d'une collaboratrice rémunérée, Janine Hérisson. Germaine Duhamel avait dessiné une couverture, noire et or, Jacques Prévert, de visite, un jour, dans le bureau, avait trouvé le titre de cette collection de romans d'abord brochés. Étaient parus, en 45, *La Môme Vert-de-gris* et *Cet homme est dangereux*, de Peter Cheyney, et son personnage, Lemmy Caution, avait séduit un premier cercle, non négligeable, de lecteurs. Puis, l'année suivante, *Pas d'orchidées pour Miss Blandish* de James Hadley Chase et *Un linceul n'a pas de poche* d'Horace McCoy[3]. Le roman de Chase avait vu ses ventes s'emballer après quelques mois et, surtout à Saint-Germain-des-Prés, l'univers américain de la Série Noire, avec ses filles moulées de lainage fin et toujours poursuivies, ses privés désargentés, anciens flics désabusés ou héros de guerre mal reconvertis, rencontrait des adeptes de plus en plus nombreux.

Jean d'Halluin rêvait d'égaler le succès de *Pas d'orchidées pour Miss Blandish*. Il lui fallait un livre. Un soir, il avait retrouvé Michelle et Boris dans la file d'attente du Paris, un cinéma des Champs-Élysées, et s'était ouvert de son ambition. L'aide de Boris lui était nécessaire. Lui lisait tout, baignait dans le romanesque US au point de pouvoir décrire, à la table d'un café, l'atmosphère d'un continent où il n'avait jamais mis

---

3. *Les Années « Série Noire »*, volume 1, 1945-1959, de Claude Mesplède, Éditions Encrage, 1992.

les pieds. Boris devait pouvoir lui dénicher un bon roman, et le traduire. L'éditeur était même prêt à le rémunérer pour le choix du livre et son adaptation. Boris avait tout de suite réagi. « Je peux te le faire, moi, ton best-seller. » Il y avait mieux à produire qu'une traduction : un faux roman noir américain. Un pastiche ! Un ouvrage à la manière de... comme ceux de l'ami Robert Scipion, mais sans rien avouer. Une première : l'imitation du style cru, de la violence et l'humour de cette littérature dont les Français se montraient si friands depuis deux ans. Une bonne blague. L'engouement était tel, les éditeurs si empressés de faire découvrir de nouveaux auteurs américains que l'on pouvait aisément imposer, dans la confusion, un écrivain qui n'existait pas. La Série Noire n'avait-elle pas débuté par deux auteurs non américains, J.H. Chase et Peter Cheyney, deux Anglais bon teint ? N'avait-on pas omis de détromper leurs lecteurs ? Michelle avait approuvé. Quant à Jean d'Halluin, les facéties éditoriales entraient dans son tempérament. Oui, pourquoi pas un faux ?

L'idée de *J'irai cracher sur vos tombes* était née, en dix minutes, sur un trottoir. Puis Michelle et Boris en avaient parlé entre eux. Le Prix de la Pléiade manqué, ils avaient terriblement besoin d'argent. Boris ne supportait plus son activité d'ingénieur. Ses romans tardaient à paraître, et de toute façon, les chances étaient minces qu'ils financent leur vie quotidienne et la voiture que Boris rêvait de s'offrir. Seules les grosses ventes d'un roman « américain »... Un an plus tôt, les jeunes époux s'étaient attelés à un projet assez similaire. Ils avaient cherché « quelque chose à faire » sur la Libération, car la Libération était encore un sujet commercial. Ils s'étaient mis à travailler ensemble, puis avaient renoncé. Début août 46, au cœur d'une année fort encombrée, entre la rédaction de *L'Écume des jours* et celle de *L'Automne à Pékin,* Boris avait encore un peu de temps libre. Des vacances à prendre, à l'Office du papier. Le 5 août, Michelle, Boris et Patrick étaient partis pour Saint-Jean-de-Monts, en Vendée, accompagnés de Georges d'Halluin, frère de Jean, et d'André Reweliotty, le très jeune clarinettiste, ami de Michelle. Les garçons avaient emporté leurs instruments, loué presque toutes les chambres d'une pension de famille. Patrick avait tout de suite attrapé la coqueluche, et il avait fallu le veiller, chacun à son tour, Boris se réservant les gardes les plus longues, le matin et au milieu de la nuit. Il écrivait au chevet de son fils.

Le sujet du livre lui tenait à cœur. Il en avait souvent discuté avec Claude Léon. Les journaux américains abordaient de plus en plus franchement la question, depuis que le credo ségrégationniste du sénateur Bilbo avait entraîné des lynchages dans certains États du Sud : l'identité, aux États-Unis, des sang-mêlé, des demi-sang, plus encore des « Nègres blancs », ces Américains en errance psychique et sociale qui n'avaient plus de noire que la couleur de l'âme. Parce que leur pigmentation s'était transformée, au fil des générations, jusqu'à donner l'illusion de la blancheur yankee, jusqu'à leur permettre parfois d'échapper aux rigueurs de la loi raciale. Au-delà du racisme, qu'ils détestent, Boris et Doddy s'étaient intéressés au problème mathématique de la division sanguine. Quel pourcentage de sang blanc fallait-il avoir pour être déclaré blanc ? Combien d'années faudrait-il attendre avant que tous les Noirs deviennent blancs ? Ils avaient lu des articles sur ces Noirs américains ayant « franchi la ligne », comme l'on disait, blancs d'apparence, et qui, de plus en plus souvent, tentaient de cacher leur appartenance ou d'obtenir le statut de Blanc par décision administrative. Le dernier article en date, le 3 août, dans le magazine *Collier's*, intitulé « Who is a Negro ? », expliquait, sous la plume de Herbert Asbury, que chaque année, aux USA, des dizaines de milliers de Noirs passaient ainsi « la ligne » et qu'en 1946, cinq à six millions d'Américains blancs avaient du sang noir[4].

Huit jours plus tard, la coqueluche de Patrick s'aggravant, Michelle, André Reweliotty et l'enfant étaient repartis pour Paris. Boris avait accéléré son rythme de rédaction, se protégeant du soleil, ne rejoignant la plage qu'en fin d'après-midi. Le soir, avant de jouer de la guitare, il lisait les pages de la journée à Georges d'Halluin. Le canular prenait forme. Georges s'amusait beaucoup de l'histoire de Lee Anderson et de ses vengeances sexuelles à répétition sur les filles consentantes du drugstore de Buckton. Pour les personnages, Michelle et Boris avaient pris soin de choisir des prénoms crédibles pour le Sud des États-Unis, et peu empruntés par les romans à succès. Un ami juif, ancien GI resté à Paris, Milton Rosenthal, qui vivait souvent dans l'appartement du Faubourg-Poissonnière et allait devenir l'un des collaborateurs

---

4. Article cité dans *Boris Vian, essai d'interprétation et de documentation*, de Michel Rybalka, *op. cit.*

américains des *Temps Modernes*, avait fourni des cartes routières et des plans de grandes villes. Boris pouvait raconter l'Amérique jusqu'aux bourgs perdus du Tennessee. Buckton, donc, non située, mais étouffante en plein été, avec son bar désert, chez Ricardo, sa population noire invisible, ses Blancs qu'on retrouvait au temple, le dimanche.

Les premiers mots du roman pastichaient, à s'y croire, l'écriture ramassée, elliptique, des livres policiers américains, cette voix intérieure brisée, tâtonnante, de narrateurs qui ont perdu l'habitude ou le goût de se parler. « Personne ne me connaissait à Buckton. Clem avait choisi la ville à cause de cela ; et d'ailleurs, même si je m'étais dégonflé, il ne me restait pas assez d'essence pour continuer plus haut vers le Nord. A peine cinq litres. Avec mon dollar, la lettre de Clem, c'est tout ce que je possédais. Ma valise, n'en parlons pas. Pour ce qu'elle contenait. J'oublie : j'avais dans le coffre de la voiture le petit revolver du gosse, un malheureux 6,35 bon marché ; il était encore dans sa poche quand le shérif était venu nous dire d'emporter le corps pour le faire enterrer. »

Le lecteur apprenait vite que quelque chose n'allait plus dans la famille de Lee Anderson. « Le gosse », un frère plus jeune, était mort, probablement de mort violente. Et Lee, et Tom, le frère aîné, qui avait fait des études et qui s'était lié, malgré sa différence, avec Clem, un copain venu au monde sans les gènes du racisme, avaient dû filer en vitesse. « [...] l'histoire du gosse flanquait tout par terre. Moi, j'avais assez d'hypocrisie pour ne rien dire, mais pas le gosse. Il n'y voyait aucun mal. Le père et le frère de la fille s'étaient chargés de lui. » Tom, l'instituteur, allait tenter sa chance dans une grande ville. Lee pouvait rester dans la région. Il n'était pas comme Tom. « Je regardais mes mains sur le volant, mes doigts, mes ongles. Vraiment, personne ne pouvait trouver à y redire. » Tom et Clem assuraient qu'on ne voyait rien. Clem lui avait déniché un emploi de libraire à Buckton. L'actuel gérant, un Blanc antiraciste, s'en allait, pour « écrire des best-sellers ». « Rien que des best-sellers. Des romans historiques, des romans où des Nègres coucheront avec des Blanches et ne seront pas lynchés. » Boris s'amusait bien, il donnait à Lee son âge, vingt-six ans, un corps musclé et un beau brin de voix pour les refrains de La Nouvelle-Orléans. Mais il jetait aussi, à l'ombre de sa chambre, ses convictions profondes sur le papier. Il saluait, à peine plus rudement, les anciens exploits d'Antioche et du Major. Il américanisait Saint-Germain. « Vous les trouverez toutes là. Elles ont un club dans la ville. Un club de bobby-soxers. Vous savez, les jeunes qui mettent des chaussettes rouges et un chandail à raies, et qui écrivent à Frankie Sinatra. »

Les filles blanches, c'était justement ce que Lee Anderson cherchait, pour se laver de la mort du « gosse », des filles plus jeunes que dans les romans de la Série Noire — et plus de dix ans avant la *Lolita* de Vladimir Nabokov —, parce qu'il fallait bien tenter d'être plus audacieux, comme l'avait dit Jean d'Halluin, dans « l'épate-bourgeois ». Plus jeunes, donc. « Des petites de quinze-seize ans, avec des seins bien pointus sous des chandails collants, elles le font exprès, les garces, elles le savent bien. » Chez Ricardo, au bord de la rivière ou sur les banquettes trop chaudes d'une vieille Chrysler et d'une Nash, les filles se collaient effrontément à Lee et exploraient le bas de son corps de leur main fine. A Buckton, ces enfants blanches d'Américains moyens se retrouvaient désœuvrées pendant l'été. Vouées au sexe soustrait du sentiment. Lee offrait l'avantage de pouvoir acheter des flasques d'alcool au drugstore, de boire, comme un homme, son bourbon sec, sans grapefruit, et de danser « bien pour un adulte ». Et comme il avait la haine insatiable et que les petites, Jicky, Judy, montraient des dispositions désarmantes, Boris s'amusait de plus en plus au fil des pages. Les privés de la Série Noire passaient leur vie à croiser des femmes dotées de superbes poitrines ? L'époque était à l'érotisme mammaire, aux fantasmes de Vargas ? Cela allait bien au faussaire de Saint-Jean-de-Monts. A chaque description, les détails du soutien-gorge, du sweat-shirt entrouvert, des plis d'une jupe retroussée en haut d'une cuisse. Une obsession de lingerie, très dans l'époque des polars — et déjà présente dans *Vercoquin* —, mais toujours accolée, là, à l'insistance de la jeunesse de ces corps que le tissu découvrait. « [...] nue comme une petite fille, mais, quand je réussis à la tenir sous moi, je compris qu'elle en savait plus qu'une petite fille. »

Les jours passaient vite, à Saint-Jean-de-Monts comme à Buckton, et Lee était devenu le loisir de ces filles délurées. « Mais c'était trop simple, un peu écœurant. Elles faisaient ça presque aussi facilement qu'on se lave les dents, par hygiène [...]; ça faisait mon affaire pour le moment. » Georges d'Halluin, quelques soirs plus tard, en apprenait un peu plus sur la cause profonde de cette guerre aux entrecuisses couleur de lait. Boris n'écrivait pas explicitement que Lee et ses frères étaient des Nègres, Lee un Nègre blanc, mais cela finissait par se déduire. Pendant la campagne électorale, des admirateurs du sénateur Balbo, « la plus damnée crapule qu'on puisse trouver dans le pays », avaient roué Tom de coups, et Lee avait proposé d'aller tuer le chef de bande. Tom avait refusé, car il croyait en Dieu. Tom et Lee avaient alors brûlé la maison de leurs parents avant de s'en aller. Lee n'était pas comme son frère. « J'avais pu perdre cette humilité abjecte qu'ils nous ont donnée, peu à peu, comme un réflexe, cette humilité odieuse, qui faisait proférer des paroles de pitié aux lèvres déchirées de Tom, cette terreur qui poussait nos frères à se cacher en entendant les pas de l'homme blanc ; mais je savais bien qu'en lui prenant sa peau, nous le tenions. » Boris déroulait un pastiche bourré d'érotisme moite. Il égrenait les métaphores de détective misogyne et sentimentalement expéditif. Comme celle-ci : « Sacré nom, quel mal j'aurais avec cette fille ; il y a des truites qui vous donnent cette impression-là. » Une autre rage transpirait cependant de l'ébauche, plus authentique, une haine de jazzman contre le pouvoir blanc, et qui, dans certaines pages, détournaient le cours de cette mystification en cours de fabrication.

Pendant une surprise-partie était enfin apparu le prix à payer pour le lynchage du « gosse ». Deux filles de la grande bourgeoisie blanche, Jean et Lou Asquith, héritières d'une famille de Prixville, une autre ville, qui avait tiré sa fortune des plantations de la Jamaïque ou d'Haïti. « Oui, j'ai su que j'avais enfin trouvé. Ces deux-là — et le gosse se retournerait de joie dans sa tombe. » Boris avait accéléré la rencontre entre Lee et Jean, l'aînée des filles Asquith. Lee l'avait d'abord aidée à vomir tout son gin. Puis, assisté de l'une des bobby-soxers du drugstore, il avait déshabillé l'héritière dans la salle de bains. C'est Judy qui avait eu l'idée d'accompagner Lee dans son accouplement avec la fille ivre morte. « Jean Asquith restait immobile, et puis mes yeux sont tombés sur la figure, elle bavait encore. Elle a ouvert les siens à moitié, et puis les a refermés et j'ai senti qu'elle commençait à remuer un peu — à remuer les reins — et Judy continuait pendant ce temps-là et, de l'autre main, elle me caressait le bas du corps. » Avec Lou, il avait aussi souhaité faire plus ample connaissance, mais la cadette avait moins bu. « Je la renversai sur le divan et j'arrachai le devant de sa robe. Elle se débattait comme un beau diable. Ses seins jaillirent de la soie claire. » Elle l'avait giflé. Elle disait non mollement. De toute façon, Lee avait décidé d'entendre oui. « Je me penchai sur elle et je baisai ses seins, longuement, l'un après l'autre, en caressant leurs pointes avec ma langue. »

Même à jeun, les filles Asquith étaient folles du corps de Lee. Elles minaudaient, faussement effarouchées, faisaient des manières, mieux habillées que les petites bobby-soxers, habituées au tennis de la propriété de leurs parents et aux réceptions mondaines. Mais le soir venu, le souffle court, elles attendaient le mâle, le croyant blanc, comme tout le monde, ignorant sa défense du jazz et du rôle des Noirs dans la société américaine, ségrégationnistes comme papa, jusqu'à la surdité. La nuit, elles voulaient Lee, et lui, il avait réussi, entre deux ébats, à promettre le mariage aux deux, au point qu'elles en étaient redevenues ce qu'elles étaient : des gamines romantiques, conformistes, qui s'y prenaient mal. Maintenant, elles étaient jalouses l'une de l'autre. Jean était venue voir Lee pour lui annoncer qu'elle était enceinte, et il avait dû précipiter ses plans. Il avait failli renoncer, mais il devait cela au « gosse ». D'abord les filles Asquith, « un coup d'essai », puis un homme politique, peut-être un sénateur. Peut-être même l'un de ces Noirs blanchis comme lui, et « qui se mettaient du côté des Blancs en toutes circonstances ». D'abord les filles Asquith. Ce n'était pas un tueur professionnel. Alors il avait beaucoup bu en ébauchant son programme final. Boris hésitait à tuer la blonde et la brune. Son héros lui ressemblait sur ce point : « Je ne peux supporter d'avoir un travail en train de finir. » Aussi, sans doute parce que le séjour à Saint-Jean-de-Monts s'achevait, Lee devenait plus nerveux. Il se mettait à avoir peur, à trop peser le pour et le contre des façons de tuer.

Lou lui avait fait croire qu'elle l'aiderait à tuer sa sœur. Mais elle avait prévenu la police. En frappant Lou de toutes ses forces, en la mordant à mort, fou de douleur et de haine, Lee lui avait raconté l'histoire du « gosse ». Sans doute allait-il falloir rentrer à Paris, car Boris haussait le niveau de violence de sa conclusion, inventant l'ancêtre du « serial killer » moderne en littérature, cannibalisant son héros et sa fin proche. Retrouvant Jean, Lee lui avait demandé si d'avoir couché avec un Nègre lui avait fait de l'effet. « Elle s'était laissé étrangler sans rien faire. » Puis, il l'avait achevée au revolver. « Je l'ai retournée pour ne plus voir sa figure, et pendant qu'elle était encore chaude, je lui ai fait ce que je lui avais déjà fait dans sa chambre. » Bien sûr, comme les romans policiers sauvaient toujours la morale, Lee Anderson avait été rattrapé par la police.

« Ceux du village le pendirent tout de même parce que c'était un Nègre. Sous son pantalon, son bas-ventre faisait encore une bosse dérisoire. » Le dernier chapitre du roman se réduisait à ces trois lignes. Le 20 août, Georges et Boris avaient repris le chemin de la capitale. Quinze jours, exactement quinze jours, sans compter les embarras de la coqueluche de Patrick ! Aux yeux de Boris, c'est ce que valait la plaisanterie. Pas plus. De la qualité du roman, il ne voulait pas entendre parler. C'était un jeu, non une œuvre. Le faussaire ne semblait pas épuisé par sa performance. Il était revenu gai et bronzé de la mer. Michelle, Jean d'Halluin avaient lu, enchantés. Avec ce manuscrit, l'aventure méritait d'être tentée. Le pastiche contenait tous les ingrédients du genre, même si Boris avait un peu torpillé son dénouement. Lui-même en convenait. Lee aurait pu mourir sans érection. Mais il revendiquait, en prévention contre toute retouche éventuelle, la sexualité débridée de ces adolescentes en socquettes qui s'offraient comme des femmes. Avec le fond philosophique, le problème de la négritude des peaux blanches, c'était la seule chose qui avait, pour lui, un peu de valeur littéraire, dans ce gag éditorial.

Frayeurs de presse

Le manuscrit dactylographié, ils avaient cherché un nom pour l'écrivain fantôme. Consulté quelques amis, comme Claude Léon. Pourquoi pas Vernon Sullivan ? Cela sonnait américain. Noir américain, même. Vernon avait été retenu en hommage à Paul Vernon, musicien de l'orchestre de Claude Abadie ; Sullivan, en souvenir de Joe Sullivan, fameux pianiste de l'époque « Chicago ». Pour le titre, Boris penchait pour *J'irai danser sur vos tombes*. C'est Michelle qui avait trouvé plus fort, plus violent, plus commercial, croyaient-ils, dans les références talmudiques que Milton Rosenthal tentait d'enseigner au couple. *J'irai cracher sur vos tombes*.

Vernon Sullivan serait Américain, Noir ayant « franchi la

ligne », et ancien GI. Ce romancier avait profité de son séjour en France pour montrer son manuscrit, certain de ne pouvoir être publié dans son propre pays et dans sa langue maternelle. M. Boris Vian, lui-même jeune écrivain, prochainement publié par Gallimard, s'était chargé de la traduction. Un contrat avait été préparé pour Vernon Sullivan, et signé par lui, comportant une clause spéciale : jamais son nom véritable ne devait être révélé. Bien sûr, Vernon Sullivan était un pseudonyme. L'auteur américain risquait trop, en une époque de lynchage, à apparaître sous sa véritable identité. En inventant Vernon Sullivan, ils avaient tous pensé à Richard Wright, en séjour à Paris, l'écrivain noir antiraciste que Sartre avait rencontré aux États-Unis, et que la presse américaine libérale devait défendre régulièrement contre les ligues ségrégationnistes. Le contrat prévoyait d'autres clauses : à l'article VIII, « en l'absence de M. Sullivan, le montant de ses droits sera versé à M. Boris Vian, qui se charge de la bonne administration de ses intérêts ». A l'article IX, « les Éditions du Scorpion et M. Sullivan s'engagent à réserver à M. Boris Vian la traduction de tous les ouvrages que M. Sullivan publiera ». A l'article X, « M. Boris Vian sera intéressé dans leur publication par un pourcentage sur le chiffre d'affaires, soit 5 % sur le prix fort de tous les tirages [5] ». Plus qu'un traducteur, Boris devenait le représentant personnel, le tuteur de Vernon Sullivan.

Michelle, Boris, Doddy, ceux du Scorpion s'étaient juré le secret. Le lancement du livre avait occupé les deux faussaires, l'écrivain et l'éditeur, plusieurs semaines. La plaisanterie devait être parfaite. Ils pensaient tendre toutes les perches nécessaires pour attirer le gogo, de bonnes grosses perches pour une société et une presse qu'ils savaient frileuses, conventionnelles, lassées, déjà, des références au modèle américain. A la mi-novembre, Jean d'Halluin avait alerté les journaux avec un prière d'insérer qui devait, espéraient-ils, retenir l'attention et flatter le sens de l'indignation des rédactions. Après avoir rappelé le drame des Noirs qui « dépassaient la ligne » et précisé que Vernon Sullivan était l'un de ces Noirs, le texte indiquait : « *J'irai cracher sur vos tombes*, le premier roman de ce jeune auteur que nul éditeur américain n'osa publier, dénonce en des pages d'une violence

---

5. Fac-similé reproduit dans le n° 17 du *Magazine littéraire*, avril 1968.

inouïe, et dont le style est égal à celui des grands prédécesseurs que sont Caldwell, Faulkner et Cain, l'injuste suspicion réservée aux Noirs dans certaines régions des États-Unis. Contrairement aux auteurs d'outre-Atlantique, ses héros sont jeunes, beaux et vivent comme la plupart des jeunes des États du Sud. On n'y retrouve pas l'alcoolique, l'idiot, le fou, la mère castratrice chers à tous les névrosés. Cette conception de la vie des adolescents américains est une peinture âpre, empreinte d'un érotisme cruel et total, qui fera sans doute autant de scandale que les pages les plus osées de Miller. Un roman comme on n'en a jamais écrit[6]. »

Le livre était prêt. Sa couverture blanche rappelait un peu celles des ouvrages de Gallimard. Boris y introduisait le roman, expliquant que son éditeur avait rencontré Vernon Sullivan vers juillet 1946, et reçu le manuscrit deux jours plus tard. Vernon Sullivan avait passé la ligne, mais il éprouvait « une espèce de mépris des " bons Noirs ", de ceux dont les Blancs tapotent affectueusement le dos dans la littérature ». « Il était d'avis, précisait Boris, qu'on peut imaginer et même rencontrer des Noirs aussi " durs " que les Blancs. » Puis le traducteur s'attaquait au corps du délit prévisible. « Ici, nos moralistes bien connus reprocheront à certaines pages leur... réalisme un peu poussé. Il nous paraît intéressant de souligner la différence foncière qu'il y a entre celles-ci et les récits de Miller ; ce dernier n'hésite en aucun cas à faire appel au vocabulaire le plus vif ; il semble, au contraire, que Sullivan songe plus à suggérer par des tournures et des constructions que par l'emploi du terme cru ; à cet égard, il se rapprocherait d'une tradition érotique plus latine... » Comme Jean d'Halluin, Boris désignait de lui-même, sans attendre la critique, les influences littéraires du roman, surtout celle de James Cain. Il mettait en avant la gêne que pouvait provoquer la violence gratuite du livre. Comme si l'éditeur et le traducteur adoptaient spontanément les points de vue embarrassés, sur la forme et sur le fond, de leurs futurs lecteurs. Habile ! Ils avaient ri, aussi, de ces présentations de professionnels français ayant conscience de détenir une matière explosive et qui avaient longuement hésité à la livrer à leur public. « A cet égard on devra reconnaître que Sullivan se montre plus

---

6. *Dossier de « l'affaire »* J'irai cracher sur vos tombes, établi par Noël Arnaud, Christian Bourgois, 1974.

réellement sadique que ses devanciers illustres ; il n'est pas surprenant que son œuvre ait été refusée en Amérique : gageons qu'elle y serait interdite le lendemain de sa publication. » Vaguement écœuré, le traducteur. Solidaire de Sullivan, et de l'angoisse des Noirs-Blancs, mais contraint à bien des contorsions pour justifier cette publication. A lire entre les lignes, lui-même devait réprouver : « Quant à son fond même, il faut y voir une manifestation du goût de la vengeance, chez une race encore, quoi qu'on en dise, brimée et terrorisée, une sorte de tentation d'exorcisme, vis-à-vis de l'emprise des Blancs " vrais ", de la même façon que les hommes néolithiques peignaient des bisons frappés de flèches pour attirer leur proie dans les pièges, un mépris assez considérable de la vraisemblance et aussi des concessions au goût du public. » Recours à l'explication freudienne et à l'argumentation de la nécessité commerciale, pour admettre l'obscénité du roman. Sur cet aspect mercantile, en conclusion de sa préface, le traducteur, d'ailleurs, insistait pour offrir sa petite idée personnelle. Négative : « Et si l'on s'efforce, en France, à plus d'originalité, on n'éprouve nulle peine, outre-Atlantique, à exploiter sans vergogne une formule qui a fait ses preuves. Ma foi, c'est une façon comme une autre de vendre sa salade... »

Avec de telles précautions, estimaient Boris et Jean d'Halluin, une sorte de réprobation lardée d'invites, *J'irai cracher sur vos tombes* devait éveiller la curiosité des critiques. Pour passer en douceur et ne pas risquer, d'entrée, le rejet ou, pire, le silence des rédactions, Jean d'Halluin avait même choisi de publier quelques « bonnes feuilles » du roman dans *Franc-Tireur*, un journal issu de la Résistance qui ne passait pas pour flatter particulièrement les bas instincts de ses lecteurs. Prudemment, on n'avait livré à la rédaction que les pages, non licencieuses, de l'incendie de la maison des parents de Lee et de Tom Anderson. En tête de ces extraits, publiés dans le numéro du 26 novembre, Jean d'Halluin avait rédigé un autre texte de présentation, plus paradoxal encore en apparence. Qui oscillait entre l'allèchement : « *J'irai cracher sur vos tombes*, tel est le titre du livre brutal jusqu'à la sauvagerie de Vernon Sullivan. » Et le drame de conscience : « On comprend que ces pages terribles et qui défient toute argumentation atténuante risquent d'horrifier un public qui admet au demeurant sans broncher qu'on lynche un Nègre pour un crime qu'il n'a pas commis. »

Faux profil bas, donc, pour un faux dont ses auteurs voulaient en fait qu'il dépasse, dans le succès, tous les autres sujets, d'effroi ou de polémique, d'une actualité éditoriale soumise, fin 1946, aux vents contraires de la liberté et de la restriction des mœurs. Jean d'Halluin et Boris avaient cité Henry Miller à dessein : l'écrivain américain connaissait quelques ennuis dans une France pudibonde. Juste avant la guerre, Gallimard avait acquis les droits de *Printemps noir*, Robert Denoël, ceux du *Tropique du Cancer*, et les deux éditeurs avaient passé un accord, en 45, pour une sortie simultanée. Mais Robert Denoël avait été assassiné, dans la rue, à coups de cric de voiture, à la fin de l'année 45, et cette mort violente, avec son cortège de rumeurs, avait accompagné un joli scandale. Miller indisposait une époque qui recommençait à se cabrer sur les valeurs morales, confondant littérature et protection de la jeunesse... A propos des romans d'Henry Miller, les critiques parlaient volontiers d'obscénité, de livres « sous le manteau ». On trouvait, selon les journaux, les pour et les contre. Maurice Girodias, fondateur des Éditions du Chêne, dont le père avait édité Miller aux États-Unis, possédait les droits du *Tropique du Capricorne*, et la publication de ce troisième livre avait déchaîné la fureur d'une association puritaine, le Cartel d'action sociale et morale, dirigé par un architecte protestant, M. Daniel Parker. Cette association, qui avait son siège au 28, place Saint-Georges à Paris, s'était fait récemment connaître par les plaintes qu'elle avait déposées en justice contre les trois livres, en vertu d'un vieux décret poussif du 29 juillet 1939, relatif aux atteintes contre la famille, même par la voie du livre... *Combat*, pourtant, s'offusquait de ces peurs d'un autre âge, de cette vision de la famille et de la jeunesse. Dans son édition du 26 juillet 1946, le quotidien avait pris la défense d'Henry Miller et appelait ses lecteurs et les pouvoirs publics à la résistance contre le retour des ligues morales. « Un peu partout, et non seulement dans les milieux littéraires, on est furieusement en mal d'orthodoxie, déplorait le quotidien. Des critiques, des journalistes, des associations même ont cru bon (et politique) de s'attaquer à des écrivains dont la gloire les chatouillait, souvent pour d'autres raisons que littéraires. »

Jean d'Halluin et Boris jugeaient le climat particulièrement favorable à leur opération. D'autant que grâce à Daniel Parker, les livres de Miller se vendaient de mieux en mieux. La première réaction à la parution de *J'irai cracher sur vos tombes*, venue de *La Dépêche de Paris*, en date du 21 novembre 1946, les ravissait. Juste un entrefilet, non signé, mais assez de mots pour dire ce refus de la décadence, qui, dans l'édition, pouvait assurer un bon lancement commercial : « Il paraît que nul éditeur américain n'a osé publier cette élucubration maladive d'un métis. C'est à l'honneur de l'édition américaine, et il faut déplorer qu'il se soit trouvé en France un traducteur et une firme pour diffuser cette incivilité sénile et malhonnête. C'est sur le livre qu'on peut cracher. » D'autres journaux emboîtaient le pas. On en appelait aux écrivains, aux poètes français, même les plus osés, pour distinguer le bon grain de l'ivraie de l'érotisme, ceux qui avaient, en fouillant l'univers nauséabond, « une résonance dans le cœur de l'homme », Rabelais, Baudelaire, qui avait voulu « extraire la beauté du mal », et ces livres, ce livre, selon *Les Lettres françaises*, du 10 janvier 1947, « prétexte à nous servir les pages les plus bassement pornographiques ».

L'Époque souhaitait à Vernon Sullivan les poursuites pénales d'Henry Miller. Car *J'irai cracher sur vos tombes* visait plus bas encore que le pornographe des *Tropiques*. Plus gratuitement. Les Français de plume avaient, de tout temps, fait œuvre utile en explorant les attraits de Satan pour la gloire du bien. L'obscénité, cette fois, ne prétendait pas au rachat. Et, plus grave, sa souillure était américaine. Le pays, par des articles de salut public, fouettait son sang face à cette autre invasion. Cela sentait son fonds catholique et pétainiste, une raideur franco-française qui s'offusquait des exportations de l'allié d'hier. Jean d'Halluin et Boris, dans le bureau du Scorpion, d'abord situé au n° 1 de la rue Lobineau, dans le 6e arrondissement, se lisaient les articles à voix haute. Quelle belle farce! Même les plus modérés des critiques, comme Robert Kanters, dans *Spectateur* du 26 novembre 1946, ne touchaient ce roman que du bout des doigts. « Le récit est court, nerveux, vivant, truffé de scènes d'alcoolisme et de sadisme. »

Pour parfaire leur dispositif, Boris et Jean d'Halluin avaient aussi pris contact avec *Samedi-Soir*, où ils comptaient des amis. Après tout, la presse populaire avait droit elle aussi à ses frissons. Le 7 décembre 1946, était paru un article largement inspiré, dans lequel l'équipe de Marcel Haedrich et d'Yves Krier pouvait laisser libre court à ses craintes, très fabriquées, concernant le sort de la jeunesse. « *J'irai cracher sur vos tombes* n'est pas seulement un livre scandaleux par sa forme et par le thème de haine et de sadisme qu'il exploite. Son auteur, qui a du talent, donne de la jeunesse américaine une image qui est loin de ressembler aux films de Rita Hayworth. Il peint, d'une manière qui a toutes les apparences d'une terrible sincérité, ces " bobby-soxers ", petites étudiantes, ainsi nommées parce qu'elles portent des chaussures sport et des socquettes. Ce sont ces fillettes qui s'évanouissent quand elles écoutent la voix langoureuse de Frank Sinatra et qui écrivent vingt lettres par jours pour leur idole. » « Curieuse génération, s'étonnait *Samedi-Soir*, probablement désaxée par la guerre. » Comme à Saint-Germain-des-Prés, l'hebdomadaire n'en doutait pas. Vernon Sullivan fournissait plus que de la matière journaliste à faire trembler les mères de famille. L'écrivain mystérieux livrait des recettes. « Bobby-soxers » ? L'expression allait resservir.

Samedi-Soir, au fond, était le seul organe de presse à défendre le livre. Mais cette alliance allait provoquer, dans la montée croissante du scandale, une brusque accélération non prévue par le plan des Éditions du Scorpion. Boris s'était fait prendre. On murmurait que cet aimable plaisantin, Menteur patenté des *Temps Modernes*, pourrait bien être l'auteur d'un pastiche, faux traducteur et vrai provocateur. Boris et Jean d'Halluin avaient déjà, début 47, beaucoup d'amis dans la presse. Les compagnons des Lorientais, qui émargeaient parfois à *Samedi-Soir* ou à *France-Dimanche*, s'étaient chargés de colporter la rumeur et, dès le début de l'année, il ne se trouvait plus guère d'articles à laisser dans l'ombre la possibilité d'une supercherie littéraire. L'un des plus rapides à comprendre avait été Maurice Nadeau, critique respecté mais qui présentait, pour les deux faussaires, l'inconvénient de compter de nombreuses relations à Saint-Germain, parmi les amis de Sartre, à l'hebdomadaire *La Rue*, chez Gallimard, ou encore dans le milieu du jazz. Le 7 janvier 1947, dans un court article de *Combat* consacré au roman de Sullivan, Maurice Nadeau avait laissé tomber : « L'auteur est inconnu. Un autre roman de lui doit bientôt paraître. Il sera comme celui-ci traduit par M. Boris Vian qui montre à l'égard des ouvrages de ce nouveau romancier noir une sollicitude toute paternelle. »

Puis, l'un après l'autre, les journaux avaient découvert le stratagème. La revue *Esprit* : « L'impression de supercherie vient à la lecture pour cent traits de récits ou de conversations raffinés dans l'ordure qui ne sont guère dans la manière américaine, brutale et même naïve. Elle vient aussi de la préface du " traducteur " que l'on voit assez bien se délectant à l'écrire, comme une de ces chroniques du Menteur qu'il tient si talentueusement aux *Temps Modernes*. » *Carrefour* : « A propos de viol, Boris Vian ne serait-il pas, par hasard, l'auteur du roman dont il se dit le traducteur ? » *La Gazette des Lettres* : « [...] la traduction de Boris Vian ne se situe-t-elle à cette limite où traducteur et auteur se confondent étrangement ? » Par le biais de la Chronique du Menteur et des *Temps Modernes*, la presse, informée aux meilleures sources de l'entourage de Boris Vian, déduisait naturellement, sans preuve ni réelle information, que ce traducteur et l'auteur ne faisaient qu'un. En huit jours. Comme une rumeur enfle dans Paris. Sans que ni Boris ni Jean d'Halluin ne parviennent à enrayer le curieux tour que prenait à présent leur farce. Sous le titre, « Le roman le plus osé de l'année a pour auteur un fantôme », *France-Dimanche*, le 19 janvier, rapportait que « tout le monde à Paris » était persuadé que le véritable romancier n'était pas Nègre blanc, mais français. Brusquement, Vernon Sullivan n'intéressait plus. Son frère, Boris Vian, faisait mieux l'affaire de la presse. Parce qu'à tout prendre, mieux valait encore un licencieux national qu'un pornographe américain. Parce qu'en visant Boris, on pouvait espérer toucher Sartre, l'existentialisme, les mœurs de Saint-Germain-des-Prés. Déjà, on enquêtait, on voulait en apprendre davantage sur le faussaire. « Il a vingt-six ans, notait *France-Dimanche*. C'est un ingénieur des Arts et Manufactures, employé au service technique de la Fédération des Syndicats des producteurs de papier-carton de cellulose. Il est aussi trompette de l'orchestre Claude Abadie (du Swing Club) et écrivain existentialiste. »

On l'interrogeait. Il niait, bien sûr. « Lorsqu'on le met au pied du mur, précisait encore *France-Dimanche*, en le sommant de faire savoir s'il se confond avec Sullivan, il répond narquoisement : " Que pourrais-je vous dire ? Je suis le Menteur, n'est-ce pas ! ", et il s'en va, ravi de cette pirouette intellectuelle. » Dans les rédactions, les journalistes se mettaient à parier entre eux. Vian ou Sullivan ? Au Lorientais, du côté de Cazalis, d'Astruc, on jouait les amis mis dans la confidence, mais qui, bien sûr, ne pouvaient rien dire. Jean

Rostand avait envoyé à Boris un petit mot inquiet. Si c'était vrai, si son jeune voisin avait vraiment commis cette obscénité dont la presse parlait, il lui en tiendrait rigueur. Son talent valait mieux que ces démêlés avec les échotiers. Sartre ne croyait pas à la thèse de la supercherie. Le roman avait même, à ses yeux, le mérite de mettre en lumière les réelles contradictions de la société américaine. Il avait proposé d'en publier quelques extraits dans un prochain numéro des *Temps Modernes*. Michelle en avait prudemment dissuadé le philosophe. Le seul à s'amuser vraiment de la farce, à la comprendre à la manière pataphysicienne, à juger cette comédie digne des facéties d'Alfred Jarry, à la trouver salutaire dans une actualité littéraire pesante, c'était Raymond Queneau. Vingt fois, au cours de ses promenades avec Boris, il avait répété sa question : « C'est toi, n'est-ce pas ? C'est très drôle ! »

Boris niait, même pour Queneau. Michelle, plus anxieuse de l'évolution de la plaisanterie, recommandait à Boris le silence. Parce qu'elle savait celui-ci trop enclin, gag pour gag, à avouer, le devinait fier, d'une joie de flibustier, joyeux de la place que prenait cette affaire dans la presse, dépassant l' « affaire Miller », flatté qu'on parlât enfin de lui. *France-Dimanche* affirmait que Gallimard était « aussi ravi de la publicité que fait autour du livre cette affaire énigmatique ». Car, ce traducteur-trompettiste était lui-même auteur, et c'était bonne publicité que « de le faire passer pour américain ». Était-ce si sûr ?

La croisade de Daniel Parker

« Je serai content quand on dira au téléphone V comme Vian. » Ce 3 février 1947, le jour où il rédige cette note, Boris sent que frémit, sur son nom, une certaine forme de popularité. *J'irai cracher sur vos tombes* se vend honorablement, sans plus, mais le fameux traducteur prend peu à peu sa place dans les pages « spectacles » des journaux. Quelques-uns ont déjà publié sa photographie. Toutefois, l'impasse sur la sortie de *Vercoquin* le trouble. La rumeur concernant la véritable identité de Vernon Sullivan plaît beaucoup moins à Gallimard qu'on ne le dit. La publicité, sous cette forme en tout cas, n'est pas dans les manières de la NRF. Au comité de lecture, les adversaires de *L'Automne à Pékin* ont pris prétexte des rumeurs courant Paris pour obtenir un refus définitif de publication. Jacques Lemarchand, Jean Paulhan... les premiers lecteurs de *Vercoquin* ont trouvé bien des similitudes de style, d'images et d'obsessions entre les deux ouvrages : ce rapport sec, désincarné, au sexe, cette misogynie pressante, une certaine folie surréaliste qui grossit les univers décrits, cette plume nerveuse, rageuse même, qui fait mouche en quelques mots d'une langue orale très contemporaine et règle, presque à chaque page, son sort à toute vision optimiste des choses.

En ce début d'année 1947, c'est un peu d'une réputation sérieuse qui s'effrite. Les diablotins, les trublions, même talentueux, ont-il leur place rue Sébastien-Bottin ? L'affaire Sullivan, avant toute preuve, nuit au maintien de la collection de Raymond Queneau, et celui-ci voit s'amoindrir son pouvoir d'influence éditoriale. Les rares critiques à s'être aventurés à la lecture de *Vercoquin* ne peuvent s'empêcher de faire passer l'œuvre, jugée au second plan, derrière la fascination, ou le dédain, que provoque le jeune auteur sur ces lecteurs plus âgés et discrètement réprobateurs. Lorsque Robert Kanters, dans sa chronique du 1er février 1947 de *La Gazette des Lettres*, analyse la saga d'Antioche et du Major, au rythme des surprises-parties, il consent à trouver un peu de talent à l'auteur. « La première partie est fort drôle : M. Boris Vian pratique un mélange d'humour et de verve dont les effets sont, parfois, assez faciles mais qui entretient une agréable bonne humeur. » Un peu de talent, donc. Mais c'est pour mieux décrire, aussitôt, les mœurs étranges de la jeunesse vue par un musicien de jazz et un sens de la blague que le critique paraît refuser ; « On imagine que beaucoup de ces plaisanteries sont drôles pour M. Vian et pour ses amis, mais le lecteur policé a envie de refermer discrètement la porte du livre. »

En ce début de l'année 1947, Boris se surprend souvent à éprouver un curieux sentiment. C'est comme si Vernon Sullivan l'entraînait, ou plutôt un être hybride, Boris Sullivan, ou Vernon Vian, qui paraît avancer plus vite, mordre dans le succès mieux que Boris Vian, écrivain secret, romantique et pudique. Boris se dit qu'il a lui-même allumé l'étincelle d'une destinée qui risque de prendre définitivement le chemin du dérisoire et de la rigolade. Non du sérieux. Il a tout fait pour cela, son insolence prend parfois toute la place. Il peine à réfréner en lui un vif besoin de provocation, au point que, la plupart du temps, il laisse à ce penchant toute sa liberté. Pourtant, l'autre Boris Vian, celui de *L'Écume des jours*, a parfois la sensation d'avancer en terrain miné. De s'embourber, même, mais aux dires de ses amis, il affirme ne pas en avoir cure. Il n'est pas triste. La plaisanterie l'amuse vraiment. Comme Queneau. Tous deux y voient, sans se le dire, l'alchimie d'un vrai pétard à jeter dans l'époque. De manière inattendue, *Vercoquin* s'assure même un peu de promotion. Dans son édition du 1er février, *Samedi-Soir*, décidément aux côtés de Boris, a osé ce titre : « Vernon Sullivan n'a pas signé le dernier livre de Boris Vian. » Assez fidèle à la réalité, et aux brèves périodes de doutes que traverse Boris, ces temps-ci. L'hebdomadaire compare les deux romans, à grand renfort de descriptions de « personnages frénétiques » qui « parlent sans cesse de leur slip ». Depuis la parution de *Vercoquin*, une seconde vague d'articles mêle Sullivan et Vian, y décelant la même perversion.

Et bien sûr, Boris est contraint de répondre, pour défendre Sullivan, même si cela doit affaiblir *Vercoquin*. A sa manière : en répliquant n'importe quoi d'intelligent. « Je ne peux pas plus prouver l'existence de Sullivan que vous pouvez prouver qu'il n'existe pas. Croyez donc ce que vous voulez. » Tout à fait conforme à l'idée qu'il se fait des « plumitifs », même s'il doit tenir compte des impératifs de vente de son éditeur et du passage obligé par la presse. Ses déclarations sont donc fort logiques, mais ainsi imprimées et dans de tels journaux, à côté de photos le représentant souvent halluciné, grand front tombé des étoiles, sa trompette à la main, elles n'en paraissent encore que plus ironiques. « Pour moi, l'art consiste à produire dans le public un choc physique violent, que ce soit par la joie, par la peur, par l'excitation sexuelle, par n'importe quel moyen enfin. » Propos ambitieux, raisonnés, mais dont on ne retient que la part de provocation. Oui, cette exploration, par Boris, de la presse à sensation paraît, début 47, mieux servir l'iconoclaste, le menteur que le romancier prometteur, remarqué par Queneau et par Sartre.

Et puis, il faut bien soutenir Sullivan. Sur deux fronts en même temps. Contre Daniel Parker et son Cartel d'action sociale et morale. Et contre Boris Vian et la suspicion triomphante de tromperie. Le 7 février, on apprend que Daniel Parker, comme les faussaires du Scorpion s'y attendaient, poursuit *J'irai cracher sur vos tombes* devant les tribunaux pour outrage aux bonnes mœurs. Comme pour les œuvres de Miller, le pourfendeur des abus s'appuie sur le décret de 1939 que les autorités n'ont pas abrogé. Fort de ses premiers succès auprès des milieux conservateurs, et du Parquet de la Seine, l'architecte puritain a persévéré : l'édition anglaise de *Printemps noir* et l'édition française parue chez Gallimard sont soumises à enquête judiciaire. Des exemplaires de *Tropique du Cancer* sont retirés de la vente. A son tour, *J'irai cracher sur vos tombes* est officiellement suspecté d'enfreindre les lois sur la famille.

L'opportunité de ces poursuites est toutefois soumise à la Commission consultative de la famille et de la nationalité françaises, que les gouvernements successifs, depuis Vichy, ont laissée en place. Cette commission avait déjà provoqué la fureur, six mois plus tôt, de Maurice Girodias, et des amis d'Henry Miller. « Elle ne comportait que des représentants d'associations de dames d'œuvres et de magistrats antiques à la recherche d'émotions fortes, écrira l'éditeur du *Tropique du Capricorne*, des associations de scoutisme et de jeunes filles au pair — plus un représentant, seul et unique, de la Société des gens de Lettres [7]. » Ce dernier, Guy Chastel, rapporteur de la commission, « considérant que dans ces [...] deux ouvrages s'étale la pornographie la plus basse et la plus offensive dans une langue volontairement crapuleuse » avait donné son aval littéraire aux poursuites. « Guy Chastel avait prétendu, ironisera Girodias, qu'il n'avait pas compris que l'objet du vote était aussi grave ; il croyait [expliqua-t-il] que ce vote n'avait qu'une valeur morale et il était choqué d'apprendre qu'il aurait aussi de sérieuses conséquences judiciaires [8]. » Les amis d'Henry Miller avaient réussi à contraindre Guy Chastel à faire amende honorable, à se désolidariser du Cartel et de la Commission. Le vote n'en restait pas moins favorable à l'action judiciaire. Et Daniel Parker gardait toute latitude pour obtenir du Parquet de Paris l'ouverture de nouvelles procédures. Maurice Nadeau avait donc décidé de créer un comité de soutien à Henry Miller, omettant toutefois d'y associer Vernon Sullivan.

Face aux attaques du Cartel et de leurs alliés dans la presse,

---

7. *Une journée sur la terre*, tome 2 : *Les jardins d'Éros*, de Maurice Girodias, *op. cit.*
8. *Ibid.*

Jean d'Halluin et Boris doivent donc se défendre seuls. Une fois encore, c'est vers *Samedi-Soir* qu'ils se tournent, soutien paradoxal puisque tous ses lecteurs ne doivent pas donner tort à Daniel Parker. Le 8 février, Jean d'Halluin confie longuement à l'hebdomadaire les tracas que lui causent les poursuites engagées contre Vernon Sullivan, racontant la visite d'un inspecteur de la Sûreté, d'abord venu lui acheter un exemplaire de *J'irai cracher sur vos tombes*, puis le priant de bien vouloir se rendre dans les locaux de la Brigade mondaine, à la Police judiciaire. Pour sa défense, en tout cas celle qu'il présentera prochainement au juge d'instruction chargé du dossier Sullivan, l'éditeur tire argument de la fin hautement morale du roman. Cette justice rendue contre celui qui avait dépassé toutes les bornes. Non, il ne pensait pas, sincèrement, que les adolescents et les familles de France pouvaient être troublés par l'influence des agissements de Lee Anderson. Oui, il avait reçu l'assurance d'un psychiatre, le Dr Lima, fils de Mistinguett, que le roman n'aurait aucune « action dangereuse sur les adolescents ». C'était ridicule, mais Jean d'Halluin était contraint de prendre l'attaque au pied de la lettre. De répondre aux familles. Pas question, pour clore l'affaire, d'avouer la mystification.

Le livre se vend bien, sans plus. Une bonne sortie, grâce à l'indignation, à Daniel Parker et à l'interrogation lancinante quant au rôle de Boris Vian. Quelques milliers d'exemplaires. Peut-être vingt mille en février 1947, mais Jean d'Halluin garde les chiffres secrets, même pour Boris semble-t-il, afin de ne pas compliquer une opération commerciale déjà un peu voyante. Rien de comparable, cependant, aux résultats du *Tropique du Capricorne*, auquel le Cartel d'action morale a permis d'atteindre le chiffre enviable de deux cent mille exemplaires en quelques mois. Boris, lui, s'inquiète parfois, depuis l'action en justice. Il s'est rendu, lui aussi, à la Brigade mondaine. Dans son agenda, il a noté l'adresse du juge et du procureur de la République. « Daniel Parker est un satyre, écrit-il, parce qu'il veut fermer les bordels pour voir les gens baiser dans la rue. » Avant guerre, l'architecte des vertus avait milité en faveur de la fermeture des maisons closes. Puis, Boris oublie ses craintes et celles de Michelle, et retourne à son plaisir de se mouvoir dans Paris.

Le 21 février, pour se reposer de leurs efforts, Jean d'Halluin, Michelle et Boris vont passer, aux frais du Scorpion, quelques jours à Megève, haut lieu des plaisirs hivernaux depuis la Libération. Boris emporte le manuscrit du prochain Vernon Sullivan, *Les morts ont tous la même peau*, l'histoire d'un homme de couleur blanche, videur dans une boîte de la ville, videur tranquille, marié et père de famille, dont la seule crainte est d'avoir des origines noires. Victime du chantage d'un soi-disant frère qu'il ne connaissait pas et qui le menace de le dénoncer comme Noir, il se décide à le tuer pour préserver son statut. Cet acte de sauvegarde lui vaut les poursuites de la police, la trahison de sa femme, la perte de sa confiance dans les Blancs. A la fin, déboussolé, il se croit sincèrement noir. Juste avant de se jeter par la fenêtre, il apprend qu'il a toujours été blanc. Rien que blanc. A la montagne, tout en suivant les courses de ski de l'équipe de France féminine, Boris choisit le nom du héros des *Morts ont tous la même peau* : Dan Parker, en hommage à l'animateur du Cartel. Les démêlés de Vernon Sullivan avec la justice doivent le préoccuper, malgré l'insouciance affichée, car son agenda porte souvent trace de ses griefs. « Il est impossible de cracher sur les tombes à Saint-Germain-les-Bains à partir de neuf heures du soir », note-t-il par exemple.

De retour à Paris, Jean d'Halluin, que Boris n'appelle plus que le Scorpion, reprend la défense de Vernon Sullivan pendant que Boris complète les œuvres de l'insaisissable Américain. Une nouvelle, puisée dans le stock de Boris Vian, *Les chiens, le désir et la mort*, est adjointe au roman, jugé trop court. Ce texte, sans doute l'un des plus beaux de Boris Vian, conte en quelques pages désespérées les mésaventures d'un chauffeur de taxi new-yorkais qui charge un soir une chanteuse de cabaret présumée lesbienne, Slacks, ainsi nommée parce qu'elle porte surtout des pantalons, qui ne peut jouir qu'en voiture et à condition d'écraser un chien ou un chat. « Sa figure à ce moment-là... je ne peux pas oublier sa figure [...] Elle ne bougeait plus et elle me serrait le poignet de toute sa force, elle bavait un peu. » Malgré lui, et parce qu'il profite de l'excitation démente de sa passagère, le chauffeur, fasciné, horrifié, se met à lui céder sa place au volant et à la regarder rouler, la nuit, jusqu'au choc de la tôle contre la prochaine victime. Une nuit, parce que le désir s'émousse, c'est une fille de quinze ans que Slacks écrase. Tétanisé, soumis à cette violence extrême et muette, il l'a vue appuyer de toutes ses forces sur l'accélérateur, et donner un méchant coup de volant en direction de la gamine. « [...] elle était par terre, un tas inerte, et le type hurlait en courant derrière nous. » Cette nuit-là, la police prend en chasse le taxi, et Slacks va s'écraser contre un arbre, la fermeture Éclair de son pantalon ouverte. Elle meurt sur le coup, et lui, le chauffeur, est bon pour la peine capitale. Que peut-on expliquer de la folie sanguinaire d'une inconnue dérangée, et de sa propre impuissance ? « Ils m'ont eu. Je passe à la chaise demain [...] Le jury n'a rien compris. »

Samedi-Soir publie les réactions des « anti » et des « pro » Miller. Daniel Parker : « La France ne doit pas être le dépotoir de la pornographie étrangère. Miller est interdit en Amérique, évidemment. N'est-il pas honteux de gaspiller ainsi du papier en obscénités alors que nos enfants manquent de livres scolaires ? » L'« espionne de la France Libre », Marthe Richard, fermeuse de maisons closes : « J'approuve totalement l'œuvre d'assainissement entreprise par le Cartel d'action sociale. Miller est un fou que seuls des fous peuvent lire. » François Mauriac, qui désapprouve les poursuites engagées mais « n'admet » pas le caractère littéraire de l'œuvre ; Jules Romains, amer contre ces « auteurs qui décrochent de grosses ventes en écrivant tout ce que les autres écartent de leur plume par décence et respect humain » ; Jean Cocteau : « Je ne comprends rien à ces querelles médiévales » ; Francis Carco, de l'Académie Goncourt, en plus grande forme : « Miller ? Épatant ! Étonnant ! Extraordinaire ! Le procès ? Odieux ! Grotesque ! Abominable ! » De passage à Paris, et donc prié de se rendre chez le juge d'instruction, incrédule et maîtrisant mal les subtilités linguistiques de ces polémiques sur l'obscénité, Henry Miller paraît désappointé : « Je n'ai jamais renié quoi que ce fût de mes écrits, explique-t-il. Je cherche à être de plus en plus moi-même et, essayant de me changer, de changer le monde. Je veux un monde autre que celui où nous vivons, et dans lequel les hommes seront libres, émancipés, délivrés de la peur et des préjugés. »

Cet article du 22 mars 1947 promet un procès « animé et chaudement disputé ». « Il sera certainement très parisien. » Boris et Jean d'Halluin s'y préparent, rassurés par la concentration de ces « querelles médiévales », comme le dit Jean Cocteau, sur le nom et l'œuvre d'Henry Miller. Vernon Sullivan aimerait vendre son livre et se faire oublier. Il doit à son estimable aîné de lui laisser la meilleure part de l'honneur.

Pourtant, à partir du 29 avril, Miller est largement distancé dans ces indignations de presse très artificielles, lorsqu'on apprend qu'un représentant de commerce, Edmond Rougé, a assassiné, la veille, sa maîtresse, Marie-Anne Masson, dans le petit hôtel parisien proche de la gare Montparnasse qui abritait régulièrement leur liaison. Tous deux mariés, les amants, Edmond, de quinze ans son aîné, et Marie-Anne, jolie jeune femme de vingt-neuf ans, ne savaient plus comment mettre fin à leur amour difficile. Edmond l'avait étranglée, après une soirée au cinéma, et avait quitté la chambre d'hôtel, le lendemain matin, comme cela lui arrivait régulièrement. La police avait découvert un mot : « Je l'ai tuée parce qu'elle me trompait et qu'elle ne voulait plus sortir avec moi, puisque aujourd'hui elle allait avec un autre et ne voulait plus de moi. Adieu à ma femme, à ma mère, à ma sœur. Je vais rejoindre son âme. Edmond. » Handicapé par une claudication, s'était dit la police, Edmond n'irait pas loin. On avait repéré son corps, le lendemain, pendu dans la forêt de Saint-Germain.

Sur le lit de la chambre d'hôtel, où avait reposé toute la nuit la dépouille de Marie-Anne, on avait retrouvé un exemplaire de *J'irai cracher sur vos tombes*, et cela faisait toute la différence avec un fait divers banal. D'ailleurs, la presse du 29 avril ne s'y trompe pas. « Hanté par ses lectures, un homme étrangle sa maîtresse », titre *France-Libre*. « Esprit faible, malade moral, soumis plus qu'un autre à la puissance de suggestion d'un livre, croit savoir *France-Soir*, l'assassin a répété le geste du triste héros de l'œuvre qui a achevé de bouleverser son cerveau, déréglé déjà par la douleur de perdre une maîtresse pour laquelle il a gâché sa vie. » *Libération* choisit en ouverture une phrase du roman, lorsque Lee Anderson tue Jean Asquith. « Ma main s'est refermée sur sa gorge sans que je puisse m'en empêcher. » Le quotidien publie aussi le fac-similé de l'extrait « qui avait inspiré l'assassin », et ajoute, en gros titre : « Ayant lu ces mots, Edmond a étranglé Marie-Anne. » L'article, sans détours, affirme que le roman était ouvert à cette page, les phrases soulignées, et que l'assassin avait, avant d'agir, relu les lignes « où se trouve décrit le meurtre commis par le héros de Boris Vian ».

Ce même 29 avril, Boris se précipite chez le Scorpion. Cette fois, c'est trop de publicité. La presse populaire fait dans l'odieux. Jean d'Halluin appelle les rédactions pour vérifier l'information sur ces phrases cochées par l'assassin. Les amis journalistes confirment. Le fait divers est trop favorable aux thèses défendues par Daniel Parker et par le juge d'instruction, s'inquiète Boris. Son éditeur voit plutôt dans ce drame réaliste un argument de vente inespéré. Il fait aussitôt accélérer la réimpression de *J'irai cracher sur vos tombes*. Pour la première fois depuis le début de leur commune plaisanterie, les deux hommes sont en désaccord. Le nom de Boris Vian est associé à un vrai meurtre. On est loin de la littérature, même de pastiche. Michelle est profondément troublée par ce drame. Elle fait promettre une nouvelle fois à Boris de ne jamais avouer la vérité. Les critiques, la presse peuvent bien prétendre ce qu'ils veulent. L'important, c'est de continuer à nier! Même au Lorientais, même au Tabou! Boris promet, partagé entre le plaisir de cette relance du gag, la lecture enjouée d'une presse qui interroge des psychiatres, se demande très sérieusement si la littérature peut tuer, et la curieuse couleur que prend peu à peu sa réputation. On publie à nouveau sa photo à côté de celle d'Edmond, les phrases décrivant la mort de Jean Asquith et celle de Marie-Anne. Évidemment, Daniel Parker et son Cartel jubilent.

Jean d'Halluin appelle Boris tous les jours. Le roman décolle enfin. Edmond, le représentant de commerce qui se croyait trompé, a décuplé les ventes du livre. On s'arrache l'ouvrage qui apprend comment étrangler les maîtresses infidèles. Parmi les amis, ceux qui se doutent de la plaisanterie rient un peu moins. La publicité est voyante. Seul Queneau continue d'apprécier une telle avalanche de preuves de l'existence de la bêtise. A nouveau, on compare *J'irai cracher sur vos tombes* et *Vercoquin*. On voudrait savoir, pouvoir accuser un écrivain de chair et de sang. Non un fantôme. Bref, on s'impatiente. Daniel Parker fait monter en ligne une association d'anciens combattants de la guerre de 14-18, choquée qu'un Nègre américain, par le titre de son roman, souille ainsi les stèles du sacrifice. Les journaux polémiquent entre eux, certains reprochant à *Libération* d'avoir publié les vraies phrases assassines, incitatrices, de Sullivan. Oui, la littérature obscène peut influencer les esprits faibles et entraîner des effets d'imitation! « J'accuse ce journal d'avoir accru immensément le danger en mettant cette page sous les yeux de quelques milliers de lecteurs », tonne Belchène, le 4 mai, dans *La Croix du Nord*. Pressé de questions, Boris continue de répondre par l'ironie.

A *France-Dimanche* du 4 mai : « Quand il apprit le crime dont il était l'inspirateur et même en quelque sorte l'auteur par procuration, le jeune romancier se mit à sourire et nous fit la curieuse déclaration suivante :

« — Un roman est fait pour soulager [*sic*]. Ce crime prouve donc que mon livre n'a pas été assez violent. Celui que je vais écrire sera beaucoup plus virulent.

« Mais si ce drame semble affecter assez peu Boris Vian (c'est une excellente publicité), il y a dans la vie du jeune romancier un autre drame.

« Il est en effet cardiaque (dit-il) et trompette dans un orchestre. L'essoufflement lui est interdit.

« — Si je continue, je serai mort dans dix ans, précise-t-il. Mais j'aime mieux mourir et jouer de la trompette.

« Ainsi (si on l'en croit) Boris Vian, assassin par procuration, se condamne lui-même à mort : on se demande si cela encore, c'est de la publicité ? »

Ses propos sont déformés, simplifiés. Boris éprouve le besoin de polémiquer à son tour. Heureux du succès commercial du pastiche inavouable, mais lassé de la vulgarité ambiante. Violemment indisposé par les réductions de *France-Dimanche* et l'accusation d'assassinat par procuration. A *Point de Vue*, il sollicite un droit de réponse. Son texte paraît le 8 mai, sous le titre : *Je ne suis pas un assassin*. Après avoir présenté ses excuses à l'actrice Martine Carol, pour avoir provoqué le remplacement de « sa jolie figure » par sa « poire chevaline reproduite dans cette page », il s'en prend au souci de sensationnalisme des gazettes et tente d'éloigner son nom de celui de Vernon Sullivan. « Je suis le premier désolé de ne pas être Sullivan, ment-il, [...] les droits d'auteur et le pourcentage accordé au traducteur sont d'un ordre de grandeur très différent. En général, quand on nous confond, je ne proteste pas : ça m'est absolument égal, car nul n'attend la vérité d'un journaliste. » Plus sérieusement, il entreprend, dans ce texte, de réfléchir à la question de la responsabilité de l'écrivain, puisqu'on lui pose si souvent la question depuis des mois. « On se plaît donc à la clamer sur les toits, cette responsabilité. Ceux qui s'y emploient sont ou bien les gens les plus doux de la terre (Sartre et compagnie) ou bien les journalistes, ravis de se croire quelque chose. Or un auteur est le type même de l'irresponsable. C'est lui qui accomplit les volte-face les plus brillantes (Aragon, Gide, etc.) ; qui prête l'oreille à ses moindres désordres moraux ou physiologiques, qui s'empresse d'en faire un plat et de charger ce plat de tartines, d'invoquer le " drame " de l'écrivain, de grossir, en somme, à tout bout de champ, son petit remue-ménage intime [...] tout ceci relève d'une seule cause, le narcissisme de l'écrivain. »

C'est Boris Vian qui s'exprime, l'auteur, ambitieux, de *L'Écume des jours*, lassé de tant de débilité environnante. Mais c'est toujours Vernon Sullivan qu'on traque. L'obscène Sullivan auquel cette France de moralité aimerait régler son compte par un bon procès. Boris a visé à côté. Toute la fin du printemps, on explore son curriculum vitae, ses goûts pour le modernisme, les surprises-parties et le jazz, pour mieux se persuader qu'il est « le père putatif » de Lee Anderson. Selon les jours, il s'emporte contre la presse, contre un photographe qui vient immortaliser son solo au Lorientais, ou cherche l'oubli à travers ses mille activités. Au fond, seule la perspective d'un procès l'inquiète. Il a pris un avocat, Me Guitard. Son agenda porte trace de ses réflexions. Le 16 mai : « Peut rappeler les faits dans article *Samedi-Soir* et s'insurger contre le fait qu'on dit que c'est moi qui ai écrit le livre. » Deux jours plus tard : « Tous les moyens possibles de prouver que ce n'est pas moi qui ai écrit. Voir dans la comptabilité du Scorpion s'il y a quelque chose. »

Depuis le meurtre d'Edmond Rougé, Boris et Jean d'Halluin s'efforcent de rendre l'existence invisible de Vernon Sullivan plus crédible. L'écrivain est retenu à l'étranger. Peu désireux d'affronter une presse hexagonale qui lui voue tant d'hostilité, il est retourné vivre aux États-Unis sous un nom d'emprunt. Il va écrire et l'éditeur fournira les lettres, que Boris se met à rédiger. Jean d'Halluin, sur l'insistance de Boris, s'est aussi engagé à publier le texte original de *J'irai cracher sur vos tombes* : *I shall spit on your graves*. Et Boris s'est attelé sans attendre à cette traduction à rebours. Il a fallu mettre Milton Rosenthal dans la confidence, pour l'assister. Le 18 mai, Boris note encore : « Écrire à Sullivan en lui demandant d'envoyer une lettre. » Manifestement, le traducteur se perd parfois dans le jeu de miroirs qu'il a lui-même dessiné. Il multiplie les pense-bête. Cette histoire le perturbe. Le 26 juin : « Apporter à G... [Me Guitard] les coupures de journaux. Certificat médical comme quoi c'est très mauvais pour moi les émotions. » Le 28 juin : « Mercredi amener tout à G... Penser aux témoins —

Colette — le Major — Alain. » Bien sûr, il n'a pas dit la vérité à son défenseur, mais l'avocat est, comme tout le monde, persuadé que le jeune écrivain irrévérencieux est le faussaire. Aussi les deux hommes entretiennent-ils des rapports assez froids, et l'avocat lui jette des regards en coin lorsque Boris reprend sa version immuable devant le commissaire des Renseignements généraux ou lit les lettres de moralité, écrites par les amis et produites devant le juge d'instruction.

J'irai cracher sur vos tombes tourne au cauchemar, certains jours. Dix fois, il a failli tout avouer, simplement pour que reflue la vague journalistique. Heureusement, la justice décide d'elle-même de rendre un peu de paix à Boris. Les faits poursuivis en vertu du décret de 1939 sont couverts par l'amnistie, et une loi, du 16 août 1947, exempte de plainte et d'enquête tous les ouvrages parus avant cette date. Miller et Sullivan sont saufs. Prudemment, les éditeurs de Miller préfèrent suspendre leurs ventes au-delà du 16 août 1947. De nouvelles poursuites peuvent, en effet, toujours reprendre après cette date contre les livres licencieux, ceux-là ou d'autres, et, infatigable, Daniel Parker a promis de continuer sa croisade. Gallimard, Denoël et les Éditions du Chêne vont provisoirement négliger Miller. Jean d'Halluin, lui, annonce publiquement que *J'irai cracher sur vos tombes* reste disponible en librairie.

Un double bien embarrassant

Tout lui réussit, sauf ce qu'il espérait. *J'irai cracher sur vos tombes* lui rapporte beaucoup d'argent, beaucoup pour son âge, pour sa situation. Beaucoup pour un écrivain : 15 % des droits — ses 5 % de traducteur et les 10 % de Sullivan — sur, sans doute, plus de cent mille exemplaires vendus à la fin de l'année 1947. Il en a profité pour se soustraire à l'Office du papier et au travail, en tout cas au travail de bureau, avec horaires et chefs de service. Licencié ou démissionnaire, cette fois encore les amis trouveront l'explication un peu floue, mais libre et bien décidé à vivre de sa plume et à pouvoir écrire, l'esprit reposé, son hostilité farouche des activités rémunérées sous la contrainte. Il a passé son permis de conduire et s'est acheté une voiture, une vieille BMW 1500, 6 cylindres, soustraite aux Domaines, qu'il aime conduire à Saint-Germain-des-Prés. Certaines promenades avec Queneau sont désormais motorisées. Boris aime parader ainsi. C'est son luxe, avec les livres, les disques et les outils. Il est toujours souriant au volant, vengé de ses attentes aux arrêts de bus. Heureux et juvénile. Une voiture, c'est fait pour aller vite, sinon on n'aurait jamais inventé la vitesse, affirme-t-il. Aussi quitte-t-il souvent Paris pour une petite pointe sur les premiers kilomètres de voies rapides de l'après-guerre. En ville, il fait des détours pour convoyer une amie, condamnée à écouter le récit passionné des caractéristiques du bolide. Boris croit en l'avènement d'un monde où l'on pourrait intéresser les filles à la mécanique.

En cette fin d'année 1947, l'aisance financière lui va bien. Généreux, il régale les amis. Les piliers de bar de sa connaissance sont surpris de le voir régler l'addition, lui qui boit à peine ou qui boit gratuitement, en échange d'un solo de trompette ou d'une conférence improvisée sur le jazz. Il offre des cadeaux à Michelle, à son fils et au Major. La vie matérielle du jeune couple s'améliore. Sur l'insistance de sa femme, les dettes les plus pressantes sont acquittées. Cet aspect des choses l'ennuie. L'argent a pour fonction de soutenir l'insouciance, non d'honorer des contrats passés avec la vie et le réalisme, en défaveur permanente du souscripteur. De soulager le moral et le cœur. Non de vous faire passer pour un citoyen en règle avec l'administration. Inutile : on n'est jamais en règle avec l'administration. Lorsqu'il repart des locaux du Scorpion, après avoir soustrait de la comptabilité de Jean d'Halluin quelques billets de banque, Boris respire mieux. Comme s'il existait un lien entre la facilité et l'apaisement cardiaque. Tous ces mois-là, entre deux formules destinées aux travaux de Vernon Sullivan — « Y a quand même rien de plus agréable que de crocheter un vagin », note-t-il, par exemple —, son agenda porte souvent trace d'essais d'aphorismes relatifs à ces questions financières. Le 23 avril : « J'aime moins l'argent que vous puisque j'en dépense plus. »

L'évolution de sa situation matérielle n'atténue pas cependant la meurtrissure de *L'Automne à Pékin*. Confie-t-il ce découragement particulier ? Sans doute à Michelle, à Queneau. Lorsqu'il est question de son roman dans une conversation, il s'empresse de parler d'autre chose. Il ne fait déjà plus mention de *Vercoquin*, ni de *L'Écume des jours*. C'est fou comme les mois ont passé vite depuis l'irruption de Vernon

Sullivan dans son existence. Jusqu'ici, un roman effaçait l'autre, comme si Boris se contentait de remonter une chaîne ininterrompue. Au mot « Fin », il s'empressait d'en mettre en autre en chantier, avide d'avancer vers la nouveauté, soulagé d'en avoir terminé avec le précédent. Jusqu'ici, il attaquait un roman pratiquement sans notes ni hésitation. Depuis le début de 1947, il paraît tourner autour de ce qui apparaît dans son agenda sous le signe « R3 ». « R3 » comme « Roman 3 », troisième roman, après *L'Écume des jours* et *L'Automne à Pékin*. Visiblement, il réfléchit au suivant, et cela l'occupe de longs mois. Le 16 janvier, il avait déjà noté : « Roman. Mère et ses enfants, commence par les laisser libres parce que quand ils sont petits elle n'a besoin de rien pour les retenir. Ils reviennent naturellement. Au fur et à mesure que se développe leur personnalité elle les boucle de plus en plus et finira par les enfermer dans des cages. »

L'argument de *L'Arrache-cœur*, le dernier roman écrit par Boris. Un peu plus tard. Il émerge là, dans ces années 46-47, fécondes et turbulentes ! Rien n'empêche l'auteur de *L'Écume des jours* de l'écrire, à sa manière empressée, juste après *L'Automne à Pékin*. De s'y atteler en janvier, en mars 47, ou plutôt de janvier à mars, puisque la production d'une œuvre n'a pas encore dépassé pour lui le temps d'un trimestre. Rien, sauf peut-être le sort fait à *L'Automne à Pékin*. Durant tout le printemps, Boris revient à ce personnage de mère castratrice, sans se mettre au manuscrit. Le 23 mars, nouvelle allusion : « [...] elle était comme toutes les mères, elle n'avait pas de figure descriptible. Elle les attache, quand ils sont tout petits, avec des cordes qui leur entrent dans la chair. On fait venir le docteur voir comment ça s'arrange. » Le 24 mai, encore. « Pour mon roman III longs filaments partant des doigts de la mère — invisibles mais détectés en lumière UV. »

A côté des rafales de Vernon Sullivan, Boris Vian a brusquement asséché sa propre plume. R3 tarde, à se fier au métronome régulier depuis *L'Écume des jours*, ralenti par les romans noirs de Sullivan, plus sûrement par l'accueil dédaigneux réservé à *L'Automne à Pékin*. Devant le désarroi de Boris, et pour soutenir les cadences de Vernon Sullivan, Jean d'Halluin, après le refus de Gallimard, avait aussitôt proposé d'accueillir l'exilé au Scorpion. Le contrat de *L'Écume des jours* stipulant que Gallimard bénéficie d'un droit de suite de huit ouvrages, ce qui revient à contraindre un autre éditeur à soumettre au préalable à la NRF tout projet concernant Boris Vian, l'autorisation de Gaston Gallimard avait été nécessaire. Le livre était paru à la fin de l'été dans un silence de plomb. Les critiques étaient encore en vacances, ou alors très en colère contre Vernon Sullivan. Ou alors n'aimaient pas du tout le livre. L'un des rares articles de 1947 consacré à *L'Automne à Pékin*, un texte initialé de *L'Écho*, le 24 septembre, aurait à lui seul détourné n'importe qui de la lecture du roman. « J'ai tenté, à l'aide de deux ou trois phrases intelligibles de reconstituer, tel Champollion, l'ensemble de l'ouvrage, écrivait l'auteur, très en verve sarcastique. Mais au bout d'une vingtaine de pages, je bâillai tellement [...] Malheureux Boris Vian, pauvre jeune vieillard, tout cela est moisi, foutu! Le truc avait été plaisant, jadis, car Raymond Roussel avait bien du talent. »

Devant un tel désaveu, et des ventes nulles, autant passer à autre chose. C'est ce que se disait Boris : si la littérature, la littérature authentique, conduisait droit à l'incompréhension, mieux valait s'aventurer vers d'autres voies, chercher ailleurs meilleur accueil. Il avait donc remis « R3 » à plus tard, et s'était attelé à la rédaction de *L'Équarrissage pour tous*, une pièce de théâtre, genre qu'il n'avait pas encore exploré et qui aiguisait au moins sa curiosité.

De toute façon, contre ces crises de doute, un antidote existait : l'aventure avec Jean d'Halluin. Boris se laissait volontiers griser par les formidables dispositions du Scorpion pour l'insolence, l'édition marginale et la contre-littérature. Les couvertures des livres tranchaient avec les « unes » respectables des confrères. Le Scorpion aimait les couleurs violentes, surtout le rouge et le noir, les caractères déstructurés, les coups de poing dans l'œil du lecteur potentiel. *J'irai cracher sur vos tombes* avait attiré sur la jeune maison d'édition l'attention de francs-tireurs de l'écriture, et Boris, toute cette année 47, s'était aussi transformé en bateleur convaincant. La programmation de Jean d'Halluin pour les années à venir comportait une majorité de textes à visée « scandaleuse », de polars débridés, de plaintes de solitaires. Le Scorpion était en rébellion. Il allait publier *La main passe*, de Raymond Guérin ; *Le Monde inversé* d'André Dudognon ; *Ainsi soit-il* et *De deux choses l'une*, de Maurice Raphaël ; *Faites danser le cadavre*, de Raymond Marshall et le récit d'une vie de prostituée, *Je n'en rougis pas*, d'Anne Salva.

Boris ramenait au Scorpion les amis, comme Eugène Moineau (*Débrouillez-vous avec la mort*), Yvan Audouard (*Au petit poil*), et Jacques Robert, de *Samedi-Soir* (*Marie-Octobre*). Il avait approché Léo Malet, surréaliste en rupture, même de dissidence et promeneur de Saint-Germain. Raymond Queneau, très alléché par l'expérience de Boris dans le faux, avait précédé l'offre : il se réjouissait à l'avance de la bonne blague à faire à Gallimard. Les deux compères avaient inventé ensemble le nom d'un mystérieux collaborateur, Michel Presle, pour plaire à la comédienne Micheline Presle, ainsi que le titre du futur brûlot : *On est toujours trop bon avec les femmes*. Queneau conterait les démêlés d'une prude catholique irlandaise avec les hommes et les surprises de la vie, en prévenant toutefois que son double, Sally Mara, ne resterait pas aussi insaisissable que Vernon Sullivan.

Les meilleurs « rewriters » de la capitale, les écrivains de *Paris-Match*, Forestier, Igot, André Frédérique et les « plumitifs » de *Samedi-Soir* allaient bientôt corriger, tailler, retoucher pour le compte et la gloire sulfureuse de la maison d'édition. On parlait même d'une revue, de livres de combat contre le conformisme, jeunes gens de droite et jeunes gens de gauche confondus. A tous, à Astruc, à Anne-Marie Cazalis, à Jean Cau, Boris proposait un livre, là, dans les deux mois, avec avance non remboursable et belle fête de lancement. Il ne désespérait pas d'attirer Sartre dans l'antre de cette insurrection éditoriale qui accueillait des homosexuels plus radicaux que Gide, des enfants incestueux de Miller, des romans noirs de matelots, bien des cris existentiels ignorés par les grandes maisons d'édition.

Comme certains de ses amis, Jean d'Halluin sentait qu'il ne fallait jamais laisser « la machine Vian » au repos. Ne pas avoir l'avenir immédiat encombré de dix projets, de trois textes à rendre dans le mois était dangereux pour la sérénité des nuits blanches de l'auteur-vedette du Scorpion. Vernon Sullivan écrivait plus vite qu'on ne pouvait le publier. Après *Les morts ont tous la même peau*, non publié encore à la fin de l'été 47, le Nègre blanc de la littérature percutante mettait déjà en chantier *Et on tuera tous les affreux*. Et pour peu que le succès des ventes fouette son envie, Boris se déclarait tout près à continuer l'œuvre-fleuve de son double.

Certains jours, pourtant, revenait la déchirure de *L'Automne à Pékin*. Sans prévenir, par exemple pendant l'un de ces cocktails que Gallimard donnait en ses jardins, aux beaux jours revenus. Boris n'avait pas été rejeté : on niait simplement le romancier. Mais on s'empressait d'apprécier la fantaisie froide du styliste, même du Menteur, l'auteur de lettres si drôles à M. Hirsch, l'ami facétieux de Queneau qui avait eu l'audace de risquer une plaisanterie devant Gaston Gallimard, dès leur première rencontre. Quelques compagnons de la NRF, comme Jacques Lemarchand, même comme Jean Paulhan, assuraient à Boris que Gallimard publierait certainement son prochain roman. Pourquoi pas celui sur l'amour asphyxiant d'une mère pour ses enfants, dont il avait parlé une ou deux fois ? Un livre plus simple, plus proche de *L'Écume des jours* que de *L'Automne à Pékin*. Alors, ces jours-là, à ce dernier titre cité, Boris ne répondait rien. Il restait un enfant de Gallimard : on lui répétait assez qu'il était chez lui et qu'il pouvait même venir avec sa trompette. Il se sentait un enfant incompris. Injustement puni.

Bien sûr, l'art de Vernon Sullivan était diversement apprécié, rue Sébastien-Bottin. Au début de l'été 47, l'identité réelle du romancier américain avait même été l'un des sujets de conversation favoris des parties sur l'herbe de Gallimard. Parfois en présence de Boris. L'attirant à part, Gaston lui avait posé deux ou trois fois la question, curieux et vaguement désapprobateur, espérant obtenir la faveur d'un aveu. A contrecœur, Boris avait nié. Mentir à Gaston, c'était comme mentir à Jean Rostand.

Quelques conseillers de la maison d'édition retenaient chez Sullivan-Vian un réel talent de restitution de la narration américaine. Et progressivement, l'écrivain Boris Vian s'effaçait aussi à la NRF devant le traducteur. On ne parlait plus de *L'Automne à Pékin*. Pas même des *Lurettes fourrées* : une idée de Queneau, qui n'avait pas mesuré la difficulté de publier des nouvelles. Une idée abandonnée. On comptait plutôt désormais sur Boris pour partager l'aventure de Marcel Duhamel à la Série Noire. Devant le nombre croissant d'achat de droits et de projets de parution, la collection s'était élargie à quelques jeunes-turcs, souvent traducteurs moyens, mais adaptateurs précieux par leur sens de l'atmosphère de ces romans d'écriture orale ou lapidaire. Robert Scipion, Jacques-Laurent Bost, François Gromaire, le fils du peintre, entre autres, allaient s'emparer des héros de la Série Noire.

« Une tâche bien payée, à condition de travailler vite », explique Robert Scipion. Un tel jeu ne pouvait que convenir à

Boris. Le 28 janvier 47, celui-ci avait signé six contrats de traduction. Presque en vrac. Parce que Marcel Duhamel était pressé, qu'il avait aimé la culture de roman noir contenue dans *J'irai cracher sur vos tombes* et qu'il n'était pas rancunier : deux ans plus tôt, dans l'une de ses rares critiques littéraires pour *Les Amis des Arts*, Boris avait reproché à Marcel Duhamel, pour l'un de ses travaux, « certaines négligences de traduction, et ce qui est plus grave, certaines incorrections de style [9] ». Boris avait été pratiquement invité à faire son marché, avec l'aide de Michelle, parmi les projets de la collection. *Le Grand Sommeil* et *La Dame du lac* de Raymond Chandler, trois Chase et un James Cain que Boris et Vernon Sullivan appréciaient tant. Peter Cheyney ayant regretté, par voie de presse, que Gallimard puisse confier, comme il en était question, la traduction de *Dames don't care* (*Les femmes s'en balancent*) à un obsédé, un autre contrat, en date du 4 décembre 1946, avait été provisoirement abandonné. De toutes façons, Michelle et Boris, qui étaient convenus de travailler ensemble à ces adaptations, n'appréciaient pas Peter Cheyney.

Enfin, comme pour faire bonne mesure, mais hors Série Noire, Boris avait proposé, le 1er décembre 1946, la publication en France du livre qui, sans doute, lui tenait le plus à cœur : *Le Jeune Homme à la trompette* de Dorothy Baker, la vie romancée de Bix Beiderbecke, cet autre frère de Boris, son modèle dans le jazz. En retournant, après approbation, ses contrats de février 47, Boris avait envoyé un petit mot à Gaston Gallimard. « Mon cher Gaston, comme suite à vos lettres du 3-2-47, je vous prie de trouver ci-joint les six contrats dûment signés, paraphés et passés à l'extrait d'Origan de Chéramy pour votre agrément personnel auquel je songe avant tout [10]. »

Traducteur... par la faute de Vernon Sullivan. Boris se sentait entraîné trop loin de son ambition. L'Américain lui avait-il fait une mauvaise blague ? Parfois, Boris se disait qu'il avait dû se tromper de carrefour, à l'automne 1946. Le sentier de *L'Automne à Pékin* provisoirement obstrué, il s'était peut-être engouffré un peu vite sur un boulevard trop avenant. Vernon Sullivan, l'hôte timide du début, léger comme un paria qu'on abrite pour huit jours, prenait toute la place. Il

---

9. *L'Étagère à livres*, 1, *Les Amis des Arts*, n° 5, 1er avril 1945.
10. Archives Gallimard.

logeait même, parfois, dans sa tête. Traducteur... Les commandes affluaient, pour Sullivan ou pour Vian, les clients ne faisaient plus vraiment la différence. Déjà, Hélène Bokanowski, épouse de Michel Bokanowski, résistant, gaulliste et futur ministre de l'Industrie, résistante elle-même, lui avait passé contrat, dès le mois de décembre 1946, de l'adaptation du *Grand Horloger* de Kenneth Fearing, pour une collection que cette angliciste, collaboratrice de Max-Pol Fouchet à *Fontaine* durant la guerre, animait aux *Nourritures terrestres*. Après la publication de *J'irai cracher sur vos tombes*, Hélène Bokanowski avait écrit à Boris. Ils s'étaient vus. La jeune femme avait rapidement réalisé que Boris parlait « l'anglais comme on l'écrit et l'apprend en classe », que l'aide de Michelle lui était nécessaire pour une première traduction littérale, mais qu'il possédait un style de caméléon. Impressionnée, l'éditrice avait publié *Le Grand Horloger* dans la version linguistiquement approximative, et fort talentueuse, de l'arrangeur d'écritures anglo-saxonnes.

Hélène et Michel Bokanowski étaient tout de suite devenus des amis intimes des Vian. Durant l'été, ils avaient invité le jeune couple à séjourner dans leur villa de la Côte d'Azur. Malgré les supplications de sa femme, Boris avait avoué, pour la première fois, qu'il était bien Vernon Sullivan. L'interrogateur, de passage chez les Bokanowski, était, il est vrai, un homme particulièrement expérimenté dans le domaine de la question : Roger Wybot, dit Roger Varin dans la Résistance, ancien du BCRA à Londres, fondateur et empereur tout-puissant de la DST, l'inquiétante Direction de la surveillance du territoire. En villégiature sur la Côte, à l'heure de l'apéritif, l'homme de l'ombre avait arraché sans mal le plus lourd secret de l'année 1947 à un faussaire soulagé de pouvoir confesser enfin son crime.

VIII

LE TABOU ET SON PRINCE

Les rats de cave

Ils viennent des beaux quartiers, d'Auteuil ou de Neuilly, ils se donnent rendez-vous à La Muette avant de fondre sur Saint-Germain-des-Prés, mais on les croit sortis de terre, rescapés d'un film de Murnau ou de l'anéantissement prédit par les opposants à Bikini, l'îlot des expérimentations atomiques US. Ils ont fait leur jonction avec les danseurs de jitterburg du Lorientais, et c'est comme si, de galeries souterraines en sous-sol d'immeubles, ils s'étaient arrêtés, épuisés, égarés, dans ces catacombes insalubres. D'abord, on ne sait pas très bien comment les appeler. Ceux qui vivent à l'air libre ont tous un nom. Mais ceux des caves ? « Les égoutiers » ? « Les troglodytes » ? « Les premiers chrétiens » ? Ces expressions seront employées, au détour d'un potin de presse, d'un pamphlet rageur contre ces descentes, sans danger, aux enfers d'un quartier à la mode du jour au lendemain, au détour d'un film ou d'un livre. Jean Cau : « Un monde s'était englouti[1]. » Antoine Blondin : « [...] ces musiciens, grandis dans les abris, avaient choisi spontanément de s'épanouir dans des caves[2]. » Beaucoup d'écrivains, de journalistes feront bien sûr le lien entre les réclusions de la guerre et les décors paradoxaux, ironiques et dérisoires, que s'était donné cette liesse libératrice. Alors les « désespérés », les « survivants », les « enfermés » de celliers...

1. *Une nuit à Saint-Germain-des-Prés*, de Jean Cau, Julliard, 1977.
2. *Ma vie entre les lignes*, d'Antoine Blondin, La Table Ronde, 1982.

On pense les nommer définitivement « bobby-soxers », car *France-Dimanche*, dans son édition du 6 avril 1947, a lu attentivement *J'irai cracher sur vos tombes*. Ils ont pris, lit-on, la succession des zazous, et on retouche à peine les descriptions de Boris Vian dans *Vercoquin et le plancton*. Le dessin de Peynet illustrant l'article montre des gamins composites, plus proches des zazous, en mocassins et jupes courtes, que de cette nouvelle tribu chaussée de baskets, vêtue de pantalons étroits et de jupes-portefeuille. On croit savoir que les bobby-soxers se divisent en « bobby-soxers mâles » et en « bobby-soxers femelles », qu'ils ont de treize à dix-sept ans. On exagère un peu : les envahisseurs du Tabou sont légèrement plus âgés. Entre seize et vingt-deux ans. Les garçons ont adopté la coiffure en brosse, annonce-t-on, les filles l'asymétrie. Leurs sweat-shirts sont rayés, les chemises à carreaux. Notation imprécise, exacte pour les motifs des vêtements, incertaine quant aux chevelures. Cette société souterraine laisse chacun se décoiffer à sa guise, couper ras ou cultiver sa tignasse, offrir ses boucles d'ange ou se contenter d'un effet capillaire d'après bain. Ils ne lisent que *Jazz-Hot* ou *Collier's* ? Les enfants des égouts de Saint-Germain ne doivent emprunter, on le jurerait, que l'exemplaire de *France-Dimanche* ou de *Samedi-Soir* de leurs parents. Ce premier article reste approximatif. L'auteur et le dessinateur sont en retard.

Un phénomène a bien éclos. Une mode, un style de vie, de danse, une façon de se coucher tard, de s'aimer et de rire loin de la lumière du jour se sont bien lancés à la recherche de leur différence, mais les premiers chroniqueurs sont déjà dépassés, et là où *France-Dimanche* croit dénombrer quatre mille jeunes gens, ils ne sont toujours que quelques dizaines. Quelques centaines, avec la province et l'avant-garde des étudiants étrangers dans la capitale. Les garçons portent la fine moustache d'Errol Flynn, plutôt que celle de Clark Gable. Les filles inventent chaque jour les symboles d'une séduction corporelle de la précarité. Pauvres ou riches, plutôt riches ou assurés de le devenir, ces gamins ébauchent un stylisme du déclin, de la privation, des bouts de ficelle, de la récupération. On ne se maquille plus, parce qu'on s'est beaucoup maquillé pendant la guerre. Les jupes sont rallongées, car l'ourlet au genou n'avait été qu'une contrainte du rationnement, et pour la plastique d'une jolie jambe, on se dit qu'un furtif entrebâillement, dans les tourbillons du bop, attirera aussi bien l'œil des messieurs que les jeux de cuisses de maman.

Petits frères des zazous et des héros de *Vercoquin*, c'est vrai, mais condamnés à singer la guerre dans ce qu'il reste d'après-guerre. Existentialistes, puisque la presse, ces derniers mois, a tellement martelé cet art fluctuant du comportement. Existentialistes en herbe, bébés-existentialistes un peu tâtonnants dans la représentation, qui n'ont pas lu Sartre et qui s'en moquent, qui suivent les consignes comme ils le peuvent, interprétant le phantasme des journaux, lisant les auteurs américains, puisque c'est la condition à leur enrôlement, mais préférant le romantisme larmoyant d'*Ambre*, de Kathleen Windsor, aux œuvres de Faulkner ou de Caldwell.

« Rats de cave », finalement, les désignera, et la presse se contentera de cette expression sans épices. Car l'appellation est déposée depuis quelques mois aux Lorientais, et les bandes de La Muette apprennent tout ce que les hebdomadaires ne leur ont pas enseigné auprès des jeunes danseurs de la cave de Claude Luter. Les chemises à carreaux, d'origine américaine, parfois lacées, car les boutons manquent. Les jupes larges, car c'est l'uniforme de travail des danseuses. Une mode importée par les musiciens noirs, amis de Luter et de Boris, des baskets, laissées par les GI's. Des visages sans fards : il fait trop chaud, rue des Carmes. Swing, zoot, boogie-woogie, jitterburg ou « style Boissière » ? En quelques passes mémorables, et à la grande joie de Raymond Queneau, présent ce jour-là, le débat a été tranché en un après-midi. Ce sera le bop, danse fourre-tout, mélange de figures imposées et d'improvisations, qui présente, en outre, le mérite de s'adapter à la musique « Nouvelle-Orléans » comme au be-bop.

Alertés par les jeunes danseurs des Lorientais, les enfants de l'Ouest parisien prennent d'assaut le Tabou, aux premiers beaux jours de 1947. Ils en deviennent l'attraction, l'article de vitrine, l'épouvantail idéal. L'équipe de la rue Dauphine espérait bien attirer les premiers démonstrateurs de bop. Pas tout à fait une garderie. Les jeunes rats adoptent naturellement le teint de lune de Juliette Gréco, les robes-princesse, la drôle d'ivresse, l'allure de petite fille d'Anne-Marie Cazalis, les foulards noués à la cow-boy d'Eddy Einstein, la compagne de Michel de Ré. Les garçons arborent la veste de velours de Boris, parfois ses nœuds papillon, la crinière en broussaille d'Yves Corbassière ou d'Alexandre Astruc, ou la mise plus « british » du Major, de Lélio Vian et des musiciens. Ces enfants sont pressés, effrontés, sûrs d'eux et de leurs arrières. Ne leur a-t-on pas répété, depuis plus d'un an, que tous ces aînés de quelques années constituaient la fine fleur de l'existentialisme, selon Sartre, un vieux bonhomme ? De cet existentialisme-là, celui du jazz, des cigarettes américaines et du Coca-rhum, de l'étrange décor qui sent le charbon, l'humidité et le salpêtre, de ces effluves reconstitués de la guerre, ils exigent leur brevet sur l'heure.

Peu nombreux, ces rats de cave composent la première classe d'âge du sous-sol étroit de la rue Dauphine. Ils seront peu à peu repoussés en attendant de grandir un peu. Frédéric Chauvelot et Marc Doelnitz s'inquiètent parfois. Les voisins ont déjà adressé des pétitions à la Préfecture de police, se plaignant du bruit et de la réputation de l'antre, et une menace de fermeture plane constamment sur la jeune destinée du Tabou. Des poursuites pour entorses aux lois sur les mineurs n'arrangeraient pas leurs affaires naissantes. Heureusement, la cave est bondée. On peut à peine y danser à quelques couples, et à condition de repousser les spectateurs, les causeurs et les querelleurs. Impossible de donner un âge à ces individus debout, collés en grappe, qui lorgnent désespérément du côté des tabourets, des banquettes des privilégiés, massés le long des murs. « Le brouillard des cigarettes était quasi londonien, écrira Boris Vian, et le vacarme si intense que, par réaction, on n'y voyait rien[3]. »

Depuis la rénovation du mois de juin, le succès du Tabou est immédiat, spectaculaire, et un peu inquiétant. Comme si l'époque avait attendu deux ans pour désigner le lieu géométrique de ses explosions. Comme s'il avait vraiment fallu la conjonction d'un malentendu philosophique, d'un village littéraire, de quelques figures emblématiques et d'une presse astucieuse pour qu'enfin une certaine joie de vivre élise son théâtre. L'inspiration associée, consciemment ou non, de Frédéric Chauvelot, de Marcel Haedrich, de Doelnitz, de Gréco, de Boris et de Sullivan, de quelques autres, donne en tout cas sa pleine mesure. Passé l'été, le Tabou, ce boyau de métro sombre, surmonté d'un modeste premier étage prolétarien, est connu de tout le pays. *Samedi-Soir* a donné le ton, le 3

---

3. *Manuel de Saint-Germain-des-Prés*, de Boris Vian, *op. cit.*

mai, en expédiant sous terre son envoyé spécial, Jacques Robert. « Mon patron m'a demandé un reportage sur les troglodytes de Saint-Germain-des-Prés, racontera l'écrivain. Je suis donc parti en reportage étudier une peuplade nouvelle et j'ai effectivement découvert les troglodytes que j'ai baptisés [...] les existentialistes. Ce nom désignait tout ce qui traînait entre la rue des Saints-Pères et la rue de Seine. Une fois l'article publié, toute la presse internationale l'a reproduit et cela a eu un retentissement phénoménal [4]. »

En fait, depuis quelques semaines, Jacques Robert est déjà un familier du quartier, et du Tabou. Comme Marcel Haedrich. Anne-Marie Cazalis et Marc Doelnitz ont aimablement prêté leur concours à cette périlleuse descente ethnologique dans les catacombes germanopratines, corsant personnages et lieux de perdition pour mieux assurer l'effet d'annonce. A la une de *Samedi-Soir*, une photo, la plus anodine de toutes celles que l'hebdomadaire publiera sur les mœurs de Saint-Germain, représente l'acteur Roger Vadim et Juliette Gréco, une bougie à la main, sur fond d'escalier de béton et d'obscurité. Avec cette légende : « Toute une jeunesse aime, dort et rêve de Bikini dans les caves de Saint-Germain-des-Prés. » Et cette citation, en ouverture : « Je voudrais renaître en catastrophe de chemin de fer. » « Il ne faut plus chercher les existentialistes au café de Flore. Ils se sont réfugiés dans les caves. » Ainsi débute l'article, mi-rigolard, car Jacques Robert et Anne-Marie Cazalis ne peuvent pas se moquer tout à fait d'eux-mêmes, mi-ahuri, faussement choqué, racontant, dans un style objectif sous lequel affleure l'humour pince-sans-rire, de terribles destins d'orphelins. « Les existentialistes pauvres sont extrêmement pauvres. Ils ont entre seize et vingt-deux ans. Ils sont généralement de bonne famille. Presque tous ont été maudits par leur père [...] L'un des principaux soucis des existentialistes pauvres est, en effet, le logement. En général, les existentialistes pauvres emploient pour dormir le moyen suivant : après être resté un mois dans un hôtel, l'existentialiste déclare, quand la note lui est présentée, qu'il ne paiera pas. »

Rien de très salé. Rien à voir avec la campagne autour de Vernon Sullivan qui occupe la presse ce même printemps 47.

---

4. Extrait de l'émission « Vadim raconte Saint-Germain-des-Prés », un film de Roger Vadim, produit par André Halimi, 1975.

Une petite balade bien anodine dans le quartier, entre quelques hôtels, le Bar Vert et le Tabou, « véritable sanctuaire de la génération », où l'on découvre, sur les murs des w.c., des aphorismes existentialistes. « Un existentialiste est un homme qui a du Sartre sur les dents. » Ou encore : « Demandez un arsenic-menthe pour apaiser votre soif d'éternité. » Ces formules pourraient être signées Boris Vian. Elles ont plus sûrement Cazalis et Robert eux-mêmes pour auteurs. Tout dans l'article est existentialiste, forcément. Le qualificatif revient sans cesse. On l'a compris : il s'agit, pour l'auteur et ses inspirateurs, d'alerter le gogo par la parenté entre une philosophie censée indisposer la société depuis plus d'un an, une grotte enfumée, et ses occupants revenus à l'âge des cavernes. Les existentialistes dansent en hurlant, « mais, le plus souvent, complètement prostrés, ils restent assis, en regardant leur verre d'eau tiède ». « Alors, on est frappé de voir leurs jeunes visages si pâles, leurs regard fanés, le découragement de chacun de leurs gestes. La plupart d'entre eux n'ont pas mangé. » Manifestement, Jacques Robert s'est beaucoup amusé sur sa machine à écrire. Son approche du drame existentialiste, les difficultés rencontrées par Michel de Ré pour monter son prochain spectacle, *On fait le ménage en enfer*, du romantique allemand Grabbe, l'angoisse de l'existentialiste pauvre « bourré de dettes », l'impudeur des existentialistes riches qui, au Pont-Royal, « boivent jusqu'à des cocktails », est complétée par un portrait-robot de l'existentialiste-type. Chemise ouverte, chaussettes à rayures, usage du fard « rigoureusement interdit », et lectures tendancieuses : « L'existentialiste, n'ayant pas de chevet, ne se sépare jamais du livre de Sullivan : *J'irai cracher sur vos tombes.* »

L'article de Jacques Robert était en soi une pochade, très dans l'esprit des lieux visités, et l'équipe du Tabou en avait simplement attendu la parution avec curiosité. La semaine suivante, plusieurs dizaines de personnes se pressent, chaque soir, à la porte du bar ou devant l'escalier, filtrées par Marc Doelnitz et ses compagnons, un peu dépassés. *Samedi-Soir* a oublié de préciser que le Tabou était un club privé. De toutes façons, ceux-là viennent pour voir, pour le spectacle, alors que les acteurs du souterrain, en bas, se sont déjà réparti tous les rôles possibles de l'exhibition, narcissiques, eux-mêmes à la scène et dans la salle. Les mois suivants, des cartes de membres sont distribuées avec parcimonie. Les animateurs de l'épopée regrettent déjà d'avoir choisi une cave trop petite. Seul le Gotha est désormais admis, pour un soir, à se fondre dans le nuage de fumée et de transpiration. « Tous les soirs, en permanence, dix célébrités, écrira Boris Vian, et trente personnes très connues. Des couturiers, des mannequins, cinquante ou soixante photographes, des journalistes, des pissecopie, des étudiants, des musiciens, des Américains [...], une tour des Miracles ou une cour de Babel, au choix [5]. »

Boris a raison. Les échotiers de la presse commencent à délaisser la rive droite. Il se passe enfin quelque chose à Saint-Germain-des-Prés qui ne soit pas littéraire. Marc Doelnitz et Christian Bérard drainent vers leur sous-sol famélique quelques personnalités en vue du Tout-Paris. Les « marraines », Marie-Laure de Noailles, Lise Deharme, Marie-Louise Bousquet, qui elles-mêmes rameutent d'autres amis-relais. C'est ainsi qu'on photographiera, après l'été de 1947 — et dans le désordre —, Jean Cocteau, Boris Kochno et Jean Marais ; Michel de Brunhoff et l'état-major de *Vogue* ; Pierre Brasseur ; Christian Dior ; Orson Welles, Martine Carol et ce « fameux manteau de vison noir dont on a parlé en plusieurs langues [6] » ; Humphrey Bogart et Lauren Bacall, de passage à Paris. Maurice Chevalier, le 6 octobre, demande à être présenté à Boris. Il doit partir en tournée aux États-Unis et sollicite les conseils d'un expert... Derrière les couturiers, arrivent les mannequins, de très jolies filles dont quelques-unes feront du Tabou leur cantine : Annabel, descendante de la famille Schwob de Lure, que Saint-Germain rendra célèbre par son seul prénom, et qui, après ses essayages pour Jacques Heim, enfile un pantalon, un pull noir, imite Gréco, pour devenir, la nuit, l'une des parures les plus remarquées de cet existentialisme du mélange des genres ; Sophie, qui, remontée à l'air libre, épousera Anatole Litvak ; Bettina, plus tard Mme Ali Khan ; Hélène, qui n'est pas encore Rochas... Hélène et Michel Bokanowski persuadent des résistants, des gaullistes connus, des personnalités du monde politique, comme Jacques Soustelle, Dominique Ponchardier, Louis Vallon, le ministre, Georges Izard, l'avocat, même Roger Wybot, de replonger dans une cache, pour un soir.

Que viennent voir ces nantis de la rive droite, ces notables,

---

5. *Manuel de Saint-Germain-des-Prés, op. cit.*
6. Article d'Yvan Audouard dans *France-Dimanche* du 2 janvier 1949.

ces hommes d'action, ces femmes du meilleur monde ? Quelques années, parfois seulement quelques mois plus tard, certains habitués de la cave de la rue Dauphine, plus lucides, en conviendront : pas grand-chose. Sans doute, le besoin de défoulement, de frivolité, d'infantilisme, aussi, était-il réellement impérieux pour que l'animation proposée paraisse alors si extravagante. Snobisme, sans aucun doute. Besoin de se laisser porter par une mode, n'importe laquelle, de danser avec la nouveauté, pour mieux supporter le passé immédiat et les doutes à venir. L'événement se présentait. On le saisissait. Il aurait pu être autre, dans Saint-Germain-des-Prés. Mais c'était celui-là, proche de Sartre, d'une manière ou d'une autre, et de ce qu'on croyait être la philosophie appliquée. Les écrivains étaient en vogue. Une presse plus forte qu'avant guerre parlait d'eux. La bourgeoisie avait à cœur d'aller au contact, ou de s'en donner l'illusion.

D'ailleurs, des écrivains, le Tabou n'en manque pas, en tout cas les premiers mois. Albert Camus, Albert Cossery, Roger Vailland viennent pour les « bobby-soxers femelles ». Queneau passe, après un dîner en ville. Simone de Beauvoir s'y laisse parfois entraîner par les jeunes collaborateurs des *Temps Modernes* et par Jean Domarchi, l'un des profs de philo de la revue, et parrain officiel, comme Vailland, de la cave. La chroniqueuse de l'après-guerre enquête. On y verra une fois François Mauriac, parfois ses fils, Claude, l'écrivain, et Jean, le journaliste. Des familiers de Saint-Germain, comme Paul Eluard, Jacques Prévert et quelques-uns de ses compagnons d'avant-guerre, vaguement inquiets pour leur cher vieux quartier. De vrais amateurs de jazz, comme Marcel Duhamel. Des égarés comme Louis Guilloux ou Henri Pichette. Beaucoup assureront y avoir rencontré Sartre. Après le lancement du Tabou, le philosophe ne consentira à y retourner qu'une seule fois, et encore rapidement, si rapidement qu'il s'échappera, angoissé par la foule, par une porte dérobée. Alors, on se contentera d'un sosie.

Des enfants des beaux quartiers en échappée nocturne ? Des grands bourgeois trop bon public ? Des romanciers nostalgiques de leurs adolescences perdues ? En fait, tous ceux-là restent au balcon. Spectateurs privilégiés. Admis, souvent, pour se donner une chance de les voir régler l'addition. Le Tabou est, surtout les premiers mois, le refuge des seuls provocateurs que Saint-Germain-des-Prés ait générés depuis la Libération. Frères et sœurs de Gréco, de Cazalis et d'Astruc. A la fois retors, bons publicitaires de leur courte destinée, et authentiques. Des rebelles, au moins de manières, qui ont compris que l'heure n'était pas à la révolte collective contre l'ordre établi et l'époque et qui rassemblent, en fin de soirée, leurs désaveux individualistes. Un congrès quotidien de solitaires pauvres qui épousent les vagues à l'âme du jazz, de ronchonneurs, de protestataires velléitaires. Dix ans plus tôt, ils auraient sans doute rejoint le Groupe Octobre. En 1947, ils s'époumonent dans le vide, et on s'amuse beaucoup à l'expression de leur désarroi.

Au Tabou, on trouve de réelles perditions, de véritables incapacités à vivre ou à vivre autrement que la nuit, en sous-sol, ce qui, à partir de 47, revient un peu au même. Comme celles de Wols, de son vrai nom Wolfgang Schulze, peintre et pensionnaire de l'hôtel de la Louisiane, qui accélère consciemment sa chute dans l'alcool. Celles de Camille Bryen, ami de Wols et voisin de chambre d'Audiberti, peintre et poète tachiste, lui aussi sans illusions sur le goût de ses contemporains. Leurs seuls tangages, leur mutisme halluciné assurent le divertissement. Des poètes s'empressent de monopoliser l'attention de la clientèle entre deux morceaux de musique. Des poètes un peu fous, insolents et sincères qui profitent de la présence, chaque soir dans la salle, d'adversaires patentés pour clamer leur dédain de la littérature, de l'argent ou du cours des choses.

De tous, Gabriel Pomerand passera pour le plus fameux, et pas seulement en raison de l'hommage que lui rendra un jour *Samedi-Soir* : disciple d'Isidore Isou, « le pape du Lettrisme », lui-même peintre et écrivain lettriste, séducteur impénitent, souvent à l'insulte, d'étudiantes ou de femmes plus mûres, ce jeune homme hurle des onomatopées, des vers incompréhensibles, d'inspiration africaine, qui déchaînent les rires. Incompris. Longtemps, il s'en moquera, certain d'avoir raison contre tous. Il dort au Tabou, faute de moyens de subsistance. Paul Boubal, le patron du Flore, règle parfois la note du médecin, car « Gabriel l'Archange », assurément l'une des figures les plus attendrissantes du quartier, se débat aussi contre la tuberculose. Juliette Gréco veille à contraindre le plus illuminé des nouveaux poètes de Saint-Germain à regagner l'hôpital pour les visites régulières que réclame l'état de ses poumons. On le dit sale, et l'existentialisme raconté par la presse lui devra largement sa réputation de crasse. « Successivement parasite, prisonnier, étudiant, résistant, écrivain, gigolo puis époux, écrira Boris, [...] il avait une façon très personnelle de vociférer ses œuvres lettristes à la face du monde[7]. » Gabriel se retrouve souvent au poste, car Pomerand se déshabille, la nuit, devant les statues des jardins publics, et Gréco, Doelnitz, Chauvelot, Annabel font un dernier détour, avant de se séparer, pour aller plaider la cause de l'exhibitionniste dans les commissariats. Ses fausses conférences à la Société de Géographie, par exemple sur les avantages de la prostitution, lui vaudront même de vrais procès, pour outrages aux bonnes mœurs d'une époque sans humour, avant d'être retenues comme les œuvres d'art d'un enfant d'Antonin Artaud.

Parmi ceux qui se jettent, armés de mots, dans le vide encombré du Tabou, il y a aussi Gabriel Arnaud, un chanteur à textes, comme on dira les années suivantes, qui ne chante bien que sous la houle des sifflets. Alain Quercy, fils d'un ministre socialiste, Robert Auboyneau, neveu de l'amiral, Alibert, neveu de Raymond Radiguet, gamin de seize ans qui adore faire la cour aux dames en les abreuvant d'injures. Hugues Allendal, neveu de personne. Tous artistes autoproclamés, chantant ou psalmodiant sous les huées ou les ovations bruyantes, selon les soirs. Offrant parfois de petits chefs-d'œuvre, le plus souvent le pire, très prisé par la salle, à condition de rester parfaitement inaudible. Leur intervention donne le signal de vrais chahuts de collège, relancent la soif et les délicieux frissons d'effroi des visiteuses. A eux tous, ils composent un formidable attrape-nigauds, entre le spectacle de patronage et le bizutage étudiant. Chaque soir, ils font la preuve que les temps peuvent se divertir du néant. Sartre et *Samedi-Soir* avaient raison. Mais ils sont, provisoirement, bien ensemble. Christian Marquand, Roger Vadim, les comédiens de Michel de Ré, qui envient le début de carrière de leur compère Daniel Gélin; Catherine Pré, l'amie de Corbassière, Droppy, un autre gosse adopté par la cave, Eddy Einstein, Michel de Ré, Tarzan, géant hirsute qui s'endort comme un enfant dans une jungle aux senteurs d'alcool après avoir poussé le célèbre cri que lui vaut son surnom : ceux-là forment même un club dans le club. Ils sont de la torpédo à damier, la

---

7. *Manuel de Saint-Germain-des-Prés*, op. cit.

6 chevaux Renault 1920 d'Yves Corbassière, première voiture de l'existentialisme et réclame itinérante du Tabou dans Paris. Existentialissimes.

D'autres sont venus un soir, d'eux-mêmes, ou pour la musique, et sont restés, ayant trouvé leur nid, comme Sartre, naguère, son Flore. Colette Lacroix, militante orthodoxe du jazz à l'égal de Michelle, de Luter et Boris, première femme dans l'univers masculin des Hot-Clubs des années de guerre, qui avait même découvert, à Lyon, le talent de Claude Abadie, encore inconnu de la capitale ; d'Dée, dit Hot d'Dée, ou « petit d'Dée à coudre », selon Gréco, en raison de sa petite taille. De loin le meilleur danseur de bop. L'un des rares Noirs du Tabou. Fils d'un militant communiste mort dans un camp, étudiant aux Beaux-Arts et l'un des rares Germanopratins à fréquenter aussi le Quartier latin, il a vécu à l'hôtel des Carmes avant que Claude Luter n'y joue son « revival » ; sa compagne et sa partenaire de bop, excellente danseuse, donc, participe à l'une des rares activités diurnes du fameux sous-sol : la mode. Solange, Taï, la jolie Tahitienne, Yolande... les filles créent des vêtements, souvent nés de l'inspiration de Christian Bérard et de Marc Doelnitz. Le Tabou donne le signal, derrière Gréco, du pantalon pour les filles, à la ville du fuseau de sports d'hiver, des pulls, des tee-shirts et des ballerines. Hôtesses du cellier, Gréco et Cazalis portent même, certains soirs, des pantalons à carreaux dont Bérard a décidé d'ourler le bas avec de la fourrure. On met au point, on copie, « l'œil de biche » de Juliette, son air attristé. « Ophélie moins les fleurs », écrira *Le Monde* de ces filles des caves[8]. « Jolies petites sauterelles », complétera, encore plus méchamment, Jean Paulhan[9].

Rigolarde, la famille composite du Tabou produit de l'existentialisme au mètre, du cafard appuyé et de la bohème à dix sous pour ce que Boris appellera *Françamedimanchesoir*, le monstre périodique tellement friand des gentilles horreurs du gouffre aux Troglodytes. François Chevais, Pierre Berger, Jacques Robert, Georges Cravenne, les « copains journalistes », en rajoutent à la demande convergente de l'antre et des rédactions en chef. On photographie Gréco dans sa

---

8. *Le Monde* du 17 mai 1948.
9. Entretien avec Jean Paulhan. *Saint-Germain-des-Prés*, de Marcelle Routier, *op. cit.*

chambre de la Louisiane. Gréco nue, seule dans son lit, ou avec Annabel, pudiquement protégée d'un drap. Mais nue. Gréco se brossant les dents dans une salle de bains utilisée aussi par les amis, même par les inconnus du palier. Publicité et scandale garantis. Les photos feront le tour du monde. La légende se forge là, entre octobre 47 et juin 48, celle de Gréco, plus profondément celle du gué du demi-siècle, dans ces innocences qui donnent des sueurs froides à la France. On parle des « existentialos », comme on disait les « Montparnos », avec effroi ou fascination. Juvéniles émois des temps de paix. Lorsque *Life* envoie ses reporters et le photographe Carl Perutz sur les traces de *Samedi-Soir*, l'heure a déjà sonné du tourisme germanopratin.

Petites expériences en surface

Jacques Prévert a conclu, dans un poème, que, de Saint-Germain, Boris avait été « le prophète [10] ». Anne-Marie Cazalis, qu'il était « le prince du Tabou ». « Il savait habiter cet endroit royalement, confiera même sa complice, [...] avec sa vulnérabilité, car on pensait qu'il nous faisait un cadeau royal puisqu'il pouvait mourir dans un solo de trompette [11]. » Boris, prophète et prince, très visible au Tabou et dans le quartier, longue silhouette repérable entre toutes dans la foule des rats de cave. Beauté d'une autre époque, incertaine, peut-être de toutes les époques, dira encore Cazalis. « Hibou albinos », écrira un échotier. « Mon Dieu, j'y pense : il portait " sa face " », comprendra un jour Jean Cau, replongé dans ses souvenirs de ces années [12]. Échassier à tête de cheval. Visage de carême, plus pâle encore que les maquillages cireux de ses compagnes de sous-sol. « Déjà sursitaire, déjà de passage », explique Juliette Gréco.

Les journaux ont assez parlé de son insuffisance cardiaque, lui-même assez plaisanté sur sa mort promise. Le Tabou est

10. Poème de Jacques Prévert, intitulé *Boris Vian*, dont le manuscrit est illustré d'une fleur et ainsi dédié : « A Boris, son ami Jacques. » En fait, Prévert a inversé la propositions : « Et Saint-Germain-des-Prés est son prophète. » Archives de la Fondation Boris Vian.
11. « Bonnes adresses du passé », émission télévisée de Jean-Jacques Bloch, 1970.
12. *Une nuit à Saint-Germain-des-Prés*, de Jean Cau, *op. cit.*

persuadé d'abriter un romantique rimbaldien, un musicien en sursis, frère des perpétuels agonisants de Harlem, qui masquent leurs souffrances derrière les hoquets du jazz. Instinctivement, les filles le protègent, le maternent et lui, paradoxal, fait aussitôt assaut de santé et de solos, pour une autre demi-heure endiablée. Même la plus jolie danseuse n'obtiendra pas l'aveu de son inquiétude. A l'évidence, les troglodytes le fatiguent. L'épuisent, quand revient l'aurore. Prévenu des nouvelles conditions d'hygiène du quartier, son médecin le met en garde, à chaque visite. Boris répond qu'il préfère vivre momentanément. Prophète et prince... Excellent argument de vente, aussi, pour Fred Chauvelot et les inventeurs de ce nouveau Saint-Germain dont le pouls, comme celui de Boris, bat trop vite depuis quelques mois. Le Tabou est d'abord la « planque » de Vernon Sullivan. Et les dames de la bonne société incluent dans la visite leur envie d'apercevoir le pornographe. Durant les premières semaines, elles ont tenté de faire dire à Boris qu'il était bien Vernon. Puis, la nouvelle enfin admise, elles se sont flattées de connaître ou d'avoir rencontré l'auteur du faux le plus chic.

J'irai cracher sur vos tombes est devenu l'un des révélateurs de ce snobisme rive gauche naissant, largement inspiré par l'autre bord de la Seine. Se réclamer du Tabou, de la rue Saint-Benoît ou de la rue Jacob en version nocturne, c'est adhérer aussi à la plaisanterie, à l'antiracisme marqué du plaisantin, aimer le livre et se dire prêt à le défendre contre le moralisme de l'air libre, se sentir soi-même un peu de Buckton, peu farouche quand on est femme, insatiable pour les hommes. *J'irai cracher sur vos tombes* tient lieu de bréviaire. Le roman, les ingrédients du roman en tout cas, prennent leur part de la velléité de libération sexuelle ambiante. Très sages au fond, le Tabou et ses dépendances tentent d'égaler la chaleur, la sensualité du Montparnasse des années 20, rival persistant, par un surcroît de langue argotique, un peu d'invective et beaucoup de misogynie, par des récits de rapports brutaux qu'on emprunte à l'univers du livre.

Le Tabou est le siège naturel du comité de défense de Vernon Sullivan, comme Henry Miller a eu le sien. L'annexe et l'office de relations publiques du Scorpion. Jean d'Halluin gère ses relations avec la presse depuis la cave. Parfois, pour les flashes au magnésium, Boris, Jean et Georges d'Halluin reprennent leurs instruments. Daniel Parker est le personnage le plus exécré de la voûte souterraine, le devoir d'aversion est même tacitement exigé pour la délivrance de la carte de membre et, dans la cave, s'ourdissent des complots vengeurs. Dès le début de l'« affaire Sullivan », des amis de Boris, comme Eugène Moineau et André Frédérique, avaient adressé à l'animateur du Cartel de fausses lettres de dénonciation des travers sexuels en milieu intellectuel. Chaque personnage en vue se voyait ainsi suspecté de fellations dans les églises ou d'outrage à la pudeur sur des statues. Quelques jeunes romanciers en mal de ventes avaient intrigué pour l'honneur d'être comptés parmi les corrupteurs répertoriés de la jeunesse. Le Tabou renforce désormais ces contre-offensives. Les filles ont même lancé des paris. Une danse avec Orson Welles à la première qui parviendrait à embrasser Daniel Parker.

En grande pompe, on crée un Prix du Tabou. Un peu, de la part de Boris, pour se moquer du Prix de la Pléiade, car, comme il l'écrira, ce prix pour rire est « décerné par les auteurs du Scorpion aux auteurs du Scorpion et arrosé par le directeur du Scorpion ». Surtout pour mieux emballer les ventes et s'offrir une autre occasion de s'amuser. C'est ainsi que, très sérieusement, le 25 février 1948, l'Irlandaise Sally Mara est couronnée à l'unanimité par un jury égrillard composé de Michelle, de Boris, d'Alain Vian, de Gus, le dessinateur, de François Chevais, de *France-Dimanche*, et du père Guyonnet, l'incrédule patron du Tabou. La lauréate, absente de Paris, s'est fait représentée par M. Raymond Queneau. Grosse farce mais qui fait parler d'un prix comme on n'a jamais parlé de celui de la Pléiade, qui amuse Sartre et étend la renommée de Raymond Queneau. Fausses nouvelles, reproduites dans les quotidiens, pour maintenir le suspense. Le prix pourrait être décerné à Megève, où Fred Chauvelot envisage d'ouvrir une annexe du Tabou, par Gréco, Tarzan et Michou, le fils de Solange Sicard. Mais non, à Paris! Et par Paulhan! Les rats de cave font voter les consommateurs du Bar Vert et du Flore. Pomerand? Le révérend père Bruckberger? Micheline Presle? Fameux Prix du Tabou qui venge à sa manière iconoclaste bien des amertumes du quartier à l'égard de la rue Sébastien-Bottin, qui remet la littérature à sa place, en lui donnant un peu d'humour. Le deuxième prix sera attribué à Jacques Robert, pour son roman *Marie-Octobre*, édité au Scorpion, et pour services rendus au Tabou. Le troisième à Maurice Raphaël, compagnon de poursuites de

Boris dans les plaintes du Cartel, pour son second roman, *De deux choses l'une*, édité au Scorpion.

Boris est la vedette du Tabou. A l'égal de Juliette Gréco. Connu dans le quartier, de plus en plus invité, de plus en plus sollicité. « Personnage en vogue, beaucoup plus qu'écrivain », notent ses amis. Bénéficier de son grand sourire en coin et de sa haute taille est gage de réussite pour les premières de théâtre ou les soirées mondaines, garantie de voir passer dans la presse l'indispensable référence à *J'irai cracher sur vos tombes*. Pourtant, prophète et prince, il l'est un peu par défaut. Moins souvent de la nébuleuse souterraine qu'on ne l'écrit. Dans les comptes-rendus, il est comme Sartre. Absent. Et comme Sartre, on le déclare déjà reparti, annoncé ou en retard. Beaucoup d'échotiers le manquent. En fait, le plus souvent, il « passe au Tabou », y donne ses derniers rendez-vous, retrouve Michelle, « dernière blonde platinée de Saint-Germain-des-Prés[13] ». Ne prend la trompette que pour quelques morceaux. Le Tabou, pour lui, est encore affaire sérieuse. Affaire de jazz. Il vient donc surtout pour soutenir ses amis musiciens, veiller à ce qu'on joue bien *Chloé*, arrangé par Duke Ellington, relancer *Whispering*, standard américain et générique de la cave, après avoir été celui de l'orchestre de Claude Abadie, et pour lequel Boris a écrit des paroles françaises très éloignées du thème original :

> « Ah ! Si j'avais un franc cinquante
> J'aurais bientôt deux francs cinquante
> Ah ! Si j'avais deux francs cinquante
> J'aurais bientôt trois francs cinquante [...]
> Ça m'ferait bientôt cent sous ! »

Boris quitte le Tabou pour aller écrire, même à trois heures du matin. Sa vie continue d'être cloisonnée. Il a eu l'idée d'un argument de ballet, jeu de massacre du monde du cinéma, qu'il a intitulé *Ni vu ni connu*, et il cherche à entrer en contact avec le chorégraphe Roland Petit. Ce n'est pas directement la danse qui l'intéresse. Comme Queneau, il croit en une matière narrative mise en forme par plusieurs modes d'expression à la fois. Jacques Prévert avait écrit *Le Rendez-vous* dont Roland Petit, sur une musique de Kosma, avait tiré un spectacle de

---

13. Article de Charles Montais dans *La Bataille* du 14 juillet 1949.

danse, puis le sujet avait été repris, en 1946, pour le film *Les Portes de la nuit*. Queneau et Boris ont décidé de suivre cette voie. Après tout, les bonnes idées sont rares, et peuvent resservir. Boris continue d'aimer, peut-être de préférer les surprises-parties et d'en organiser, Faubourg-Poissonnière. L'occasion, pour ses nombreux amis, de faire connaissance. Il porte une attention particulière à ceux qui ne descendent guère au Tabou, comme Mario Prassinos, Franck Ténot, le musicien Jack Diéval, qui le pousse à écrire des chansons. Moine du jazz, il accepte d'aller reprendre en d'autres lieux la conférence qu'il donne à la Salle du Conservatoire, avec Claude Luter et Hubert Fol : *Cinquante ans de jazz*. On le voit au Festival de jazz de Nice, à tous les concerts possibles. N'est-il pas le chroniqueur rigoureux de *Jazz-Hot* et, plus irrégulièrement, de *Combat* ? Il prête, il est vrai sans trop se faire prier, sa curieuse silhouette et sa popularité sulfureuse à la gloire du Tabou. Mais, à ses yeux, les soirs où Vernon Sullivan le laisse en paix, la cave de la rue Dauphine doit être essentiellement vouée à l'amour de la musique. La danse n'est que divertissement amusant, plaisir des yeux quand virevoltent les filles, motif à regroupement de secte secrète. Le jazz, lui, est déjà du côté de la spiritualité. Alors, lorsque se reproduit le miracle, certaines nuits d'excellent tempo, de chorus profonds, de « bœuf » acharné avec ses compagnons de l'Occupation, Boris se fait vraiment prince et prophète. Subitement, il se met à rayonner, et il faut vite le photographier pour garder le souvenir d'un homme radieux. Ses yeux, souvent mélancoliques, s'éclairent. Les autres peuvent bien être plusieurs centaines dans le boyau humide : les musiciens ont pris le pouvoir sur la cave. Et Boris est seul, comme dans la salle de danse de Ville-d'Avray.

Ce qu'il apprécie par-dessus tout : présenter l'un de ses seuls dieux vivants, un grand musicien, à la meute remuante du Tabou. Le 5 décembre 1947, Rex Stewart et son orchestre. Honnête, Boris a passé la nuit à guider Rex dans Saint-Germain, puis l'a malmené dans sa chronique de *Combat*. Furieux, Rex a voulu en découdre en public avec l'incompréhensible admirateur. Le 20 février 1948, Dizzy Gillespie, que Boris est allé attendre à la gare du Nord. Lors de ces visites, à l'occasion des premières séries de concerts depuis la Libération, l'« amateur marron » se mue en chauffeur, en agent artistique, en garde du corps, prévenant, enthousiaste à l'idée de mettre en contact le soliste, le chef d'orchestre avec Camus, avec Queneau, avec tant d'autres... Accepter d'aller consacrer une conférence sur le Tabou avec Gréco et Cazalis ne lui pèse pas. Se mettre en quatre pour assurer la réussite du séjour parisien d'un maître du jazz est un acte de foi.

A la légende en gestation, ostensiblement existentialiste et, donc, vite rattrapée par le conformisme et les soucis de carrière, Boris préfère les marges. Les opérations gratuites, un peu « potache », les parodies, les tentatives approximatives d'art sauvage, que permet encore, pour quelques mois, ce printemps germanopratin. Un peu comme Gabriel Pomerand, mais pas toujours avec lui. Surtout avec les premiers compagnons du Major, les véritables terroristes de l'après-guerre, désormais d'anciens jeunes gens, très cultivés, nostalgiques du Groupe Octobre et non dupes de l'évolution de Saint-Germain. Des néo-surréalistes, dirait-on, irrespectueux lucides, même de ce présent, et qui ont décidé d'attendre encore un peu avant de rejoindre les rives de l'âge adulte. Juste pour le plaisir du jeu. Jean Suyeux, Marc Schutzenberger, Paul Braffort, qui a fondé avec Boris la Petite Chorale de Saint-Germain-des-Pieds, sont des habitués du quartier. Depuis l'ouverture du Tabou, Jean Suyeux, qui se fait appeler Ozeus Pottar, et Marc Schutzenberger assistent Freddy Baume, propriétaire d'une boutique de matériel photographique, rue de la Pompe, dans le tournage chaotique d'un film en 8 images/seconde sur les frasques de Saint-Germain. Ils n'ont pas de commanditaire. Pour la pellicule, ils se débrouillent, avec l'aide de quelques comparses, techniciens de studios. Pas de budget. Ils tournent au gré de leurs humeurs et des événements. Jean Suyeux, le plus ethnologue de la bande, a compris que cette ère des troglodytes aurait un jour son heure de gloire, qu'elle allait passer vite, et qu'il fallait en garder trace.

Ils sont souvent au Tabou, filmant les rats de cave et leurs aînés. Non de manière réaliste : aux scènes sont joints des grains de folie, un personnage de fiction ou une « intervention ». Lors de l'exposition consacrée aux surréalistes, à la galerie Maeght, ils se font éconduire par le gratin littéraire et pictural pour avoir filmé Boris s'essuyant les pieds sur un paillasson interprété par Raymond Queneau. Boris est bien évidemment avec eux, disponible pour rédiger un commentaire ou pour faire l'acteur. Selon les jours, l'aventure se cantonne à des répétitions très collégiennes : Ozeus Pottar et

André Frédérique, ou André Frédérique et Jean Carmet, déguisés en curés, et entrant dans une pâtisserie pour demander : « Avez-vous des religieuses ? Parce qu'on veut à tout prix se taper des religieuses. » Ou les mêmes, plus Pomerand et le Major, toujours en soutane, bombardant de tomates les participantes d'une démonstration de « roller-catch » féminin au Palais des Sports. Parfois, l'expérience parvient malgré tout au stade du tournage. On téléphone alors à Boris, plus rarement à Queneau, pour exiger livraison d'un argument, d'un synopsis sur l'heure, et présence sur le plateau de l'auteur. De ce chaos d'idées saugrenues compliqué par l'alcool, il ne reste à peu près rien. Une saga d'œuvres avortées : une bagarre réelle qui a donné l'idée d'un court métrage autour d'un commerce où il serait possible de payer pour se faire taper dessus ; les aventures du Major pendant une surprise-partie de Noisy-le-Grand... Beaucoup d'histoires de Major. Beaucoup d'histoires de curés. Pour l'une d'elles, survit un départ de synopsis, attribué, selon les avis, à Boris ou à Queneau, et intitulé *Les Œufs de curé*. Pour une deuxième, le souvenir d'un titre, *La Chasse aux prêtres*, et une distribution comprenant notamment Boris et Eugène Moineau. Pour d'autres, des souvenirs sans titre, simplement la certitude qu'ils avaient tous bien ri et que leur stock de soutanes faisait de l'usage.

Une aventure cinématographique sans lendemain très marquée par *Nosferatu le Vampire*, qui leur avait tant plu à tous. Cette influence demeure sensible dans l'un des rares tournages qui ait réussi à dépasser l'obstacle du laboratoire de développement et du montage. Jean Suyeux obtient, toujours dans la mouvance du Tabou, une maigre subvention de la Maison des Sciences, alors coproductrice de documentaires culturels, qu'il engloutit aussitôt dans un autre projet absurde. Le scénario de *Bouliran achète une piscine* conte l'obscure histoire d'un dictateur sud-américain piégé par des piscines. Le tournage, à la piscine Molitor et dans le bureau du directeur de la Maison des Sciences, réunit les habituels compagnons de ces loufoqueries animées, plus Michelle. Boris, en maillot rayé, joue le rôle d'un terroriste qui s'entraîne au lancement de poignards sur des agents de la force publique en carton. Ce chef-d'œuvre de détournement de fonds publics vieillira dans sa boîte.

Ces tâtonnements ne détermineront guère de destins cinématographiques. Seul, de cette équipée, Jean Suyeux réalisera des films. Mais les appétits de ces déraisonnables inventeurs correspondent à la première passion de la clientèle du Tabou. Le cinéma, dans la cave et ses annexes de la surface, devance très nettement la littérature. Si ce n'est le mot, qu'on prête à André Malraux, Alexandre Astruc a déjà inventé le concept de « caméra-stylo ». D'abord critique littéraire remarqué à *Combat*, l'ami d'Anne-Marie Cazalis ambitionne désormais de révolutionner le septième art. Il ne parle plus que de cinéma, impose d'interminables discussions sur les mérites comparés du néo-réalisme italien et d'Hollywood. Astruc a déjà tourné quelques mètres de pellicule très improvisés, à la Louisiane, ou dans le quartier. Déjà réalisé un vrai court métrage, *Aller et Retour*, avec pour interprètes Marc Doelnitz, Jacques Lacan et sa compagne Sylvia Bataille. « Faire tourner avec une petite caméra, dans des décors naturels et avec des acteurs totalement bénévoles[14] » : ainsi Marc Doelnitz définit-il cette fameuse « caméra-stylo ». Toutes ces ébauches illustrent un engouement réel. Saint-Germain-des-Prés admire les professionnels du cinéma, Henri-Georges Clouzot, Yves Allégret, Roger Leenhardt, Nicole Védrès, qui se retrouvent au Montana, parfois avec Orson Welles, peut-être plus représentatif, pour les habitués de ces temps modernes de la rive gauche, que Jean-Paul Sartre.

En bande ou séparément, ceux du Tabou se rendent régulièrement à la Cinémathèque qu'Henri Langlois a ouverte avenue de Messine. Le jeune portier s'appelle Frédéric Rossif. Comme les films américains tardent encore, on se repaît de films soviétiques, hongrois ou allemands, de vieux films fantastiques. A l'image de Queneau, Boris souffre sans doute un peu de ce que l'un de ses proches appelle « le complexe Prévert ». Touche-à-tout pressé, curieux de tout, cinéphile dès son adolescence, il rêve de drainer aussi son imaginaire débridé vers le grand écran. En 47 et 48, il rédige plusieurs scripts, souvent réduits à l'amorce d'un synopsis, à quelques pages de découpage, plus techniques que narratives. Des idées de films possibles, ou impossibles, plutôt que des scénarios aboutis. Pendant le mois de juin 47, Boris travaille avec Michel Arnaud et Raymond Queneau à la préparation du scénario de

---

14. *La Fête à Saint-Germain-des-Prés*, de Marc Doelnitz, Robert Laffont, 1979.

Zoneilles, l'histoire très ubuesque d'un homme qui rencontre un autre homme le long d'un cortège, pense d'abord s'en méfier, car l'autre imite son manège dans les pissotières, et finit par lui faire le récit de sa vie : son père confondait les lièvres et les lapins et cela avait eu quelques conséquences sur ses amours avec sa mère... On tirait beaucoup sur des lapins dans le script du trio. Des étrons, des pissotières, des fesses de femme avaient leur importance, ainsi qu'une irrésistible insolence et une belle verdeur de propos. Intournable pour le cinéma français de 1947. Surréaliste encore, fantastique, éminemment provocateur ! Mais non présentable à un producteur. Queneau, Arnaud et Boris jettent toutefois les fondations d'une maison de production, ARQUEVIT — ARnaud, QUEneau, VIan, et le T en prime —, pour développer leur projet et certaines adaptations des livres de Queneau. Boris se fait fort de convaincre des financiers. Il rencontre notamment Marcel Pagliero, l'acteur italien de *Rome, ville ouverte*, et cinéaste luimême, Parisien par amour de Saint-Germain. Marcel Pagliero déclare le projet irréaliste. Irréalisable. Tant pis. Boris perd une occasion, mais il compte un ami de plus. Après avoir fait le tour du quartier et un détour par la rive droite, Arnaud, Queneau, Vian, de la société ARQUEVIT, enterrent, autour d'un excellent dîner, l'œuvre collective et leur éphémère maison de production.

Alors, la radio ? Boris et ses compères se livrent aussi dans ce domaine à quelques joyeusetés, histoire de parfaire leur exploration des nouveaux moyens d'expression. François Billetdoux avait eu l'idée de proposer à de jeunes talents l'espace sonore d'un radio-club, géré, aussi innocemment que les documentaires, par la Maison des Sciences. Les jeunes talents en question, amis de Boris, sautent sur l'occasion. En quelques jours, ils montent leur premier et seul opéra diffusé, *Les Petites Vacances*, qui ambitionne de transposer *Ruy Blas* au Jardin des Plantes. Boris joue le rôle du gardien, Queneau, celui d'un coucou haut perché. On trouve encore, dans la distribution les chanteurs du groupe les Quatre Barbus, Michelle, le Major, etc. La mise en scène est assurée par Jean Suyeux. La musique et les chansons — dont *La Polka des tortues*, enregistrée plus tard par Mouloudji — sont signées Paul Braffort. Tous les phoques de l'émission, mangeurs de jeunes gens, s'appellent Paulhan. Le second projet de l'équipe, un opéra radiophonique pour sourds-muets, se verra censuré.

A l'automne 47, la radio nationale est à conquérir. Après bien des hésitations, le gouvernement Ramadier accepte enfin, par limogeages en série des directeurs, de réformer les ondes. L'équipe des *Temps Modernes* s'est vu offrir une série d'émissions qui, même en tournant court devant la colère des milieux gaullistes, indignés d'avoir entendu De Gaulle comparé, physiquement, à Pétain et à Hitler, permettent de faire entrer un peu de la pensée de Sartre et de Merleau-Ponty dans les foyers hexagonaux. Pourquoi pas le Tabou ? Pourquoi pas sa terrible vedette, Boris Vian ? Cette idée dangereuse germe dans l'esprit des nouveaux responsables de la Radiodiffusion nationale. Le conseil d'administration, sous tutelle ministérielle, a accepté le principe d'une série intitulée Carte blanche, une sorte de temps d'antenne libre de tout contrôle, abandonné à une personnalité. Aussi, réforme pour réforme, pourquoi ne pas jouer l'audace de la dernière mode ? Le 12 octobre 1947, à 20 h 50, le pays assiste en direct au putsch de l'antenne. Il entend des cris dans ses postes, des insultes proférées par la voix du Major : « Macarelle ! Fille de pute ! Fermez ça, bande de chichnoufs ! » Trois jours plus tard, le directeur de la radio s'en va, cinquième responsable licencié en quelques mois.

Tout s'est pourtant fort bien passé, vu des studios et des bureaux de la nouvelle série Carte blanche. Boris, ses interprètes, Pasquali, Yves Deniaud, Marcel Levesque, etc. et l'orchestre du Tabou ont enregistré les 3 et 4 octobre au Studio 29 de la rue François-Ier. Boris a intitulé son intervention *Radio-Massacre*. On n'a rien trouvé à y redire. Comme au texte lui-même, à une retouche près : le nom, justement, de l'un des plus haut gradés des ondes nationales. Cet automne-là, si le gouvernement n'y avait pas mis bon ordre par une seconde vague de décisions, la radio risquait de rester entre les mains d'inconscients, après avoir été tenue, jusqu'en 1947, par des fonctionnaires trop prudents. Car, ce 12 octobre, inspiré par la célèbre émission radiophonique d'Orson Welles, pendant la guerre, annonçant l'invasion des États-Unis par les Martiens, Boris affirme qu'il vient de prendre le fauteuil de directeur, « au prix de deux morts ». « Tous deux sont en traitement à l'hôpital Cochin, rassurez-vous », poursuit-il. Et, entouré de speakerines aux voix veloutées d'aéroport, il proclame le bouleversement des programmes. Un fourre-tout invraisemblable, à la fois poétique, talentueux et très centralien. Tout

Boris à l'antenne, Antioche et le professeur Mangemanche, le faux et le vrai Major, des animaux animés, des leçons de logique et des invitations au délire. Des gags gros comme le poing et quelques jolies finesses. Le cortège des amis, devenus personnages de bulletins d'informations, Astruc, Sartre, Queneau, Cocteau disputant une course de voitures sur des modèles existentialistes rectifiés par Gallimard. Une horloge parlante qui refuse de donner l'heure. Une liberté rarissime pour l'époque : « Et voici maintenant, déclare un speaker, à la demande générale, la retransmission en direct d'une cérémonie qui s'est déroulée ce matin dans Berlin pavoisée à l'occasion de la rentrée d'Adolf Hitler, complètement remis de la grave maladie qui l'a tenu éloigné de ses fonctions pendant un temps malheureusement trop long. » Suivent les messages de félicitations des grands de ce monde. Truman, le roi George VI, Ramadier, traduits par Marcel Duhamel et Hélène Bokanowski, et la triomphale remontée du Führer debout dans sa Cadillac.

Le nouveau directeur avertit ses auditeurs que son temps d'antenne est désormais compté, que la police arrive. Coups de feu, au loin. Échos de bagarres. Ses programmes se dépêchent donc. On insulte les agriculteurs, grande cible de *Radio-Massacre* : « Paysans ! Vous êtes une belle bande de salauds. Les cochons sont malades à force de manger du blé [...] A partir de demain, on ira vous fusiller sur place. » Une speakerine tente d'imposer sa « minute poétique », sans cesse interrompue, et annonce la participation, entres autres sommités, d'« André Frédérique, Maurice Rostand, l'abbé Grosjean, Paul Claudel ». Les bruits sont incessants, grincements de portes, succions, déglutitions, répétition d'orchestre. La prise de pouvoir des ondes va échouer. Cette Carte blanche s'achève lamentablement, par une surprise-partie qui dégénère en pugilat. Mais, à la différence de la conclusion de *Vercoquin*, l'orchestre, cette fois, joue pour de vrai.

IX

L'ABSENCE DU MODÈLE

Le saut du Major

Le Major a raté son rétablissement. La gouttière n'a pas tenu. Manquaient un rebord, un balcon, un toit en pente douce, n'importe quoi d'assez résistant pour supporter encore une fois le poids de l'équilibriste. Le Major a rencontré une corniche sans humour. Le Major n'avait qu'à mieux vérifier les prises de son jeu favori. Problème des gags trop souvent répétés : l'attention s'émousse. La surprise-partie devait connaître un relâchement. Les amis, familiers du numéro d'acrobate, devaient être absents ou occupés à explorer des décolletés. Le Major est mort le 6 janvier 1948. Par la fenêtre. Tout à fait mort, pas comme dans un roman ou une nouvelle de Boris Vian. Mort comme Jacques Loustalot. Suicide ou accident, quelle est la différence ? Certains diront que la fille avait refusé de se laisser embrasser et que le Major, par dépit, avait pris la fenêtre. On en voudra à la fille. A la surprise-partie, de s'être laissé envahir par le funambule sans garantir les conditions de sa sortie. Après tout, voir sa soirée gâchée par le Major avait toujours été un insigne honneur. Les beaux quartiers ne savent pas vivre. Le Major venait d'en administrer la preuve écrasante.

Le 7 au matin, beaucoup ont vieilli. Saint-Germain-des-Prés et l'après-guerre auraient pu s'arrêter là, si ça avait été affaire de style. Mais, pour verrouiller tout chagrin, notion après tout assez peu existentialiste, la mauvaise foi, les sifflets à l'artiste, le fatalisme de circonstance dressent des murailles aux larmes. Cela devait finir, un jour ou l'autre, par une faute de main ou de pied, par un trop grand écart. Le Major avait toujours vécu dans le vide. Les esthètes se réconfortent en appréciant la qualité du dernier acte. Le Major était parfait, excellent chichnouf, prévenant avec les dames. On le lui reprochait secrètement, comme d'avoir eu, jusqu'à vingt-trois ans, le courage d'un tel désespoir. Doit-on pleurer le fou ? Mieux vaut se réjouir, non ? Le croire reparti pour les Indes ? Par accord tacite, le 14 janvier, lors de l'enterrement d'un brave, ses amis optent pour la poursuite de l'époque et la remise à plus tard des regrets. Retardés par une panne de voiture, Michelle et Boris manquent à la cérémonie funèbre.

Comme les autres, Boris refoule sa détresse. Ils s'étaient moins vus, ces derniers mois, Boris trop occupé, le Major souvent hors de Saint-Germain, comme un signal qu'on n'avait pas voulu entendre, comme si l'humeur ambiante commençait à lui paraître de qualité douteuse. Curieusement, *Samedi-Soir* avait publié, le 12 juillet 1947, une nouvelle de Boris, *Surprise-partie chez Léobille*, dans laquelle, pour une fois, le Major tenait le mauvais rôle[1]. Un Major brutal, plus proche de Lee Anderson que du Major de *Vercoquin*, prêt à tout casser dans l'appartement de la surprise-partie si les filles ne se déshabillaient pas sur-le-champ. Pour plaire à une belle indifférente, le gentil héros, Folubert — pour Hubert Fol, le musicien —, avait trouvé la force de jeter le méchant Major par la fenêtre. « Quant au Major, avait écrit Boris, son corps ondula rapidement dans l'air [...] Mais il eut la malchance de tomber dans un taxi rouge à toit ouvrant qui l'emporta au loin avant qu'il ait le temps de s'en rendre compte. » Pourtant peu superstitieux, Boris se reproche la nouvelle. Comme de ne pas avoir suivi le Major à la trace. Ses proches lui assurent que personne n'a laissé tomber son vieux compagnon. Le Major s'était toujours laissé tomber tout seul.

Le sein du personnage

Sans son modèle, l'année 48 commence mal. Toujours cette même contradiction : ce n'est pas ce qui marche qui l'intéresse. Boris s'ennuie à adapter *J'irai cracher sur vos tombes* au

---

1. Publication posthume dans *Le Loup-garou, op. cit.*

théâtre, pour honorer une commande de l'acteur Georges Vallis, mais il place ses espoirs dans sa pièce, sa propre pièce, faudrait-il dire, *L'Équarrissage pour tous*. L'œuvre est violente, il le reconnaît volontiers, faussement comique, d'un antimilitarisme virulent. Boris a décidé de rire méchamment de la guerre. En 1950, l'écrivain René Barjavel résumera ainsi *L'Équarrissage pour tous* : « L'action se situe à Arromanches, le 6 juin 1944, jour du débarquement. Mais le personnage principal, l'équarrisseur, pendant que les maisons du village volent en éclats et que l'Europe change de destin, ne pense qu'à une chose : marier sa fille. Le fiancé est un soldat allemand. Le père convie au mariage [...] ses autres enfants, qui sont, l'un parachutiste dans l'armée américaine, l'autre — une fille parachutiste — dans l'Armée rouge. Ils arrivent par la fenêtre, suivis d'un parachutiste japonais. Soldats américains et allemands arrivent également, jouent au poker, se saoulent de compagnie, mélangent leurs hymnes et leurs uniformes, cependant qu'un gamin et un centenaire, FFI, nés le matin, réquisitionnent les automobiles. La plupart des personnes finissent dans la fosse commune de l'équarrissage. Un officier, attaché au ministère de la Reconstruction, met fin à la pièce en faisant sauter la maison pour la mettre à l'alignement [2]. »

« Vaudeville anarchiste », commentera René Barjavel, « Ubu-Équarrisseur nourri chez Branquignol ». « Un grand souffle de rire secouant les impostures, les peurs, les dogmes, toutes les absurdités solennelles au nom desquels les " grands " [...] convient les hommes à l'équarrissage. » Éloge flatteur, mais à venir. En 1948, Boris ne sait pas vers qui se tourner pour faire monter sa pièce. Simplement pour la faire lire. Il approche Roger Blin. Grenier et Hussenot, qui tergiversent. « Cela m'a surpris, écrira plus tard Boris, de voir cette pièce rencontrer fréquemment un accueil timoré de la part des metteurs en scène les plus réputés pour leur fantaisie [3]. » Jean-Louis Barrault surtout, qui se dira intéressé, au début de l'année 1949, par ce divertissement décapant. Mais rien ne se signe. Aucune réponse durant des mois. Boris apprend que le metteur en scène se propose d'inscrire la pièce à son pro-

---

2. *Carrefour*, du 25 avril 1950.
3. Avant-propos de Boris Vian pour l'édition originale de *L'Équarrissage pour tous*, Éditions Toutain, 1950. Réédité avec la pièce, *Le Dernier des métiers* et *Le Goûter des généraux*, sous le titre : *Théâtre 1*, Jean-Jacques Pauvert, 1965.

gramme de l'année. Puis il entend dire qu'il n'en est rien. Boris s'impatiente, furieux de voir le sort lui opposer une résistance. On lui conseille trop souvent de retoucher son texte et il n'y voit que mauvaise volonté du sort à son égard, incompréhension, défaut d'intelligence des hommes de théâtre. Déjà, le 19 mai 1947, Jacques Lemarchand, à la lecture de la première version du manuscrit, s'était permis quelques remarques amicales dans une lettre : « Sujet : excellent — scandaleux, et qui fera hurler. Mouvement : un premier acte très drôle — un second un peu languissant quant à l'action (mais plein de bons effets) — un troisième qui ne peut être joué que par des clowns avec 15 ans d'entraînement. Les personnages : tous bons — parfaitement ubuesques. Les mots : constamment heureux — et drôles [4]. » Boris avait espéré plaire sans réserve à l'un de ses plus fidèles admirateurs, et c'était pour s'attirer des éloges moins nuancés qu'il lui avait donné sa pièce.

« Je crois que tu auras du mal à faire accepter *L'Équarrissage* par un directeur », avait aussi prévenu Jacques Lemarchand. Effectivement, Boris fait en vain le tour des théâtres, et même l'influence de Lise Deharme, celle de Jean Cocteau se révèlent peu efficaces. Hésitant, Jean-Louis Barrault tarde à prendre une décision. Le metteur en scène épuisera d'ailleurs l'attente du jeune dramaturge jusqu'à la fin de l'année 1949. Jusqu'à cette lettre du 28 décembre, en réponse à une supplique de Boris qui souhaiterait « reprendre » sa pièce pour la confier à André Reybaz : « Et comme il nous faut préparer dès maintenant notre tournée officielle [...] et qu'il est encore un peu tôt pour emmener *L'Équarrissage* pour le faire admirer par un public argentin, habitué plutôt à l'âne de Buridan, nous ne pourrons pas monter votre pièce avant la saison prochaine. Attendu que d'autre part, nous reconnaissons avec vous qu'il ne faut pas tarder à monter cette pièce, je vous la rends pour Blin ou Reybaz, bien volontiers. » Le reste de la lettre de Jean-Louis Barrault sera plus affectueux que cet extrait. Mais il s'agira bien d'une fin de non-recevoir.

Paradoxalement, la seule éclaircie, durant ces deux années de découragement secret à propos de la pièce, viendra de Jean Paulhan. Jacques Lemarchand a apprécié la version remaniée de *L'Équarrissage* et en a parlé chez Gallimard. La rue Sébastien-Bottin a relancé *Les Cahiers de la Pléiade*, et Jean

---

4. Archives de la Fondation Boris Vian.

Paulhan retrouve dans cette aventure quelques-unes des joies éditoriales de *La Nouvelle Revue française*. Parmi ses ambitions, il manifeste celle de publier des textes susceptibles d'apaiser les griefs que certains auteurs pourraient nourrir à son égard. Boris doit être du nombre. Car Jean Paulhan prend la plume, dans les premiers jours de 1948 : « Je trouve *L'Équarrissage* absolument passionnant. Merci de me l'avoir prêté. Allez-vous le faire jouer ? Il faudrait. Je voudrais bien vous le demander pour *Les Cahiers de la Pléiade*. Seulement : le n° d'hiver est déjà composé (ils deviennent trimestriels). Je ne puis disposer dans le n° du printemps 1948 que de 25 pages. Comment faire ? Ne pourriez-vous pas composer avec l'essentiel du 1er acte, par exemple, une petite pièce qui se tienne ? (Évidemment, je ne puis donner quelque chose qui ait l'air d'un " extrait ".) Excusez-moi de vous embêter. A vous très cordialement. Jean Paulhan[5]. »

Ainsi demandé... Pour Jean Paulhan, pour *Les Cahiers*, Boris accepte le délicat exercice qui consiste à tirer une pièce du seul premier acte d'une autre. Heureux, peut-être, de pouvoir reprendre contact aussi facilement avec l'un de ses enfants terribles, Paulhan l'en remercie : « Très content de cette promesse. J'aime décidément de plus en plus *L'Équarrissage* et merci de vouloir bien m'en faire (provisoirement) une pièce en un acte[6]. » Cette pièce contractée, cette demi-pièce de vingt-huit scènes paraît dans le n° 4 des *Cahiers de la Pléiade*, au printemps 1948. Jean Paulhan se déclare enchanté dans sa troisième lettre, du 16 février. « Il me semble que ça va très bien ainsi, écrit-il. Naturellement, je regrette ce que vous avez enlevé[7]. » Outre l'occasion de lui permettre de paraître à nouveau sous le label Gallimard, cette version raccourcie donne à Boris l'idée d'enfermer sa pièce, dont il reprend encore une fois le texte, en un seul acte. Après tout, il aime ce qui va vite, à écrire et à voir jouer. Paulhan, peut-être sans le vouloir, a été de bon conseil. Boris tient à ce divertissement, presque un spectacle de cabaret, enlevé, rapide, et craint qu'il ne vieillisse. Ou qu'un autre auteur, Queneau par exemple, ne se lance à l'assaut de la dernière guerre avec les mêmes armes du burlesque.

5. *Ibid.*
6. *Ibid.*
7. *Ibid.*

Jean Paulhan sauveur d'une saison morne ! Idée plaisante qui amuse Boris, en cette fin d'hiver 1948. L'amuse, sans plus. Car il travaille beaucoup, mais dans le vide. Des poèmes, des nouvelles, beaucoup d'articles. Mais le mystérieux « Roman 3 » est au point mort. *I shall spit on your graves*, la fausse version américaine de *J'irai cracher sur vos tombes*, est publiée dans l'indifférence générale. *Les morts ont tous la même peau* se vend beaucoup moins bien que le premier Sullivan. Après avoir entrepris, en février, la publication en feuilleton d'une version expurgée de *Et on tuera tous les affreux*, *France-Dimanche* revient sur sa décision et prive ses lecteurs, en avril, de la fin du roman. Par voie de presse, Boris insultera souvent Max Corre.

Selon ses proches, Boris éprouve une rage froide, rentrée. Ses amis redoutent parfois de le voir se consumer à la tâche, même à des écrits qu'il désapprouve, se priver sans doute de quelques années de vie, mais cette existence de forçat volontaire lui est nécessaire. Boris ne doit ni douter ni s'arrêter. Alors, inconsciemment, on le pousse un peu plus. On touche le point faible de l'écrivain public du Tabou, cette totale incapacité au refus des propositions, cette peur du manque et du silence, de l'immobilité. Bien sûr, sur ce plan, il ne risque pas grand-chose. Ses activités sont innombrables. Mais la marge doit demeurer suffisante. Collectionneur de projets, comme d'autres de papillons.

Malgré le réconfort des soirées en sous-sol, ce début d'année le laisse perplexe, mal à l'aise dans son propre système de suractivité, mais ceux qui ne le connaissent pas très bien, en fait la quasi-totalité des familiers de Saint-Germain-des-Prés, le pensent d'humeur égale, pudique et accueillant, simple comme un ingénieur à la trompinette. Comme d'habitude, son insolence se cantonne à son œuvre, réfléchie ou improvisée, et cette particularité renforce encore le quiproquo. Sous ses airs mélancoliques, Boris demeure un aimable compagnon, pour une plaisante époque, et peu nombreux sont ceux qui s'intéressent aux raisons de cette mélancolie. Pour la NRF, il reste le scribe espiègle de la première année, de lettres drôles, de drôles de lettres à Gaston Gallimard. Celle-ci, datée du 17 mai 1948, qui entretient l'illusion sur le moral du Menteur : « Mon cher Gaston, Je te remercie vigoureusement des sous que tu m'as envoyés et je n'oublierai pas ton nom dans mes prières annuelles. Que la paix du Seigneur règne dans ta maison et tâche de ne pas trop faire la foire avec Monsieur Hirsch parce que l'heure est au sérieux et au travail dans la liberté et la sagesse. Je te fais une grosse bise. Ton petit auteurcule [1] qui t'aime. — [1] Naturellement, c'est un diminutif latin [8]. »

Saint-Germain façonne des réputations d'humoriste. Le découragement n'est pas de saison. Avec ses douces folies, le Tabou masque les inquiétudes intimes de ses fidèles. On évite d'évoquer la mémoire du Major. De son côté, Gaston Gallimard a fini par prendre l'habitude de sa correspondance avec son zazou préféré. Officiellement, Boris va bien, comme tous ses compagnons, comme tous les jeunes romanciers un peu remuants du quartier. Boris, en grande forme ? Sûr de ce qu'il veut écrire ou promouvoir du contenu de ses cartons ? Malgré le plaisir de voir sortir, une à une, les traductions du couple Vian dans la Série Noire, le ralentissement de sa production personnelle, par surcharge d'ouvrages de commande, est général.

Celle de *Barnum's Digest* est un bonheur. Avec l'illustrateur Jean Boullet, Boris achève un recueil de poèmes et de dessins, *Barnum's Digest*, dix monstres fabriqués par Jean Boullet et traduits de l'américain par Boris Vian, que les deux auteurs vont publier à leur compte. Nom de l'éditeur : Aux Deux Menteurs. Jean Boullet est un curieux personnage, très attachant, vrai licencieux dans son art, que Boris a pris en affection. Un passionné de cinéma fantastique, un homosexuel vivant avec un handicapé privé de ses deux mains, un créateur réfugié dans la chambre, peinte en noir, de l'appartement de concierge qu'il partage avec sa mère. Très marqué par *Freaks*, par un univers déformé, cruel et douloureux, Jean Boullet, de son trait nu, presque indécent, dessine des monstres ou des jeunes gens aux attributs sexuels très apparents. A la parution de *J'irai cracher sur vos tombes*, il avait pris contact avec Boris pour lui proposer le principe d'une édition illustrée de luxe du roman de Sullivan. Sur l'insistance de Boris, cette version, tirée à neuf cent soixante exemplaires, avait été financée par le Scorpion. Depuis, Jean Boullet défendait avec âpreté l'imaginaire de Vernon Sullivan et le talent de son géniteur.

Par la magie des dessins de Jean Boullet, *Barnum's Digest*, dédié à Martine Barnum Carol, passe encore aux yeux de Boris pour une commande honorable. Il en va tout autrement de la

---

8. Archives Gallimard.

pièce de Vernon Sullivan. Toujours là en 48, Sullivan, à ricaner dans son dos. Depuis plus d'un an, vainqueur par KO, riche et célèbre, sans problème de conscience ni malentendu avec la presse. Inconnu chez Gallimard. Ne rencontrant guère de difficultés, en tout cas moins que l'auteur de *L'Équarrissage*, à se faire jouer au théâtre. Malgré l'opposition de Michelle et le coup de colère de Queneau, Boris a accepté d'adapter *J'irai cracher sur vos tombes* à la scène. Parce qu'on le lui a proposé. Plus profondément, pour satisfaire en lui la part de facilité proche du dédain, de lui et des autres, pour un peu plus de popularité vite acquise sur le dos de la bêtise. La vanité de voir son nom sur une affiche est un sentiment répandu. L'amertume de *L'Écume des jours* et de *L'Automne à Pékin* doit être, aussi, maintenue à distance raisonnable... Michelle et Queneau avaient eu des mots durs, visant l'homme derrière l'écrivain, mais celui-ci était passé outre. Cela avait été un réflexe, lors de son accord pour l'adaptation, un réflexe d'observateur d'un désastre artistique promis et d'une possible bonne affaire : entre masochisme et publicité. A la fois une réaction spontanée de provocateur goguenard et d'animal blessé par la critique. Un match était en cours entre la presse et lui, et il pensait pouvoir gagner la seconde manche.

Pour la première fois, Boris regrette aussitôt sa décision. Si lui-même juge éculée la plaisanterie, irréalisable la transposition au théâtre de la moiteur sensuelle de Buckton, pourquoi le public et les critiques éprouveraient-ils un sentiment différent ? Sa « réputation de scandale est un atout certain de succès », assure un magazine. Lui-même, dès l'annonce de la pièce en janvier, n'en est plus certain. Mise à plat pour la scène, contrainte à l'unité de lieu, aseptisée, la vengeance de Lee Anderson risque de paraître fade et fabriquée. Ce scandale réchauffé a toutes les chances de mal finir. Plus que celui de licence, Boris encourt désormais le reproche, plus encombrant, de banalité.

Après les journalistes littéraires, il lui faut désormais affronter leurs confrères du théâtre, mais les jeux sont faits d'avance entre eux et lui. Le rejet assuré. Depuis sa postface des *Morts ont tous la même peau*, l'auteur Boris Vian est un écrivain maudit pour les pages culturelles. Il y avait mis du sien, l'année précédente, une hargne libératrice, pour se défendre de l'hostilité de l'accueil réservé à *J'irai cracher sur vos tombes*. « Critiques, vous êtes des veaux ! » avait-il écrit en conclusion du roman de Sullivan. Cette seule phrase imprimée avait fouetté le sang des services artistiques, et ils étaient nombreux à guetter l'occasion de répliquer. « Tristes individus, critiques par la bande [...], quand donc ferez-vous votre métier de critiques ? [...] Quand admettrez-vous qu'on puisse écrire aux *Temps Modernes* et ne pas être existentialiste, aimer le canular et ne pas en faire tout le temps ? Quand admettrez-vous la liberté ? »

Pour parer les coups prévisibles, Boris annonce d'entrée qu'à la scène *J'irai cracher sur vos tombes* ne pourra ressembler au roman. La Préfecture de police le lui interdirait. Lui-même le déconseille. Le sexe au théâtre est impossible. Toute suggestion, le moindre geste lascif feraient basculer le spectacle dans le strip-tease. « Je ne vous cache pas que l'épreuve qui consiste à tirer une pièce d'un roman est périlleuse, confie-t-il à un journaliste. Il n'y a pas comme beaucoup le croient une histoire scandaleuse, mais une idée généreuse. Certes l'audace du sujet peut troubler des oreilles chastes, mais le drame de l'antagonisme des races apparaît dans sa sobriété [9]. » L'adaptateur ne peut cacher son embarras. Pour un peu, c'est lui-même qui dissuaderait d'aller voir sa pièce. *J'irai cracher sur vos tombes* s'annonce, au fil des semaines, comme un spectacle sérieux, antiraciste, presque une pièce politique. Boris insiste sans cesse sur cet aspect, rappelle, à ceux qui viennent l'interroger sur ses intentions, le sort des Noirs aux États-Unis, les lois sur la ségrégation. Il cite de mémoire tous les articles-prétextes de la fin de l'année 46. L'article de *Collier's* est souvent appelé en renfort. On le croirait occupé à préparer une représentation de *La Case de l'oncle Tom*. Un pamphlet contre le racisme. Boris minimise même l'importance des personnages féminins, premier objectif, pourtant, de ses commanditaires. Ceux qui viendraient pour l'érotisme seront déçus, précise-t-il. « Ils n'apercevront que trois belles femmes, du reste très habillées [10]. »

Boris est désormais trop apprécié de la presse à scandale pour que ces appels de l'auteur à la modération soient entendus. C'est même un jeu, au Tabou, prestataire de services des feuilles hebdomadaires ou quotidiennes, que de tenter de saler les rumeurs sur le prochain spectacle de Boris Vian. Lee

---

9. *L'Ordre*, 16 avril 1948.
10. *L'Aurore* du 2 avril.

Anderson, affirme-t-on, s'étendra bien sur Jean Asquith ivre morte avec la complicité d'une jeune « bobby-soxers ». On parle même d'un viol sur scène. Les amis du Menteur laissent croire que Juliette Gréco pourrait accepter le rôle, que Boris fait passer des auditions dans la cave, mais qu'il n'a pas encore trouver « le sein du personnage ». Une aubaine pour la presse à ragots. Alors que Boris s'efforce de minimiser l'aventure, qu'avec l'aide de Pasquali, le metteur en scène pressenti, il gomme toute la sensualité possible de ses scènes, les journaux se lancent dans une surenchère de plusieurs semaines sur les noms des heureuses lauréates de Vian, le détrousseur de vertus. Star du Tabou, Martine Carol arrive largement en tête. L'actrice n'a-t-elle pas récemment surchauffé la salle où elle jouait *La Route au tabac* ? On parle aussi de Simone Signoret, de Gaby Andreu. On croirait, à lire les gazettes, qu'elles se battent pour se laisser enlacer par Lee Anderson, qui pourrait bien être Yves Montand. Tout cela n'est que potins, mais remplit son office. Le scandale refait surface, comme Vernon Sullivan, cet oublié depuis la vérité sur la paternité du roman : *Le Figaro littéraire* informe ses lecteurs qu'un plaisantin s'est présenté chez Boris Vian, prétendant être l'auteur américain du livre et réclamant ses droits d'auteur.

Pour rire, Boris confirme dans une lettre : « Mes chers alguazils, vous me racontez des histoires dans votre *Figaro littéraire*, qui sentent fort l'apocryphe et le litigieux. J'ai bien reçu mon cher confrère Sullivan que j'avais connu quand nous étions soutiers sur un steamer de la P. and O. et contrairement à ce que vous dites, je lui ai immédiatement réglé ses droits d'auteur qui se montaient à cent quatre-vingt-treize francs et des poussières [11] ». Pour le déshabillage sur scène, des inconnues tentent leur chance, comme la belle Josette Daydé, dont la photo égaie une page de *V Magazine*, le 21 janvier 1948. « Vous comprenez, susurre cette jeune personne, il fallait d'abord que je sois violée sur scène... Passe encore ! Mais, de plus, il fallait que je montre mes seins nus en public. Et à cela, je ne consentirai jamais ! » Une nouvelle fois, Boris perd pied, emporté par une vague de fausses nouvelles, d'indignations à bon compte ou de lancements de jeunes carrières féminines. Il a même les honneurs de *Paris-Hollywood*, la revue importée

---

11. Lettre citée par Noël Arnaud dans *Le Dossier de l'« affaire » J'irai cracher sur vos tombes, op. cit.*

des États-Unis, qui propose à ses lecteurs masculins des photos de jolies femmes au système pileux « retouché ». On annonce successivement la pièce au théâtre Pigalle, pour faire monter les ventes, au théâtre Daunou, puis au théâtre Verlaine, histoire d'accréditer l'idée d'un brûlot irrecevable que les propriétaires de salle se repassent, effrayés par le risque d'une fermeture. La presse assure la publicité d'un spectacle que l'auteur, au moins certains jours, souhaiterait moins exacerbée. Voilà que la RATP l'interdit d'affichage dans le métro ! Comme la fameuse *P... respectueuse* de Sartre. Dans les stations, *J'irai cracher sur vos tombes* va devenir « la pièce de Boris Vian ». C'est trop d'honneur. Les directeurs du métro eux aussi espèrent voir Martine Carol, mais ne peuvent le confesser.

Boris se laisse interviewer, et les reporters prennent encore ses réponses au premier degré :

« — Mais Sullivan, c'est vous ?

« — Voyons, est-ce que j'ai une tête de Sullivan ? D'ailleurs Sullivan est un Américain authentique, et moi j'ai un septième de sang nègre... Oui, beaucoup de Russes sont ainsi...

« — Mais vous êtes né en Seine-et-Oise !

« — Ce qui prouve qu'il ne faut jamais se fier aux apparences [12]. »

Boris se laisse photographier chez lui, et la presse populaire s'étonne de découvrir un homme convenable, un Français qu'elle pensait slave, pourvue d'une jolie femme enceinte, d'un fils et d'un appartement normal. Michelle attend un enfant, et cette bonne nouvelle, compensation des ragots sulfureux, va accompagner les récits sur la pièce jusqu'à la générale, fin avril. Boris, respectable, et dont on publie même la photo de mariage. Ancien ingénieur, musicien, et prince du Tabou. Deux mois durant, *J'irai cracher sur vos tombes* suscite plus d'articles que n'importe quel autre spectacle, en cette année 1948. A côté, le prochain tournage des *Parents terribles* de Jean Cocteau, avec Jean Marais, paraît se présenter dans l'indifférence. Interminable affaire, qui n'amuse plus les proches. Boris ne prend guère de plaisir qu'aux auditions des comédiennes. Il fait la connaissance d'Anne Campion, « vamp nordique et sauvage de dix-neuf ans », comme dit la presse, une jolie blonde dont le portrait, épaules dénudées, court les

---

12. *Ambiance*, du 14 janvier 1948.

gazettes. Elle sera Jean Asquith, du roman. Jacqueline Pierreux tiendra le rôle de Judy, la « bobby-soxers » perverse de la célèbre scène de viol. Avec Pasquali, Boris engage encore Véra Norman et Danielle Godet. Voilà élues les miss ! Les autres n'ont qu'à se plaindre à l'auteur : Jacqueline Huet, Martine Carol...

Daniel Ivernel sera Lee. Boris a figé sa pièce en un décor unique, créé par Jean Boullet, l'arrière-boutique du libraire de Buckton. Des voiles, des draperies masqueront les effets d'érotisme. Pour conforter la thèse d'une pièce sincère sur la ségrégation, l'adaptateur a rajouté deux rôles de Noirs.

Carole, fille de Michelle et de Boris Vian, naît le 16 avril. L'événement trouve sa place dans les échos, au milieu des ennuis de la troupe, à la fin des répétitions. La couturière est sans doute la plus suivie de la saison. Le Tabou s'y presse. Les journalistes se plaignent d'être mal placés, de ne rien entendre dans ce théâtre qui, selon les professionnels, a toujours eu quelque chose de maléfique pour les auteurs joués. Surtout, les journalistes ricanent de cette soirée interrompue, Boris se querellant avec l'acteur Daniel Ivernel, et les journaux répercutant l'incident comme un fait d'importance. Couturière remise, générale catastrophique. Les décors ne tiennent pas, les voiles se décrochent. Il n'y a rien à voir, rien de ce qu'ils sont venus voir. Le rideau tombe lorsqu'en présence de Jacqueline Pierreux, Daniel Ivernel se penche, va pour se pencher plutôt, sur le corps très habillé d'Anne Campion.

Les gogos et les directeurs du métro s'en retournent frustrés. Le seul piment attendu de cette pièce, que Boris est le premier à juger quelconque, fait défaut. Les jours suivants, Pasquali et la direction du théâtre Verlaine retarderont de plus en plus le tomber de rideau sur la scène dite de viol. On dégrafera quelques corsages. On engagera même une effeuilleuse professionnelle, chargée de se dévêtir dans l'obscurité du fond du plateau.

Boris aimerait ignorer tout cela et s'extraire du naufrage, tenter de faire admettre qu'il partage les réticences des amateurs de théâtre. Lui-même affirme publiquement que cette affaire n'est qu'opportunité réaliste. Dans le programme de la pièce, il a même écrit ces mots, comme pour alléger sa responsabilité en forçant le trait : « Le titre *J'irai cracher sur vos tombes* n'a aucun rapport avec la pièce que vous allez voir... Celui-là ayant paru frapper les clients, il était raisonnable (commercialement parlant) d'étendre son utilisation au théâtre. » Le lynchage critique ne lui est cependant pas épargné. Virulent, revanchard. Beaucoup trop d'articles pour un gag épuisé. Une vengeance générale, d'autant plus aisée que les spectateurs se sont autant ennuyés que l'auteur. Avec ses phrases détournées, retournées, les « crachats » et les « tombes ». « Rien de torrentiel, aucun besoin de parapluie » (*Noir et Blanc*). « Une très modeste inondation » (*La Scène*). « N'exagérons rien. Il s'agit tout juste de postillons [...] mais après cet enterrement de première classe, personne n'est forcé d'aller jusqu'au cimetière » (*Paris-Presse*).

Pièce « très faible », « dénicotinisée ». « Exploration du bluff et du bruit autour d'un titre. » Boris prend tous les coups. Les mieux portés : « *J'irai cracher* pouvait être une bonne leçon, écrit François Chalais, ce n'est qu'un mauvais pensum. Personne n'ira cracher sur Boris Vian ; on le regrette un peu pour l'amitié qu'il nous inspire[13]. » Au Tabou, on est un peu triste, pour l'auteur ainsi épinglé et pour l'échec du spectacle. Michelle lui répète qu'il a largement préparé l'offense. Queneau est occupé. Sartre n'est pas venu voir la pièce. Sans attendre, Boris se lance dans un autre projet. Cette glissade ne doit être qu'un avatar. L'année peut réserver de meilleures surprises. Penaud, tout de même, Boris. Mortifié. Les critiques n'ont pas eu à forcer leur plume acerbe : il avait fait, consciemment, sa part du travail. Dans son agenda, le 28 avril, il a noté cette idée : « Il y avait une fois un jeune écrivain : " je travaille pour l'avenir ", dit-il. Et il se tira une balle dans la tête car il voulait faire œuvre utile. »

13. *Aux Écoutes*, du 30 avril 1948.

X

LE TEMPS DE LA DISPERSION

Juin, juillet, août 48

Intense histoire, passionnelle mais brève. Le Tabou s'éparpille, soumis à trop de tensions. Le Tabou s'essouffle. Tout y a été trop fou, à la fois authentique et truqué, magique et conventionnel. Ses raisons d'exister ont été trop contradictoires, ses animateurs trop nombreux, son succès trop disproportionné pour que l'étourdissement des premiers mois, entre rébellion, défoulement, affairisme et mondanités, se prolonge très longtemps. La rue Dauphine connaît des encombrements et des bagarres. Les voisins se sont constitués en groupe de pression et la cave joue souvent sa survie sur les tapis verts de la Préfecture de police. Le père Guyonnet a passé la main, et les nouveaux propriétaires affichent des tarifs prohibitifs. Les musiciens, les chanteurs demandent donc à être payés. A ce rythme, même Tarzan finira par fixer un prix pour son cri. Entre les vociférations des poètes illuminés, la musique, la danse, entre les plus jeunes et les plus vieux, entre la limonade et le gin-fizz, un choix s'impose fatalement. La générosité d'une aventure improvisée, l'addition des extrêmes, le mélange des genres se heurtent au principe d'organisation le plus élémentaire. Fred Chauvelot, Bernard Lucas, Marc Doelnitz, Juliette Gréco, Anne-Marie Cazalis, Boris, Alain Vian, *Samedi-Soir*... l'arche finit par compter trop de capitaines et par tourner en rond.

Ils le savent et, sans s'en vouloir, en tirent les leçons. Ils se séparent. Alain reste, avec les rats de cave et les poètes, avec ceux qui, dans Saint-Germain, ne sont attachés qu'à ce boyau humide. Avec les plus pauvres, même si certains des abonnés de la bohème jugent désormais plus sage de rester dans leurs chambres d'hôtel ou d'aller boire dans les bistrots du quartier. L'argent fait des ravages, même en sous-sol. L'existentialisme n'échappe pas à la lutte de classe. L'écœurement gagne les plus démunis des jeunes artistes, asphyxiés, expulsés de fait par le « Tout-Passy ». Ce Tabou de la continuité, de la fidélité, diront certains, conserve un orchestre et des danseurs. Jean-Pierre Maury y clamera des poèmes révolutionnaires. Roger Pierre et Jean-Marc Thibault, un peu plus tard, y familiariseront leur duo à la scène. Mais l'antre original se spécialise désormais dans le cabaret, les numéros de caf'-conc' et de music-hall, fourre-tout qu'il espère attractif des époques et des modes aux relents d'années 20 et de 1900. Le touriste est roi, et Paris sera toujours Paris : les concessions aux consommateurs sont dans l'air, et les consommateurs tiennent aux loisirs de leurs grands-parents. Le Tabou est mûr pour s'aligner sur Montmartre, Montparnasse et Pigalle, sans distinction de style, de reproduire pour une nouvelle génération les éternelles soirées de bordée dans la capitale. Le Tabou est un peu condamné à singer Mimi Pinson, même s'il se prétend le gardien du temple de l'insolence, s'il espère maintenir la « ligne » de la provocation. L'élection d'une Miss Tabou, avec les filles du quartier en petite tenue, photographiées, touchées par des spectateurs hilares, avait provoqué un joli scandale de presse. Ceux qui restent pensent pouvoir faire mieux encore.

C'est justement ce que redoutent ceux qui s'en vont. Ces concessions, le glissement vers l'effeuillage, la part trop belle laissée au goût de la clientèle. La « jet-set » — l'expression a traversé l'Atlantique — apprécie peu de devoir partager les banquettes avec les « BOF », comme le dit Boris, les provinciaux d'un soir en goguette, et réclame un antre plus sélectif. Une grotte à elle, entre soi, pour smokings et robes « new-look », la nouvelle mode lancée par Christian Dior. Un Club, vraiment privé, où l'on n'accepterait que les existentialistes de son choix pour doser ses frissons, les meilleurs danseurs de bop, et des brassées de jolies femmes. Dès l'automne 1947, Fred Chauvelot et Marc Doelnitz s'étaient mis en quête de ce Tabou-bis, ensemble ou séparément, déjà parce que se précisait la nécessité de trouver un lieu plus vaste et moins déprimé et, justement, de mieux répondre à ces emballements soudains et variés pour la vie nocturne. Les ennuis du Tabou s'étaient aggravés, et les uns et les autres avaient avancé l'heure du départ promis. Les muses, Gréco et Cazalis, suivraient leur complice Doelnitz, où que celui-ci décide de poser son sac de bateleur de fêtes. Fred Chauvelot rencontrait d'autres animateurs, Jean-Claude Merle, Jean-Paul Faure, Christian Casadesus. L'existentialisme devenait professionnel. A eux tous, ils inventaient un nouveau métier, marieur de mythes et de réalités, réinventaient, en tout cas, l'art de tenir un lieu de plaisirs qui ne tient à rien. Aux circonstances, au snobisme saisonnier, à un emplacement géographique, à quelques figures de proue. Boris, lui, avait à cœur de servir le jazz. Les grands musiciens américains commençaient à revenir en France, et il voulait pouvoir assurer les hommages et les « jam sessions » dans de bonnes conditions, marier les deux continents, permettre aux meilleurs solistes français du « Nouvelle-Orléans » ou du be-bop de se côtoyer, ou de rivaliser à armes égales. Il irait donc là où on donnerait sa chance au jazz. Là où ses amis pourraient, comme il l'expliquera, « faire du jazz sans concession[1] ».

Il ne rompt pas avec le Tabou. Il sait simplement la page déjà tournée, au bout de quelques mois. Il y retournera parfois, pour son frère, pour les poèmes de son frère, que celui-ci récite et écrit sous le nom de Nicolas Vergencèdre, pour une fête ou une dernière blague. « Il venait un peu contrôler ce qu'on faisait, dira Alain ; comme c'était lui le musicien de la famille, il venait toujours voir si on ne faisait pas de bêtises et si, sur les injonctions de la direction, on ne se laissait pas aller à la valse-musette... car il faut dire que la direction du Tabou était plus portée sur la valse-musette que sur le Nouvelle-Orléans[2]. » Boris s'en va parce que les temps ont déjà changé, que certains soirs la cave n'est plus qu'une copie d'elle-même. Alain a raison : on y entend même de la samba. Et Boris, plus qu'un autre, et malgré *J'irai cracher sur vos tombes*, déteste la répétition.

Pour la suite de l'histoire comme pour les fondements du Tabou, au printemps 1947, on ne sait plus à qui faire endosser la paternité du Club Saint-Germain. A Chauvelot, Doelnitz,

1. Radio 48 du 5 décembre 1948.
2. Interview d'Alain Vian dans *Le Désordre à vingt ans*, un film de Jacques Baratier (1967). Scénario et découpage parus dans la revue *L'Avant-Scène*, n° 75, novembre 1967.

Gréco, Cazalis ou Casadesus. Sans doute à tous, car ils vont rarement les uns sans les autres. L'un d'eux a un jour remarqué les soupiraux, à ras du trottoir, d'un immeuble situé au 13 de la rue Saint-Benoît, à deux pas du Flore et des Deux-Magots, en face du Montana. Idéal ! Au carrefour voisin des estaminets les plus célèbres ! Dix mètres à faire pour les plus paresseux. La perspective d'une relève nocturne du cœur de Saint-Germain, après les heures tranquilles et littéraires de l'après-midi et, peut-être, la garantie de parrainage. Occupant tout le pâté de maisons jusqu'à la place Saint-Germain, possédant une autre entrée au premier numéro de la rue de Rennes, le n° 44, ce qui amuse Boris, l'immeuble abrite plusieurs sociétés ou associations et appartient à la Société d'encouragement à l'industrie nationale. En 1946, Claude Luter et Boris avaient déjà pensé transformer l'une des salles en club de jazz. Mais ils avaient joué un 11 Novembre, et s'étaient retrouvés dehors. Malgré le précédent, l'immeuble restait prédestiné.

Le président de la Société d'encouragement, Louis Breguet, loge souvent Anne-Marie Cazalis, amie de son épouse. Gréco, Doelnitz et Raymond Auboyneau se font parfois inviter à déjeuner chez lui. Louis Breguet est séduit par l'idée d'un club dans l'austère bâtiment. Il ne sait rien de l'état de ses caves : un premier niveau, puis une enfilade de salles voûtées qui s'enfonce sous l'immeuble voisin, aux abords de la rue de l'Abbaye. Intéressant, concluent les experts, Chauvelot et Doelnitz, descendus en explorateurs. Il y aura même la place d'ouvrir un bar-librairie, comme le demandent déjà certains amis romanciers. Mais les travaux nécessitent des semaines de maçonnerie, de peinture et de décoration, ainsi que des moyens financiers qui dépassent les disponibilités des deux compères. Une société est constituée autour de la Société d'encouragement, de la famille de Christian Casadesus et de Paul Boubal, le patron du Flore. Fred Chauvelot et Christian Casadesus prendront en main la destinée de ce nouveau sous-sol. A Gréco, Cazalis, Doelnitz, l'animation. A Boris, le soutien actif aux musiciens. Christian Bérard offre ses conseils. On opte pour l'élégance discrète, avec quelques pointes d'humour. Ainsi, une tête de cheval en carton-pâte, des bois sculptés ornent les murs, un bar confortable, un piano, des fauteuils bas, des banquettes dessinent un espace avec des aires de repli, lorsqu'il faudra se garder des fureurs des rats de cave. Le premier niveau accueillera ceux qui tiennent absolument à converser.

Le deuxième temple de l'histoire moderne des troglodytes ouvre ses portes à la mi-juin de l'année 1948. Pas la seule cave : d'autres vont éclore un peu partout dans le périmètre sacré. Juin, juillet, août 48... Trois mois de légende, de fastes, perfection d'une micro-époque, dispendieuse de talents et de strass, comme pour mieux souder les nostalgies à suivre. Trois mois qui, tout autour, conditionnent l'émergence d'un phénomène de masse au-delà même du quartier. Comme l'écrit Boris, « les gouffres de Saint-Germain taraudent son sous-sol, lui donnant l'aspect alvéolaire cher au fromage de gruyère [3] ». Pas la seule cave, non, mais celle qui compte, la référence, celle qui se réserve l'effet de mode, le gratin, et la bonne musique. La seule qui ait l'expérience du dosage et le carnet d'adresses. Le Tabou, première époque, passé rue Saint-Benoît avec armes et bagages et, cette fois, le renfort franc et massif de la rive droite. Astruc, Hot d'Dée, Colette Lacroix, Annabel, la bande à la torpédo à damier, les « pisse-copie » prennent leurs marques dans leur nouvelle chapelle. Yves Corbassière était allé passer quelques semaines à Megève, avec Doelnitz et le journaliste Jean-François Devay, pour lancer un Tabou des neiges. Les profondeurs du Club Saint-Germain sont meilleures pour ses poumons. La Renault 1920 se déplace donc de quelques centaines de mètres.

Pour le soir de l'inauguration, trois cents invitations avaient été lancées. Selon les estimations, entre mille et quinze cents personnes, peut-être davantage, se pressent devant la porte. La circulation est bloquée sur le boulevard. Des agents de police se démènent au carrefour. Bousculades et syncopes. Même Chauvelot, sorti pour une dernière course, ne peut se frayer un chemin dans la foule des « happy-few ». Maurice Chevalier et Nita Raya tiennent une demi-heure. Simone Signoret est séparée d'Yves Montand par des dizaines de comédiens, de femmes du monde ou d'inconnus réclamant le droit d'entrer à un titre ou à un autre. Doelnitz tente d'épargner à Mapie de Toulouse-Lautrec et à Marie-Laure de

---

3. *Manuel de Saint-Germain des Prés*, op. cit.

Noailles les coups de coude. On jure avoir vu Sartre, incommodé lui aussi et extrait de cet enfer par la fenêtre des toilettes. Les mêmes qu'au Tabou, plus tous ceux qui tentent de faire oublier, à partir de cette soirée, qu'ils n'y ont jamais mis les pieds. Anne Campion, la jeune première de *J'irai cracher sur vos tombes*, laisse photographier son meilleur profil. La légende enfle, puisqu'elle tangue à la porte, supplie, montre ses particules, se prétend intime de Cocteau, sublime et ridicule. Tarzan repousse les assauts pour permettre à un jeune homme distingué, François de La Rochefoucauld, qui se fait appeler François Carenne pour ne pas gêner sa famille, de contrôler les invitations. Existentialistes dépassés, des acteurs portent des chemises à carreaux et on leur fait comprendre que cet autre Tabou a l'âge de raison. Cravate, de préférence. Il y a même une fille qui se déshabille, comme c'est la mode dans le quartier depuis quelques semaines. Rhabillée en vitesse.

Boris est là. Il apprécie en connaisseur. A peu près la surprise-partie de conclusion de *Vercoquin*. Mais il est surtout là pour l'orchestre. Jean-Claude Fohrenbach, l'un des meilleurs saxos ténor européens, en a la direction. Guy Longnon est à la trompette, et son talent atténue un peu les regrets de Boris ; Benny Vasseur au trombone ; Maurice Vander au piano ; Robert Barnet aux drums. Des amis du Hot-Club, les premiers auditeurs de l'orchestre de Claude Abadie pendant la guerre, et dont les préoccupations restent très extérieures aux emballements de Saint-Germain. Comme Hubert Fol, saxo alto et critique de jazz, autre complice de Boris, qui va diriger la formation be-bop du Club Saint-Germain, ils jouent dans toute l'Europe depuis la Libération, dans de grandes salles ou des « boîtes » à danser, et leur plongée au cœur du quartier n'est due qu'aux circonstances. Ils seraient allés n'importe où pourvu que les vrais amateurs et les musiciens américains de passage puissent venir les écouter. Clan très fermé, élitiste, dont les différences de style dépassent les compétences environnantes, et qui aurait délégué l'un des siens, « trompinettiste » handicapé, doué pour les mondanités, aux relations diplomatiques avec l'époque. Beaucoup sont déjà allés aux États-Unis depuis 1945, écouter Louis Armstrong ou « Dizzy », jouer ou enregistrer avec des formations. Les musiciens noirs sont leurs frères. Ils sont souvent parrains d'enfants de clarinettistes ou de bassistes new-yorkais. Naturellement américanophiles et antiségrégationnistes, sans le claironner, sans se mêler aux débats des intellectuels. Parfois, Boris irrite ces introvertis. Mais il les admire tant ! Il tient tellement bien le rôle du chien rabatteur de jazz dans ces loisirs d'après guerre !

Le Club Saint-Germain va devenir leur cantine, une dépendance du Hot-Club. Leur seule exigence : la pédagogie. Et comme Boris s'y voue, au moins à mi-temps, cela fait leur affaire. Comme, au-dehors, le « Nouvelle-Orléans »-swing et le swing-be-bop, les « figues moisies » et les « raisins aigres », Hugues Panassié et Charles Delaunay consomment leur rupture, ils se sont mis d'accord avec Boris pour faire de cette cave un lieu de neutralité. Fohrenbach et Fol, deux orchestres, deux écoles, plus le jeune Claude Bolling en matinée, mais une même volonté de faire aimer la musique, au-delà de ses querelles. Le Club, un juge de paix.

Juin, juillet, août 48... Premiers vrais mois d'ivresse, peut-être parce que les souvenirs s'apaisent enfin, que la vie quotidienne s'allège un peu, que beaucoup d'Américains, « en tournée Marshall », comme l'on dit, sont dans Paris. Pour Boris, des mois d'intense célébrité, partout cité, photographié au milieu des plus connus de toutes générations. Le Club et Paris vont d'une « Nuit » à l'autre. La « Grande Nuit de Paris », le 30 juin, sous la tour Eiffel, premier exode remarqué de Saint-Germain-des-Prés et « apothéose de la saison ». En présence du président de la République, sous la tente de cirque des frères Bouglione, l'offrande des étoiles à la capitale. Martine Carol, le corps du Ballet de l'Opéra, le French Cancan de Tabarin, les Folies-Bergère « en grand final chinois », des attractions de réputation mondiale et des « Américains d'Hollywood » : Rita Hayworth, Ingrid Bergman, Edouard G. Robinson. En face, sur l'autre rive de la Seine, Suzy Delair, Marcel Cerdan, Georges Carpentier, Édith Piaf, pour le peuple parisien. Parmi bien d'autres, mais à égalité de rang : Boris. *L'Aurore* du 25 juin 1948 annonce la présence certaine « de la danseuse gitane Carmen Amaya, qui viendra par avion spécial de Londres en quittant le spectacle où elle joue actuellement, celle des Petits Chanteurs à la Croix de Bois, celle d'Yves Montand, de Boris Vian et de ses bruyants amis du Club Saint-Germain-des-Prés », etc. Même *Le Monde*, traditionnellement sceptique sur Saint-Germain, cite le nom de l'irrespectueux : « les caveaux de la rive gauche [...] seront curieusement représentés par la bande plus... spectaculaire de M. Boris Vian[4] ».

« On passait nos nuits à toutes sortes de Nuits », dira Roger Vadim[5]. Nuit du cinéma, Nuit du western, Nuit de la Série Noire... L'idée avait été reprise du Club des Champs-Élysées par Marc Doelnitz. Une façon d'attirer la clientèle huppée, de rameuter les photographes, et de maintenir la croyance d'un succès grandissant. Boris rejoint volontiers ces fêtes de sectes costumées dans les profondeurs, par goût de l'illusionnisme, par souci, toujours, d'avancer masqué derrière des doubles, des pseudonymes, derrière Vernon Sullivan. « On est toujours déguisé, alors autant se déguiser, confiera-t-il à son agenda. De cette façon, on n'est pas déguisé. »

La Nuit la plus fameuse suit de près l'inauguration, comme si les choses se précipitaient déjà. Le 11 juillet, le Club Saint-Germain convie ses amis à une fête 1925, en robes de Poiret, de Doucet ou de Worms et en escarpins pointus. Encore une idée délirante ? Plutôt une opération montée avec le couturier Balmain, qui vient d'habiller les chanteurs de *Pas sur la bouche*, reprise d'une opérette de Christiné qui ne rajeunit pas les plus âgés de ses spectateurs. Un gala donné au profit des enfants d'artistes. Le Club Saint-Germain verse sans attendre dans les bonnes œuvres et les affaires. Cette Nuit 1925 est peut-être encore plus réussie que la soirée d'inauguration. Plus crépusculaire, aussi. Boris prend son « biniou », autre nom de sa trompinette, pour un bop, mais on lui réclame du charleston. *Tea for two* et *No no Nanette*. Puis on danse le bop en plumes d'autruche et en paillettes. Il y a Louis Ducreux et André Luguet en gibus et gilet blanc. L'existentialisme de comportement nocturne prend un curieux tour. Ne manque que Sacha Guitry.

Une Nuit de l'innocence, aussi, avec l'élection d'une rosière. La couronne reviendra à Édith Perret, heureusement germanopratine de souche. Les membres du jury, les journalistes France Roche, François Chalais, Jacques Robert, le peintre Félix Labisse, Pierre Brasseur, sont des amoureux de Saint-Germain-des-Prés. Doelnitz se déguise en enfant sage. Boris en page. On compte beaucoup de soutanes, pour plaire à Jean Suyeux.

A ces Nuits, à celle-ci en particulier, le Tabou doit répliquer.

---

4. *Le Monde* du 1ᵉʳ juillet 1948.
5. *Le Désordre à vingt ans*, op. cit.

Après une nouvelle fermeture, il a refait surface à la mi-juillet 48, par l'annonce d'une Fête au village, avec orchestre-bastringue, déguisements et poèmes paysans. Même une vraie chèvre, en sous-sol. La guerre des caves fait rage, comme le dit la presse, qui compte les points. A la Nuit de l'innocence, le Tabou, plus déterminé, oppose une élection de Miss Vice. Saint-Germain est gagné par la manie des élections. On déshabille des secrétaires incapables de résister à l'attirance du néant, et même quelques professionnelles. Cette Nuit-là n'aurait pas pris plus de place dans la légende si Freddy Baume n'avait pas filmé l'avantageux défilé de petites culottes. Infatigable cinéaste de l'obscurité, Baume et ses équipes improvisées poursuivaient leur reportage, indifférents aux querelles de quartier. Il tourne donc, et puis, lors d'une autre Nuit, une Nuit du cinéma ou une Nuit de l'inattendu, on ne sait plus, on projette l'œuvre en cours, quelques extraits déjà montés et mixés de ce film-fleuve dont la conclusion n'a pas encore de date.

Tout Saint-Germain sait que quelques poils de pubis apparaissent au détour d'une séquence, fixée lors de cette fameuse élection de Miss Vice. Un commissaire de police veut interdire la projection pour ce flagrant outrage aux mœurs. L'équipe promet de demander au projectionniste de cacher, de sa main, ce sexe interdit. Mais le Tabou écope d'une nouvelle fermeture. Pour un bref passage de système pileux ? On le pensera longtemps. En fait, parce que, dans la même séquence, la caméra a enregistré la présence dans la salle du Tabou de Roger Wybot, le directeur de la DST. A titre privé. Les amis de Freddy Baume en auront confirmation, quelques semaines plus tard, pendant le Festival du film amateur de Cannes. Le jury, qui comprend notamment Pierre Dac, Francis Blanche, l'écrivain italien Curzio Malaparte et Boris Vian, s'apprête à couronner le film qui prouve que le Tabou a bien existé lorsque les hommes de la DST multiplient les pressions pour obtenir le retrait de l'œuvre de la sélection. Sans explication, la Préfecture de police saisit les bobines. A ce jour, elle ne les a pas rendues.

Saint-Germain-des-Prés manque donc d'images animées. Tour à tour, Astruc, Cazalis, Marcel Pagliero manifesteront l'envie de réaliser un film. Boris proposera à Sartre un documentaire sur l'existentialisme. Le vrai. Bien peu d'images seront tournées. Il faudra bien reconstituer la légende.

Rencontre avec le Duke

Le Club Saint-Germain permet à Boris de réaliser son rêve d'adolescent. Approcher la plus grande fascination qu'on lui connaisse, sa vraie fidélité, son seul dieu : Duke Ellington. Dans la chronique de *Jazz-Hot*, la fréquence de son nom rend la place des autres grands jazzmen trop modeste au goût de certains lecteurs. En février 1949, Boris justifiera cette distinction : « Il y a une telle différence d'envergure entre Duke Ellington et tous les autres musiciens de jazz sans exception qu'on se demande pourquoi on parle des autres. Le fait est qu'on en parle tout de même, et moi aussi, alors que je n'ai rien à dire, et d'ailleurs, je ne dis rien. » Le Duke ! Personnage protecteur de *L'Écume des jours*, source d'optimisme d'un roman plongé dans le malheur. Cause première d'un voyage à Londres en compagnie de Claude Léon, alors que Boris déteste voyager. Les disques expédiés par la poste arrivaient cassés. Il était allé se servir lui-même dans La Mecque européenne, un magasin de Regent's Street.

Le Duke à Paris ! Pour l'occasion, Boris se mue sans réserve en Monsieur Loyal, meilleur animateur que Doelnitz, Chauvelot et Merle réunis. Il convoque la presse, donne des cours aux ignorants, explique aux douairières que le jazz est snob et que le jazz, c'est Duke Ellington. La tension est montée chez les amis musiciens. Pour calmer l'attente, on joue l'indicatif de l'orchestre, *Take the A Train*, les arrangements elligtoniens de *Creole*, de *Love Call*, de *Sophisticated Lady*. On parle des créations du Duke pour le soliste saxo Johnny Hodges, de son travail inspiré de Ravel, des accords de *Chelsea Bridge* et de *All too soon*. On s'étonne que le Duke se sache grand chef d'orchestre, arrangeur de génie, et se croit si modeste pianiste. Boris et ses compagnons ont appris qu'il arrivait sans son orchestre, retenu à Londres par les lois syndicales. Trois jeunes musiciens canadiens, des Blancs, ont été engagés à la dernière minute. Pour atténuer leur déception, ils évoquent tous les solistes que Duke Ellington a réunis sur son nom, les anciens, et ceux qui jouent encore avec lui, Johnny Hodges, bien sûr, et plus encore Barney Bigard ; Ben Webster, le saxo ténor, et Jimmy Blanton, à la basse ; Cootie Williams, à la trompette, Sonny Geer à la batterie, Fred Jenkins, au trombone... La plupart de ces noms ne disent rien à ceux qui s'apprêtent à converger vers le Club, le 19 juillet 1948, mais il y a assez d'électricité dans l'air pour la promesse d'un événement à ne pas manquer.

En fin d'après-midi, à la gare du Nord, Duke Ellington descend de la Flèche d'Or, le train de Londres. Il savait depuis son dernier passage, avant guerre, que Paris l'aimait. Il connaissait la ferveur de ses admirateurs. Il avait même entendu parler d'un étrange « fan », Boris Vian, « trompettiste-écrivain », selon la formule accolée à Boris, Français et Blanc qui défendait la cause des Noirs en écrivant des romans américains. Mais, à ce point ! Pas la foule certes, celle des retours de Cerdan ou de Maurice Chevalier. Mais les meilleurs, le club très fermé, Hubert Rostaing, Aimé Barelli, le jeune Claude Bolling, les musiciens du Club Saint-Germain, du Tabou, du Lorientais. Des jazz-bands sur le quai, et une toute petite fille, Carole, âgée de quelques mois, que sa maman place dans les bras du Duke. Photos, musique, le Duke à la batterie, sur le quai.

Boris s'empare du grand musicien. Pour une fois, il dit son admiration. Michelle et Boris conduisent Duke Ellington à l'hôtel du Claridge, le retiennent. Le Duke sourit de ces empressements, immédiatement séduit par ce jeune couple. Tout a été prévu. Il dîne à Montmartre, puis on l'attend au Club Saint-Germain, un repaire de musiciens fanatiques. A 23 heures, ils sont un millier à tenter d'approcher la cave. Tous les « ellingtoniens » de Paris. Plus Simone Signoret, Yves Montand, le compositeur Georges Auric, Yves Allégret, Marcel Achard, Marcel Pagliero. Les habitués, et ceux du Tabou, pour une soirée de paix. Des écrivains noirs, Aimé Césaire et l'Américain Richard Wright, parce que Duke Ellington milite depuis des années pour la cause de ses frères de sang et que Saint-Germain a choisi son camp.

Les cris annoncent son arrivée, après deux heures d'attente. Le Duke n'en revient pas. « Il donnait l'impression d'un père distingué qui venait voir ses enfants terribles avec un peu d'amusement et beaucoup d'ahurissement », écrira, le 21 juillet, *Le Populaire*. Boris se comporte comme le maître de céans. Ils se couchent tard. Toujours médusé, le Duke écoute longuement quelques-uns des meilleurs connaisseurs mondiaux de son œuvre lui raconter sa propre légende. Le lendemain, après d'autres questions de Boris, au déjeuner, en voiture, dans la rue, il va faire un tour au cocktail que la revue *Présence africaine* a organisé à son intention chez Gallimard. Boris présente le personnage de *L'Écume des jours* à Queneau, Lemarchand, plus malicieusement à Gaston Gallimard.

Duke Ellington donne deux concerts à la salle Pleyel. Les amateurs éclairés sont un peu déçus. Le trio rythmique qui l'accompagne ne donne qu'un faible aperçu de ses talents de chef. Pour la réussite de ces concerts, le musicien s'est entouré d'une chanteuse, Kay Davis, et d'un fantaisiste-trompettiste de grande valeur, Ray Nance, et la salle retrouve son swing. Duke doit quitter Paris pour l'Allemagne. Dans l'agenda de Boris, il écrit lui-même son adresse : *D.E., 1619 Broadway. NYC.*

Fausse sortie. Le 28 juillet, il est de retour, en transit pour les États-Unis. A 2 h 30 du matin, le Duke, seul, sonne à la porte des Vian, Faubourg-Poissonnière. Il mangerait volontiers quelque chose. Michelle et Boris se rhabillent, préparent des steaks, des frites et du punch. Duke Ellington ne les quitte qu'à 7 h 30 du matin. Ils avaient tant de choses à se dire ! Michelle et Boris le raccompagnent au Claridge. Quelle semaine ! Quelle nuit ! Quel Duke !

Les signes du déclin

La part de dérisoire contenue dans ces miracles doit être trop flagrante. Le premier Tabou a tenu moins d'un an. Son successeur, le Club Saint-Germain, ne fera pas beaucoup mieux. Bien sûr, ces petits chefs-d'œuvre de malentendu n'ont poussé dans le ventre de Paris que pour permettre à leurs inventeurs de rester au chaud quelques mois, d'attendre l'avenir, de reculer l'heure du choix entre la résignation et la prise de risque. La légende est montée trop haut pour ce qu'ils ont d'histoire, surtout en commun. Leur popularité manque de justifications, de romans, de films, de talents aux contours définis, et même les lecteurs d'hebdomadaires les plus naïfs finissent par s'en apercevoir. Deux années, à cheval sur le calendrier, de l'été 47 à l'été 48, en gros, pour le Tabou ; de l'été 48 à l'été 49, pour le Club Saint-Germain. Et encore, en comptant large, en se laissant berner par ces fameuses Nuits, quelques élections de Miss, rue Dauphine, Miss Poubelle, rue Saint-Benoît, Miss Saint-Germain, qui réaniment un intérêt bientôt exsangue.

Depuis des mois, et comme dans le Montparnasse des années 20, l'aristocratie de naissance ou de réussite a compris qu'il suffisait de se montrer ces soirs-là pour figurer sans mal parmi le Gotha des lieux. De toute façon, la presse ne revient plus qu'en ces occasions, et sans la presse, il est inutile d'apparaître. L'immense majorité de la clientèle chic apprécie peu le bop, ces jeunes couples de danseurs aux passes coulées dans le bronze et dont les exhibitions sont désormais souvent rétribuées. Même le jazz... S'il n'y avait Boris et son enthousiasme, quelques vrais amateurs parmi les célébrités, on l'aurait sans doute avoué plus tôt. Swing ou be-bop, qu'importe, au fond. La musique proposée est américaine, un peu étrangère, même pour ceux qui se flattent d'avoir des idées d'avant-garde.

Oui, il y aura encore des Nuits, quelques rosières, quelques douairières mais, très vite, dès l'automne 48 en fait, le quartier est gagné par la lassitude. Le succès de masse l'enlaidit. Des cars de tourisme bloquent la rue Dauphine, la rue Jacob, la rue Saint-Benoît. On propose des formules de week-end existentialiste, avec visite au Flore pour voir la chaise de Sartre. Une chaise prise au hasard, bien sûr. Lorsque Alexandre Astruc montrait la chambre du philosophe à la Louisiane, occupée par Gréco, c'était par goût du calembour. Là, cela tourne au commerce à grande échelle. Comme des phénomènes de foire, les rats de cave s'exportent en province pour des fêtes de charité. Des « taxi-girls », danseuses de bop peu farouches, vendent leurs charmes. Sur le boulevard, la Reine Blanche accueille une prostitution masculine. On fume du hasch dans les caves, habitude prise avec la fréquentation des musiciens noirs. L'héroïne fait son apparition dans un quartier qui tire largement son orgueil du vin rouge. Les années 20 de l'opium et de la cocaïne, des héros de Paul Morand, moins les raffinements.

Déjà, on parle de déclin. Mais de quoi ? D'une atmosphère ? Rien n'est visible, vu du sol, si ce n'est les groupes de touristes américains. Saint-Germain ouvre toujours à l'aube, et se couche tôt, sauf aux quelques numéros d'une poignée de ruelles qui arborent toujours leurs origines provinciales. A quels signes ? Aux ruptures marquées des écrivains, des artistes avec cette aventure des caves ? L'ancestrale population du Flore et des Deux-Magots vient parfois faire un tour au Club Saint-Germain, mais les soirs sans Nuit, hors la foule des premières. A la librairie du rez-de-chaussée. Le Club Saint-Germain prête bien son cadre à quelques courtoises polémiques autour de l'« affaire Kravchenko », l'auteur de *J'ai choisi la liberté*, entre les jeunes amis de Jean-Paul Sartre et ceux de Jacques Prévert, le psychanalyste Jacques Lacan et les communistes Pierre Courtade et Roger Vailland. Mᵉ Georges Izard, défenseur de Kravchenko, plaide volontiers sur fond de be-bop, devant un public de jeunes filles. Mais la convergence souterraine entre les enfants un peu perdus du Tabou et quelques-uns des romanciers les plus prometteurs de l'après-guerre ne se répète pas : les seconds, cette fois, préfèrent rester en face, au Montana, ou reprendre, l'après-midi, au Flore, leurs discussions abandonnées. Même s'il y habite, Jean-Paul Sartre fuit un quartier auquel il a bien malgré lui donné la fièvre. On ne le verra qu'une fois au Club Saint-Germain, lors d'une soirée donnée en l'honneur de Miles Davis. Le musicien avait assisté à une représentation des *Mains sales* au théâtre Antoine. Sartre lui avait rendu la politesse.

Beaucoup ont peu écrit ces deux dernières années, et il est temps de se remettre au travail. Au Tabou, il suffisait de se dire romancier pour en gagner les honneurs. Les caves avaient entretenu bien des illusions. D'ailleurs, les intellectuels et les artistes éprouvent un peu le besoin de faire le point, de prendre du champ, de réactualiser leurs positions sur les idéologies, les courants qui imprègnent le pays à partir du quartier. L'adhésion quasi obligatoire au PCF, ou vécue comme telle, les dernières résistances surréalistes, la responsabilité historique de l'artiste... Au fond, pour la plupart, la guerre n'a pas marqué de rupture, et ils s'en aperçoivent aujourd'hui. Ils cherchent la suite, se regroupent ou se divisent. S'isolent, s'absentent, ou revendiquent le retour aux mœurs tranquilles d'avant la déchirure. Le monde se complique, et le poste d'observation paraît soudain moins propice à la concentration.

Ces trois dernières années, les intellectuels de droite, ou simplement réfractaires au « pontificat littéraire » exercé par Sartre, selon l'expression de Roger Nimier[6], s'étaient tenus un peu à l'écart de Saint-Germain. Quelques victimes du CNE, les « épurés », comme on les avait appelés, Jean Giono ou Marcel

---

6. *Roger Nimier, hussard du demi-siècle*, de Marc Dambre, Flammarion, 1989.

Jouhandeau, retrouvaient parfois l'équipe constituée par *Les Cahiers de la Table Ronde*, autour de François Mauriac. Jacques Laurent, Roger Nimier, Jean-Louis Bory, Gilbert Sigaux déjeunaient au Vieux-Paris, place du Panthéon. Aux abords, non au cœur. Mais Nimier se rapproche. A vingt-trois ans, pour certains, c'est lui le nouvel « enfant des Lettres », plus Robert Scipion, Jean-Louis Bory, Claude Mauriac ou Boris, brutalement rangés parmi les adultes. Antoine Blondin habite conjointement la Rhumerie et le Bar-Bac, rue du Bac, et des jeunes écrivains, comme Yvan Audouard, apprécient de plus en plus sa compagnie. Le quartier se fatigue un peu de ses propres exclusions. On accueille Curzio Malaparte sans lui reprocher sa traversée de la guerre.

A quels signes, ce déclin ? Aux éloignements ? Albert Camus, c'est vrai, fréquente désormais plus volontiers le Quartier latin. Jean Dubuffet va éprouver le besoin d'aller réfléchir au Sahara. Paul Eluard voyagera souvent, dans les années à venir, en compagnie de Picasso. Antonin Artaud est mort, et certains jeunes poètes ne s'en remettent pas. Le carrefour du néant, sans son activiste du désespoir ! Des mouvements naissent, en peinture ou en poésie, l'Art brut, Cobra, l'Animalisme, le Schadisme, authentiques ou parodiques, mais sans référence spécifique au présent local. Jacques Prévert a préféré Montmartre, où Paris réserve moins de surprises. Lorsqu'on décide de rester à Saint-Germain le soir, après quelques tournées d'apéritif jouées comme avant-guerre au 421, on s'arrime au Bar Vert ou au Montana, comme si les alentours manquaient d'attraits. Quelques surréalistes serrent les rangs, au Catalan, où le poète Georges Hugnet a ouvert un bar pour les derniers amis. Aux murs, des œuvres de Picasso, de Miró, de Masson. Le jour de l'inauguration, le 15 avril 1948, Simone Signoret, Lise Deharme, Raymond Queneau, Félix Labisse, Boris encouragent des hommes qui paraissent avoir pris peur : Giacometti, Cocteau, Eluard. Sans que l'on sache très bien pourquoi, peut-être pour l'illusion de jeunesse qu'elles avaient engendrée, ces deux années avaient pesé plus que d'autres sur les œuvres et les artères. Albert Cossery, à contresens, choisira, lui, cette période de remise en cause pour emménager à l'hôtel de la Louisiane. Mais le temps immobile rajeunit l'écrivain égyptien, entretient son tempérament de contemplateur réjoui. Cas unique, sans doute, dans les annales de Saint-Germain.

Des caves naissent partout, qui banalisent le phénomène. Le périmètre sacré cesse d'être une frontière. Le bop saute la Seine et le boulevard Saint-Michel. On danse dans des celliers sans esprit, aménagés à la diable par des limonadiers qui n'ont pas le temps de lire *L'Être et le Néant* et qui cherchent leur Gréco dans la première fille venue. Une cave s'ouvre à la Bastille. On en plaisante, on lance des paris sur le prochain épicentre, le canal de l'Ourcq ou la place Balard. Mais on se voudrait léger, plus jeune de deux années. On commence à réfléchir aux solutions individuelles. Pour ceux du Tabou, l'heure de la séparation approche. Ce n'est pas à quelques mois près, mais ils ont épuisé leur capacité d'étourdissement. Ils se surprennent à s'imiter eux-mêmes, et c'est plus douloureux pour eux que pour leurs invités de Passy, car ils bouclent l'aventure à peu près aussi désargentés qu'au premier jour. Entre 48 et 50, la plupart s'effaceront discrètement. A persister, certains connaîtraient peut-être le sort du Major. Les copains, ou les parents, suggèrent des révisions radicales.

A bout de Tabou, mais à deux pas, Alain Vian ouvrira, rue Grégoire-de-Tours, une boutique d'instruments de musique rares ou anciens, et deviendra un expert aux avis recherchés. Il continuera d'écrire, mais gardera ses poèmes pour lui. Jean Suyeux cessera bientôt d'être Ozeus Pottar. Après Michel Leiris, il trouvera quelques mérites surréalistes à l'Afrique noire et sera nommé, provisoirement, juge de paix indigène au cœur du pays lobi. Son comparse, Marc Schutzenberger — Markus Schutz, le personnage de *Et on tuera tous les affreux* — file vers les sciences et l'enseignement de haut niveau. François Carenne redevient de La Rochefoucauld, duc de Liancourt, pour la gestion d'un domaine familial. Hot d'Dée poursuivra son chemin dans la sculpture et la danse. Même Fred Chauvelot se lassera, abandonnant son label d'homme de la nuit pour une sérénité plus matinale, dans ses vignobles. Raymond Auboyneau sera metteur en scène, et pilote de stock-car. Ils seront comédiens, comédiens professionnels, comédiens connus même, parfois, comme Jean-Pierre Cassel, Christian Marquand, Daniel Gélin. Elles seront mannequins ou actrices. Annabel variera, entre l'animation d'un club à Megève et un tour de chant. Les rats de cave reprendront les affaires de papa. Les journalistes se mettront plus sérieusement au journalisme. Toujours dupés, comme c'est la règle, les poètes entretiendront, plus loin dans Paris, des relations difficiles avec le réel. Au-delà même du Quartier latin, dans le nid d'aigle de la rue Mouffetard, on entendra toujours un peu parler de lettristes, en attendant les premiers situationnistes.

Gabriel Pomerand donnera régulièrement de ses nouvelles à Boris. Le 12 avril 1949, alors qu'il a trouvé le moyen idéal de dormir gratuitement en Suisse : « Je suis en prison à Lausanne comme il se doit. Je joins deux étuis d'allumettes pour la collection de Michelle espérant que te sont parvenus tous ceux que je remettais presque quotidiennement au portier du Club. Je suis destiné à rester ici quelque temps aussi serai-je heureux que pour une fois Michelle qui doit avoir plus de temps que toi me fasse ici un service de vos traductions en collaboration afin que je m'ennuie un peu moins. Envoyez-les-moi vite si tu le veux tu seras chic. En hâte [7]. » Le 28 novembre 1949, cette autre lettre, d'un homme d'affaires égyptien, rassure un peu les Vian sur la situation de leur imprévisible ami : « J'ai l'honneur de vous informer que Monsieur Gabriel Pomerand, qui vous a désigné comme référence, a demandé la main de ma fille, Mlle Roxane Chiniara, étudiante à l'Université de Paris. Comme vous connaissez parfaitement Gabriel, je me suis permis de m'adresser à vous pour vous prier de me donner des détails sur lui [8]. » M. Chiniara père sera sans doute le seul acteur de la légende à découvrir « l'Archange » comme un garçon tout à fait raisonnable. Il est vrai que Saint-Germain n'était pas son village.

D'une certaine façon, le Major, aux Indes, Gabriel, dans l'espérance du confort promis aux gendres, échappent au pire. Le quartier s'abandonne aux plaisirs d'un existentialisme de plus en plus frelaté. De toute façon, même la référence disparaîtra : cette philosophie mal cernée commence à rapporter moins. Des hommes d'affaires étrangers poursuivent les danseuses du ballet de Katherine Dunham de leurs assiduités, prêts à financer n'importe quelle arrière-salle pour plaire aux belles. Isaelle, vedette du ballet oriental de la princesse Leila Bederkham, s'est laissé photographier après un bain dans la Seine, au square du Vert-Galant du Pont-Neuf. On en a encore fait toute une histoire, pour mieux lancer la mode des baigneuses nocturnes dans les fontaines ou le fleuve. De retour d'un long voyage au Moyen-Orient, Robert Scipion et le

---

7. Archives de la Fondation Boris Vian.
8. *Ibid.*

communiste Jacques-Francis Rolland ne reconnaissent plus leur cher territoire. Pour l'animation nocturne, le Quartier latin commence à donner plus de frissons que Saint-Germain, en voie de canonisation. Les étudiants avaient été tenus à l'écart des premiers troglodytes, et ils se vengent dans des établissements qu'on n'appelle plus des caves, appellation désuète, mais des « boîtes », ou des boîtes de nuit, pour mieux garantir les approximations sur les services proposés. Un autre signe, les sauts de vocabulaire ?

Les « rois de la nuit parisienne » vont gagner la partie. Des Champs-Élysées, de Pigalle, de Montmartre, les maîtres des plaisirs vont s'employer à vider Saint-Germain de son originalité, à ramener le quartier solitaire dans le giron en activant la concurrence. Pour se moquer des caves, ces pauvres vieilles attractions des années 1947-1948, on pense même, en 1949, à lancer la mode des greniers. Il s'en ouvre un au-dessus du théâtre Édouard-VII. Le soir de l'inauguration, avec les mêmes, on s'amuse à chercher un nom pour cet établissement haut perché. On se rallie aux « Enfants d'Édouard ». Boris, lui, a proposé : « Le gang des tractions à Vian ».

Sous le théâtre du Vieux-Colombier

Tzigane, nègre, hispanisante ou sud-américaine, la musique perd aussi sa boussole. Au Champo, au Gypsy's, au Roméo. Bossa nova, charleston ou tango. Lorsque les nouveaux établissements conservent un orchestre de jazz, c'est plutôt comme support à la danse. Les temps vont redevenir durs pour les enfants du Duke et de Louis Armstrong. Le signe du déclin, pour le jazz ? Les menaces de retour aux ghettos d'origine. Claude Luter doit émigrer. Les Lorientais ferment. Son « Nouvelle-Orléans » va s'abriter au Kentucky, toujours de l'autre côté du boulevard Saint-Michel. Le quartier du Palais-Royal réclame sa part des distractions. D'autres boîtes, mais sans le jazz des pionniers. Boris et ses compagnons maintiennent quelques mois la flamme du jazz au Club Saint-Germain. Eux au moins accumuleront les bons souvenirs avant de tirer un trait. Quelques « jams » avec les meilleurs, Charlie Parker ou Max Roach. Avec Don Carlos Byas, le saxophoniste, surtout. Ce Noir américain longiligne, très élégant, était venu à Paris en 1946 avec la tournée de Don Redman. Comme la chanteuse Ines Cavanaugh, sa partenaire de l'orchestre, il avait préféré rester.

Boris aussi, désormais, choisit ses nuits. « Sa présence à Saint-Germain n'est d'ailleurs qu'une figuration intelligente », notera François Chevais, en novembre 1948[9]. Sur la photo, au moment judicieux, comme d'autres. Les caves permettent à quelques musiciens inspirés d'attendre ensemble l'aube, les danseurs repartis. Mais les grandes salles, les concentrations géographiques assurent plus sûrement le fragile rayonnement du jazz. Boris l'avait compris lors du premier Festival de jazz de Nice. Mieux encore lors de cette Grande Semaine du jazz qu'il avait organisée avec le poète belge Robert Goffin et Charles Delaunay, du 10 au 16 mai 48, au théâtre Marigny. Paris avait reçu le saxo ténor Coleman Hawkins, le trio du contrebassiste Slam Steward, le jeune pianiste Erroll Garner, et la chanteuse Bertha « Chippie » Hill. A chaque soir un concert, même un concours entre « figues moisies » et « raisins aigres », entre Claude Luter et le sextette d'Howard Mac Glee. Match nul, même si la salle avait été majoritairement « be-bop ». Cette semaine avait remporté un réel succès, une soixantaine de musiciens avaient pu jouer devant un public qui refusait, chaque soir, de quitter la salle.

La chaleur, la proximité du jazz, ces sensations éprouvées pendant la guerre ou à la Libération, Boris ne les retrouve plus qu'à ces occasions ou en province, lorsqu'il rejoint, pour une journée, ses amis des Hot-Clubs régionaux, qu'il souffle, pour un concert, dans sa trompette interdite, aux côtés d'Hubert Rostaing, de Claude Luter ou d'Hubert Fol. Paris va peu à peu perdre le jazz en cave. Seul ou presque, Claude Luter traversera l'orage qui s'annonce, prolongera le terme, en acceptant de diriger l'orchestre de la dernière grande cave de l'histoire de Saint-Germain-des-Prés : le Club du Vieux-Colombier.

La dernière simplement parce que sa naissance, en décembre 1948, suit celle du Club Saint-Germain de six mois, et que tous les acteurs de la légende s'y replieront pour quelques autres Nuits à thème, ce qui aura pour principale conséquence d'affaiblir celles qu'organise le Club de la rue Saint-Benoît. Le désaveu, très tôt après l'engouement, l'une chassant l'autre, simplement par le jeu des inaugurations réussies, « comme toutes les fois, écrira Boris, que l'on boit à l'œil dans le

---

9. *Hebdo-Latin*, de novembre 1948.

quartier ». Simplement parce qu'ils sont trop peu nombreux, insuffisamment constants, pour remplir plus d'un de leurs sous-sol à la fois. Grâce à Luter, aux concerts de Don Byas, à la voix d'Ines Canavaugh, parce qu'elle saura mieux que ses deux aînées attirer la jeunesse, puis la conserver, la cave du Vieux-Colombier franchira le cap des années 50.

Anet Badel, le directeur du théâtre du Vieux-Colombier, rêvait d'avoir son antre. Sur les conseils de Marc Doelnitz, on avait bien failli le baptiser l'Œuf. On avait préféré garder l'image de marque. Un style, cette fois, « mi-galerie de mines et mi-hall de gare », notera Yvan Audouard[10], toujours personnalisé par Christian Bérard et Marc Doelnitz. Le soir de l'inauguration, le théâtre donne *Lucienne et le Boucher*, de Marcel Aymé. Soirée très réussie, Boris a raison. Toujours Martine Carol et Orson Welles, l'acteur Joseph Cotten, Valentine Tessier, Odette Joyeux. Beaucoup moins d'habitués du Tabou première époque. Peu de poètes des rues et des chambres d'hôtel. Des actrices, des mannequins et des couturiers. Boris, bien sûr. Événement répétitif. Ils doivent le sentir, car ils n'inaugureront plus aucune cave.

La légende ne laissera vraiment qu'un seul souvenir fort à ce Club de la dernière heure, un souvenir fidèle aux improvisations loufoques de 1947. Une gratuité. « Une crise de gondolance extrême », dirait Boris. Le tournage expéditif d'un film d'Alexandre Astruc dans les greniers du Vieux-Colombier. Les amis des beaux jours étaient convenus de filmer une adaptation de *L'Odyssée*, intitulée *Ulysse ou les mauvaises rencontres*, en 16 mm, quelques nuits de novembre 1948, et des éclats de rire. Méfiante, la presse était tout de même venue voir, car les compères avaient promis de réaliser enfin le premier film existentialiste. Jean Cocteau devait signer les costumes, Christian Bérard les décors, Jean Cau et Anne-Marie Cazalis l'adaptation et les dialogues. Comme on comptait sur l'argent d'Anet Badel, on avait d'abord engagé sa femme, Gaby Sylvia. Les autres se partageaient l'homérique distribution : Gréco, Doelnitz, Cazalis, Gélin, Bérard, Michelle, Boris, France Roche, François Chalais, Queneau, Luter et ses musiciens pour les chœurs, etc. Les photographes ne voyaient, le soir, qu'un cafouillage de scènes, des costumes de ville, un plateau nu pour décor. Faute de mots soigneusement écrits, Jean Cau

10. *France-Dimanche* du 2 janvier 1949.

expliquait qu'il préférait « faire parler les images ». On ignorait même qu'Astruc était le capitaine de cette odyssée, tant les autres donnaient des indications contraires, de jeu ou de caméra. Huit jours, pas un de plus, avait annoncé Anne-Marie Cazalis pendant une conférence de presse. Huit jours, même pas. Chaque soir, il en manquait un autre. On avait imprudemment affirmé que Simone Signoret serait de ce tournage, peut-être même Dolores del Rio, la vedette de *Dieu est mort*, de John Ford, et les journalistes battaient la semelle. Devant la déconfiture manifeste, le détournement parodique de ces séances quotidiennes, Badel démentait être le producteur du projet. Pas un sou ! Alors, dans la journée, ils cherchaient un peu d'argent pour recharger la caméra.

Longtemps, ils avaient effrontément menti. Assuré que le financement ne posait aucun problème, que leur producteur était satisfait. *Ulysse* allait sortir en salle. L'existentialisme disparaîtra pourtant sans laisser de film, sans ce chef-d'œuvre de précipitation. La « caméra-stylo » attendrait encore sa concrétisation. Le producteur, croit-on, enfermera les boîtes de pellicule, les fera disparaître. *Ulysse*, paraît-il, n'était pas projetable. Astruc refusera d'entendre parler de ce non-film. « C'était une plaisanterie, dira le cinéaste, juste une occasion de tripoter de la pellicule. » Non un film, une autre irrévérence, quelques nuits ensemble, une dernière réunion de famille.

Gréco passe à l'acte

Marc Doelnitz a franchi la Seine. L'héritière de Louis Moyses, le créateur du Bœuf sur le Toit, qui avait eu Georges Auric, Francis Poulenc, Erik Satie et Cocteau pour figures de proue dans l'entre-deux-guerres, les dadaïstes, les surréalistes, pour habitués, souhaite lui confier la renaissance du célèbre établissement du quartier des Champs-Élysées, malmené par la mort de son fondateur, les déboires de la fin des années 30, puis la guerre. L'aïeul du Tabou à un enfant du Tabou ! Faute des moyens financiers nécessaires à l'engagement d'une chanteuse connue, Doelnitz doit lancer une débutante. Il en parle à Anne-Marie Cazalis. Celle-ci se retourne vers Juliette Gréco qui se tait, en retrait derrière eux, un peu absente. Sa célébrité a changé peu de choses. Reine d'un quartier, imitée par des dizaines de filles, reconnue, arrêtée dans la rue pour un autographe, Gréco oppose toujours aux autres ce voile désenchanté, cette distance, ce doux sourire intérieur, compliqués d'une grâce étrange, qui lui servent de défense. Un rien, un mot, la rendrait captive. Elle a traversé ces deux années sous la protection de ceux du Tabou. Gamine et mutine entre ses silences, frangine de tous. Et de tous, sans doute celle qui a le plus écouté. Elle observe Cazalis et Doelnitz, leur trouve un air de comploteurs. Elle a compris. Muse sans art, Gréco est tentée de retarder encore cet instant. Ses vieux compagnons décident un peu pour elle. Gréco est engagée au Bœuf sur le Toit.

Il lui faut des chansons. Qui pourrait en écrire ? Cazalis et Gréco se précipitent chez ceux qu'elles connaissent, leurs vieux voisins. Le sort et la géographie font que ce sont de grands écrivains. Un peu prof, Sartre : peu sûre de cet hypothétique destin de chanteuse, elle a dit, dans un souffle, qu'elle préférait de grands textes aux chansons de la radio. Dans son bureau de la rue Bonaparte, le philosophe lui a préparé une pile de livres à lire. Paul Claudel, Jules Laforgue, Tristan Corbière, Raymond Queneau[11]. Pédagogique, Sartre : il a glissé des signets aux pages des poèmes que pourrait aimer cette fille mystérieuse. Aux pages, notamment, de *L'Éternel féminin* de Laforgue et de *C'est bien connu* de Queneau. Juliette repart avec sa pile, se plie à la leçon de lecture. Sartre doit penser qu'elle va encore s'enfuir. Laisser les livres et retourner à son royaume rassurant de Saint-Germain.

Elle revient. Elle a bien aimé les rimes de Queneau. Sartre insiste sur *L'Éternel féminin*. Elle ne répond rien, baisse la tête. La carrière de chanteuse reflue à nouveau, et ça va finir par être de la faute du philosophe. Bon prof, Sartre : il fait à Juliette le cadeau de *La Rue des Blancs-Manteaux*, une chanson écrite pour *Huis clos*. La musique est médiocre. Il faut en chercher une autre. A-t-elle une idée ? Elle relève la tête, hésite à prononcer le nom de Kosma, se force, dit son plaisir de la musique des *Feuilles mortes*. Mais c'est encore choisir le plus difficile à obtenir, encore fermer la porte. Le grand Kosma pour une débutante ! Sartre se chargera lui-même de décider Kosma et, prudent, demande à Juliette d'attendre sans bouger l'heure du rendez-vous. Il préviendra aussi Queneau. C'est

---

11. *Jujube* de Juliette Gréco, *op. cit.*

comme s'ils se liguaient. Maurice Merleau-Ponty, Jean Cau, Astruc sont contents. Ils savent combien cela doit être douloureux pour elle. Anne-Marie vante la gloire d'une chanteuse sans mélodies, pourvue d'un texte, peut-être de deux...

Joseph Kosma lui fait signe deux jours plus tard. Il a déjà écrit la musique du poème de Queneau, qui s'intitule désormais *Si tu t'imagines*. Il l'attend, avec Cazalis, dans son bureau sous les toits de la rue de l'Université. Kosma et Cazalis sont les premiers à chanter du « Gréco ». Rétive, l'héroïne se tait toujours. Le compositeur ne se démonte pas. Sartre et Queneau ont dû l'avertir de cela aussi. Enfin, elle ose, et l'on pourrait faire sonner les cloches de l'église de Saint-Germain. « D'une voix de rogomme que l'on étrangle elle tenta l'impossible [12]. » Mme Kosma sert de la liqueur dans de petits verres, et ils fêtent l'incroyable.

« Il n'y avait aucun intérêt à m'aider », dit Juliette Gréco. Sûr, ils ont dû se liguer, en cette fin de printemps 1949, envoyer les meilleurs d'entre eux. La plus célèbre des débutantes apprend tout ce qu'elle ignore de sa voix et de la chanson avec Kosma et Jean Wiener, revenu au piano du Bœuf sur le Toit après tant d'années d'absence. Jean Cocteau, Paul Eluard, les frangins du Tabou se débrouillent pour passer pendant les répétitions. Il y a même Marlon Brando, pour la ramener chez elle à moto. Kosma et Prévert lui font le cadeau de ces fameuses *Feuilles mortes*, que devait chanter Marlène Dietrich, d'abord pressentie pour le rôle féminin des *Portes de la nuit*, le film de Carné-Prévert-Kosma avec Yves Montand. Et puis un soir, dans le lieu-culte d'années enfouies, rebaptisé l'Œil sur le Bœuf pour ne pas usurper le passé, Saint-Germain-des-Prés accouche de son œuvre la plus revêche. « Toute de noir vêtue, les pieds nus dans des sandales dorées, morte de trac, elle apparut enfin dans le faisceau des projecteurs », se souviendra Doelnitz [13]. Gréco sur scène. Le désenchantement avec paroles et musique. Silhouette noire, saluée par François Mauriac. Tous ses parrains sont contents. La muse sait faire quelque chose, et le fait bien.

Si bien qu'Anet Badel tente très vite de ramener sur la rive gauche cette noyée repêchée. Au Club du Vieux-Colombier. Pour mieux y parvenir, il est prêt à offrir des vacances à

---
12. *Ibid.*
13. *La Fête à Saint-Germain-des-Prés*, de Marc Doelnitz, *op. cit.*

l'artiste et à ses amis sur la Côte d'Azur. Claude Luter et l'équipe du Vieux-Colombier ont investi Antipolis, le vieux casino d'Antibes. Une villa a été louée et s'y retrouvent tous ceux qui ont choisi de faire de la Méditerranée une annexe de Saint-Germain. Lâchant Marc Doelnitz, Gréco et Cazalis partent pour le Midi, l'une pour chanter, l'autre pour imiter Saint-Germain, dans les boîtes de la Côte. Annabel, Jean-Paul Faure suivent. L'existentialisme commence son exode vers les plaisirs ensoleillés. Daniel Gélin séjourne à la villa, retrouve les amis musiciens. Des rats de cave se produisent dans les dancings environnants. Depuis l'été précédent, la jonction s'est naturellement opérée entre le quartier et la Côte d'Azur. Une même disponibilité aux loisirs, à la fête. Une même société insouciante et riche.

A travers Gréco, les invités d'Anet Badel, les amis de passage, Saint-Germain emprunte, en juillet 49, les chemins des étés des années 30, de l'Occupation bien supportée, débarque dans les cachettes des écrivains, des peintres, dans des villas de mécènes surplombant la mer. Cannes, Antibes, Juan-les-Pins, Saint-Tropez... Les animateurs de la rive gauche, Merle, Faure, Fred Chauvelot, observent la concurrence d'un œil expert. Il y a sans doute de nouvelles boîtes à lancer. Non des caves. Il y ferait trop chaud. En villégiature, l'originalité de Saint-Germain paraît plus fade. L'obscurité fond au zénith. La Côte adopte le bop, pour un mois de juillet, accepte le jazz, car le bord de mer compte de vrais amateurs. Mais les coutumes, les mœurs de la rue Dauphine la laissent indifférente. Tellement d'excentricités ont déjà défilé là, qui devaient durer mille ans et que la « jet-set » dédaignait l'année suivante ! Les « figures des caves » désignées par la presse parisienne peuvent rester, danser, envahir les bars. Elles passent pour des amateurs, sur cette Riviera de professionnels. Leur culture de catacombes disparaît dans les revues nègres, les modes américaines, les tapis verts, les tournois de tennis et les courses d'automobiles. Saint-Germain, donc, pour un été. Un été seulement, car la Côte sait juger ce qui marche, et cet existentialisme-là, encore plus incongru sur le sable, ne tiendra pas l'affiche plus d'une saison.

Gréco découvre Saint-Paul-de-Vence. Elle prépare sa rentrée : Kosma la rejoint à Juan-les-Pins. Il a mis en musique un poème de Robert Desnos, *La Fourmi*. Le répertoire grossit un peu, toujours aussi littéraire. Elle égarera deux chansons de

Sartre, *Ne faites pas suer le marin* et *La Perle de Passy*, volées ou oubliées quelque part. Sartre n'avait pas fait copier le manuscrit. Elle marche pieds nus, change de fête tous les soirs. Dernier répit. Égaillés tout au long de la Côte, les autres rêvent à des projets qui n'ont plus toujours Saint-Germain pour décor.

La victoire de Prévert et de la Rose Rouge

Décidément, le quartier est moins disposé à la danse, à la musique, qu'il ne l'a cru ces deux dernières années. Avec les mois, le public devient plus friand d'attractions et récitals. La chanson, et à textes, plutôt que le jazz, la poésie, même hurlée, plutôt que la danse. Le Tabou avait mêlé la scène et la salle. Retour à l'ordre des choses, à l'ordre du spectacle. C'est la salle qui réclame une distinction avec la scène, le silence pour mieux écouter, des numéros bien préparés plutôt que les approximations. Le second Tabou survit grâce à sa rapide dérive vers le cabaret, projecteurs braqués sur un récitant, un chanteur, le noir autour, la distance respectée. Le spectacle, même de bric et de broc, plutôt que le défoulement.

Fin 1948, c'est Jacques Prévert qui gagne. Sans l'avoir cherché. Prévert, devenu célèbre avec le succès de *Paroles*, à la radio et en librairie, Prévert tombé, quelques mois plus tôt, par la fenêtre d'un immeuble des Champs-Élysées. Prévert dans le coma, longtemps en convalescence dans le Midi. Prévert absent, mais plébiscité. Saint-Germain-des-Prés, village d'écrivains et d'éditeurs, retrouve l'usage des mots. Pour le bonheur d'un poème, par nostalgie des spectacles du Groupe Octobre, aussi parce que les salles minuscules de ce quartier bon enfant mettent en valeur les textes courts, les pièces bricolées, et pardonne plus volontiers les tâtonnements d'acteurs, des jeunes gens se sont mis à dire des poèmes de Prévert, à jouer ses sketches sur toutes les scènes environnantes. En plein bop, après seulement une année et demie de folie souterraine, ce Saint-Germain-là s'abandonne au plaisir de l'écoute d'autres sonorités, les rimes de la rue, chargées de leur seule musique, la gouaille populaire. Un Paris Titi, gavroche, celui de Mouloudji et de Raymond Queneau, plutôt que les avant-gardes, jugées déjà surannées.

La Rose Rouge était née au Flore, des discussions de Jean Rougeul, ancien compagnon de théâtre de Jacques Prévert, d'une jeune fille, Mireille, et de son fiancé, Nico Papatakis, un Éthiopien né de père grec, qui avait fait la guerre à quinze ans contre les Italiens et avait dû s'enfuir vers l'Europe. Jean Rougeul racontait à ses compagnons les heures du Groupe Octobre, et les cabarets d'Agnès Capri, les soirées d'avant guerre quand les attardés écoutaient, autour d'un verre, un comédien se lever soudain pour dire des textes de Pierre Mac Orlan et de Prévert. Souvent, Michel de Ré se joignait à eux. Passion de ce théâtre mobile, léger, réduit à la seule force de conviction d'une voix, d'un geste. Féral Benga, un ancien danseur des Folies-Bergère qui tenait un restaurant africain, rue de la Harpe, leur avait proposé de leur faire de la place pour des spectacles de poche. Lui-même abandonnait parfois ses préparations culinaires pour mimer les sortilèges de son enfance devant un paravent. Le restaurant s'appelait la Rose Rouge. Alors, il avaient donné à leur équipée le nom de Club de la Rose Rouge.

Michel de Ré avait été leur premier invité, à l'automne 1947, chargé de monter des sketches de Prévert, *En famille* et la série des *Ah*. Francis Lemarque les avait rejoints, pour un tour de chant, puis Jacques Douai. Certaines semaines, cela devait être pire que la vie quotidienne du Groupe Octobre. Pas de spectateurs, et du riz pilaf pour nourriture de base. Leur bonne fée allait être une actrice : Maria Casarès. Celle-ci était entrée un soir, après sa représentation des *Épiphanies* de Pichette, avec Gérard Philipe, au théâtre des Noctambules. Elle avait ri du jeu de Michel de Ré, avait aimé Francis Lemarque et Jacques Douai. Gérard Philipe était venu à son tour, puis beaucoup de monde, serré autour des tables, dans la petite salle qui sentait le mafé. Mélange d'Afrique, de surréalisme, de farces du Quartier latin, de numéros ratés et de vrais talents.

La compagnie Grenier-Hussenot prenait son tour fort tard, vers une heure du matin, après son propre spectacle. L'un de ses comédiens, Yves Robert, chantait des javas, des chansons antimilitaristes d'un autre temps, mais qui allaient très bien à ce lieu sans époque. Avec le succès, les créateurs s'étaient séparés. Nico partait. Il voulait remonter ailleurs une autre Rose Rouge. Maria Casarès avait plaidé sa cause auprès de Jean Bleynie, un marchand de biens qui avait accepté d'avancer des fonds pour la location, rue de Rennes, du sous-sol austère d'un immeuble, voisin de la brasserie Lux et propriété de la Compagnie d'électricité. Les débuts avaient été difficiles. Heureusement, les Frères Jacques avaient eu la bonne idée de venir y passer une audition, d'y rester au mois, lorsque les premiers exclus du Club Saint-Germain erraient dans le quartier à la recherche d'un dernier lieu ouvert. Second succès. La Rose Rouge avait repris ses pièces, ses sketches, toujours inspirés de l'expérience de Jacques Prévert. Désormais, Nico faisait écrire pour la Rose Rouge. *Terror of Oklahoma*, spectacle collectif de la troupe de Grenier-Hussenot. Puis *Un étranger au théâtre*, d'André Roussin. Nico voulait persuader les auteurs amateurs de parodie, comme Albert Vidalie et Raymond Queneau, de venir massacrer l'actualité ou les grands mythes dans son sous-sol.

Fin 1948, début 1949, la Rose Rouge distance ses rivaux, même ceux qui ne s'étaient pas désignés comme tels. A son propos, on ne parle plus de cave, mais de cabaret, de salle de spectacles, par hasard en sous-sol. On l'imite, à la Fontaine des Quatre-Saisons, de Pierre Prévert, à l'Écluse, à l'Échelle de Jacob, au Caveau de la Huchette, au Quod Libet. Des deux côtés du boulevard Saint-Michel. Même au vieux Saint-Yves, qui avait survécu à la guerre sous l'hôtel du même nom. Mouloudji, Gréco, Francis Claude entreprennent le tour de ces théâtres à échelle humaine. D'autres vont suivre, Léo Ferré, Philippe Clay, Georges Brassens...

Ses inventeurs éparpillés, le Major empêché, Gréco lancée, les autres lassés, l'ère des caves tirait sa révérence. La tradition surréaliste avait tenu bon face à cet existentialisme fabriqué qui n'avait duré qu'un après-guerre. Prévert et Sartre n'y étaient pour rien. Le quartier avait ses malices. *Rendez-vous de juillet*, le film de Jacques Becker qu'ils s'étaient empressés d'aller voir à sa sortie, reconstituait leur brève histoire. Dernier signe du déclin. Ils s'y étaient regardés sans joie, comme dans un miroir abusif, impudique. « Nous étions devenus une vision d'archives », écrira, avec justesse, Marc Doelnitz[14].

---

14. *Ibid.*

XI

L'HERBE AMÈRE

Les désaveux du cœur

Michelle et Boris s'éloignent l'un de l'autre. Au seuil des années 50, leur couple traverse une crise profonde. Longtemps retardée, niée de part et d'autre, masquée, comme s'ils avaient espéré une amélioration dans le cumul des années, confié à l'improbable le soin d'apaiser leurs désaccords. Le terme doit leur faire peur à tous les deux. Au début, leurs petites trahisons n'avaient pas eu d'importance à leurs yeux. La Libération avait offert trop d'occasions à tous les jeunes gens que la guerre et des mariages précoces avaient privés d'expériences. L'époque avait rendu presque normal, secondaire en tout cas, les coups de canif dans les contrats de leurs amis, et ils avaient fait comme les autres. Saint-Germain prêtait son labyrinthe aux infidèles. Il y avait dans l'air de ces années 46-47-48 une illusion de disponibilité chez les femmes dont les hommes avaient largement profité. Une partie se jouait entre les sexes, que Simone de Beauvoir avait bien sentie, mais elle restait très inégale. Les hommes étaient un peu passés d'une guerre à l'autre, peu pressés d'abandonner une auréole dont l'histoire les avait momentanément parés. A Saint-Germain-des-Prés, il y avait du soldat, du GI, du correspondant de guerre même dans bien des approches de séducteurs.

Les hommes étaient malades, malades des événements, et la misogynie, à les voir, devait avoir des vertus curatives. Saint-Germain avait un peu prolongé d'anciennes précarités dont ils conservaient la saveur de liberté. Ni larmes, ni serments éternels. Surtout pas de questions. Les ébats se fondaient dans la clandestinité des hôtels du quartier. On s'aimait à la sauvette. Pour le plaisir de l'instant. On refusait tout contrat à long terme. Même ceux qui étaient mariés, même les mariés les plus connus, s'avançaient avec des appétits de célibataires...

Michelle et Boris se sont laissé piéger par l'atmosphère, et maintenant, trois ans plus tard, ils se le reprochent mutuellement, sans parvenir à se le dire. Ils se le font payer maladroitement, en s'obstinant, en aggravant leurs malentendus, moins tolérants pour les défauts de l'autre, déçus par la vie quotidienne. Boris s'est révélé violemment jaloux. D'André Reweliotty. C'était pourtant lui qui avait insisté pour que Michelle invite le jeune clarinettiste à Saint-Jean-de-Monts, pendant l'été 1946. Quatre ans plus tard, il ne supporte plus ce souvenir, l'ambiguïté de sa propre attitude et la réponse favorable que sa femme avait fini par y donner. Désormais, lorsque Michelle revoit le musicien, c'est aussi une façon de se venger des écarts de Boris. D'effacer Béatrice, la jeune actrice du film *Madame et son flirt*, en 1946, que les amis de Boris appelaient « Béatrice devant le désir », peut-être la première de ses conquêtes extraconjugales. Une championne de ski, à Megève, en 1947, l'une ou l'autre actrice de *J'irai cracher sur vos tombes*, plusieurs de celles qui avaient passé une audition pour un rôle dans la pièce. Des rats de cave femelles. Les petites amies des amis : entre eux, les hommes étaient plutôt prêteurs.

En fait, la passion de leur rencontre, l'amour romantique des premières années n'ont pas survécu à l'après-guerre. Sans oser se l'avouer, ils sont comme Chloé et Colin, les héros de *L'Écume des jours* : victimes du mariage, de son cortège de réalités et de contraintes. Boris, surtout, n'a jamais vraiment réussi à se mettre dans la peau du personnage. L'a-t-il seulement cherché ? Célibataire de comportement, disponible, même dans la foule des « fiestas ». Même à deux. Durant l'année 48, aux côtés de Boris, Michelle avait été l'une des femmes les plus photographiées de Saint-Germain-des-Prés. Mais ce couple-là n'était plus que d'apparence. Boris préférerait apparaître seul, et elle en avait d'abord souffert. Il y a même de la rivalité, inconsciente, entre eux, lors les retrouvailles avec les grands musiciens de jazz. Elle aussi est une adepte fervente. Interprète de tant de conversations, elle se sent aussi proche que lui du Duke ou de Johnny Hodges. Mais on dit : Boris et le Duke.

Il insistait, au début, pour qu'elle se maquille avec soin. Idolâtrait ses cheveux blond platine. Puis cette sophistication l'a irrité. Trop tard pour Michelle : ce style fait partie de sa personnalité et chaque allusion désobligeante la blesse. Longtemps, il avait été gêné de la voir parler en public. Maintenant, il est jaloux qu'elle parle avec d'autres. Pendant que Boris choisissait l'insolence vagabonde, Michelle a patiemment armé ses engagements militants. En 1949, elle était déjà plus proche que lui des *Temps Modernes* et de Jean-Paul Sartre. Plus intime avec Maurice Merleau-Ponty. Cette année-là, elle a pris l'habitude d'aller marcher, souvent le matin, avec Sartre, silencieuse, d'abord, puis mise en confiance par l'intérêt que le philosophe paraît porter à sa présence. Boris a d'abord été flatté de cette complicité. Ensuite, il en a pris ombrage.

Michelle a besoin d'admirer. Lorsqu'ils avaient fait la connaissance du jeune couple, autour de 1946, certains amis avaient été frappés par « une sorte de détermination » de Michelle auprès de Boris. Par son ambition pour lui, son influence. Par ce qu'un autre proche nomme son « rayonnement vigilant ». « Femme de tête ». Femme d'écrivain. Conseillère, lectrice d'élection, correctrice, expert de l'œuvre en cours, peut-être de l'œuvre à venir. Elle doit tenir à ce rôle, d'autant plus qu'il atténue ses regrets de ne pas oser écrire elle-même. Elle a été longtemps solidaire de ses succès, beaucoup de ses échecs. Favorable à la plaisanterie du premier roman de Vernon Sullivan. Désolée, avec lui, de l'enlisement de *L'Automne à Pékin*. Mais en désaccord sur l'adaptation de *J'irai cracher sur vos tombes* au théâtre, sur l'insistance suicidaire de Boris à se quereller avec la presse. Il a raison, elle n'en doute pas, partage son point de vue sur les critiques, mais elle lui a trop répété qu'il ne gagnerait pas. Désormais, Michelle le plaint et, c'est plus terrible, hausse les épaules aux projets farfelus, se glace d'apprendre que Boris accepte à peu près tout comme une sorte d'écrivain public. Lassée de le voir s'épuiser, jouer avec son cœur malade, pour rendre, en retard, un autre texte, peu ou pas rémunéré, que des rédacteurs en chef lui commandent à la dernière minute. D'une certaine façon, Michelle se protège de l'éventualité du pire.

Dans l'œuvre éparpillée, elle a aussi perdu peu à peu sa part. Boris malmène cette idée de couple en écriture qui avait été le charme de leur histoire, pendant la guerre. En s'avançant éperdu et secret, bretteur désordonné, il doit flatter son irrésistible besoin de liberté. Elle veut y voir autant de signes de refus de leur couple, de leur famille, l'indifférence à leur bonheur, leur bien-être, leur identité collective. Boris ne s'était pas attardé sur les explications, lors de son départ de l'Office du papier. Il déteste les patrons, tous ses proches le savent, mais il avait assez peu pris en compte leurs besoins matériels, pas sollicité l'avis de sa femme. Les bons tirages de *J'irai cracher sur vos tombes* leur avaient provisoirement épargné quelques soucis financiers, mais deux ans plus tard, nul ne sait très bien à quoi a pu servir cet argent. Les dépenses pratiques ont été peu nombreuses. Aucune folie, aucun voyage aux États-Unis. L'Amérique rêvée suffit à Boris. Les notes impayées recommencent à s'accumuler. Michelle laisse des mots, sur le bureau de Boris : payer le médecin des enfants, préparer le trousseau de Patrick avant un départ en vacances scolaires...

Jamais il n'a cherché à déménager d'un appartement où il se sent tellement mal à l'aise. Ils n'ont toujours pas de lieu à eux. Ils ont passé ces années, Faubourg-Poissonnière, dans un décor choisi par d'autres, en compagnie de Claude, le frère de Michelle, puis des parents Léglise, de retour du Canada, de Mme Léglise, surtout, que la maladie immobilise. Pourtant excellent bricoleur, Boris n'a pas poursuivi ses aménagements intérieurs. Il a regardé le plafond pendant des mois avant de se décider à le repeindre. Son rêve : louer un bureau, hors de l'appartement. Michelle traduit : une chambre en ville. Boris étouffe dans l'appartement et dans leur vie. Il aime ses enfants, joue parfois avec eux, mais ne les voit pas grandir. Le mariage est devenu pour lui une institution pesante. Le statut de père de famille, une énigme qu'il contourne.

Ballottée, leur union s'enlise aussi dans les mauvaises nouvelles. Le 24 novembre 1948, Boris a officiellement reconnu devant un juge d'instruction son lien de parenté avec Vernon Sullivan. Daniel Parker et son Cartel d'action sociale et morale ont poursuivi leur vertueuse croisade contre *J'irai cracher sur vos tombes*. A la différence des éditeurs d'Henry Miller, Jean d'Halluin et Boris se sont obstinés, après la loi d'amnistie du 16 août 1947. Daniel Parker a tranquillement attendu les nouveaux tirages du roman, la parution de la « version originale », et celle des *Morts ont tous la même peau*. Il a déposé de nouvelles plaintes, et le Parquet du tribunal de la Seine a jugé opportun d'engager des poursuites. Le 3 juillet 1949, un décret ministériel a prononcé l'interdiction de *J'irai cracher sur vos tombes*. Boris, Jean d'Halluin et leurs imprimeurs sont inculpés. Boris a demandé à Mᵉ Georges Izard d'assurer sa défense.

Du côté du fisc aussi, les menaces se précisent. On lui réclame une somme énorme. Énorme pour lui, pour eux. Boris n'a jamais payé ses impôts. Révolte contre l'autoritarisme ? Inadaptation aux réalités matérielles, après l'enfance de Ville-d'Avray ? Il a manifesté jusqu'ici à l'égard des requêtes du percepteur une nonchalance têtue. Ses dettes, d'abord, étaient restées modestes, à l'échelle de son salaire d'ingénieur et de ses premiers droits d'auteur. Le succès de *J'irai cracher sur vos tombes* le met beaucoup plus gravement en péril. Il a beau fulminer, adresser au Trésor public des lettres véhémentes, contester les sommes exigées. Il peut maudire le système du travail et des taxes attenantes à cet esclavage. Pour apaiser ce différend, l'argent manque. Il doit mettre en gage ses nouvelles, soigneusement classées dans des chemises cartonnées. En 1950, *Dans le train*, revue des Chemins de fer, ignore à quoi elle doit la collaboration régulière de l'écrivain Boris Vian. Elle publie toute une série de textes courts, dont *Le Retraité*, *Un test*, *Une grande vedette*, *Un métier de chien*, *Le Penseur*, *L'Assassin*...

Jean d'Halluin, lui, a déjà sa provision. Le Scorpion a publié quelques mois plus tôt *Les Fourmis*, un recueil de onze nouvelles. L'ouvrage porte le titre de la première, parue en 1946 dans *Les Temps Modernes*. Boris y a joint quelques-uns de ses anciens textes, écrits entre 1944 et 1947, peut-être certains de ceux qu'il destinait à Gallimard pour *Les Lurettes fourrées*. Il a d'abord songé à dédier chacune de ces nouvelles à un musicien de jazz, car certains titres, notamment *Le Brouillard* — pour *In a Mist*, de Bix Beiderbecke — et *L'Oie bleue* — pour *Blue Goose*, joué par Johnny Hodge — font référence à des airs connus. Les ventes du recueil, paru au début de l'été 1949, ont été pratiquement nulles. Boris a adressé au percepteur une partie de son avance sur droits d'auteur. Jean d'Halluin va encore publier un dernier Sullivan, *Elles se rendent pas compte*, où le nom de Boris Vian, peut-être par crainte d'un autre procès, n'apparaît pas. De la menue monnaie pour le fisc. L'aventure frondeuse des deux amis en restera là. Boris est meurtri par les poursuites judiciaires. Sans doute réalise-t-il que le Scorpion, qu'il a longtemps défendu et soutenu, a été son mauvais génie, le père un peu cynique d'un fils monstrueux. Vernon Sullivan. Boris et son éditeur ont été des compagnons de combat dans l'édition d'après-guerre, des frères de flirt, aussi. Ils se sont un peu enrichis, puis beaucoup appauvris ensemble. Au sortir de leur histoire, ils s'en veulent un peu. Boris, surtout, qui a toujours soupçonné son éditeur de ne pas lui reverser la totalité de ses droits. Et puis Jean d'Halluin a toujours préféré Vernon Sullivan, le pasticheur de romans policiers prestement troussés, à Boris Vian, l'écrivain plus profond. S'il a publié *L'Automne à Pékin*, puis *Les Fourmis*, c'était aussi pour mieux s'assurer un deuxième et un quatrième Sullivan. Entre eux, il n'y plus guère qu'un procès à venir, pour outrage aux bonnes mœurs.

Après *Barnum's Digest*, l'un de ses admirateurs, Jean Rougerie, éditeur à Limoges, avait aussi proposé à Boris, en 1949, de publier ses poèmes. Illustrées par le peintre Christiane Alanore, qui avait déjà dessiné des pointes sèches, l'année précédente, pour *Le Cheval troyen*, de Raymond Queneau, ces *Cantilènes en gelée*, après bien des difficultés, avaient été dignement fêtées au Club Saint-Germain. Mais, entre Limoges et Paris, il avait dû s'en vendre moins d'une centaine d'exemplaires.

Alors, des articles ? Boris en livre autant qu'il le peut, plus que les années précédentes. Parfois, deux textes la même nuit. Mais il n'écrit encore que sur le jazz et, avec quelques compères musiciens ou critiques, bombarde déjà la presse parisienne de sa signature. A *Combat*, mais aussi à *Jazz News*, magazine pour lequel il tient aussi les fonctions de maquettiste, de rédacteur en chef, d'homme à tout faire, sous différents pseudonymes ; à *La Gazette du Jazz* ; à *Radio 49*, puis à *Radio 50* ; à *Jazz-Hot*, toujours à titre bénévole. Non, décidément, le fisc devra attendre : Boris pourrait à peine en faire davantage. Il fourmille d'idées, rencontre d'aventureux entrepreneurs de presse ou de cinéma, capables de le détourner de ses pages de la semaine. Mais il n'y a pas d'argent frais dans tout cela. Sa culture de la gratuité lui pèse. Gallimard lui verse régulièrement des droits modestes pour ses traductions. Le Scorpion va bientôt solder son compte. Mirage, aussi, d'une enfance de Ville-d'Avray, l'eldorado matériel, entrevu pendant ces quelques années légères, s'éloigne au plus mauvais moment. Michelle, de son côté, assure toujours ses propres collaborations et traduit quelques textes anglo-saxons. Insuffisant, cependant, pour relayer un époux mal rétribué. Lentement, à la fin de l'époque de Saint-Germain-des-Prés, leurs revenus s'effritent, et ces soucis quotidiens, ces additions négatives dans l'agenda de Boris, enflamment un peu plus leurs aigreurs réciproques.

Saint-Tropez leur offrirait volontiers sa paix. Mais ils ne font qu'y déplacer, l'été, leur incompréhension mutuelle. En 1948, ils avaient suivi la migration saisonnière de Saint-Germain-des-Prés, préférant le petit port de pêche, au fond du golfe de Sainte-Maxime, aux villas de leurs riches amis de Golfe-Juan ou d'Antibes. Andrée Icard, propriétaire du café de la Ponche, leur avait trouvé une location pour le mois d'août. L'année suivante, Frédéric Chauvelot avait battu le rappel des amis : il ouvrait à Saint-Tropez une annexe du Club Saint-Germain. Michelle et Boris avaient convoyé l'orchestre jusqu'à la Côte. Ils avaient d'abord séjourné à l'hôtel Sube, avec les premiers musiciens arrivés, puis, en explorant les ruelles du bourg, avaient déniché une étroite maison à étages, au 3 de la rue d'Aumale. La propriétaire acceptait de leur en concéder la jouissance pour dix ans, à charge pour eux de financer les réparations. Boris et Don Byas avaient lancé le Club, tous deux très vite adoptés par les Tropéziens, figures familières du port et de la Ponche. Servi par sa souplesse d'adaptation, sa convivialité naturelle, Boris donnait l'impression d'avoir toujours vécu là, aussi à l'aise avec les pêcheurs, les peintres des galeries de la ruelle montante, les patrons de cafés et de restaurants qu'avec les Parisiens de la mode, du cinéma et de la littérature. Il y avait eu des fêtes. On avait vu Maurice Merleau-Ponty, les Bokanowski, Pierre Brasseur, la bande de Marie-Laure de Noailles. Il y avait eu des filles. Un soir, Boris avait voulu danser hors de la vue de Michelle. Ils s'étaient disputés, puis l'avaient regretté.

Il faisait trop chaud pour Boris, à Saint-Tropez. Après avoir interdit l'exercice de la trompette, le médecin déconseillait les expositions au soleil. Mais, depuis Landemer, Boris aimait la mer. Sourd aux rappels à la prudence de Michelle, il dédaignait les avis du médecin, attrapait des angines ou des furoncles, à force de plonger dans l'eau trouble d'un petit port, sous la jetée de la Ponche. A ceux qui s'inquiétaient de ses essoufflements, de sa pâleur, il répondait que son « moteur » n'était qu'une mécanique aux ordres. En fait, Saint-Tropez l'apaisait un peu, mais ne le reposait pas. Trop de pages à rédiger et, le soir, les amis du Club. Les « jams » et les nuits étoilées. Dès la fin de l'année 1949, Michelle et Boris s'étaient entendus pour occuper à tour de rôle, et sans poser de questions, la maisonnette de Saint-Tropez.

Trop de secrets, d'ailleurs, les séparent désormais. Ils ne se disent plus toujours ni où ils vont ni ce qu'ils font. De toute façon, Boris serait trop difficile à suivre. A Paris, il déjeune, et s'échappe. Le soir, il ramène, parfois sans prévenir, des invités à la maison, ou ressort encore. Insensiblement, ses amis changent. Ce fidèle devient oublieux. Comme avaient peu à peu passé, en 1945 et 1946, les vieux complices du Cercle Legateux, les congénères de Centrale, le creuset de Saint-Germain-des-Prés se vide. Il reste surtout des copains journalistes, comme Eugène Moineau, le peintre Félix Labisse, un peu Anne-Marie Cazalis. Lorsqu'il ne retrouve pas des musiciens de jazz, Boris prend plutôt plaisir à la compagnie des Bokanowski et de leurs amis gaullistes. Nostalgique de l'aisance matérielle de la bourgeoisie. En 1950, on compte, curieusement, peu de monde autour de lui. En nombre, toujours, ceux qui assurent l'actualité de sa semaine et qui changent dès que naît un autre projet, des éditeurs, des rédacteurs, des organisateurs de concerts de jazz ; Georges Izard pour les nouvelles de sa défense ; les attardés des dernières mondanités de Saint-Germain-des-Prés ; bien sûr, la garde rapprochée, Queneau, Claude Léon, Jean Boullet. Mais il fréquente moins d'écrivains. semble éviter les autres acteurs-vedettes de la rive gauche. Quant aux jeunes filles, aux jeunes femmes, elles disparaissent très rapidement de sa vie. Certains de ses amis s'interrogent d'ailleurs sur la profondeur, voire la réalité de ces liens-là. Ces brefs engouements désigneraient davantage Boris, à en croire quelques-uns, comme un séducteur en mal de réconfort plutôt que comme un don Juan impénitent. « Il était beau, explique l'un de ses proches, il avait donc toujours beaucoup de femmes autour de lui. Mais, à force, nous avions compris qu'il ne leur faisait pas grand-chose. » Homme à femmes, mais pour apaiser autre chose qu'une sensualité, peut-être pour tenter de résoudre une énigme qui lui échappe et qui risque de précipiter sa vie : les femmes.

En ces longs mois de crise latente, il rend une ou deux visites à Jean et à François Rostand, dans la maison de Ville-d'Avray. Le scientifique l'accueille avec chaleur, mais Boris perçoit chez celui qui avait été son premier maître une certaine déception. Pour éviter d'avoir à parler de *J'irai cracher sur vos tombes*, ils jouent aux échecs. Durant la même période, la mère Pouche lui ouvre plus régulièrement la porte du petit appartement qu'elle occupe avec Tata Zaza, Ninon et la fille de celle-ci. Depuis la mort de Paul, le père, le climat familial n'a jamais retrouvé son harmonie. Les trois frères se perdent souvent de vue pour plusieurs mois. Les rapports de Boris avec sa mère sont tendus. En face d'elle, il se montre encore plus irritable qu'à l'ordinaire, cinglant ou obstinément silencieux, comme s'il venait vérifier sur place l'une des causes possibles de ses rancœurs.

Très souvent, il n'y est pour personne. Boris bricole en compagnie de passionnés de mécanique automobile. En 1948, Gabriel Pomerand et Frédéric Rossif lui avaient présenté Maurice Gournelle, un habitué de Saint-Germain-des-Prés, un soir de caprice de la vieille BMW. Ce fils de commerçants fortunés avait aménagé, pour son seul plaisir, un atelier de réparation à Colombes. Gournelle et Boris étaient devenus inséparables. La BMW avait été l'objet de toute leur attention, de longs après-midi durant. La voiture tombait toujours en panne, mais elle avait été dotée de pièces de voitures de sport, de pneus introuvables en Europe. Avec Peiny, un autre fanatique de Colombes, lui aussi mécanicien par une sorte de dandysme des pistons et des arbres à cames, ils s'étaient finalement débarrassés de la BMW en escroquant un acheteur. Boris avait utilisé la Traction avant de Maurice Gournelle, puis s'était offert, toujours sur les conseils de Peiny, une superbe Panhard X77 panoramique, avec conduite au milieu. Voiture originale pour un solitaire, mais peu recommandée aux familles. Michelle avait protesté. Mais les voitures étaient des jouets qui tenaient de plus en plus de place dans la vie de son mari.

Un jour du printemps 1950, Boris entend parler d'un vieil homme, M. Hérold, ancien maire du village d'Ablon, en Seine-et-Oise, propriétaire d'une Brasier de 1911, qui, après une vie de tendresse, se range enfin à l'avis de ses enfants et accepte de se défaire de sa « vieille amie ». « Elle a fait les deux guerres, écrit à Boris le propriétaire de la courageuse voiture, a transporté pour la Croix-Rouge de très nombreux grands blessés de la guerre de 14. Elle m'a aussi secondé alors en bien des occasions dans mes fonctions de maire. J'ai pu la soustraire, grâce à la préfecture de Seine-et-Oise, à la curiosité allemande dans la dernière guerre. » « Les glorieuses charges patriotiques » de ce taxi de la Marne, comme l'explique encore le vieil homme, autant que son radiateur, ses cuivres, séduisent Boris. Un dernier tour avec l'ancien maire, et Boris tombe lui aussi amoureux de cette décapotable d'un autre âge. Le 18 mai 1950, il verse la somme de 40 000 francs pour l'acquisition de cette pièce de collection. Pour la conduire à Paris, ses compères de Colombes mettront plusieurs heures. La Brasier tombe en panne tous les kilomètres. L'embrayage gémit. Les deux réservoirs d'essence fuient. Le vendeur a rédigé patiemment une série de conseils et de schémas. Le système de remplissage est fort complexe. Des tubes courent le long de la voiture d'un réservoir à l'autre. Boris est rayonnant, ravi, autant de ces pannes si poétiques que de son acquisition. Cette fois, c'est encore mieux qu'un jouet. Une œuvre d'art. Un gag pour la rue, un gag à la Queneau ou à la Prévert. Un gag à la Vian. Une référence, aussi, aux torpédos de Ville-d'Avray. Ils n'arrivent que fort tard rue Saint-Benoît, devant le Club Saint-Germain. Les musiciens offrent une aubade à l'élégante ancêtre.

Ces mécaniciens inspirés, Boris les appellera « les Casseurs de Colombes », titre d'un roman qu'il songera, sans jamais l'écrire, à leur consacrer. Il les rejoint souvent pour faire bombance, du matin jusque tard le soir, dans l'atelier de Peiny ou dans les restaurants de Colombes. Ces festins réunissent de sympathiques personnages, forts en verve et en muscles, anciens des Halles ou du catch, et, bien sûr, quelques filles. Boris se passionne non seulement pour leur affection, leurs récits de ferraille et de petits arrangements avec la vie, leur résistance au vin, mais aussi pour l'invention de leur langue. L'un d'eux, Thomas, connaît des tournures rares que l'écrivain retranscrit au jour le jour. Heureux, vivants, misogynes et fiers de l'être : un peu la devise de cette équipée d'huile et d'amitié sourcilleuse. Un club qui tient les épouses à distance et entretient une philosophie simple sur les femmes.

Les aveux du roman

Pendant son séjour parisien, en juillet 1948, Duke Ellington avait appris avec surprise que Boris, comme la plupart des Français, se gardait encore de la psychanalyse. A New York, avait dit le musicien, tout le monde a son analyste. Boris avait souri.

C'est vrai qu'il déteste l'introspection, les explications par les aléas de l'enfance, la prédominance de l'ombre de la mère dans une vie d'homme. Pour lui, la vie est à prendre ou à laisser, c'est tout. Les tentatives d'interprétation l'agacent. Il esquive. Trop brûlant. Esquive, ou confie le soin de cette exploration aux personnages de ses romans. Depuis *Vercoquin*, ses œuvres sont traversées de ses incompréhensions. Surtout des femmes, de cette douloureuse différence entre le pluriel et le singulier. Entre les femmes et la femme. Pour la période récente, *Cantilènes en gelée* en porte les stigmates. Comme dans ce poème, *Qu'y a-t-il ?* :

« Il y a beaucoup de mérite à épouser une femme
Il y a beaucoup de mérite à épouser
Il y a beaucoup de mérite
Sans compter les emmerdements. »

Ou cet autre, *Les Mers de Chine*, d'une rare violence :

« Ces filles que l'on voit pour la première fois
Ce n'est rien — on les croise —
Elles ont des yeux si durs
Et des corps si durs et tannés par le soleil
On a envie de les faire pleurer [...]
Il faudrait les creuser, les vider
De cette méchanceté de vide, qu'elle portent,
Se rendre compte qu'il n'y a rien. »

A la fin des années 40, les amis de Boris, sa femme peuvent trouver dans un roman, *L'Herbe rouge*, toutes les confidences, les doutes, les déchirements qu'il refuse obstinément de leur livrer. La gravité d'une crise personnelle s'y montre à nu, sans l'éloignement romanesque, les habituelles précautions de camouflage. L'auteur y étale sa vie, ses secrets, son désarroi. L'enfance dans le cocon de Ville-d'Avray, la haine des études et sa peur des femmes. Et sur ce dernier point, il détaille même, puisqu'il y a la femme de Wolf, le personnage principal, lucide, froide, sans illusion sur l'homme, qui répond souvent par ces mots aux actes de celui-ci : « C'est de l'enfantillage. » Et puis une autre femme, plus jeune, légère et gaie, toute à sa beauté et à l'amour de l'amour, et que par instants Wolf enlacerait volontiers. Roman-paraphrase. Plainte de roman, où se mêlent en vrac l'épuisement physique et l'épuisement des envies; à défaut des réponses, toutes les questions; les tourments, même sexuels, la crainte de l'impuissance, exacerbée par les obstacles de l'adolescence; l'ombre de la mort. Commencé en août 1948, à Francfort, lors d'un voyage en Allemagne en compagnie de Jean-François Devay, le roman est achevé à l'automne 1949. Les mois suivants, Boris le retouche encore, ajoute quelques lugubres aphorismes. Il aurait pu le continuer, tant l'autobiographie détruit la fiction, la réduit, cette fois, à un prétexte. Il s'est arrêté aux confins du roman. Quelques confessions de plus et *L'Herbe rouge* était classé dans la catégorie littéraire des journaux intimes.

Pour se donner une dernière chance de vivre encore, ou de comprendre enfin pourquoi il vit, Wolf espère tuer ses souvenirs. Il a donc inventé une machine à en remonter le cours. Une cage, hissée sur des pattes métalliques, au-dessus d'un trou béant creusé dans les profondeurs de la terre. La tentative doit être urgente, car Wolf sent son courage fondre dans les mises au point en même temps que son désir, et autour de lui règne une étrange atmosphère de fin probable. L'herbe est rouge, sur ce pas de tir vers le bas. Le ciel est si proche qu'on pourrait « le toucher du doigt en montant sur une chaise ». Saphir Lazuli, l'assistant mécano de Wolf, a aussi ses soucis : lorsqu'il rejoint Folavril, la jeune femme de ses pensées, il y a toujours un homme penché sur leurs ébats, qui les observe, paraît patienter comme s'il attendait son tour. Seul Saphir voit l'homme, et la persistance de cette présence lui fait perdre peu à peu ses moyens.

Il y a aussi Lil, l'épouse de Wolf, qui doit prendre ces efforts d'oubli du passé pour une chimère d'homme immature. Qui ne croit plus en Wolf, en eux. Elle a la tendresse de celles qui savent déjà qu'elles vont partir. Elle essaie encore de ramener à leur amour l'explorateur en perdition, mais sans passion, compréhensive presque jusqu'à l'indifférence. « Qu'est-ce que tu veux oublier? » demande-t-elle. « Quand on se rappelle rien, répond Wolf, ce n'est sûrement pas pareil. » Elle doit être d'un avis différent. Ils sont quatre, Lil, Folavril, Saphir et Wolf et, au début du roman, alors que se rapproche le jour du lancement, avec le maire, ils vivent encore à peu près normalement. Ils mangent, ils dorment, deux par deux, mais les hommes de cette histoire ont le sommeil agité. *L'Herbe rouge* est le roman de l'égarement définitif de deux hommes, mus par une force qui tue les hommes, avec deux femmes pour spectatrices sceptiques. Les héros pourraient échanger leurs compagnes, un soir de bal, tant les femmes semblent passives, ailleurs, comme dans un avenir vide de ces deux hommes-là. « Une solution qui vous démolit vaut mieux que n'importe quelle incertitude », affirme Wolf, pour se rassurer. A cette croyance, et à quelques autres, les deux femmes haussent les épaules. Bagatelles. Qu'y a-t-il à chercher qui ne soit déjà là ? Qu'ont donc les hommes à se combattre eux-mêmes ? A vouloir retourner sans cesse aux causes ? Roman de femmes pragmatiques et d'enfants de sexe masculin.

C'est Wolf le narrateur, mais c'est la vie de Boris qui remonte en surface. Le jour de l'expérience, pendant sa laborieuse descente du puits, Wolf s'entortille dans « les lambeaux du temps jadis ». Certains souvenirs ont « la précision, la fixité des fausses images de l'enfance ». « Ceux du jardin, de l'herbe et de l'air, dont les mille nuances de vert et de jaune se fondent dans l'émeraude de la pelouse, foncé au noir dans l'ombre fraîche des arbres. » D'autres restent obstinément confus. Où sont « les souvenirs purs » ? s'inquiète Wolf. Dans les profondeurs de la terre, il découvre une grotte à mi-parcours, un chemin plein de « hordes inorganisées » de signes du passé, comme les grands pots rouges des deux côtés du perron de Ville-d'Avray. Un vieillard, Monsieur Perle, l'attend pour l'interroger. « Pouvez-vous me parler dans le détail de vos premières manifestations de non-conformisme ? » Wolf accepte de répondre, à condition de comprendre la méthode, que les sujets de confession soient ordonnés. Le vieux s'impatiente. « Pour la dernière fois, dit-il, je vous demande de ne pas faire l'enfant. » Lui aussi...

Wolf raconte Boris. Les parents. « Les miens étaient bons, d'accord, dit Wolf, mais avec des mauvais, on réagit plus violemment, et c'est plus profitable en fin de compte. » Monsieur Perle l'écoute, dubitatif, comme tout le monde dans cette histoire. Le contredit : « Non [...] On dépense plus d'énergie, mais finalement, comme on est parti de plus bas, on arrive au même point. » Défilent « la grande maison », « la figure des domestiques », « le lit des parents ». « Et devant moi, de temps à autre, mon père et ma mère s'embrassaient sur la bouche et cela m'était bien désagréable. » Reviennent son « désir de vaincre sa mollesse » et sa tendance « à se laisser aller à cette mollesse ». « Mon moi mou », comme l'écrit Boris. Resurgit la maladie, et les moyens de chantage de la maladie. Le portrait trop net, dérangeant, d'un jeune garçon couvé, embarrassé, paralysé par l'affection de ses proches au point d'en éprouver du ressentiment. Le portrait d'un quiproquo : trop de honte, de tout, trop d'aigreur pour ses petits trucages, ses dons gérés au minimum, sa paresse, ses confusions adolescentes. L'enfant que retrouve Wolf est en colère contre lui-même, et l'adulte y joint l'intelligence, la capacité d'analyse rétrospective, noircissant encore le tableau. Un enfant qui se déteste vu par un homme qui ne s'aime pas. C'est l'enfant qui doit dire : « Ça m'a usé [...] Je hais les années d'études parce qu'elles m'ont usé. » Et l'adulte qui doit ajouter : « Et je hais l'usure. »

A la surface, Wolf retrouve une réalité au point mort. Lazuli voit toujours cet homme au-dessus de lui et, en perdant confiance, il décourage peu à peu Folavril. Lil attend Wolf entre deux séances de maquillage, deux absences. Elle se détache lentement. Elle aimerait comprendre ce qui entraîne Wolf au fond, car son mari paraît déçu, affaibli, de ses descentes répétées dans la mémoire. « C'est tuant de traîner avec soi ce qu'on a été avant », explique-t-il. Lil et Folavril commencent à dresser le bilan de ces deux naufrages isolés. Elles ont tout fait pour les apaiser. « Nous essayons de les laisser libres, nous essayons d'être aussi bêtes qu'il faut puisqu'il faut qu'une femme soit bête. » Dans ses grottes explorées une à une, pendant les interrogatoires successifs auxquels il se soumet, sur les femmes, sur le mariage, Wolf confie d'anciens tourments. Lil et Folavril sont carrées dans le présent. Fortes de cette habitude. Inébranlables. En bas, Wolf explique : « Je me suis marié presque sans connaître les femmes — résultat de tout cela ? Pas de passion, l'initiation lente d'une femme trop vierge, la lassitude de ma part... au moment où elle a commencé à s'y intéresser, j'étais trop fatigué pour la rendre heureuse. » Là-haut, Lil a tourné cette page-là. Pas lui. Et c'est toute la différence entre l'aplomb de la femme et les perpétuelles insatisfactions du mari.

Sous terre, Wolf se querelle avec ses songes, se rebelle, refuse les explications simples. Il a besoin que les choses soient compliquées. Il se meurt à chasser ses souvenirs. Naïvement, il était descendu pour pouvoir vivre sans. Pas pour composer avec eux. Les analystes, avec leurs questionnaires, l'avaient possédé. On lui laissait le soin de formuler lui-même la conclusion : « Quoi de plus seul qu'un mort ? [...] Mais quoi de plus tolérant ? Quoi de plus stable ? » Wolf va mourir, rattrapé par ce qu'il voulait fuir. Lazuli est déjà mort. En voulant assassiner l'homme penché sur Folavril, ce jaloux a retourné l'arme contre lui.

Débarrassées de leurs incorrigibles compagnons, Lil et Folavril, avec les mots de la misogynie masculine, quittent le pas de tir à l'herbe rouge, bien décidées, à l'avenir, à se méfier de l'autre sexe.

« — Oui, dit Folavril. Et on les fera ramper.

« — Sur les genoux. Et à plat ventre. Et ils nous paieront des visons, des dentelles, des bijoux et des femmes de ménage.

« — Avec des tabliers d'organdi.

« — Et on ne les aimera pas, dit Lil. Et on leur en fera voir. »

XII

L'ÉQUARRISSAGE GÉNÉRAL

Mésaventures théâtrales

Ces jours d'avril 1950 auraient pu composer une semaine honorable. Duke Ellington revient à Paris, et cette fois avec son grand orchestre au complet. Le bilan sera pourtant mitigé : Boris se fait écharper par la critique, alors qu'il a enfin réussi à présenter *L'Équarrissage pour tous* et pense parvenir à faire aimer cette pièce. Le miel et le vinaigre, la même semaine ! D'un jour sur l'autre, parfois d'une heure à l'autre. La joie de retrouver le Duke, les dîners se prolongeant tard, l'anniversaire du musicien, même, qu'on fêtera avec un demi-mois d'avance, les promenades dans Paris, les concerts... Et puis, l'inquiétude au théâtre des Noctambules, l'illusion des bravos des amis — et des critiques —, le soir de la première publique, une générale de bon augure et, aussitôt, le brutal désaveu de la presse, les griefs de celle-ci envers l'homme plus qu'envers l'écrivain, sous l'analyse dédaigneuse de la pièce.

Oui, une honnête semaine, à la considérer à son approche, peut-être un moment de paix, avec la bénédiction du jazz, de réconciliation pour un auteur qui n'admet pas, ne comprend pas l'acharnement de la critique à son égard, qui minimise les effets de la plaisanterie de *J'irai cracher sur vos tombes* et espère toujours rencontrer l'intelligence des autres en réponse à la sienne. Lorsque le metteur en scène André Reybaz lui avait appris, au début de cette année 1950, que sa troupe, la Compagnie du Myrmidon, avait enfin réuni les moyens de monter *L'Équarrissage pour tous*, Boris s'était dit qu'il pouvait momentanément apaiser son impatience, dans ce cas-ci une impatience vieille de deux ans, passer sur les conseils, les corrections, les atermoiements. Elsa Triolet avait bien refusé de lui accorder une subvention, au titre des « Arts et Lettres », mais la compagne de Louis Aragon ne faisait pas mystère, dans ses articles des *Lettres françaises*, de son hostilité au double de Vernon Sullivan. « Nous ne pouvons pas subventionner l'œuvre d'un étranger », avait très officiellement répondu, et par écrit, l'écrivain communiste, au nom de la Commission d'aide à l'art dramatique.

Il y avait eu, sur la fin de ce parcours semé d'embûches, encore bien des incertitudes, bien des tiraillements. Sans se départir de sa courtoisie, Boris défendait son texte avec âpreté, de toutes les retouches n'acceptait que celles suggérées par la troupe du Myrmidon, en particulier par Catherine Toth, principale collaboratrice d'André Reybaz. Il avait proposé d'engager des acteurs des caves de Saint-Germain, ses actrices de *J'irai cracher sur vos tombes* mais, à la surprise du metteur en scène, les amis, les petites amies s'étaient eux-mêmes récusés sous des prétextes divers. « Les excommunications, les lâchages, notera André Reybaz avec une certaine admiration, ne semblaient pas atteindre le sang-froid élégant de Boris, même son grand œil clair y gagnait quelque vibration. Mais je croyais déceler, sous son extrême pudeur, un givre sur son cœur[1]. » Trop courte, la pièce était enlevée par la troupe en une heure et quart. Les Noctambules ne pouvaient la présenter qu'accompagnée d'une œuvre de complément. Boris avait alors écrit à la hâte *Le Dernier des métiers*, une farce anticléricale féroce mettant un scène le R.P. Saureilles, un prêtre qui confondait son apostolat avec la réussite d'un grand acteur, et recueillait, chaque soir, les bravos d'un public accouru pour le voir déclamer des sermons empruntés.

La pièce le surprenait pendant l'entracte dans une loge-sacristie, entouré d'un sacristain empressé comme une habilleuse, de jeunes scouts qu'il appelait « mes mignons », et d'un onctueux reporter de la radio. Après avoir attendu que le maître déguste un doigt de « vin de carême », choisisse la couleur d'une soutane et se repoudre le nez, le reporter précisait au micro que le R.P. Saureilles interprétait les prêches de « nos meilleurs auteurs religieux contemporains :

---

1. *Têtes d'affiche*, d'André Reybaz, La Table Ronde, 1975.

Henri Pichenette, Ghelderode, André Flique, Jean Genet, Jean-Jacques Gauthier, Gabriel Pomerand, etc. ». Le maître confiait ses souvenirs, l'âge de « l'appel de la chaire », ses premiers succès de louveteau, le soir à la veillée. Paul Quelaudel avait fait porter une couronne mortuaire : « Mes chers auditeurs, s'enthousiasmait alors le journaliste, bon public, ce qui motive l'exclamation de notre Révérend Père, c'est l'envoi par un grand auteur que vous connaissez bien, auteur du *Complet de sapin*, du *Père aplati* et de *La Répartition méridienne*, d'une merveilleuse corbeille de fleurs ! » A la fin de l'acte, le maître retournait à sa scène et à ses ouailles, non sans avoir déconseillé à un gardien de la paix de se reconvertir dans le théâtre.

Les comédiens d'André Reybaz avaient ri de cette charge très collégienne, lourde d'allusions homosexuelles. Après tout, la religion méritait bien ce que la guerre allait subir. Le directeur des Noctambules n'était pas de cet avis. « Choqué par le ton hautement profanatoire de cette tragédie, écrira Boris, [il] insista délicatement pour qu'on joue autre chose en complément[2]. » Pour sauver la mise en scène et la pièce, Jacques Audiberti avait accepté de marier *Sa peau*, un acte court, à *L'Équarrissage*.

Au milieu de ces derniers soucis préparatoires, Boris avait reçu le soutien de Jean Cocteau. Le poète s'était beaucoup dépensé pour son jeune collègue depuis deux ans, vantant publiquement l'ironie cruelle de la pièce, répétant qu'il fallait monter cette comédie salutaire sur l'équarrissage général des hommes par toutes les armées sans distinction. Son affection était sans arrière-pensée, même si l'année précédente, le 28 janvier 1949, Boris avait assuré la défense de l'auteur des *Parents terribles*, lors de l'émission « Le Procès des Pontifes », produite par le Club d'Essai de Paris-Inter, face au réquisitoire de l'écrivain François-Régis Bastide. L'accusation avait mis en avant les traditionnelles contradictions du poète, son goût des mondanités et son absence de point de vue. « Certes, Cocteau a envie qu'on l'aime, avait répliqué Boris, certes, il fait ce qu'il faut pour cela ; au risque de se voir reprocher ses clins d'œil, ses artifices. Mais que m'importe. C'est cela que j'aime, moi, la

---

2. Note introductive au *Dernier des métiers*. Boris avait emprunté à son « ami Jacques-Laurent Bost » le titre d'un roman de celui-ci : *Le Dernier des métiers*, Gallimard, coll. Espoir, 1946.

fausse poésie, le faux lyrisme, la fausse morale... Tout cela... parce que toute cette fausseté, c'est du vrai Cocteau[3]. »

A l'approche du spectacle, Jean Cocteau avait encouragé Boris par écrit : « 22 mars 1950, Nice ? Où tu veux. Cher Boris, à toi toujours. Sache-le et fais ce que bon te semble. Je t'aime encore plus depuis ta pièce. Et je t'embrasse en te chargeant d'embrasser Michelle[4]. » Puis un autre signe amical, en date du 23 avril 1950 : « Ton directeur me demande quelques lignes sur ta pièce. Je te les envoie du fond du cœur et je crois qu'elles te plairont. » Le poète avait tenu parole. L'acte de foi allait être publié, sous le titre de *Salut à Boris Vian*, dans le numéro du 3 mai 1950 du magazine *Opéra*. « Cette pièce, ou ballet vocal, affirmait notamment Jean Cocteau, est d'une insolence exquise, légère, lourde, semblable aux rythmes syncopés dont Boris Vian possède le privilège [...] Et le rire éclate où la bombe éclate, et la bombe éclate de rire, et le respect que l'on porte aux catastrophes éclate lui-même, à la manière d'une bulle de savon. » Bien sûr, Jean Cocteau n'avait pas résisté au plaisir de rappeler que Boris était un musicien de jazz. Personne n'y résistait, mais, pour la première fois, une célébrité littéraire prenait publiquement fait et cause pour l'un de ses écrits.

Toutes ces péripéties ne sont que son lot habituel depuis deux ans. Pourtant, début avril, Boris croit sincèrement toucher enfin au but. Être pris sérieusement pour un auteur, à défaut de pouvoir passer pour un auteur sérieux. Sans restriction, la compagnie d'André Reybaz lui prête son talent. André Reybaz interprète lui-même le rôle de l'équarrisseur. Dans la distribution, il y a aussi Paul Crauchet, Catherine Toth, Jean-Pierre Hébrard, Guy Saint-Jean, Zanie Campan, etc. Peut-être, enfin, une bonne semaine. Qui commence bien, puisque le 4 avril, Duke Ellington arrive au Havre. Boris veut s'y précipiter seul, mais Michelle insiste pour l'accompagner. Le chef d'orchestre doit donner un premier concert au Normandy Palace, l'immense salle de cinéma de la ville portuaire. Les Vian le retrouvent au café Terminus. Longues embrassades. Boris salue des musiciens qu'il n'a jamais vus — sauf Ray Nance, le trompette-fantaisiste et Johnny Hodges — dont il connaît l'œuvre par cœur. Étonnés, Wendell Marshall, un

---

3. Archives de la Fondation Boris Vian.
4. *Ibid.*

bassiste, Alva McCain, saxo ténor, les trompettes Ernie Royal, Nelson William et Harold Baker : un Français, devant eux, qui cherche parfois ses mots en anglais, et leur décline leurs carrières respectives. La fête dure tard, à l'hôtel Roubaix.

Confiant, Boris. Le lendemain, même une panne de gicleur sur la route de Rouen, pendant que l'orchestre, heureusement, gagne Paris par le train, ne met pas son humeur en berne. La répétition générale de *L'Équarrissage* n'a lieu que le 11 avril. D'ici là... Duke est installé au Claridge par son guide personnel. On soigne la séance de moulage des mains du maître. Boris assiste aux premières répétitions de ces solistes sublimés par les dons d'un chef qui sait fédérer leurs rivalités naturelles. France Roche et François Chalais sont invités à les rejoindre au restaurant : les articles sur cette tournée doivent être complets. Les Noctambules ? A la surprise des acteurs, il n'y passe qu'une heure par jour, avec moins d'appréhension que prévu. Boris s'excuse, il est avec le Duke. Même le 11 avril, soir de la première publique, il arrive presque en retard. Les amis, Saint-Germain-des-Prés, la critique sont largement représentés.

« Le final arriva avec une demi-heure de retard, tant la représentation fut freinée par les rires, coupée par des applaudissements, hachée par des acclamations, se souviendra André Reybaz. Quand le rideau se fut enfin immobilisé, des connaisseurs sautèrent sur scène[5]. » Boris est « lavé de bonheur », il sourit « comme un enfant godiche ». Queneau les invite tous à dîner, et raconte des plaisanteries qui, relèvera Reybaz, plongent Boris « dans un respectueux ravissement ». Puis, l'auteur de *L'Équarrissage* se sauve, pour prendre Duke et ses musiciens à témoin de sa joie, dans un autre restaurant. Le chef d'orchestre ne pourra pas assister à la pièce. Il doit un concert quotidien à la capitale, privée, deux ans plus tôt, de son ensemble au complet. Seul le pianiste Billy Strayhorn réussira à abandonner le Palais de Chaillot pour suivre une pièce en français qui ridiculise, entre autres armées, celle des États-Unis.

Les retrouvailles dans Paris se succèdent. Boris conduit le Duke dans son improbable voiture, pendant que Michelle entraîne Eve, la compagne du chef, chez les couturiers et dans les salons de thé. Dîner avec Johnny Hodges. Dîner, chaque

---

5. *Têtes d'affiche*, d'André Reybaz, *op. cit.*

soir, à dix, à vingt, dans un restaurant de Montmartre, à la Cloche d'Or, ou dans une boîte américaine de la rue Mansart. Fin de soirée au Club Saint-Germain. Le ravissement de Boris est tel qu'il en oublie presque sa pièce. Tard dans l'après-midi de la grande première, le 14 avril, l'auteur de *L'Équarrissage* suit Duke Ellington dans les studios de radio, puis à la légendaire boutique Music-Shop. A 19 heures, tous deux discutent encore dans un café. Vers 22 h 30, nouveaux applaudissements dans la salle des Noctambules. Encore des amis, encore des critiques. Les comédiens se souviendront d'avoir vus deux ou trois chroniqueurs connus ne pas bouder leur plaisir, rire, puis battre des mains.

Ceux-là se réservaient pour le lendemain. Dans une sorte de revue de presse intime qui paraîtra en postface à l'édition de la pièce, Boris, quelques mois plus tard, fera lui-même les comptes. Trois articles élogieux, qui détectent la gravité du propos derrière le burlesque des mots, ceux de Marc Beigbeder dans *Le Parisien libéré*, de Michel Déon dans *Aspects de la France*, et de René Barjavel pour *Carrefour*. Encore que cette dernière chronique soit introduite par un titre ambigu : « Boris Vian se réhabilite ». Les autres, à des degrés divers, sont assassins. « L'équarrisseur de M. Boris Vian accroche à son étal tous les morceaux susceptibles (espère-t-on) de susciter chez le client des nausées », écrit Max Favalelli, dans *Paris-Presse*. Tout le reste est à l'unisson. Un équarrissage. Ceux qui jugent que l'on ne doit pas rire de la guerre. Sans surprise, Elsa Triolet, après avoir pris soin de rappeler assez honnêtement, dans *Les Lettres françaises*, qu'elle voue à Boris « une solide antipathie pour l'ignominie de ses crachats », reproche surtout à l'auteur d'avoir choisi une « période " sublime " ». « Et il s'assied dessus. » Guy Verdot, de *Franc-Tireur*, s'interroge : « Et pourquoi pas une opérette sur les camps de concentration ? »

Ceux, aussi, qui le méprisent, avertissent leurs lecteurs que ce n'est pas tout à fait du théâtre, que Boris Vian n'est pas vraiment un écrivain, et détaillent à nouveau la sulfureuse carte de visite. Henry Magnan, faussement objectif, dans *Le Monde* : « J'aime bien Boris Vian, qui possède divers talents, joue de la trompette en divers caveaux, préconise le port de la chemise à larges rayures vertes et blanches et, non content de traduire son... alter negro Vernon Sullivan, écrit — là je ne plaisante plus — de fort attachants romans qu'il a la faiblesse de signer de son nom. » Thierry Maulnier, plus subjectif, dans *La Bataille* : « Il gagne de l'argent ; il est une compétence en fait de musique nègre ; il s'amuse, dans le style du moment, et nous amuse quelquefois. » La trompette, Saint-Germain, l'ami Vernon. Et les relents d'existentialisme en prime. Boris réduit, caricaturé, les vieilles préventions dressées à nouveau pour s'éviter de réfléchir à la pièce. Les soupçons rampants d'opportunisme, d'enrichissement, de provocation à tout prix. Comme sous la plume d'Elsa Triolet, le rappel des crachats. Comme chez Henry Magnan, les jeux de mots déjà servis, deux ans plus tôt. « Il me ferait croire, note le critique — " par intérim " — du *Monde*, que l'on peut, autrement que par défi, s'en aller cracher sur des tombes encore fraîches. » Et comme s'ils étaient déçus, au fond, volés, au regard de leurs attentes, l'accusation, comme l'affirme J.-B. Jeener, dans *Le Figaro*, d'« appétit de scandale ». Mais, comme de scandale, cette aventure dramaturgique n'en contient pas, ils font mine de prédire que M. Boris Vian ne le trouverait pas cette fois.

Le matin du 16 avril, Boris repose les journaux. Les articles s'achèvent tous par des félicitations navrées au metteur en scène, à André Reybaz l'acteur, probablement égaré. Comme si l'on pouvait bien monter, bien jouer une mauvaise pièce ! Mauvaise foi, tranche-t-il, avant de retourner s'enivrer à la musique de Duke Ellington. Des coulisses, il assiste, sans bouger, à trois concerts en vingt-quatre heures. Les musiciens l'interrogent sur l'accueil de sa pièce, tentent de comprendre. Comment peut-on ne pas aimer Boris, l'encyclopédique amateur de jazz ? Johnny Hodge lui conseille de venir vivre en Amérique, la leur, la sienne. L'auteur de *L'Équarrissage* se dérobe, minimise encore, plaisante, bien sûr, les lèvres pincées, la voix haut perchée. « Une rage froide animait Boris, observera encore André Reybaz ; je la sentais au calme menaçant qui précède les orages, à un sourire un peu fixe, à un teint qui n'était plus blême, mais absinthe. »

Le 21 avril, Duke Ellington quitte Paris. Ce n'est qu'après le départ du chef d'orchestre que Boris, sans conviction, reprend ses fastidieux règlements de comptes. Il adresse une réponse personnelle à chacun des chroniqueurs, puis réunit ces réponses en vue d'une publication. Pour la prochaine édition de sa pièce et du *Dernier des métiers* en livre, il allait préparer une mise au point. Au moins, ainsi, le lecteur comprendrait que la pièce avait subi un échec retentissant. Éventuellement les raisons de cet échec. Boris allait ferrailler comme d'habitude, organiser sa défense avec son sens aigu de la logique, ses froids raisonnements d'ingénieur chargé d'observer les mécanismes de la malhonnêteté intellectuelle. Seul un bref passage de son réquisitoire laisserait filtrer un peu de sa douleur : « Ceux qui ont cru que je riais des morts semblent s'imaginer assez puérilement que la guerre ne m'aurait point apporté de deuils[6]. » André Reybaz, lui, était déjà dans la confidence. Pour s'être interrogé sur l'obsession « un peu fanée » de Boris à ridiculiser les FFI, le metteur en scène s'était attiré un aveu cinglant : « Pour moi, elle est saignante. Ils ont tué mon père. » Boris avait aussitôt regretté cet écart.

Aux Noctambules, dès la fin avril, on prépare à la hâte le remplacement de *L'Équarrissage pour tous*. A la curée s'ajoute la faiblesse de fréquentation. *La Cantatrice chauve*, d'Eugène Ionesco, prend la relève, le 11 mai 1950. Reybaz est dépité. Gêné pour Boris, comme Boris l'est pour lui. Quelques jours après la preuve de la déconfiture, l'auteur précipite le metteur en scène dans sa vieille méthode : se relancer tout de suite, chasser le mauvais souvenir par l'espérance d'un succès à venir. Boris le pousse à l'accompagner sur l'heure dans la préparation d'un spectacle de sketches. Reybaz s'y plie, sans bien réaliser. Après plusieurs journées d'invention acharnée, un texte est prêt. Reybaz se le fera partout refuser. Laissant Reybaz sceptique, Boris est déjà loin. Jean Cocteau, le 30 mai, lui envoie un mot de réconfort et de plainte. « Très cher Boris, je t'aime beaucoup, et ta femme. Il y a longtemps que j'ai deviné en toi ce qui explose dans cette pièce. Je quitte Paris trop fatigué d'être le fantôme d'un monsieur qu'on me fait et que je ne suis pas (et que je n'aimerais pas connaître). J'emporte quelques figures dont la tienne. » Le monsieur qu'on lui fait et qu'il n'est pas : Boris pourrait retenir la formule.

Il cherche l'apaisement dans de nouveaux ou d'anciens projets que, peut-être prévoyant, il conservait méthodiquement dans ses chemises cartonnées. Il avait espéré beaucoup de *L'Équarrissage pour tous*. Peut-être, comme l'avait noté René Barjavel, une forme de réhabilitation. En 1947, il avait

---

6. Le livre préparé par Boris Vian devait comprendre les deux pièces, ainsi qu'un *Avant-propos à L'Équarrissage pour tous*, le texte de Jean Cocteau, la reproduction des principales critiques favorables ou hostiles, ainsi que quelques lignes de réponse à chacun de leurs auteurs.

pris du plaisir à écrire, même en 1948, à revenir sur son manuscrit, et de longs mois durant, il avait changé ses habitudes en adressant volontiers l'une ou l'autre des versions du texte à des amis. Curieusement aussi, il s'était obstiné à lutter contre le malentendu. S'était débattu, pudique, fragilisé mais entêté, et pour une fois, n'avait pas masqué ses efforts derrière les facilités du dandy. Un producteur, Fererri, avait vaguement évoqué l'idée d'adapter sa pièce au cinéma. Boris s'était convaincu du réalisme de cette entreprise. Autre illusion. Il avait entrepris de nouvelles démarches qui lui coûtaient. Au mot « film », à la perspective, même brumeuse, d'explorer le cinéma, il était reparti en conquête, pour quelques semaines de plus, avait contacté Georges Baume, l'agent artistique de Martine Carol. Si un film devait naître de la pièce, seule Martine Carol pouvait en assurer le succès ! Illusion. Dans son agenda, au mois d'avril 1949, il avait noté l'adresse à Golfe-Juan de la vedette nationale, accessoirement marraine désignée du premier Tabou. Pour lui, l'étoile.

Il avait préparé une lettre pour l'actrice, lettre dans laquelle il se recommandait de Jacques Lemarchand, de Jean-Louis Barrault, de Jean Paulhan et de Félix Labisse, et lui proposait le rôle de la sœur « qui accueille les soldats et fait les 400 coups pendant tout le film ». « Naturellement, écrivait-il, le producteur ne nous donnera pas 50 millions pour faire ça, mais il en lâcherait une douzaine ; aussi, voilà le problème : est-ce que ça vous tente de faire un peu de cinéma pas commercial ? » Martine Carol avait-elle répondu à cette lettre ? L'avait-elle seulement reçue ? Le 31 mars, Boris avait déjà consigné dans son agenda : « Martine Carol envoie télégramme. Acceptation principe pour projet Vian. » Avait-il rêvé ? Rêvé l'actrice, le film, la pièce même ?

Aux marges de l'édition

La trace de ses livres se perd. L'œuvre de Boris Vian se laisse détourner par les éditeurs inconnus ou opportunistes, sans moyens financiers ou de diffusion. Boris paraît ne connaître qu'une maison dans Paris. Gallimard. L'écrivain se comporte comme s'il n'y avait décidément pas de salut pour ses livres hors la NRF. Comme si, après les refus de Gaston Gallimard, les explications embarrassées de Paulhan, de Queneau, de

Lemarchand, les œuvres elles-mêmes perdaient beaucoup de leur intérêt aux yeux de leur auteur. Et l'auteur de sa volonté de les publier.

La première offre emporte désormais l'objet. Qu'importe, en apparence, que le nouvel arrivant ne soit pas un familier du milieu de l'édition, que les propositions frisent parfois la filouterie, qu'elles émanent d'hommes, de sociétés dont Boris ne sait rien, ou d'amis d'amis. Le mutisme persistant de Gallimard semble générer une forme de paralysie, de fatalisme, une perte d'estime de l'écrivain pour ses propres écrits. Boris s'abstient, malgré ses relations, de faire lire ses textes chez Stock, chez Grasset, chez Flammarion, chez Julliard, qui publient pourtant les romans de certains de ses amis. L'influence de Saint-Germain-des-Prés n'est pas sollicitée, sans doute parce que cette histoire collective s'est soldée par bien des marchés de dupes, et que Boris le sait, qu'on lui a fait dans le quartier des écrivains, plus encore que dans la presse, la réputation d'un plaisantin. S'entremettre pour Boris, en 1950, c'est un peu s'exposer. Il avait fallu toute la souplesse de Jean Cocteau, sa fatigue de ses contemporains, pour s'en moquer. Par orgueil, Boris ne sollicite aucune faveur. Ne montre aucun texte hors de la rue Sébastien-Bottin. Par attachement, par nostalgie, il ne peut s'éloigner de sa famille de 1946, de l'éditeur qui, seul, assure les renommées, celles de Jean Rostand, de Queneau, de Sartre, qui aurait pu, un temps, assurer la sienne. Si Gallimard dédaigne, il brade.

L'année précédente, *L'Herbe rouge* avait été donnée à lire au comité de lecture de la NRF. L'accueil avait été encore plus réservé que pour *L'Automne à Pékin*. La décision était tombée, plus vite, tranchante, sans les égards des années précédentes. Ils en étaient tous navrés, Sartre, Queneau, Lemarchand, même Marcel Arland, mais décidément, ils n'aimaient pas. Raymond Queneau avait été prié de préparer le recalé. Et c'était tout ce que la petite communauté pouvait encore pour l'exclu, cette lettre ennuyée, fuyante, de l'intime : « Je croyais que G.G. t'avait écrit, mais il y a eu des pépins du côté secrétariat, et tout est en panne à cause d'une connarde, alors je ne veux pas te faire attendre trop longtemps, ce n'est pas une lettre " officielle " que je t'écris. Je ne sais pas exactement ce que G.G. te répondrait à l'heure actuelle, mais je crains que ce ne soit négatif. Arland a fait un compte rendu très compréhensif et très " sympathisant " — Mais il fait des réserves, pas très différentes de celles que font Sartre et Lemarchand, ou de celles que je fais moi-même. Étant donné le restrictionnisme de Gallimard en ce moment, je doute fort que cela provoque une attitude favorable de Gaston. Sommes-nous tous un peu cons ? ou bien n'as-tu pas fait ce que tu voulais faire ? L'histoire littéraire en jugera, comme dirait l'autre. Enfin, crois bien que je suis toujours ton ami. Queneau[7]. »

La lettre « officielle », comme la nommait Queneau, était parvenue à Boris le lendemain. Le 23 décembre 1949, Gaston Gallimard informait l'écrivain qu'il ne publierait pas *Le Ciel crevé*, titre du manuscrit de *L'Herbe rouge*, lors de son bref passage par la rue Sébastien-Bottin : « Cher Monsieur, Raymond Queneau a dû déjà vous faire part de nos hésitations et des réserves de notre comité de lecture au sujet de votre dernier manuscrit : *Le Ciel crevé*. Je crains que ces réserves ne soient assez justifiées, et que les critiques de différent ordre que l'on a faites sur cet ouvrage me font douter que cette œuvre soit de la même qualité que *L'Écume des jours*. Peut-être nous trompons-nous. Cependant les avis de différents lecteurs concordent trop pour que je ne leur fasse pas confiance, et je me vois donc obligé de renoncer à la publication de *Le Ciel crevé*[8]. »

Boris n'avait pas réagi. Il y avait longtemps qu'il ne se précipitait plus dans les bureaux de Gallimard. Queneau demeurait son ami. Gaston Gallimard, un père d'élection trop lointain, incompréhensif, mais qui, pensait Boris, devait tout de même posséder un peu d'humour. En tout cas, malgré les refus, peut-être à cause des refus, Boris allait persister dans sa correspondance désinvolte et affectueuse avec le fondateur de la NRF. Cette lettre, où perce pourtant un peu d'amertume, en témoigne : « Mon cher Gaston, j'ai bien reçu le chèque sur le Crédit du Nord auquel tu as consenti d'attacher ta signature ; par pneumatique, même, et je t'en remercie, car la célérité de la réponse compense abondamment la discrétion (que j'ai appréciée) de ton envoi. Je sais que je devrais te répondre par télégramme pour rester au niveau de la situation, mais j'ai la flemme d'aller à la poste, aussi, considère que le vœu y est. J'ai été un peu ému par le ton officiel et presque guindé de ta

---

7. Lettre du 22 décembre 1949, publiée par *Les Amis de Valentin Brû*, n° 21, novembre 1982.
8. Archives Gallimard.

lettre : crois bien que je comprends la gaudriole et ne te gêne pas pour m'inviter à un dîner de garçons ; je ne suis pas de ces gens snobs qui s'attachent aux formes. Aussi la prochaine fois, j'espère que tu laisseras parler ton cœur. Une grosse bise à toute la petite famille. Ton pote [9]. »

En 1950, Boris abandonne sa vigilance. L'édition de ses livres ressemble à sa vie, éperdue, éparpillée. *L'Herbe rouge*, puis *L'Équarrissage pour tous* paraissent successivement chez Toutain, un éditeur de la rue de la Chaussée-d'Antin. Imprimé, mis en vente à Paris dans quelques librairies, le roman n'est pas diffusé au-delà. Des stocks entiers sont placés sous séquestre par le diffuseur qui n'a pas été payé. Aucun service de presse. Quelques centaines d'exemplaires de *L'Herbe rouge*, tout au plus, mis en circulation. *L'Herbe rouge* mort-né ! En octobre 1950, *L'Équarrissage pour tous*, pourtant imprimé, n'est tout simplement pas mis en vente. Les Éditions Toutain déposent leur bilan. Pourquoi Toutain, éditeur marginal, éditeur d'occasion en la circonstance, qui n'a jamais inscrit un autre roman à son catalogue ? Bien sûr pas la moindre pièce de théâtre ? A la fois par facilité et par nécessité.

Le 3 octobre 1949, Boris s'était vu proposer, par un certain Henri Pelletier, responsable des Guides Verts dans une société de la rue de la Chaussée-d'Antin, d'écrire un guide sur Saint-Germain-des-Prés. Ce personnage se disait prêt à lui préparer un contrat, à lui verser une avance. A son habitude, l'offre flattait sa curiosité, son incroyable réserve d'enthousiasme pour des expériences nouvelles. Elle apaisait sa peur du manque. En plus, bien sûr, Boris espérait trouver dans n'importe quel chèque imprévu le soulagement momentané de ses dettes. Sans réfléchir, il était allé au rendez-vous, avait jugé Henri Pelletier sympathique, était rentré chez lui griffonner sans attendre une première maquette, un plan de l'ouvrage, dresser une liste d'illustrateurs possibles. Jean Boullet, Gus, Christian Bérard, Yves Corbassière, Droppy, tous familiers du vieux quartier... En quelques jours, Boris avait reformulé le projet, encore vague, de l'éditeur de guides, l'avait déjà marqué de ses conceptions graphiques, de ses idées de sommaire. A l'écouter, il n'y avait plus qu'à signer le « bon à tirer ». Boris adore cela : imaginer des journaux, des

---

9. Lettre non datée, apparemment de la même période, fin 1949 ou début 1950. Archives Gallimard.

revues. Sa profusion d'idées, sa rapidité d'exécution avaient déjà précipité la naissance de quelques revues, *Jazz 47*, *Jazz News*, de quelques journaux éphémères comme *Saint-Cinéma-des-Prés*, ou *Chaos*, dont il avait jeté les fondations, le soir, dans Saint-Germain avec Maurice Raphaël, Eugène Moineau, André Frédérique ou François Chevais. Journaliste amateur et amateur de journalisme, c'était lui qui avait souvent entraîné les rédacteurs professionnels dans des aventures sans grand lendemain, mais mémorables. Il rêvait de tenir une chronique régulière, dans n'importe quel organe de presse : *La Crapule de la semaine*, avec « la photo, fausse, de la crapule ».

Alors, avant même d'avoir signé un contrat, sans avoir pris le soin de se renseigner sur les Guides Verts, simplement de se demander si une collection d'ouvrages neutres pour touristes envisageait sérieusement de s'attacher la collaboration d'un dynamiteur, Boris avait préparé un questionnaire à soumettre, par les soins de Toutain, à quelques-uns des acteurs de l'épopée de Saint-Germain. Était-ce vraiment le ton que l'éditeur souhaitait pour l'ouvrage ? Ces questions-gags, fraternelles du Cercle Legateux ? « Quand avez-vous pour la première fois éprouvé l'angoisse existentialiste ? » « Selon vous, qui est Sartre ? » « Que pensez-vous du Coca-Cola ? » Etc. Bien sûr, les habitués de Saint-Germain, puisque c'était Boris le promoteur de la plaisanterie, avaient à peu près répondu n'importe quoi à la liste soumise sous l'en-tête des Guides Verts.

Résumées, les réponses de Gabriel Pomerand aux interrogations suivantes :

« Signe particulier : crasse.

Tour de poitrine : exiguë.

Cheveux : hirsutes.

Marié : oui, accessoirement.

Tarif pour la nuit : aux fluctuations de mon baromètre.

Anciens métiers : parasite, prisonnier, étudiant, résistant, écrivain, gigolo.

Métier exercé actuellement : époux.

Métier souhaité : membre de l'Académie française et milliardaire.

Quand avez-vous éprouvé pour la première fois l'angoisse existentialiste ? : néant.

Type de femme (ou d'homme pour les femmes) : mûre, jeune d'apparence et nymphomane.

Selon vous, qui est Sartre ? : un brave homme.
Selon vous, qui est Simone de Beauvoir ? : sa femme.
Comment définissez-vous Saint-Germain-des-Prés ? : Saint-Germain-des-Prés est un ghetto.
Claude Luter est-il un orchestre be-bop ? : il le croit.
Quel mot proposeriez-vous pour définir un habitant de Saint-Germain-des-Prés ? : un " pratigerminois " ou un " con ", au choix. »

Qui était Sartre, fin 1949 ? « Un bon professeur de philosophie qui a réussi » (Romi, animateur du Club Saint-Yves) ; « le propriétaire d'un appartement que je convoite » (Raymond Auboyneau) ; « le Père supérieur » (Anet Badel) ; « un ami » (Cazalis) ; « un gars qui ne paie pas ses consommations » (Claude Luter). Simone de Beauvoir, selon le même ordre de réponses ? Une institutrice, une relation dudit propriétaire, la mère supérieure, une amie d'une amie, une danseuse nue. L'habitant-type de Saint-Germain ? Un premier communiant, un décavé, un traîne-patin, un cloporte nyctalope...

Boris s'était préparé à écrire un texte plaisant, à l'image de ces contributions gracieuses. Une petite insolence à l'usage des touristes alléchés par les odeurs suspectes de l'existentialisme. Mais les affaires avec Toutain s'étaient rapidement compliquées. L'argent manquait. Boris avait protesté, et l'animateur de Toutain promis davantage. Pourquoi pas *L'Herbe rouge*, ce roman endormi ? Et *L'Équarrissage* ? Henri Pelletier trouvait Boris sympathique, et plus les mois passaient, plus les difficultés s'accumulaient, plus l'éditeur ne voyait pas d'autre moyen, pour boucler son budget, que de s'appuyer sur la sulfureuse réputation de son auteur. De miser, lui aussi, sur l'espoir d'un scandale lucratif. Ces aménagements du projet d'origine constituaient une aubaine pour Boris. *L'Herbe rouge* aurait peut-être ainsi des lecteurs. Une humiliation, surtout : en vertu de la règle du « droit de suite », respectée dans les années d'après-guerre, tous les éditeurs devaient soumettre à Gallimard leur souhait de publier une œuvre de fiction de l'écrivain Boris Vian. Toutain, après Jean d'Halluin, devait solliciter à son tour l'autorisation de Gaston Gallimard. Toute l'œuvre refusée, *L'Automne*, *Les Fourmis*, *L'Herbe rouge*... Boris restait étroitement lié à la maison de son cœur, mais de la pire des manières. Attaché, dans tous les sens du terme. Infernale machine à renvoyer l'écrivain aux marges de l'édition, car on voyait mal une maison connue aller chercher la bénédiction de la NRF rivale pour un romancier que la rumeur, les liens mêmes de celui-ci avec le comité de lecture de la rue Sébastien-Bottin, maintenaient dans la proximité de Gaston Gallimard.

A l'approche de l'été 1950, les rêves de Toutain, et d'un éphémère associé, Petit-Escourol — que Boris appelle Petit-Escrorol — d'entrer dans le club très fermé de l'édition paraissent compromis. *L'Herbe rouge* commence à prendre l'humidité dans les dépôts des diffuseurs. *Le Manuel de Saint-Germain-des-Prés* est repoussé. Le 25 juillet, l'éditeur — Pelletier, Petit-Escourol ? — écrit à Boris, en séjour à Saint-Tropez. « Mon Bison joli, gros salaud, tu te bronzes et tu baises (du moins je l'espère) pendant que moi, je pâlis à vendre ces sacrés bouquins et encore tu as le culot de me réclamer du fric. Plaisanterie à part, j'ai été foutrement emmerdé depuis ton départ. L'imprimeur pour appuyer ses demandes d'argent a mis l'embargo sur les bouquins : plus d'envois d'*Herbes* tant que ne seront pas versés de nouveaux acomptes — pas d'*Équarrissage* (entièrement terminé) ni de *Manuel*. Maintenant, la bonne nouvelle : j'ai dans mon malheur un sacré pot, car tiens-toi bien, j'ai enfin (ENFIN) trouvé un commanditaire. Il est prêt à verser, si nécessaire, une somme comptant à l'imprimeur et à avaliser mes traites. Il y a des fortes chances pour qu'il m'aide également pour la suite. Pour être très franc, je dois dire que ton nom y a été pour quelque chose (un Bison nommé Paratonnerre). Seulement le gars a vachement bondi quand je lui ai dit que nous n'étions pas encore en règle question contrats [10]. »

Sans assurances, Boris achève tout de même le manuscrit du *Manuel de Saint-Germain-des-Prés*. Les mois passant, lui-même s'éloignant de ce passé récent, l'amertume pointant, il n'a plus envie de ce livre. Surtout, il s'en extrait, au grand désappointement de l'éditeur, il écrit souvent comme s'il n'avait pas beaucoup fréquenté le quartier, puise ses sources historiques dans des livres, bâcle même la saga du Tabou. Trop neutre chronique nécrologique. Omission de la part prise par lui, par Michelle. Deux années passées tellement vite, pour lui mystérieuses, devenues dangereuses à l'équilibre de sa

---

10. Archives de la Fondation Boris Vian.

mémoire. Deux années qui l'ont affaibli, projeté irrémédiablement dans une autre époque de sa vie. En introduction de son texte, Boris reprend sa croisade contre la presse, mythomane exploratrice d'existentialisme. Il cite de nombreux extraits de journaux. Mais cette fois il s'en prend aux siens. A ses compagnons de caves et d'irrévérence. A ceux de *Samedi-Soir* et de *France-Dimanche* qui l'ont pourtant défendu dans la tourmente de *J'irai cracher sur vos tombes*, qui ont beaucoup contribué à sa popularité locale. C'est peut-être ce qu'il leur reproche, justement, ne pouvant s'adresser le reproche à lui-même. Boris se sent incapable de livrer sa propre vérité de Saint-Germain. Son désarroi s'y exhiberait à nu. « On s'aperçoit, écrit-il dans sa préface, en repensant à toutes ces soirées passées que les souvenirs que l'on espérait les mieux accrochés s'affolent et s'estompent, se mêlent et s'envolent. » Ne subsiste qu'« une vision de visages divers, de gaieté, d'animation, de bagarre ». Pour ces visages enfouis, Boris égrène, à la fin de son texte, des portraits tendres, ceux des vrais amis, des copains, des patrons de café. Pomerand, Suyeux, Astruc, Scipion, Bost, d'Dée, Chevais, Chauvelot, Boubal, etc. Des filles. Des gloires en place, Gréco, Cazalis, Doelnitz, des littérateurs, Cossery, Simone de Beauvoir, Merleau-Ponty. Il n'épingle guère qu'Albert Camus. Même Sartre, en 1950, a droit à un très court texte objectif : « Écrivain, dramaturge et philosophe dont l'action n'a rigoureusement aucun rapport avec les chemises à carreaux, les caves ou les cheveux longs, et qui mériterait bien qu'on lui foute un peu la paix, parce que c'est un chic type. » Volontairement, le Major manque à l'appel de ces souvenirs mitigés.

Plusieurs fois annoncé, notamment lors des fausses sorties du roman et de la pièce, *Le Manuel de Saint-Germain-des-Prés* ne guidera aucun touriste le long des caves. Le stock d'inédits signé Boris Vian s'enrichit. Boris se forcera aussi à l'oubli de ce livre-là. Ouvrage alimentaire, conclura-t-il. Il pensera même, jusqu'à la fin de sa vie, avoir égaré le manuscrit. Quant à *L'Herbe rouge*, il ne l'évoquera plus.

Bonne compagnie de prétoire

Ils sont nombreux à défiler à la barre, et malgré l'inconfort de la situation, c'est au fond, pour Boris, une journée de reconnaissance. Jolie brochette de gredins : Zola, Gide, Mirbeau, Sade, Jarry, Louÿs, Colette, Joyce, Caldwell, Faulkner et Malaparte. Tous poursuivis, inculpés, arrêtés ou qui auraient dû l'être. Simone de Beauvoir, avec *Le Deuxième Sexe*, dont des exemplaires ont été saisis dans le Nord de la France. Descartes, hué par ses juges. Flaubert, traîné au prétoire avec *Madame Bovary*. Isidore Isou, rescapé des geôles. Même Baudelaire, qu'une Cour de cassation a pourtant réhabilité récemment. Et puis, des comparses, Jean Paulhan, préfacier des *Infortunes de la vertu*; les signataires de la pétition en faveur d'Henry Miller : Marcel Achard, Jean Cocteau, Henry de Monfreid, Jean Anouilh, etc. Et l'initiateur de ce forfait connexe : Maurice Nadeau. Et Sartre, bien sûr, pour *La Putain respectueuse*; et Freud, qui aurait pu s'abstenir d'aller raconter que l'âme avait ses petits secrets. Henry Miller, en fuite, a envoyé ses salutations.

Ce 29 avril 1950, la 17ᵉ chambre du tribunal correctionnel de la Seine accepte, au nom de la morale, et pour la sauvegarde de l'enfance, de remuer la fange. Le Parquet n'a pas suivi Daniel Parker et le Cartel d'action sociale dans leur plainte contre Henry Miller. Rentré chez lui, l'auteur des *Tropiques* ne peut plus être condamné que par une cour américaine. Mais on tient l'autre, Boris Vian ! Et de belle manière. Pour *J'irai cracher sur vos tombes*, sa version anglaise, et pour *Les morts ont tous la même peau*. Au cas où le premier crime ne suffirait pas. Jean d'Halluin comparaît en qualité d'accusé principal. Boris est soupçonné de complicité, comme plusieurs imprimeurs. Et comme l'affaire est grave, que la justice redoute de renforcer encore la popularité de Vernon Sullivan, plus encore pour préserver la jeunesse, puisque c'est le premier but de cette séance d'exploration du Mal, le substitut a obtenu le huis clos. On a beaucoup lu, les jours précédant l'audience. Monsieur le substitut s'est replongé dans l'obscénité de quelques pages célèbres, car, en face, les amis des pornographes ont de la culture. André Berry, professeur au lycée Saint-Louis, couronné par l'Académie française, Raymond Queneau, le conseiller d'État Georges Huysmans, présents dans la salle, et Jean Paulhan, par écrit, tous témoins de la moralité de Jean d'Halluin et de Boris Vian, doivent connaître par cœur les auteurs licencieux.

Au substitut, ce procès offre surtout l'occasion, malgré l'absence de public, d'un réquisitoire d'anthologie ; d'anthologie juridico-littéraire, le premier depuis la guerre, face au redoutable défenseur qu'est Me Georges Izard, et à ce cortège d'écrivains scandaleux dont on va, à coup sûr, faire resurgir les fantômes. Seul, le président a l'air de croire à ce qu'il juge : la sourcilleuse protection de la jeunesse. A lire le compte rendu d'audience, sténographié par le cabinet de Me Izard [11], le tribunal s'en tient obstinément au fond et à la lettre du décret-loi du 29 juillet 1939, à une vision simpliste, d'avant-guerre, des intérêts de l'enfance, qu'il fait sienne. La liberté d'expression, le droit de l'écriture à tout dire, même les pulsions profondes, ne sont pas son affaire, et il s'emporte vite au rappel de quelques condamnations démenties par la postérité. La loi. Toute la loi. Si l'obscénité des pages incriminées est jugée non pédagogique, tous les prix Nobel n'y changeront rien.

D'ailleurs, dès l'ouverture de la séance, le président s'impatiente, interrompt André Berry, appelé à la barre, qui souhaite sans attendre mêler les ennuis judiciaires de Baudelaire et de Flaubert à ceux de Boris Vian :

« Le président : Flaubert a été l'objet d'une poursuite, évidemment.

André Berry : C'est maintenant l'honneur des lettres françaises.

Le président : Ce n'est pas Flaubert que nous avons à juger.

André Berry : Enfin, Flaubert est maintenant l'honneur des lettres françaises. Personne ne s'avise de penser aux jugements qui l'ont accablé, sinon évidemment pour les tourner en ridicule.

Le substitut : Ils ne sont pas si ridicules [...]

Le président : Qu'est-ce que vous penseriez si vous voyiez ces deux ouvrages de Boris Vian [...] entre les mains de vos élèves, monsieur ?

André Berry : Je dirais qu'ils n'ont pas à tomber entre les mains de mes élèves, que c'est aux parents à surveiller, et que bien d'autres livres pourraient tomber entre les mains des

---

11. *Ibid.*

élèves, des livres très scientifiques, qui risquent d'être pernicieux.

Le président : Vous n'êtes pas ici pour faire une plaidoirie, mais pour témoigner. Je vous demande de répondre à cette question sans paraître vous en écarter. »

Rude audience pour l'ordre public et les bonnes mœurs. Georges Izard rappelle à plusieurs reprises l'actualité de la révision du procès de Baudelaire. Pour le président, c'est déjà trop s'écarter du sujet du jour. Le Panthéon des Lettres envahit l'audience, et la protection des mineurs éprouve quelques difficultés à se faire entendre. Queneau s'avance et garantit avec conviction l'honorabilité de l'éditeur de Sally Mara. Soucieux de l'humeur du tribunal, le représentant du ministère public cherche à contenir cette brassée d'éloges :

« Le substitut : Les éditions Gallimard avaient, elles aussi, je le sais, une " Série Noire "...

Raymond Queneau : Oui.

Le substitut : ... qui est fort justement répandue, et même la plus répandue. Dans ces conditions, je crois que le témoin plaide un peu " pro domo ".

Me Georges Izard : Pourquoi, est-ce interdit la " Série Noire " ? Il y a des poursuites contre la " Série Noire " ?

Le substitut : Certains volumes de la " Série Noire " sont ou seront poursuivis.

Me Georges Izard : Seront poursuivis ? Alors, nous notons qu'à cette audience il a été déclaré que des ouvrages de la " Série Noire " seront poursuivis. »

Le président tente d'apaiser la défense en expliquant que la Commission du livre recommande en effet de poursuivre la collection de Marcel Duhamel, mais que le Parquet n'a pas encore entériné cet avis. A cette information, Queneau fait entendre son énorme rire. L'avocat triomphe. « Nous finirons par ne plus pouvoir vivre dans ce pays », lance-t-il. Puis revenant aux poursuites du jour, contre Jean d'Halluin et Boris Vian, l'avocat fait défiler, sous les ors de la 17e chambre, les figures de la NRF :

« Raymond Queneau : Eh bien, nous avons un comité de lecture qui est composé de M. Arland...

Me Georges Izard : Marcel Arland, ancien Prix Goncourt.

Raymond Queneau : ... de M. Paulhan...

Me Georges Izard : Commandeur de la Légion d'honneur, Grand Prix de littérature de l'Académie.

Raymond Queneau : ... Albert Camus, prix de la critique 1947...

Mᵉ Georges Izard : Tout le monde connaît Albert Camus.

Raymond Queneau : ... M. Jacques Lemarchand, qui est critique dramatique à *Combat*, M. Brice Parain...

Mᵉ Georges Izard : Qui est un des philosophes les plus unanimement estimés.

Raymond Queneau : ... Et moi-même.

Mᵉ Georges Izard : Et vous-même [...] Par conséquent, ces six lettrés incontestables, ayant connu les deux manuscrits de Boris Vian, le considèrent comme un écrivain digne de s'appeler un écrivain.

Raymond Queneau : Certainement, je considère que Boris Vian est un de nos jeunes écrivains qui a le plus d'avenir. Je le considère comme extrêmement doué, et j'ai la plus grande confiance dans ses œuvres futures et dans son œuvre passée. J'estime que le roman que nous avons publié : *L'Écume des jours* est une très belle œuvre. »

Puis, l'avocat se demande si la place particulière de *J'irai cracher sur vos tombes* dans l'œuvre de Boris Vian ne tient pas au sujet traité, le drame des Noirs américains ayant « franchi la ligne », et si l'écrivain pouvait vraiment se dispenser d'explorer « les aspects spécifiquement érotiques » de la question. Queneau répond par la négative : « Je crois que l'aspect sexuel de la question nègre est absolument prééminent. C'est le plus important, celui qui tourmente le plus les Américains. » « Il s'agit d'un Nègre, reprend Georges Izard. La lutte contre les Nègres est une lutte sexuelle dans l'âme du Nègre. » Boris Vian aurait-il « fait son métier d'écrivain », sans montrer un homme « hanté par la question que les Blancs lui avaient, par leurs persécutions là-bas, mise dans la tête, c'est-à-dire, par la question sexuelle ? » Queneau approuve. Le président estime, lui, que les Noirs américains doivent plutôt être poursuivis par « une idée de race ». « Non, c'est très rare », tranche Queneau.

Bien sûr, le défenseur s'est entendu avec ses témoins. A Queneau, l'étrangeté des États-Unis. Au conseiller Georges Huysmans, le soin d'essayer de comprendre les magistrats. « Je sais bien que Boris Vian, ancien ingénieur de Centrale, spécialiste du jazz, avait été un des créateurs de ce mouvement de jeunesse de Saint-Germain-des-Prés, dont nous savons tous que ses actes ne sont pas toujours conformes à la

Daniel Ivernel, Boris Vian et les actrices de *J'irai cracher sur nos tombes*.
Photo D.R.

Boris Vian avec Pasquali, le metteur en scène de la pièce.
Photo Roger-Viollet.

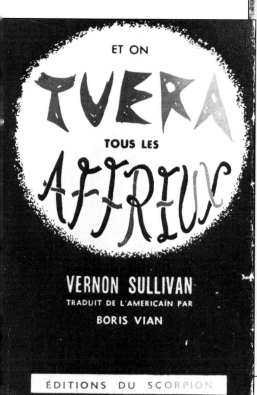

Ursula Kübler et Boris, à la porte du 3, rue d'Aumale, à Saint-Tropez.
Photo D.R.

Sur une plage de Saint-Tropez.
Photo D.R.

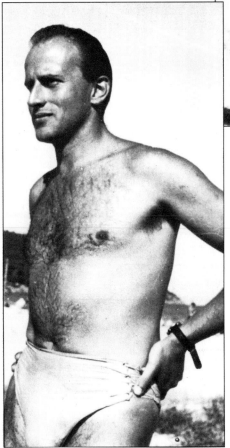

Ursula, Boris et la Brasier aux champs.
Cette photo illustrera leur faire-part de mariage.
Photo D.R.

La Brasier en ville.
A Saint-Tropez,
quelques années
avant les voitures
de sport de
Françoise Sagan.
Photo D.R.

Ursula et Boris au bar-tabac de la place Blanche.
Photo D.R.

Ursula, « danseuse de caractère ».
Photo D.R.

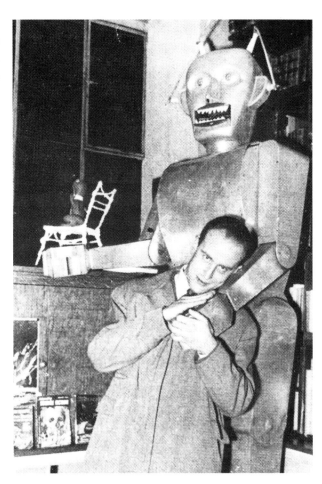

Le robot protecteur du Club des Savanturiers.
Photo D.R.

« Les Hommes de Fer », l'un des tableaux peints par Boris.
Photo D.R.

Le baron Jean Mollet, Vice-Curateur du Collège de Pataphysique, entouré de Boris et de Michel Leiris.
Photo D.R.

Henri Salvador et Boris avec le baron Mollet, pendant la fête donnée sur la terrasse de la cité Véron.
Photo D.R.

Boris, chanteur, aux Trois-Baudets.
Photo D.R.

Jeu de scène pour *Le Déserteur*.
Photo D.R.

Magali Noël et Boris mimant *Fais-moi mal, Johnny !*
Photo D.R.

Hildegarde Neff.
Photo D.R.

Jacques Prévert, voisin de terrasse, cité Véron.
Photo Morath-Magnum.

Sa dernière voiture, une Morgan bleue.
Photo D.R.

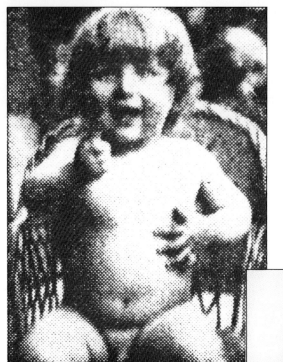

Photos D.R.

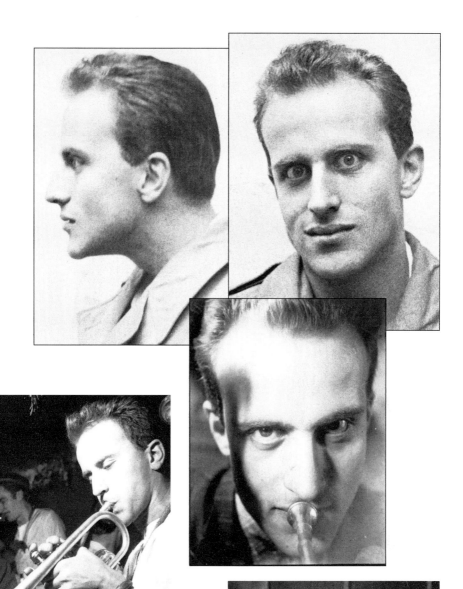

Photos :
D.R.
Keystone
Roger-Viollet

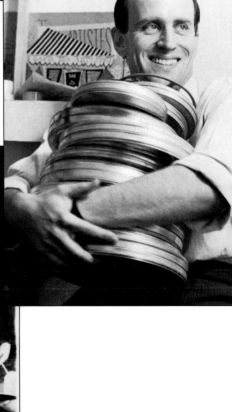

Photos D.

photos D.R.

Photo Ronis-Rapho

morale traditionnelle. Je voudrais me permettre de dire au tribunal que cette jeunesse dite " de Saint-Germain-des-Prés " a vraiment droit à beaucoup d'indulgence aujourd'hui, car elle a grandi et elle a vécu dans des circonstances particulièrement douloureuses. » Le substitut balaie l'Amérique et Saint-Germain. Boris Vian a assez dit l'entreprise commerciale que représentait *J'irai cracher sur vos tombes*. L'obscénité est donc gratuite. Pas une nécessité psychologique ! La mode des romans policiers aboutit « avec Boris Vian et ses émules, à une pure et simple recette mécanique avec son titre brutalement accrocheur que nous lisons dans toutes les vitrines, dans tous les ouvrages de cette série, avec cette aimable présentation rouge et noire que nous voyons partout, qui est comme une forme de racolage, avec son style stéréotypé et sans fond, sans imprévu, parce qu'il n'y a pas d'imprévu ». Et citant *La Fin du bluff*, un livre de Narcejac, le représentant du ministère public ajoute : « Le roman policier est la forme commerciale et foraine du roman. »

Au fond, le substitut a assez bien lu *J'irai cracher sur vos tombes*. Il y devine le truquage, le pastiche pour le pastiche. Souci psychologique ? Préoccupations sociales ? « De tout ceci, il ne reste pas à peu près rien, qu'un thème vague, et il en faut bien un pour bâtir un roman. » Un prétexte « à des descriptions érotiques et sadiques ». Le magistrat déclame quelques scènes du roman, dont celle dite de la salle de bains, avec Jean Asquith et Judy, la « bobby-soxers ». Le substitut lit, puis se tait. « Je ne commenterai pas, même d'un mot. Le tribunal appréciera. » Il veut bien admettre avec ces messieurs de la défense que certaines nécessités érotiques peuvent parfois s'imposer au romancier, notamment au romancier français, homme libre dans un pays de liberté. Lui aussi a aimé *Corydon*, lu Gide, Zola, et Proust. Lui aussi connaît *Le Blé en herbe*. Même Pierre Louÿs. Cette « perfection [...] qui permet de tout dire » n'est pas comparable à « cette froide brutalité photographique » du roman de Boris Vian. La différence ? D'un côté, le sexe au profit de l'analyse d'une société, d'une destinée, de l'autre, le sexe mercantile, « pour satisfaire le bas instinct du lecteur ».

Bien sûr, Mᵉ Izard et lui-même peuvent lire ce livre « en toute tranquillité » et même « y prendre un certain goût ». Mais « les esprits jeunes, malléables que de tels récits [...] risquent de marquer à jamais » ? Le substitut raconte à la cour le drame de ce père, « obsédé alcoolique », qui, à la lecture de *Méfiez-vous fillettes*, de James Hadley Chase, — « des éditions Gallimard » — avait brusquement déshabillé sa propre fille, l'avait attachée sur une table, l'avait fouettée au moyen d'un câble électrique, pendant peut-être un quart d'heure, jusqu'à ce que mort s'ensuive. « Ceci, Messieurs, je ne l'invente pas [...] on comprend hélas le choc psychologique qui a pu être infligé à ce cerveau malade par cette lecture, et qui, tout d'un coup, a déclenché l'automatisme meurtrier de son geste de brute. » Voilà pourquoi la loi doit s'appliquer à Boris Vian et à son éditeur.

Avec les plaidoiries, remontent en ligne les fantômes. Emmanuel Mounier, fondateur de la revue *Esprit*, qui demandait, dans un texte, qu'on distingue l'érotisme, « ce chemin de mort qui effraie Mauriac » et l'obscénité qui s'étale partout, dans les journaux, à la radio, dans les conversations. Gide, qui reconnaissait dans son *Journal* avoir forcé, à soixante-quinze ans, un jeune Arabe de treize ans, et qui n'avait pas eu à en rendre compte devant une cour. Sade, Isou, Baudelaire encore. Faulkner et Caldwell, qui avaient eu la chance inespérée de tomber sur un juge intelligent. A l'inévitable question des effets de l'imaginaire romanesque sur la jeunesse, ce magistrat américain avait répondu, dans ses attendus, qu'il préférait voir ses filles apprendre « à connaître les réalités de l'existence et de la littérature mondiale dans [sa] bibliothèque plutôt que derrière la grange ».

Boris, lui, s'est trompé de juges. Assis à côté de Jean d'Halluin, il n'a pas son mot à dire. Il n'a répondu qu'aux questions sur son état civil. Il assiste, tour à tour amusé et inquiet, à une joute entre ses amis, les amis de ses amis, et les représentants de ce qu'il appelle « la bêtise ». Il est fait, il le sent. Les points de vue sont incompatibles. Même Jean Paulhan, cette fois, n'y peut rien. Lue à la cour par un avocat, sa lettre à Jean d'Halluin est inutile : « Cher monsieur, il y a je ne sais quoi d'humiliant pour nous dans les querelles qu'on vous cherche. La France, privée de sa liberté d'expression, c'est comme si l'Angleterre expulsait soudain tous ses réfugiés politiques, comme si les États-Unis interdisaient, sous peine de mort, les sectes religieuses dissidentes. Passe encore pour les obscénités de colportage, mais Boris Vian est un écrivain, et, sans doute, un grand écrivain. Tout ce qui l'atteindra nous concerne. Je suis de tout cœur avec vous. »

En dépit de cette fraternité affichée, Boris, comme son éditeur, est condamné, le 13 mai 1950, à une amende de 100 000 francs. Il fait aussitôt appel de ce jugement et Me Georges Izard entame une longue bataille de procédure. Le lendemain, il rédige un texte féroce et drôle pour se plaindre de ses juges. L'article, intitulé *Je suis un obsédé sexuel*, paraît dans *Combat* du 16 mai. Boris y résume son procès, décortique surtout l'interrogation de la cour : donneriez-vous ce livre à vos enfants ?

« Il semble, écrit Boris, que les témoins n'aient rien de plus pressant dans la vie que de se précipiter sur leurs enfants les bras chargés de livres réalistes [...]

« Parenthèse. Mon fils Patrick a huit ans. Il joue avec les allumettes, il se bat un peu avec les copains, il ne fait pas ses devoirs très régulièrement.

« En plus, il y a de la place dans sa chambre, et moi, j'ai trop de livres.

« Il y a donc des livres dans sa chambre. Il doit y traîner, en particulier, quelque anthologie de l'érotisme, d'autres ouvrages de services de presse, du Miller, peut-être du Sade, ou même du Delly ou du Magali.

« Eh bien ! mon fils qui a huit ans et qui est le fils d'un obsédé sexuel, notez bien, préfère les *Aventures de Tintin*, par Hergé. »

XIII

8, BOULEVARD DE CLICHY

Ursula Kübler

Le mois de juin 1950 offre tout de même quelques éclaircies. Duke Ellington revient superviser les répétitions de la musique qu'il a créée pour *The Blazed and the Damned*, une version de *Faust* montée par Orson Welles au théâtre des Capucines. Le 6 juin, Queneau et Lemarchand sont conviés à un dîner, Faubourg-Poissonnière, en l'honneur de Sidney Bechet et de Benny Goodman. Une bonne soirée, forcément. Un ou deux sourires, pour Boris, dans une période qui s'engage résolument dans la dépression.

Le 8 juin, il croise Ursula Kübler, une jeune danseuse suisse du Ballet de Roland Petit, lors d'un cocktail chez Gallimard. Pas une rencontre. Juste une jeune fille entrevue. Boris l'a remarquée parce qu'elle paraissait un peu perdue dans la foule, et que les inconnus, les discrets, aux réceptions de la NRF, ne sont pas légion. En somme, l'habituelle mondanité littéraire dont Boris, peu rancunier, est un assidu. Sans doute son nom figure-t-il sur une ancienne liste. Ou bien pense-t-on, rue Sébastien-Bottin, que ces petites attentions ont des vertus de compensation. Ou bien c'est Queneau et Lemarchand qui insistent pour qu'on ne l'oublie pas. En tout cas, il est « prié, comme il l'écrira, quelques mois plus tard dans son *Journal intime*, de bien vouloir honorer ces réceptions de [sa] présence, en considérant comme strictement personnelle cette invitation qui sera demandée à l'entrée[1] ». « Je le sais pas par cœur,

---

1. Archives de la Fondation Boris Vian.

je recopie parce que j'en ai une sur mon bureau [...] 17, rue de l'Université. Métro Bac. C'est sur la carte. Il a que des potes miteux, Gaston, à le croire. " Métro " Bac... Et l'autobus, non ? ».

Ce jour-là, le cocktail affiche complet. « Un monde à crever, comme toujours. Et la ruée sur le buffet. C'est marrant. Infantiles, les gens de lettres [...] C'est la salle ronde, avec les portes-fenêtres sur la jolie pelouse carrée et les ruines du Panthéon appelées aussi Galerie de l'Art Brut — que celui qui n'a jamais été dans une galerie et qui n'a pas les moyens de lancer des billets de mille jette la première pierre à Gaston. C'est les groupes, et les discussions vachement pertinentes, et c'est très très marrant quand on aime ça, et les petits tours au jardin, et les petits fours au buffet, et ceux qui sont pleins d'aisance et qui connaissent tout le monde, et ceux qui sont timides et qui regardent tout le monde, en se découvrant moralement devant les plus vieux et les plus gâteux. J'aime bien y aller quand même, je répète. Surtout pour voir Merleau-Ponty en petit four. »

Boris aurait pu rater Ursula Kübler. Il s'en est fallu d'un rien. La jeune fille ne s'éloigne pas de la compagnie de Julia Markus, une danseuse connue dans le quartier. Connue de Boris, qui tombe sur elle. Il lui serre la main, salue négligemment sa compagne. « Ce n'est pas un choc, écrira-t-il. Je lui ai parlé dix minutes. Je sais pas, elle est partie ou moi. » Propos de circonstances. Vision fugitive. Il se souviendra d'une frange, de « cheveux coupés avec un sécateur dans le cou ». D'un manteau gris-vert. « Cacadoie de flamant ou d'autruche, je sais plus. » Un peu mieux de son regard : « Des yeux avec un peu d'huile sur les paupières. » « Et la figure en triangle. Mais un vrai, d'Euclide, avec la somme des angles égale à deux droites. » Comme il le note, pas le choc. Juste assez de souvenirs pour se reconnaître dans la foule d'un autre cocktail. Ni l'un ni l'autre ne sait lequel. Nouvelle conversation polie. Il remarque son accent zurichois, encore ses yeux, sa silhouette élancée, la souplesse de sa taille. Un corps de danseuse, se dit-il. Curieusement, elle parle de chansons. Explique qu'elle est tentée par le chant. Roland Petit distribue souvent des rôles chantés à sa troupe. Zizi Jeanmaire n'est déjà plus seulement une étoile de la danse. Ursula rentre des États-Unis, où le Ballet de Paris est allé présenter *Carmen*. Là-bas, les danseurs ont passé quelques jours, bu quelques verres dans des boîtes de jazz ou de strip-tease, avec un écrivain français. Raymond Queneau. L'ami de Pierrot avait rejoint Roland Petit à New York, pour achever l'écriture des « lyrics » et du scénario d'un prochain ballet, dont le titre oscillait entre *Lady Boa*, *La Belle aux Bois*, *Nini Patte-en-l'air* et *La Croqueuse de diamants*. Il en avait profité pour découvrir l'Amérique, livrer à *France-Soir* des impressions de voyage fraternelles de celles de Jean-Paul Sartre, cinq ans plus tôt, et étrangement, ses textes en témoignent, des visions de l'ancien Menteur des *Temps Modernes*[2].

Ursula et Boris échangent leurs numéros de téléphone. Aucun déclic ne s'est produit. « Je suis con, admettra-t-il par la suite, parce que ça ne m'a pas frappé à ce moment-là. Il faut dire que ça va mal pour bien des choses. J'ai pas envie. C'est tout. De rien. Surtout pas de travailler. J'ai lâché la trompette. J'aimais bien ça, pourtant. Et puis, surtout, ça va mal avec ma femme[3]. » Leur rencontre n'a pas non plus « frappé » Ursula. En 1950, cette très belle jeune fille blonde d'un peu moins de vingt-deux ans, Suédoise par sa mère, Suisse par son père, vit et danse à Paris pour oublier l'amour impossible qu'elle voue, depuis l'âge de seize ans, à un maître de ballet, marié, de l'Opéra de Zurich.

A la fin de l'année 1948, ses parents ont jugé plus sage de l'éloigner. Après un hiver en Suède, elle a successivement habité une sévère pension de jeunes filles des Champs-Élysées et l'appartement d'un diplomate américain. Curieux choix, de la part des parents, car son mentor est en fait un membre du contre-espionnage américain, chargé de suivre les activités du PC et de la gauche française. « Pour parfaire mon anglais, dit Ursula Vian, il me faisait lire à voix haute ses rapports à l'ambassade. » Mais, même pour un communiste, Dick Eldridge se révélerait sans doute un homme d'aimable compagnie. Ce diplomate a la particularité d'apprécier les danseuses et, au restaurant, il règle souvent l'addition des amies d'Ursula. Son appartement de la rue Poncelet, dans le 17ᵉ arrondissement, l'un des premiers meublés de luxe pour hôtes de passage à Paris, regorge de marchandises prélevées dans les « PX ». Régulièrement, sa jeune protégée se sert sur le

---

2. « Broadway, leur village », reportage paru dans *France-Soir*, entre le 8 et le 14 avril 1950. Publié dans *Les Cahiers Raymond Queneau*, n° 7. *Les Amis de Valentin Brû*, 1987.

3. *Journal intime*.

stock, pour se faire un peu d'argent de poche au Bar Vert. Chic type, Eldridge : il promène les jeunes danseuses du théâtre Marigny dans sa grosse Buick bleue, prête son whisky et apprend à Ursula à jouer au poker.

Au fond, s'il n'y avait celui qu'elle appelle son « oncle d'Amérique », Ursula ne s'amuserait pas dans la capitale. Le maître de ballet, son aîné de quinze ans, a refusé de divorcer pour elle. Elle est seule, fréquente surtout des compatriotes, trouve les Parisiens peu accueillants. Heureusement, elle a été très vite engagée par Maurice Béjart, pour un ballet consacré à Ravel et à Debussy. Elle a dansé en Allemagne. Puis elle a rejoint la troupe de Roland Petit. Longtemps, Ursula n'a pas de place pour Boris. C'est une fille sauvage, une solitaire meurtrie. Une marginale, qui, crânement, a voulu vivre libre dans la Suisse neutre, la Suisse alémanique d'un après-guerre bien pensant. A dix-sept ans, elle s'affichait dans les cafés de Zurich chers à Lénine, en compagnie de son amant ou du fils de James Joyce. Chez Roland Petit, elle est classée dans la catégorie des « danseuses de caractère ». Cela lui va bien, car elle claque souvent la porte.

Ursula ne ressemble pas aux conquêtes féminines de Boris. Ni à Michelle. Ni offerte, ni femme de tête. Ni Folavril, ni Lil : en 1950, Ursula n'a pas de rôle dans *L'Herbe rouge*. Ils se revoient quand même, ou alors, justement, à cause de cela. Elle passe, un jour, Faubourg-Poissonnière. Boris est en pleine discussion avec Django Reinhardt. Il lui dit de s'asseoir où elle veut, dans l'appartement sombre. Un autre jour, et Boris, parce qu'il est surpris pendant la rédaction d'un texte, lui donne du papier et lui ordonne d'écrire à ses parents. Il ne sait pas très bien quoi faire d'elle. Elle ne lui veut rien de particulier. Il est épuisé. Elle est méfiante. « Ce n'était pas un coup de foudre, confie Ursula Vian, plutôt une entente mutuelle, sans explications. On était simplement bien ensemble. De la même chimie. »

Ils se racontent, avec d'infinies précautions. Elle, le résumé d'un scandale zurichois, pour une injuste différence d'âge. Lui, des bribes incompréhensibles. Boris parle de lui à l'imparfait. Ex-écrivain. Ex-trompettiste. Elle le plaint, mais ne prend pas tout de suite la mesure du passé-présent de cet homme au visage si pâle. De Boris Vian, elle ne sait rien. N'a jamais rien lu de lui. Qui a lu, d'ailleurs ? Saint-Germain-des-Prés n'est guère plus qu'un quartier de Paris. Vernon Sullivan, un inconnu. A part Queneau, parce qu'il riait fort, dans cette boîte de New York... Au fil des semaines, des mois, souvent sans le lui dire, la jeune femme rattrape son retard. Elle lit *L'Écume des jours*, et découvre un romancier d'une sensibilité de cristal ; *J'irai cracher sur vos tombes*, et l'un de ses chevaliers servants du moment s'emporte contre elle. Avec des amies, elle va voir à quoi ressemble le Tabou. Tout cela, la sulfureuse réputation, l'écho lointain du « prince de Saint-Germain-des-Prés », l'écrivain, n'impressionne pas Ursula. Le talent, l'écriture ont été les paysages de son enfance. Son père, Arnold Kübler, est en effet l'un des intellectuels suisses les plus fins. Un peintre, un illustrateur, surtout un grand journaliste, animateur de *Du*, l'une des meilleures revues culturelles européennes de l'après-guerre.

Un exemplaire de *L'Herbe rouge* à la main, Boris vient un soir, rue Poncelet, présenter ses hommages à Dick Eldridge. A minuit, le diplomate évoque la promesse faite à Arnold. Boris doit se retirer. C'est Ursula qui se jette à l'eau. Boris serait sans doute resté plus longtemps dans le marais de leurs relations prudentes. Elle descend avec lui ! Ils vont d'abord à la brasserie Lorraine, place des Ternes, puis, lentement, marchent vers l'hôtel Monjoly de la rue Fromentin. Mais ce n'est encore que l'approche d'une approche. Il y aura d'autres hôtels, bien des hésitations, de part et d'autre. Boris met en garde : pas de roman, pas de romance ! Il ne veut pas s'encombrer. Recommencer. Pour plus de sûreté, il dit la maladie de son cœur, son peu d'espérance de vie. C'est vrai qu'il a brusquement vieilli. A trente ans, il en paraît parfois dix de plus. Ses traits se sont encore creusés. Son teint est au-delà de la pâleur. Comme de nombreux cardiaques, ses poignets enflent et bleuissent, les jours de grande fatigue. Il perd ses cheveux, et devant cette inquiétude nouvelle, ne sait pas s'il doit les coiffer en arrière ou, plus longs, sur le côté. « Je ne sais pas pourquoi je me suis attachée à lui, dit Ursula. Il était grand, blanc, fatigué. Il répétait qu'il en avait marre de tout. Il parlait même de suicide. Tout le minait, l'échec de ses livres, beaucoup de " nœuds " de sa vie, que je ne connaissais pas. »

Il s'énerve même, parfois, alors qu'il la connaît si peu. Elle répond qu'elle ne lui demande rien. Elle est là, s'il veut. Elle est libre, il est libre, c'est lui qui l'a dit. Qui répète que la jalousie est le plus terrible des défauts. Qui montre tant de frayeur à s'engager. Qui est marié, et père de famille. Ursula est autonome, elle travaille autant que lui, comme tous les danseurs. S'absente souvent en tournée. Elle est plus jeune de huit ans, et comprend vite qu'elle vient de rencontrer un homme qui a vécu déjà plus d'une vie. « Je ne suis pas ton père ! » lui lance-t-il. Elle rit. Il se déride un peu. Il prend l'habitude de la rejoindre au Studio Wacker, où s'entraînent les danseurs. Repris par sa curiosité, il découvre l'univers des ballerines, ces filles naturelles, saines, toutes aux duretés de leur art. Très bien faites, aussi. Il adore déjeuner au milieu de l'essaim des amies d'Ursula. Pas de jalousie, ont-ils décidé. Chez Max, le masseur préféré des danseuses, près de la place Blanche, il la regarde répéter des exercices d'acrobatie. Il lui présente la Brasier, et elle applaudit. Ils descendent les Champs-Élysées dans la vieille torpédo, tombent sans cesse en panne. Fille sportive, Ursula devient rapidement experte en changements de pneus. Ils vont d'un café à l'autre. Évitent Saint-Germain, où Boris n'a pas envie de se montrer. D'un hôtel à l'autre, au gré. « Nous étions deux errants, explique Ursula. Lui chez lui, moi chez Dick. Cela pouvait durer. Je crois qu'il n'était pas pressé. Moi non plus. En plus je savais que si je tombais amoureuse, j'allais aimer un homme malade. »

Les derniers jours d'une rupture

Quand l'apprend-il ? Quelques semaines, quelques mois avant la fin ? A vrai dire, la date n'a pas d'importance. Ni le dernier, le bon prétexte. Michelle et Boris vivent déjà hors mariage, placent leur espérance dans des personnages extérieurs, et cela précipite de toute façon la fin. Alors, un peu plus tôt, un peu plus tard...
Ils sont amers tous les deux. Ne se parlent presque plus. Se laissent des mots. C'est Boris qui le prend le plus mal, s'asphyxie dans ce temps immobile des sous-entendus, de la gêne, des lourds silences qu'il rompt par de brusques crises de jalousie. Par des jours de panique ou d'accès d'autorité. A l'un, il confie vouloir changer de vie, se couper du passé, partir avec Ursula, à l'autre, par une sorte d'inversion des pôles de la crise, il assure qu'il ne se laissera pas faire, qu'il refusera toute idée de divorce, même de séparation. Dans ces colères perce

l'incompréhension de la liberté prise par sa femme. Dans cette douleur, est à vif, souvent, la part de masculinité. A plusieurs reprises, il est allé se plaindre du comportement de Michelle auprès de ses amis. Même auprès de Sartre. Claude Léon a accepté le rôle de l'amical suivi psychologique. Queneau est embarrassé : il connaît Michelle et Boris depuis si longtemps. Boris va mal. Ne sait plus s'il part, s'il reste. Ne sait plus ce qu'il attend de Michelle. Qu'elle parte, qu'elle reste. Entre deux profonds abattements, il extériorise une violence qu'on ne lui connaissait pas. Il s'est même battu pendant toute une période, au Club Saint-Germain.

Il n'écrit plus et en fait davantage grief à sa femme qu'au percepteur, qu'au tribunal, qu'à Paulhan. En décembre 1950, il est allé seul à Saint-Tropez s'occuper de la petite maison. Andrée Icard lui a trouvé l'air d'un Parisien en mauvaise santé. Il fait confidence de son amertume à Don Byas, qui passe désormais son temps sur la Côte entre la pêche et le jazz.

Michelle lui succède à Saint-Tropez aux premiers jours du mois de mars 1951. Elle attend l'arrivée de Jean-Paul Sartre. Depuis la fin de l'année 1949, Michelle est la maîtresse du philosophe et, au fil des mois, cette liaison s'est transformée en une profonde complicité affective et intellectuelle. Michelle, dernière maîtresse de Sartre, jusqu'à la mort de Sartre. Maîtresse, parce qu'avec l'écrivain, compagnon de Simone de Beauvoir, il n'y a jamais eu d'autre terme, d'autre fonction possibles. La clandestinité est obligée, dans la vie compliquée de ce menteur toujours rattrapé par ses mensonges, toute place forcément parallèle. Contre le Castor, ou avec son accord. Maîtresse, donc, mais aussi collaboratrice très proche, fidèle sartrienne, analyste rare de l'œuvre et soutien sans faille des combats de l'homme. En ce mois de mars 51, Sartre retrouve Michelle à la terrasse du Ruhl, à Nice. Il a laissé Simone de Beauvoir et Jacques-Laurent Bost à Aurons, la station de sports d'hiver. Michelle et Sartre avaient déjà réussi à voler quelques jours à la chronique officielle, l'été précédent, pour un voyage en Provence. A Saint-Tropez, le Castor et Sartre habitent l'hôtel de l'Aïoli, Michelle, la maison. En retard, le philosophe boucle sa prochaine pièce, *Le Diable et le Bon Dieu*. Michelle dactylographie le manuscrit. Le groupe se déplace à Aiguebelle, à Hyères, chez Marie-Laure de Noailles, retrouve Pierre Brasseur et Félix Labisse.

Michelle rentre à Paris le 15 avril. Pour apprendre, quelques jours plus tard, que Boris s'en va. Dans quelques mois, du drame d'un couple, subsistera chez Boris une vanité blessée par le nom de l'amant. Sartre ! Le philosophe aurait préféré que Boris reste, bien sûr, en raison même de son système de vie, sans heurts ni complications. Pour se parer des reproches de sa mère et de ceux du Castor. Michelle, aussi, se sentait la force de continuer ainsi, entre Boris, Reweliotty et Sartre. Mais Boris abandonne. Il quitte le domicile conjugal en jurant qu'il n'acceptera jamais le divorce, et personne, ces jours-là, n'a assez d'influence pour lui faire admettre ce que son attitude a de contradictoire. Il se plaint encore à Sartre, à Jean Cau, que sa fonction de secrétaire, rue Bonaparte, a placé dans le secret de la liaison depuis le début. Claude Léon ne quitte pas son ami. Rien n'y fait, ni un rendez-vous avec Simone de Beauvoir ni l'intervention de Queneau et de Jean d'Halluin. Rien n'y fera dans les années à venir, aucune offre de réconciliation de la part du philosophe, ou de reprise de la Chronique du Menteur. Les dîners entre Michelle, Boris et Sartre seront inutiles. Boris aura toujours la voix haut perchée. Il esquivera encore, s'excusera avant le dessert. Il s'en va en détestant Sartre.

La fin du romancier

Dick Eldridge est désolé de perdre sa nièce. Il y aura moins de danseuses dans la vie du diplomate. Ursula et Boris se sont entendus pour ne prendre que leurs livres. On reviendra chercher, plus tard, le lourd bureau métallique de Boris et la caisse aux objets ayant appartenu à Paul Vian, un vieil imperméable et un carnet. Cela s'apparente à une fugue, à une tentative de sauvetage par le pari de l'inconnu, tonique ou inquiétante, selon les heures. A une bohème dans Paris. Ils éprouvent une alternance d'euphorie et de peur. Boris, surtout, qui a la curieuse sensation d'avoir enfin quitté Ville-d'Avray. Au tabac de la place Blanche, ils apprennent qu'une logeuse du quartier, Mme Schranz, possède des chambres tout en haut d'un immeuble situé au 8 du boulevard de Clichy. Ils posent leurs baluchons d'étudiants dans quelques mètres carrés que Boris aménage avec astuce. Le lit sera en hauteur. Pour voisins, ils ont les pigeons du toit. Ainsi qu'un écrivain : Yves Gibeau. Ce sixième étage, que Boris, contraint de souffler à chaque palier, peine tant à atteindre, devient aussitôt un repaire de dangereux antimilitaristes. Yves Gibeau plus Boris Vian : l'addition aurait mérité un rapport de Dick Eldridge à l'ambassade !

Dans sa soupente, Yves Gibeau travaille à un roman qui va faire quelque bruit : *Allons z'enfants*. Cet « enfant de troupe », fils de sous-officier, a toujours vécu sur les champs de bataille de l'Est, enfant ou adolescent, connu des militaires jusqu'à la nausée, fréquenté leurs écoles, de force. C'est un pacifiste de la famille de la guerre. Un rebelle de l'intérieur, cassé, brimé, poursuivi, et désormais obsédé par les charniers et la bêtise soldatesque. Il a tiré sa révérence à l'armée, après un internement en Allemagne, en 1940, et depuis, s'attache à ses minutieux récits. Il a écrit deux livres, *Le Grand Monôme*, puis *Et la fête continue*. Gibeau est un bon romancier, mais il a tendance à ne pas le croire. A la fin de la guerre, il a été chansonnier. Lui aussi a récité des poèmes de Prévert. A la lecture de son premier manuscrit, Raymond Aron lui a fait rencontrer Albert Camus, qui l'a engagé à *Combat*. Le quotidien a perdu quelques annonceurs dans les milieux du spectacle, car Gibeau, chroniqueur de variétés, a la plume acerbe. Puis, il a participé au lancement de *Constellation*, ce magazine, dirigé par André Labarthe, ancien ministre et fameux capitaine de presse, qui a connu dès son premier numéro en 1949 un succès identique à celui du *Reader's Digest*. Modeste, Gibeau : il a préféré le calme du bureau des correcteurs au tumulte de la salle de rédaction. Humble, si peu confiant : l'appelant systématiquement Chalumot, du nom du héros à venir d'*Allons z'enfants*, par de grandes colères feintes, Boris lui insuffle un courage qu'il n'a plus pour lui-même. Gibeau perd des journées à recouvrir sa collection de « Prix Goncourt » de papier cristal. A ce bruit reconnaissable, Ursula et Boris se précipitent pour remettre l'indécis à sa tâche. Le nourrissent, alors qu'ils sont désargentés. Le distraient par des parties de cartes ou des séances d'enregistrement de contes délirants sur un magnétophone.

Trois étrangers à la ville, trois solitaires, qui se réjouissent des progrès de l'un d'entre eux et redoutent ses rechutes. Le plus gros scandale littéraire du début des années 50 devra beaucoup, lors de la parution d'*Allons z'enfants* en 1952, aux encouragements d'un antimilitariste de l'ombre et à la tendresse de la jeune compagne de celui-ci. Chalumot, l'enfant de troupe, aura eu un parrain et une marraine de choix. Boris dénoncera d'ailleurs dans un article les pressions exercées sur le jury du Prix Interallié par le ministère de la Défense nationale, pour oublier Gibeau, alors que l'Académie française accueille en grande pompe le maréchal Juin. « Gibeau aura pas le Prix Interallié, et son émission ne passera pas, et il peut bien crever, ce Gibeau-là, pourvu que la légende glorieuse ne souffre aucune atteinte. Et huit sur dix des gens qui font profession de défendre la liberté d'écrire vont applaudir, parce qu'après tout, eux aussi écrivent de très bons livres, parce qu'ils ont un peu peur de la police, ces gens-là sont armés, hein, et parce qu'un écrivain muselé, ça fait un peu plus de place pour les autres[4]. »

L'installation d'Ursula et de Boris dans le réduit du boulevard de Clichy est curieusement placée sous le signe du militaire. Pressé par le fisc, son percepteur ayant pratiqué une saisie-arrêt sur les dernières sommes à provenir de la comptabilité du Scorpion, Boris a dû accepter une traduction de commande incompatible avec sa philosophie. *Histoire d'un soldat*, de Omar N. Bradley, mémoires auto-élogieux d'un général américain de la dernière guerre. Gallimard a besoin du manuscrit très rapidement, et Boris s'épuise un peu plus, à raison de dix-huit heures par jour de traduction, pestant contre Bradley, contre cet hymne à la mort et contre lui-même. Trois semaines de calvaire pour plusieurs centaines de feuillets, qu'Ursula tente d'alléger comme elle le peut, par des massages des épaules, des poignets. A l'énergie, à la haine, Boris rendra son pensum. Lira-t-il la conclusion du relecteur de l'ouvrage chez Gallimard ? Celui-ci, dans une note, sera impitoyable : « Je maintiens ma première opinion : traduction faite sans beaucoup de soins par quelqu'un qui ne sait bien ni le français ni l'anglais[5]. » Sur les quelques exemplaires qui lui seront attribués, Boris, dans ses dédicaces aux amis, barrera le mot soldat, le remplaçant par connard. Histoire d'un connard. Histoire, aussi, du pire souvenir, pour Boris, de sa relation avec l'écriture.

Cette année-là, Boris écrit une autre pièce de théâtre, *Le Goûter des généraux*, une autre farce au vitriol sur les mili-

---

4. *Gibeau, Juin, et ce qui vous pend au nez.* Publication posthume dans *Textes et Chansons*.
5. Archives Gallimard.

taires. D'abord, François Billetdoux sera le seul à la lire et à l'apprécier. Boris garde pour lui ses derniers textes. Échaudé. Billetdoux monte souvent les six étages. Ils ne sont pas nombreux à l'imiter. Beaucoup d'amis craignent d'avoir à se prononcer sur Michelle. Et puis, Ursula ne sait pas encore très bien qui est Boris Vian. Elle a des forces. A trente et un ans, il en manque. Son passé récent le submerge souvent. Il lui présente Jacques Lemarchand, chez Lemarchand. Quelques autres en terrain neutre. Ils vont plus volontiers dîner chez Claude Léon ou chez Hélène Bokanowski. Il lui montre la Rose Rouge. Ursula doucement se place, mais sans chercher à reconstituer une chronique très dispersée.

Ainsi Queneau : l'écrivain reste d'abord un rien distant. Boris confie peu de choses de leur amitié. D'ailleurs, il paraît éprouver moins d'envie que d'habitude de retrouver Queneau, ressentir même une certaine jalousie pour son aîné, et cela se manifeste par une irritabilité sous-jacente. Quelques mois plus tard, ces deux hommes pudiques s'en expliqueront, s'en excuseront. Queneau rencontre un certain succès, alors que Boris est oublié. Son compagnon est chanté par Juliette Gréco. On dit désormais Raymond Queneau, de l'Académie Goncourt, club prestigieux où celui-ci a pris le fauteuil laissé vacant par Léo Larguier. Le match inconscient auquel les deux compères se livrent depuis plusieurs années, à pétrir une matière très voisine, tourne à l'avantage du premier. Les ballets, les spectacles que Boris rêvait de voir aboutir, c'est son complice qui les signe. *La Croqueuse de diamants*, au théâtre Marigny. *Exercices de style*, adapté pour la Rose Rouge. C'est lui qui s'engage vers le cinéma, écrit le commentaire d'un court métrage de Pierre Kast, celui du film que Marcel Pagliero veut consacrer à Saint-Germain. Grâce à la renommée de la chanson de Gréco, plusieurs recueils de poèmes, passés inaperçus lors de leur parution, vont reparaître en un seul volume, sous le titre de *Si tu t'imagines*. Financièrement, Queneau vit mieux, désormais. Toujours appointé par Gallimard, il dirige aussi la collection « Les Écrivains célèbres », chez Mazenod. Juste rééquilibrage, dira-t-on. A l'époque de *J'irai cracher sur vos tombes*, Queneau avait un peu envié le succès de vente de Boris.

Ombre légère. Sans conséquence. Ces réflexions moroses nourrissent cependant un abattement profond. Parfois, Ursula pose une question raisonnable. Pourquoi ne pas tenter d'aller voir d'autres éditeurs que Gallimard ? Il s'emporte, ou ne dit rien. Alors, elle vit pour elle, quelques heures, attendant que Boris ait retrouvé un peu de fantaisie. Que répondre à cette fille dont il s'éprend très vite ? Que rien ne marche, n'a jamais marché ? En 1951, Boris se sait un auteur en perdition, et la liberté conquise du nid perché du boulevard de Clichy ne peut seule effacer un passif qui s'est encore alourdi.

L'Arrache-cœur, le troisième roman, le signe R3 des agendas de 1947, a aussi été refusé par Gallimard. Lassante répétition. C'est dans une lettre qu'il annonce à Ursula la mauvaise nouvelle. « Tu me demandes pourquoi ils ne prennent pas le livre chez Gallimard ? Queneau l'aurait pris, je crois ; c'est surtout Lemarchand qui ne veut pas. Je l'ai vu hier. Ils sont terribles tous ; il ne veut pas, parce qu'il me dit qu'il sait que je peux faire quelque chose de beaucoup mieux. C'est très gentil, mais tu te rends compte. Ils veulent me tuer, tous. Je ne peux pas leur en vouloir, je sais que c'est difficile à lire ; mais c'est le fond qui leur paraît " fabriqué ". C'est drôle, quand j'écris des blagues, ça a l'air sincère et quand j'écris pour de vrai, on croit que je blague[6]. » En 1952, l'année suivante, Queneau confirmera son soutien à l'œuvre méprisée. Il proposera de préfacer le roman que dédaignent ses compagnons d'édition. Dans une lettre en vers, avec cette orthographe éclatée que prisent les deux hommes, Boris lui rappellera sa promesse :

> « ne croua pas, rémon, que je vœil
> de ton repos, trancher le fil
> j'émerais mieux m'araché l'œil
> me plumer l'arbre fœil à fœil
> me l'accomoder au cerfœil
> que de nourrir des seins si vils
> les kelques mots formant préface
> évokés par mon ékrivoir
> et qu'il me plet tant que tu face
> s'ils atendaient que tu rentraces
> le mal ne serait pas bien nouar[7]. »

---

6. Cet extrait de lettre a été publié par la revue *Bizarre*, n°39-40, février 1966.
7. *Les Amis de Valentin Brû*, n° 21.

Queneau livrera sa préface de *L'Arrache-cœur* pour une très confidentielle parution en 1953. Une préface qui se voudra d'autant plus affectueuse, solidaire, que Queneau la rédige un peu en résistance à son environnement professionnel et alors que son ami, en 1952, n'est plus considéré comme un écrivain par les milieux littéraires. Une préface écrite, à une phrase près — mais, quelle phrase, il est vrai ! — au passé ; contrainte à des détails biographiques et bibliographiques, par crainte du risque de l'anonymat de l'auteur honoré ; non dénuée, enfin, d'un certain embarras :

« Boris Vian est un homme instruit et bien élevé, il sort de Centrale, ce n'est pas rien, mais ce n'est pas tout :

« Boris Vian a joué de la trompinette comme pas un, il a été un des rénovateurs de la cave en France ; il a défendu le style Nouvelle-Orléans, mais ce n'est pas tout :

« Boris Vian a aussi défendu le bibop, mais ce n'est pas tout :

« Boris Vian est passé devant la justice des hommes pour avoir écrit *J'irai cracher sur vos tombes*, sous le nom de Vernon Sullivan, mais ce n'est pas tout :

« Boris Vian a écrit trois autres pseudépygraphes, mais ce n'est pas tout :

« Boris Vian a traduit de véritables écrits américains authentiques absolument, et même avec des difficultés de langage que c'en est pas croyable, mais ce n'est pas tout :

« Boris Vian a écrit une pièce de théâtre, *L'Équarrissage pour tous*, qui a été jouée par de vrais acteurs sur une vraie scène, pourtant il y était pas allé avec le dos de la Q.I.R., mais ce n'est pas tout : [...]

« Boris Vian a écrit de beaux livres, étranges et pathétiques, *L'Écume des jours*, le plus poignant des romans d'amour contemporains ; *Les Fourmis*, la plus termitante des nouvelles écrites sur la guerre ; *L'Automne à Pékin*, qui est une œuvre difficile et méconnue, mais ce n'est pas tout :

« Car tout ceci n'est rien encore : Boris Vian va devenir Boris Vian. »

L'hommage, pourtant, ne lavera pas Boris de sa déception. En 1951, celui-ci retranche le romancier de ses nombreuses activités. Il n'écrira plus, plus rien d'intime, en tout cas. Il est doublement mortifié. De ses échecs en cascade, qu'il n'admet pas, de l'incompréhension ambiante à son univers romanesque. Plus gravement, parce que sa vie, les zones les plus obscures de sa vie, sa face cachée, souvent douloureusement explorée, sont la matière de son œuvre, et qu'il a l'impression, sans lecteurs, que l'opacité des choses les lui renvoie, inertes, désincarnées. *L'Arrache-cœur*, qui paraîtra chez Vrille, et n'aurait pas eu de critiques sans un article de François Billetdoux, tentait de régler de vieux comptes avec l'amour maternel. Rédigé moins facilement que les autres, retouché, abandonné puis repris, ce roman, d'abord intitulé *Les Fillettes de la Reine*, et auquel Boris pensait joindre un jour une suite, avait sans doute coûté à son auteur le plus difficile : sa hargne à l'égard d'une enfance à Ville-d'Avray.

Clémentine, la mère possessive de *L'Arrache-cœur*, qui se prive, se mortifie, se retranche du monde extérieur par amour pour ses trois « salopiots », glisse au-delà de la folie et enferme ses garçons, pour leur bien, dans le seul endroit capable de la rassurer. Des cages en or. L'écho, bien sûr, de l'envahissante tendresse de la mère Pouche. Se guérit-on par l'œuvre ? Faute de lecteurs ou de reconnaissance littéraire, Boris devra garder pour lui, à côté de lui, dans le patrimoine familial, ce fardeau-là, dont les autres n'auront pas voulu. Lors de la parution de l'ouvrage, il adressera un exemplaire à sa mère, ainsi dédicacé : « Mère Pouche, en v'là encore un pour allumer l'feu [8]. »

Monologues nocturnes

Dans la chambre du boulevard de Clichy, Ursula est tombée malade. Une mauvaise grippe, puis les médecins ont décelé un voile au poumon. Celle que Boris n'appelle plus que l'Ours, ou l'Ourson, est repartie dans ses montagnes, en séjour dans un hôpital de Monti della Trinita, près de Locarno. Ils s'écrivent plusieurs fois par jour. Boris tourne en rond dans leur tanière. Ces derniers mois ont passé si vite, entre les studios de danse, beaucoup de haltes dans des cafés, des fous rires et des journées plus moroses. Pour se sentir plus libre, il a décidé de prendre le divorce à ses torts. Une longue procédure s'est engagée. Il a fait la connaissance des parents d'Ursula, venus à Paris. Son aversion pour la notion de famille a dû être sensible, mais il a apprécié l'artiste, chez Arnold Kübler. La jeune femme lui manque. Cette solitude nouvelle le trouble.

Le soir du 10 novembre 1951, alors qu'il ne parvient pas à

8. Archives Ninon Vian.

trouver le sommeil, il se met à écrire. Comme ça, presque mécaniquement, comme Ursula ferait ses pointes. Pour lui, ou pour elle. Pour un lecteur inconnu, peut-être unique, mais fraternel. Une sorte de journal, il ne sait pas très bien. Un récit curatif. Une façon d'y voir plus clair, de faire le point. « J'ai trente et un ans, trente-deux en mars prochain, et il pleut. » Cela commence ainsi, il ne sait pas pourquoi. Il doit avoir décidé de laisser flotter vers le passé sa plume et ses pensées, mais l'entreprise est floue, et puis le style s'en mêle, dérègle vite le cours, les souvenirs s'entrechoquent. Boris doit vouloir remonter au début, à son adolescence, comprendre quel jeune homme, en 1940, avait rencontré Michelle. Et puis, il doit avoir peur : « Expliquer ça ou autre chose. Expliquer pourquoi j'ai trente et un ans, pourquoi je ne pouvais pas me décider à commencer, pourquoi j'ai commencé tout de même. Je crois que ma vie a changé. Je crois qu'il est temps de parler d'Ursula. De raconter, mais ça va être horriblement embrouillé. Je sais que quand ça sera fini je le donnerai à lire à quelqu'un — ça sera sans doute Queneau d'abord. Ensuite, il m'en parlera, il sera gêné — on est gêné quand on parle de ce que j'écris ; lui parce qu'il essaye de me faire comprendre et parce que je ne comprends pas. J'ai pas envie. Je trouve suffisant d'écrire les choses, s'il faut encore les comprendre. »

Il aimerait « écrire ça en beau style ». « Un genre Adolphe. » Et puis, quelques lignes plus loin, il se ravise. « Ça sera plutôt une sorte de monstre. Un de plus. Un monstre simple. J'aime mieux. Je m'en fous, que ce soit clair ou pas ; moi, ça me sert, de l'écrire. Je ne mettrai pas tout dedans, c'est pas un égout, un livre ; c'est pas un confessionnal. D'ailleurs je ne me rappelle pas tout et il y des choses qui me gênent dans celles qu'on se rappelle. » Il renonce à Benjamin Constant, bute sur Ursula. Puis sur un méchant trait d'humour à propos de son beau-père. Donc sur Michelle. « Et j'écris ça un peu pour me débarrasser d'elle. Pas pour me justifier, non. Parce que j'ai pas besoin de justification — si j'y pense tout de suite pourtant, on dirait que c'est le contraire. Plus exactement, c'est pour ne pas avoir besoin d'expliquer l'histoire. Quand je l'explique avec ma voix, je peux résumer, on comprend assez vite. Mais sans la présence physique, il faut du détail. Enfin, je sens comme ça. Peut-être j'aurais dû attendre, et ordonner tout dans ma tête. Mais c'est déjà très ordonné dans ma vie, on ne peut mieux. Ça a commencé en juin quarante et ça finit en ce moment; ça se liquide socialement, c'est-à-dire. Pourtant, je ne peux pas repartir comme ça, en juin quarante (c'est juste une coïncidence, si c'est juin quarante; uniquement parce que j'avais vingt ans en juin quarante). »

La nuit avance, il écrit toujours, presque sans ratures, de sa forte écriture penchée vers la droite, sa feuille griffée des zébrures des virgules. Pour quelques lignes, il pense — puisqu'il s'agit d'une sorte de réflexion retranscrite — brusquement à Landemer, puis repart aussitôt du Cotentin. Décidément son style diffère de celui d'Adolphe. Ça l'ennuie, l'amène à ses livres préférés d'aujourd'hui, en ce temps de « la pondération de l'âge mûr », à Adolphe donc, et, dans l'ordre chronologique : *Gestes et opinions du Docteur Faustroll, pataphysicien* d'Alfred Jarry ; *Un rude hiver* de Raymond Queneau ; *La Colonie pénitentiaire* de Kafka ; *Pylône* de William Faulkner. Il arrête là, parce qu'il s'éloigne. « J'ai un mal fou à y venir au sujet. Au fond, le sujet, c'est moi. j'ai été honnête, depuis huit ans que j'écris. J'ai pas publié mon journal ; d'abord, premier coup, j'avais attendu d'avoir vingt-trois ans pour écrire. Hein, les jeunes. C'est de l'abnégation. Ensuite, j'ai essayé de raconter aux gens des histoires qu'ils n'avaient jamais lues. Connerie pure, double connerie ; ils n'aiment que ce qu'ils connaissent déjà ; mais moi je n'y prends pas plaisir, à ce que je connais en littérature. Au fond, je me les racontais les histoires [...] Bref, enfin, je n'ai pas raconté mes amours dans un premier roman, mon éducation dans un second, ma chaude-pisse dans un troisième, ma vie militaire dans un quatrième ; j'ai parlé que de trucs dont j'ignore véritablement tout. C'est ça la vraie honnêteté intellectuelle. On ne peut pas trahir son sujet quand on n'a pas de sujet — ou quand il n'est pas réel. Et puis ça va comme ça, allons-y pour le journal à rebrousse-poil. C'est de Queneau, ça, il affirme que j'écris pour prendre le lecteur à rebrousse-poil. Il se trompe totalement, c'est pour ça qu'on est amis ; ce que je lui donne c'est ce que j'aime à écrire comme histoires. Alors comme je crois quand même qu'il a raison, c'est moi que je vais reprendre à rebrousse-poil ; on ne sait jamais, ça risque de lui paraître très clair, au lecteur. A Queneau, enfin. »

« Hier, j'ai vu Patrick. » Il saute d'un sujet, d'une douleur à l'autre. 1951 a trop de poids pour laisser libre le passage vers 1940. Ensemble, ils sont allés au cinéma. Il bute encore sur Michelle : « Je sais pas bien quoi en penser. C'est une personne, quoi, elle est vivante, elle habite là-bas, je sais où, avec ses parents [...] Stop. Je crois quand même que ce journal à rebrousse-poil, ça ne va pas être possible. Ça va m'obliger à des contorsions du stylo terribles. » Boris s'énerve sur sa feuille. Il doit d'abord parler d'Ursula. De sa rencontre chez Gallimard. Il doit être vraiment très tard, car il abandonne l'adolescence introuvable pour cette première séance de confidences. Avant de reposer son stylo, il évoque encore ses enfants. « Je les aime bien. Ils sont gentils. Je crois qu'ils m'aiment bien aussi. »

Le soir suivant, le 11 novembre 1951, Boris se relit avant de reprendre sa traque des souvenirs, des « nœuds » de sa vie, comme le dit Ursula. Bien sûr, il juge ses pages embrouillées. « C'est tout mêlé comme un métro. » Ça lui rappelle Céline. « Je sais pourquoi. J'ai vu l'autre jour chez Dody un petit bouquin, une plaquette, d'un nommé Yves Gandon, intitulé " de l'écriture artiste au style canaille ". Idiot, le truc. Style canaille ? J'ai rien d'une canaille. Et je parle comme ça absolument naturellement. Il ne peut pas appeler ça le style parlé, Gandon ? Ça lui ferait mal ? Ça le blesserait, Gandon ? Il n'a jamais parlé à personne de vivant, Gandon ? [...] C'est pas vulgaire parce que c'est écrit comme ça. C'est les gens qui sont vulgaires, c'est pas le style. Tu parles, d'ailleurs, les gens vraiment vulgaires, ils écrivent pas comme ça. Ils soignent vachement la fioriture. Ils écrivent avec des ampoules au cul et ils mettent que la baronne s'en alla du salon à cinq heures en disant au plaisir à l'aimable compagnie. Les critiques, ils me font marrer. »

Voilà qu'il s'emporte ! Comme il l'écrit, il est à nouveau, et plus rapidement que la veille, à côté de son « truc » ! Il s'en excuse. « Ça fait rien, comme ça, on se connaîtra mieux. » Désormais, il s'adresse vraiment à un lecteur, peut-être à plusieurs, à un inconnu compréhensif, quelqu'un rencontré dans un bar et qui témoignerait une attention compatissante à sa confession désordonnée. Une sorte de Monsieur Perle, dans *L'Herbe rouge*. Boris se secoue : « En juin quarante... », donc... Il doit éprouver les pires difficultés à retrouver Michelle, car il insiste sur Monette, la première fiancée, sur d'autres filles, dans des surprises-parties. A ses mots, il doit détester cette période. Il juge sévèrement un jeune Boris Vian emprunté, vaniteux et pétochard. « Coucher tout de suite quand on n'est pas bien expert tous les deux, c'est généralement du décevant.

On se serait fait mal. » Les filles se succèdent, sans visages. Seulement des corps lourds dont la réapparition nocturne le glace, des haleines chargées d'alcool pour des baisers de convenance. « Ce truc tiédasse que j'éprouvais, j'appelais ça aimer. » A l'évocation de sa « disposition pour la trouille », surgit la mère Pouche. « Ce que j'ai attendu pour qu'il vienne quelque chose. Mais on peut pas passer sa vie avec une mère trop affectueuse, à la sensiblerie, sans être comme du flan au lait, mou et blanc. Je veux pas dire des vacheries à ma mère, c'est pas sa faute si elle est ma mère, quand même. Et puis ça m'est tellement indifférent tout ça, maintenant. » Angoulême et Centrale. Centrale et le travail. Le travail et le « moche boulot » de son père. Paul Vian : « Tiens, mon père, je l'aimais bien. Ça me fait quand même plaisir de le dire ici tout de suite. »

Il écrit qu'il veut y revenir, à ce père, mais il n'y parviendra pas. Les fiancées complexantes d'alors et la mère Pouche prennent trop de place dans sa laborieuse exploration. Surtout la mère, car il vient de repenser à l'échappée de l'été 39, avec Roger Spinart. « Mère poule maman, passer les vacances sans ses fils, ouyouyouye, c'est qu'il pouvait leur arriver tout à ces mecs de dix-huit ans, hein, ses tout-petits [...] Une heure de retard sur l'horaire habituel avec ma mère et c'est le commissaire de police alerté. On n'y peut rien. Si elle m'a rendu un peu comme ça, c'est une des choses pour lesquelles je lui en veux. On cultive pas la trouille comme ça, ça pousse trop bien. »

Ça a dû l'éprouver, ce passage par la mère, car il met, pour cette nuit, un point final à sa plongée désespérée dans le temps. Il faudrait à Boris la machine de Wolf. Il piétine. Il y retourne, le 12 novembre, pour un troisième soir consécutif, mais cale. « Je suis trop crevé. J'ai trop de boulot ce soir. Je vais au pieu. Rien de bon ce soir. J'ai reçu trois lettres d'Ursula d'un coup. Un ange. Je l'adore, je répète. Mais je ne ferai rien de bon. Un signe, la lampe vient de vaciller. Au pieu. Que de signes. » Le 13 novembre : « Ce soir encore, je suis trop fatigué mais il faut que je marque le bruit de ses pas, comme je la reconnaissais quand elle arrivait en haut des six étages avec sa façon nette de marcher. Ursula. Mon bras me fait mal d'écrire. Elle sera là encore — ou ailleurs — mais avec moi. »

Pendant deux semaines, Boris abandonne son journal. Il est allé rejoindre Ursula à Locarno. Le reprend le 2 décembre, et son récit recommence par une sorte de compte rendu journalistique de sa découverte de la ville, de ses églises, d'un tour au cirque. Là-bas, il a acheté un cadeau pour sa fille, confie ce fait à son lecteur. Michelle revient donc, mais en 1951. « Je me suis engueulé avec Michelle parce que je ne peux pas accepter de divorcer à mes torts et qu'elle garde les enfants, j'avais dit oui pour être tranquille, par lâcheté, pour avoir mon Ursula plus vite, mais je ne peux pas à la fois aimer Ursula et ne pas me soucier de ma Carole, ça ne colle pas. Et je voudrais tant que Patrick aussi vive avec elle — nous. C'est tout ça qui est dur à expliquer, c'est à tout ça qu'il faut que j'arrive. »

Ce journal intime laisse filer les jours. Le 31 décembre : « Je peux pas. J'écris tellement pour gagner un peu de pognon. Et tellement de conneries — que j'ai plus le courage quand je reviens de toucher à tout ça. » Cette nuit, il ne s'est penché sur ses feuillets que pour fixer une rencontre, la veille, l'avant-veille, avec Michelle qui l'a bouleversé. Il était tombé sur elle, à Saint-Germain, dans un de leurs bars familiers. « Elle me regardait avec ce sourire que je connaissais bien, au bord du rire, les yeux plissés et humides et prêts à pleurer en même temps. » Pour elle, ce devait être un soir de désarroi. Elle avait évoqué leur vie commune à des détails qui font mal, une bague, dans leur histoire depuis l'adolescence. Elle espérait qu'il avait lu son article pour *Les Temps Modernes*. Il ne l'avait pas lu. Il l'avait raccompagnée chez elle. Chez eux. Il était monté embrasser les enfants. « Dans la pièce à côté Michelle s'est mise à sangloter. Pourquoi. Elle m'avait dit aussi qu'elle s'était brouillée le soir même avec A... pour des raisons politiques. Conneries, conneries ; est-ce que c'est ça qui la faisait pleurer ? Je sais pas. Je la connais pas. Pas du tout. Elle me fiche la trouille, j'ai toujours peur de l'explosion. Cette soirée-là, c'était un résumé de dix ans de mariage. Je lui ai dit quand même, on a fait quelque chose de réussi, les deux gosses. »

Nouvelle interruption. Boris peine à sa tentative. Les jours passent, et un certain mutisme se réinstalle dans l'impossible entreprise. Signe de sa fatigue, son écriture se déstructure. Le 26 février : « Le temps, le temps, il me cavale au cul comme une charge de Uhlans ; et le cœur qui me gêne. J'ai pas bien le courage de continuer ce journal et il me donne quand même une impression de nécessité. Je cherche, sans doute, je cherche à éclairer tous ces trous de noir que j'ai derrière moi. Il faut encore fouiller, bêcher, creuser. » Mais Boris y peine. Il s'éloigne des origines, pense au divorce, à ses rancœurs. A Patrick qui lui a montré son cahier de dessins. A ses beaux-parents que, décidément, il n'aime pas. A la procédure engagée.

Ursula est rentrée de Locarno. Il a veillé sur elle. Le voile au poumon tarde à disparaître. Il ne peut pas s'empêcher de penser à Chloé. Comme si c'était de sa faute, à lui. Ursula lui dispense sa joie de vivre. Mais les médecins renvoient encore la jeune femme à la montagne, cette fois pour un séjour à L'Alpe-d'Huez. C'est Boris qui ira la chercher, l'arracher à la surveillance des médecins. Il a trop besoin d'elle. D'ailleurs, il s'épuise, son cœur l'inquiète, et il ne sait plus confier autre chose à son journal que ces moments de terreur. Le 22 mars 1952 : « Quelquefois, comme maintenant, je me surprends tout à coup dans une attitude étrange. Là, j'étais tassé sur un des tabourets de la cuisine, assis sur une seule fesse, et recroquevillé, les pieds en dedans, dans la position traditionnelle de l'aïeul à sa cheminée, avec mon bol de café au lait à la main, accolé à la table de la cuisine. Quand je m'attrape comme ça, je me demande, qu'est-ce qui me fait peur ? Pourquoi je suis tassé comme ça ? Ou c'est la fatigue ? ».

Une plainte muette ! Ce journal ne porte plus trace que de ses inquiétudes. Et d'ailleurs, il n'y a plus de journal. Cinq tentatives, jusqu'au 11 février 1953, la dernière pour revenir, de justesse, à Capbreton, pendant les vacances de juillet 1940. Boris devait vouloir obstinément comprendre la raison de son mariage, et pour cela revenir au premier jour. De ce journal intime, il n'y aura, tout à la fin, que quelques pages sur les émois de la plage landaise. A la dernière minute, l'entrée en scène de Michelle. L'ardente obligation se perd dans des considérations moroses sur l'auteur lui-même. Ce n'est plus le même homme qu'aux premiers soirs de novembre 1951. Plus le même récit : les phrases, hachées, fiévreuses, n'interrogent plus que l'avenir. Ainsi, le 10 février 1953 : « Je ne sais absolument pas comment je serai ce que je serai après, un vieux de quelle sorte et qu'au fond, ça serait maintenant le moment merveilleux pour mourir si je croyais à la littérature. Alors qu'est-ce que je fais, je meurs ou non ? »

XIV

VARIATIONS DE PLUME...

Constellation, *et quelques autres*

Boris excelle dans un genre injustement méconnu. La « pige ». L'art de rester soi-même, ou à peu près, dans des travaux de remplissage de pages de journaux. De prêter, sans trop y perdre, son talent, son humour, son style, à des sommaires de pensée plate, des obligations d'actualité publicitairement intéressées, des souhaits confondants de directeurs venus des affaires ou de la politique. Boris dans le degré zéro. Condamné, comme tant de ses compagnons écrivains, comme Jacques Robert, Eugène Moineau, Yvan Audouard, Robert Scipion, Jean Suyeux, à filer les lignes sur à peu près n'importe quoi, faute de pouvoir faire rémunérer ses espérances littéraires. Boris « pisse-copie ». Réglé au mot, au feuillet, et avec retard. Sinon, l'humiliation manquerait de piment.

Un art, la pige. Ceux de *Samedi-Soir* et de *France-Dimanche* l'avaient porté haut, et peu de lecteurs, peu de directeurs avaient vu, dans l'après-guerre, ce que leurs campagnes d'indignation sur commande, ce que leurs titres de « une » pour frissons à cent sous renfermaient de fous rires ou de mépris larvé. Combien ils s'étaient vengés sur la bête elle-même, sur ces pauvres textes, en plaçant leur orgueil dans le choix de l'adjectif, en soignant la métaphore, en reprenant à leur compte une tradition surréaliste du sabotage de presse par des jeux de mots qui échappaient à la vigilance des relecteurs, par des concours secrets de fréquence d'incongruités : la tournée à celui qui parviendrait à glisser le plus souvent le mot « cercueil » à propos de n'importe quel sujet sans enterrement, etc.

Éminemment respectable, la pige ! Combien de faits divers, à l'aube des années cinquante, de portraits de héros ou de salauds, doivent leur supplément d'âme à l'inspiration de romanciers empêchés. Martine Carol a-t-elle su que les rédacteurs de Saint-Germain avaient volontairement surévalué sa gloire, lui supposant plus de drames personnels qu'elle n'en avait connu, plus de joies, simplement parce qu'ils s'étaient donné l'actrice pour fétiche, pour signe de reconnaissance ? A condition d'en sortir vivant, ce journalisme-là était une bonne école. Il lavait le « plumitif » de toute illusion sur la qualité du lecteur, sur son sens critique. On pouvait tout lui faire avaler, au lecteur. Sa résistance permettait même, parfois, de frapper dur : habitué à l'onction complaisante depuis qu'il fréquentait les kiosques, il croyait toujours lire un article élogieux. Une telle discipline convenait assez bien à Boris. Et comme le note Robert Scipion, « cela pouvait se révéler à peu près rentable, à condition d'aller vite ». De consacrer à son sujet le temps qu'il méritait : une heure. De ne prendre au sérieux ni soi-même ni le sujet. De s'appuyer sur les correcteurs pour la véracité, et de se réserver les petites satisfactions de style.

En 1952, par nécessité, Boris rejoint *Constellation*, fameuse officine de mercenaires de la plume, le pendant dans la presse, selon les habitués de l'un et l'autre refuge, de la collection de la Série Noire. Une maison accueillante aux funambules désargentés, où l'on préfère le talent, même un peu voyou, au soigné laborieux, où l'on concède assez volontiers des avances, pourvu que le quémandeur ait l'élégance de vanter la légendaire générosité du directeur. Après celle de Marcel Duhamel, Boris va épuiser l'infinie mansuétude d'André Labarthe. L'arrangement n'a pas été des plus aisés : Yves Gibeau s'est fait menacer de la porte en suggérant de s'attacher la collaboration du « pornographe ». Et puis, d'un papier l'autre... A *Constel*, comme l'on dit, l'estime, les commandes, les avances remboursables dépendent largement de la sympathie accordée par la secrétaire générale, la redoutable Mme Lecoutre, dont les colères, teintées d'accent polonais, sont réputées dans les locaux de la rue de la Grange-Batelière. Le charme de Boris fait merveille. Il n'a qu'à téléphoner, proposer n'importe quel sujet, même le plus farfelu. Martha Lecoutre l'éconduit rarement. Les Vian sont même deux, à *Constellation*. La sœur de

Boris, Ninon, restera de longues années l'un des piliers de ce magazine, fondé par des gaullistes, et pratiquement unique en son genre dans la presse des années 50.

Toutes les nouveautés y paraissent bonnes à exploiter. Les traductions, très approximatives, de nouvelles policières, la vulgarisation technique et scientifique, les jeux, les concours pour mieux s'attacher le lecteur, le bonheur des grands de ce monde et les malheurs des petites gens. Les premières « perles » de l'écrivain Jean-Charles. Beaucoup d'épate, aussi : des récits sur l'extrême, le non-ordinaire, le miraculeux. Une actualité toujours joliment décorée par une équipe qui soigne les finitions. Ainsi, Boris croise-t-il, entre autres, Marthe Robert, spécialiste de Kafka dans une autre vie, Nicole Védrès, Gilles Lambert, bientôt du *Figaro*, même Jacques Robert et le jeune Philippe Labro. Avec Robert Scipion, Boris peaufine quelques farces. L'une des plus fameuses consistera à utiliser à quelques années d'intervalle le même personnage pour deux emplois différents : dans un bar près du journal, les deux compères avaient rencontré un étranger originaire d'Europe centrale. Ils l'avaient présenté à Mme Lecoutre comme l'ancien cuisinier de Staline. Le retrouvant deux ans plus tard, ils en avaient alors fait l'ex-garde du corps du maréchal Tito.

Comme Scipion, Boris multiplie les traductions de nouvelles sanglantes, de reportages américains sur des crimes. Sous les pseudonymes les plus divers, parfois sans même laisser sa signature, il brosse des portraits sur documentation, comble un trou de page par un encadré troussé à la dernière minute. Il offre sa réserve d'invention, à condition de ne pas avoir à se déplacer. Par obéissance à la règle sacro-sainte : une heure, pas plus. Il rédige aussi des chroniques, à peine romancées, de sa vie quotidienne. Ainsi, la Brasier devient-elle un « marronnier », c'est-à-dire un événement familier du journal. Boris gagne — mal — sa vie avec les aventures de sa torpédo, ses pannes, l'étonnement des passants, la complicité des collectionneurs de rencontre ; il improvise sur ses vacances ; explique comment aménager *Un appartement dans un dé à coudre*[1]. Au fil des mois, ses textes délaissent le reportage, même en chambre, pour une sorte de feuilleton à la première personne, raisonneur et drôle, de son existence. Il se met à réfléchir sur les mésaventures de la vie moderne, le

---

1. Sous la signature de Claude Varnier, *Constellation*, n° 49, mai 1952.

stationnement en ville, les relations des locataires avec les employés du gaz, l'absurdité des règlements ou des habitudes. Insensiblement, le moraliste iconoclaste, étonné de tant de petites anomalies environnantes, se remet à fausser les explications usuelles, conventionnelles, par les grains de sable de ses observations acides. Au détour, quand vient à passer un fonctionnaire, un policier, sa plume pique. Juste un peu. Mme Lecoutre veille. Mais c'est du Boris Vian. L'art de la pige, à la limite de la censure. Parfois censuré, parfois, car même si *Constellation* et André Labarthe ont de la tendresse pour Boris, quelques articles lui sont retournés. Boris ne peut s'empêcher de cuisiner l'alimentaire.

De ces travaux de commande, il en commet de fort dignes, comme ses textes pour *Du*, la revue d'Arnold Kübler. Pour *Arts*, qui lui demande des nouvelles ou des poèmes. Pour *La Parisienne*, de Jacques Laurent. De fort pénibles aussi, comme ses traductions pour *Ici Police* et *France-Dimanche*. S'il poursuit gracieusement sa revue de presse de *Jazz-Hot*, il écrit moins sur le jazz. Dans la presse aussi, l'engouement pour sa chère musique reflue. Pour Ursula et pour Boris, c'est une bohème de la dèche. Ils « tapent » Arnold et les amis. Le fisc ne peut, provisoirement, plus rien saisir. Le nid du boulevard de Clichy est au nom d'Ursula. Ils ne possèdent rien. Parfois, de tous les projets rêvés le soir entre amis, de toutes les commandes sans fondement que Boris prend pour argent comptant, naît une réelle perspective de contrat.

C'est le cas d'un vrai miracle, à la Rose Rouge, et ce sera la bonne nouvelle de cette année 1952. Nico Papatakis accepte l'idée de Pierre Kast et de Jean-Pierre Vivet de présenter un spectacle de sketches sur le cinéma. Le scénario, les dialogues sont confiés à Boris Vian, Hanoteau, Roussin, Queneau, Desnos pour *Fantômas* : Boris entre dans le petit cercle des auteurs parodiques, des manieurs de vitriol qui plaisent tant à Nico. A vrai dire, tout le monde participe un peu à cette première version de *Cinémassacre*, Pierre Kast, Yves Robert, le metteur en scène, et ses comédiens, Rosy Varte, Jean-Marie Amato, Guy Pierauld, Edmond Tamiz...

Le 8 avril 1952, Ursula est en tournée avec les Ballets de Paris. Boris lui fait, dans une lettre, le récit de la première de *Cinémassacre*. « C'était hier à la Rose Rouge, j'osais pas y aller. Je voulais juste arriver après et je suis arrivé à une heure avec Marcel au moment où ça allait passer ! Mon toto, ça a été du tonnerre, les gens hurlaient de joie tellement ils se marraient, et moi, j'étais tout vert et tout bleu tellement j'avais le trac ; tu te rends compte, il y a même pas eu une répétition générale ! C'était la première fois que je les voyais, au fond, et ça m'a fait rigoler moi-même. Marcel se tenait les côtes et il était tout terrifié aussi en voyant le sketch sur Air Force qui est vraiment tellement vache que je ne me rends pas compte ! Il croit que l'Ambassade américaine demandera qu'on l'interdise[2] ! » Boris n'exagère pas : *Cinémassacre* va connaître un long succès sur la petite scène de la rue de Rennes. Près de quatre cents représentations ! Le spectacle court jusqu'à l'été, est repris à la rentrée, fait salle comble pour les fêtes de fin d'année, entame une autre année. On se presse pour ces pastiches féroces des grands mythes cinématographiques. Comme la Rose Rouge n'ouvre ses portes qu'à vingt-trois heures et que *Cinémassacre* ne débute qu'autour d'une heure du matin, un public de couche-tard patiente en appréciant le numéro du mime Marceau et des récitals de chanteurs.

Ils sont nombreux à se partager la recette et les droits d'auteur. Mais tout de même... ce sourire du sort dans une période de faible reconnaissance artistique pour Boris permet au couple de rembourser quelques dettes urgentes, et les réparations de la Brasier. D'autant qu'après la Rose Rouge, *Cinémassacre* va continuer sa flatteuse carrière aux Trois-Baudets. Jacques Canetti reprendra le spectacle le 1er mai 1954, toujours avec Yves Robert à la mise en scène, Rosy Varte et Edmond Tamiz à la scène. Le jeune chanteur Philippe Clay reprend les rôles tenus par Yves Robert. Boris signe à nouveau le texte. Selon des spectateurs des deux versions, *Cinémassacre* aurait connu des modifications, lors de son passage sur la rive droite. Des sketches auraient été ajoutés pour ces neuf mois de prolongation. Toutefois, *Air Force*, devenu *Air Farce*, le tableau qui faisait redouter une plainte de l'ambassade américaine, n'a pas subi la censure. Au bar de l'escadrille, des pilotes de bombardiers B-69, devant leur verre, se plaignent toujours du mauvais temps qui cloue, depuis plusieurs jours, leurs avions au sol. Boris continue de leur trouver « l'air schizophrène ». L'un d'eux ne sait plus pourquoi ils se battent. Son compagnon d'escadrille apaise ce doute d'un crochet à la mâchoire. L'autre se relève et remercie. Soudain, la radio du bar annonce

---

2. Archives de la Fondation Boris Vian.

que l'aviation soviétique a attaqué le village de Kingston, en Virginie, mais que la chasse américaine a pu repousser les Mig. Il n'y a pas de victimes, juste une petite chienne nommée Bessie. L'un des pilotes s'effondre en larmes. Bessie était sa chienne. L'un de ses compagnons le berce avec des paroles de réconfort : « Tu demandais pourquoi on se battait [...] Est-ce que tu as compris qu'aussi longtemps que les rouges existeront à l'Est de l'Europe, la vie ne sera plus possible pour le monde civilisé ? C'est pour ça qu'on se bat, Jimmy... C'est contre l'injustice qui fait que d'une seconde à l'autre et sans remords, les barbares ont pu exterminer une bête innocente. C'est pour que d'un bout à l'autre de la terre puisse régner la justice, l'égalité et la démocratie... » Puis, le ciel dégagé, Jimmy ragaillardi, les pilotes retournent à leurs appareils[3].

Entre 52 et 54, des directeurs de cabaret feront plusieurs fois appel à Boris. Le genre, croit-on, lui convient, sa plume pressée court plus librement pour la facture de ces sketches « vachards », comme les qualifie un ami, de ces tableaux de caricature, ce comique de dialogues, toujours entre le patronage, le théâtre d'estrade et l'insulte libertaire. Boris, à son tour, du côté du Groupe Octobre. Dans ses carnets, on retrouvera d'autres projets, des idées, des ébauches. Mais les rares expériences abouties, commandées et présentées devant un public, ne connaîtront pas le succès de *Cinémassacre*. *Fluctuat nec mergitur, ou Paris varie*, l'histoire de la capitale racontée devant des touristes étrangers qui, tous, en revendiquent la fondation par leur pays respectif, recueillera, le 1er avril 1953, un vrai triomphe sur un bateau-mouche affrété pour une soirée d'hommage à Jean-Sébastien Mouche. Maigre compensation : ce spectacle intéressera fort peu les clients de son commanditaire, le cabaret de l'Hirondelle, près des Champs-Élysées, malgré une musique de Jean Wiener, des décors de Félix Labisse, une mise en scène de George Vitaly, et une excellente troupe de comédiens qui comptera notamment dans ses rangs Jacques Fabri, Jacqueline Maillan et Pierre Mondy.

En 1951, Boris avait déjà proposé à la Rose Rouge, en vain,

---

3. Malgré les recherches entreprises, notamment par Noël Arnaud, seule la version des Trois-Baudets a été retrouvée, et publiée, sous le titre *Cinémassacre*, dans *Petits Spectacles*, Christian Bourgois, 1977.

Ça vient, ça vient, un spectacle d'anticipation qui devait propulser ses spectateurs — en 1981 —, dans la salle de rédaction du *Saturnien libéré* ; puis, l'année suivante, l'ébauche de *En avant Mars ou Mars ou crève* : projet abandonné à la scène. Boris ne se décourage pas. Sur ce même sujet de science-fiction, il remaniera son exploration corrosive de l'avenir avec *Ça, c'est un monde*, revue nue d'anticipation avec curés, robots névrosés, travestissements... et quelques filles dénudées. Joué moins d'un mois à l'Amiral, en novembre 1955, par Jacques Dufilho, Edmond Tamiz et Judith Magre, *Ça, c'est un monde* sera boudé par le public et dénigré par la presse. Dans les vitrines de l'entrée du cabaret, on affichera de grandes pages de journaux d'années futures, découpées et « détournées » par Boris. Toujours en 1955, et sans plus de succès, la même idée sera à l'origine de *Dernière Heure*, pour la Rose Rouge. Huit jours à l'affiche. Mais des petits chefs-d'œuvre de terrorisme anti-presse. Ces « unes », Boris les retouchera sans se lasser, plusieurs années durant, surtout pour son plaisir et celui de ses proches. Après bien des maquettes, ses parodies de journaux seront à peu près définitives à l'époque de *Dernière Heure*.

France-Démence illustré, dans son numéro du 24 mai 1983, annonce la nomination de France Roche comme « sage-femme en Guyane » et avertit ses lecteurs que « les champignons lunaires sont dégueulasses », selon les études du Professeur Bompard. *Le Figarrot*, du 7 février 1963, titre : « Après la réforme de la constitution, chaque député sera ministre deux mois et touchera 3 ans d'indemnités. ENTHOUSIASME AU PALAIS-BOURBON ». « En page 5 : LA IXe RÉPUBLIQUE DOIT SE RÉFORMER POUR SURVIVRE, par Raymond Aron. » L'éditorial de « une » est signé Albert Camus : « Pas un jeune du contingent pour la guerre. » Et cette triste nouvelle : « Réforme de l'orthographe ageournée sine die ». Précis, *Le Monde renversé* croit savoir que « LA BOMBE X AURA UN RAYON D'ACTION DE 3 MÈTRES 25 ». Le signataire d'*Au jour le jour*, le billet de première page, proteste à sa manière mesurée contre « une vraie trahison » : « La Banque de France dépose son bilan à la Caisse d'Épargne ». *L'Horrore*, pour *L'Aurore* ; *Lutte animée* pour *L'Humanité* ; *Il scie Paris*, pour *Ici-Paris*.... Toute la presse défile ainsi, égratignée, avec ses titres, ses tics, des fausses nouvelles qui pourraient être vraies, revue et corrigée par un visionnaire pince-sans-rire.

Progrès sensibles en politique

« A écrire n'importe quoi, on se ménage au moins le moral. » La phrase est de Michelle Vian. Elle pourrait être de Boris. Elle illustre bien, en tout cas, ces deux ou trois années, à partir de 1952, au cours desquelles Boris accorde davantage d'importance à ses penchants, à ses curiosités, que la crise conjugale, les vanités de Saint-Germain-des-Prés et les tensions du romancier avaient mises entre parenthèses. L'amertume ne remonte, si l'on peut dire, qu'à propos de *L'Arrache-cœur* et de sa si modeste aventure éditoriale, du jugement de divorce, prononcé à ses torts, en septembre 1952, du procès de *J'irai cracher sur vos tombes*, et de ses brusques emballements cardiaques. Lourd, pour un seul homme, mais Boris s'efforce à la tolérance envers lui-même. Il se ménage, en repoussant son passif. « On se rappelle beaucoup mieux les bons souvenirs, écrivait-il dans *L'Écume des jours* ; alors, à quoi servent les mauvais ? » A rien, décide-t-il, les jours d'entrain. Ursula Vian se souvient que leurs semaines, ces années-là, oscillaient entre l'euphorie d'un quotidien sans fantômes et de soudains retours de malaise. Les bons jours, donc, Boris retrouve un peu de cet « esprit d'amateur » qu'il affichait à Centrale. Il lit davantage, se donne du temps libre. A la différence de ceux de 1946, ses nouveaux compagnons le jugent moins imperméable à son temps. Ses piges, ses détours par le cabaret l'amènent à observer les années 50, sollicitent sa réflexion sur des sujets qu'il n'avait jamais fait qu'effleurer. Son irrévérence se leste du poids d'une certaine actualité. Ses griefs contre la vie sociale prennent appui sur l'environnement général. Il est obsédé par les progrès de la bombe atomique. « Elle va nous tomber sur la gueule », conclut-il. Il est le mieux documenté sur l'atome. Il s'abonne à des revues scientifiques. La guerre de ses haines viscérales n'a toujours pas de visage bien défini, mais il lui arrive de parler du conflit d'Indochine, plus souvent de la guerre froide, qu'il voit assez bien s'achever en explosion générale.

Des idées politiques, chez ce rebelle à tous les engagements ? Oui et non. Plus qu'auparavant, sans doute. A sa manière, individualiste. En s'obstinant à proposer une voie non générale de salut, des réformes comme des explications au cas par cas, à chercher la bonne façon de contourner les systèmes. En

1951, Boris avait entrepris de rédiger un *Traité de civisme*, afin de prouver qu'il existait d'autres interprétations du réel et de l'histoire, plus techniques que celles du stalinisme ou des *Temps Modernes*. Surtout des *Temps Modernes*. Boris s'était engagé dans cet immense travail, il avait lu des dizaines d'ouvrages spécialisés, pris des notes des nuits entières, avec pour but avoué d'en remontrer à Jean-Paul Sartre. Il expliquait dans l'une de ses premières notes : « Eh bien, non, les *Temps Modernes*, ce n'est pas suffisant. C'est du travail dans l'immédiat, du court terme, du compte-rendu, de la tranche de vie, de l'air — au sens de vent. Pour démolir McCarthy, une seule méthode, le démolir. L'analyser n'arrange rien. McCarthy, inéluctablement, ne pourra, tout au plus, qu'infléchir un peu la courbe dans un mauvais sens passager — l'allure générale de ladite courbe ne s'en trouvera nullement modifiée. McCarthy n'est pas dangereux intellectuellement, mais matériellement ; il n'est utile de l'attaquer que sur un plan matériel. Au couteau. »

Cette tentative d'interprétation du monde débutait mal. Ces premières pages débordaient de rancœur personnelle. Au fil des mois, des années, Boris oubliera Sartre. Il continuera à préparer ce mystérieux *Traité*, éparpillant, perdant les ébauches de ses conceptions sur le travail, la liberté, les femmes, la vie parlementaire. Ses récits de la somme en cours varieront en fonction de ses interlocuteurs, certains se persuadant qu'il s'agit d'un essai d'« Économie heureuse », d'autres d'un précis de « Morale mathématique ». On croira l'œuvre écrite comme un rapport universitaire, sans les mots de Boris Vian : certaines pages le confirmeront. On annoncera la première œuvre dialectique, relativiste, de Boris Vian. On ne retrouvera qu'une collection d'aphorismes tranchants, marqués au coin de l'anarchie. Mieux : les preuves d'une sorte d'état d'insurrection permanente et solitaire, plus rageuse, plus utopiste, plus radicale qu'auparavant. « Quant à moi, écrira-t-il par exemple dans ce *Traité* avorté, je ne pourrai pas respirer ni dormir tranquille tant que je saurai qu'il y a aux papeteries de la Seine des décrasseurs de chaudière arabes dont la vie ne vaut pas celle d'un bœuf. » Cela ne résolvait rien, en fait de solutions collectives. Boris préconisait toujours, à la fin comme au début de cette somme inachevée, le bonheur pour chacun plutôt que l'égalité pour tous. Mais on retrouvait, en 1954, un homme qui osait désormais pousser des cris d'impuissance devant le chaos universel.

Sans doute la maladie avait-elle aiguisé son regard sur les autres. Les mois de crise devaient avoir malmené un orgueil si prompt à s'avancer. Boris, perdu pour la politique telle que la concevaient Sartre, les communistes, les écrivains de son temps. Mais plus à l'écoute. Plus généreux, selon les témoignages, de son intelligence. Plus souvent surpris en train de poser des questions sur ce qu'il avait négligé dans le passé. Ainsi, son amitié pour Marcel Degliame. Les deux hommes s'étaient croisés souvent à Saint-Germain-des-Prés. Ils se rapprochent au début de l'année 1952. Boris est captivé par la personnalité de cet homme que précède une aura de grand résistant. « C'est vraiment un type terrible, note-t-il dans son *Journal intime*. Il a vu des choses pas visibles deux fois. Le genre de type qui s'était évadé de Prusse à pied et qui avait marché 21 jours dans deux mètres de neige de Carpates avec un biscuit et un sucre par jour. » Marcel Degliame n'est pas le premier résistant, le premier rescapé des tourmentes, que Boris fréquente. Pour ne citer qu'eux, Claude Léon, Michel Bokanowski, Eugène Moineau, le photographe Georges Dudognon, même Nico Papatakis en Éthiopie, n'avaient pas traversé la décennie précédente sans dommages. Boris n'avait jamais montré d'intérêt particulier pour leur passé. A travers Marcel Degliame, il découvrait tard les risques pris, les aventures mortelles d'une époque déjà disparue.

Ouvrier ébéniste de formation, ancien secrétaire de la Fédération CGT du textile, Marcel Degliame, dit Fouché, colonel des FFI, avait été l'un des saboteurs communistes les plus déterminés. Pour Claude Roy, il constituait même l'un des modèles réels de « soldat-séducteur-marxiste-et-libertin » qu'avait tant prisés la rive gauche, à la Libération. « A Constance, écrira le romancier, où il était gouverneur général, le colonel FFI Degliame-Fouché conjuguait la bravoure certaine, le faste des fêtes, le brillant de la culture et l'esprit révolutionnaire prolétarien[4]. » Beaucoup de correspondants de guerre, dont Roger Vailland, avaient été envoûtés par ce gouverneur, grand amateur de femmes, qui les conviait, au bord d'un lac allemand, à des dîners aux flambeaux. Puis, les intellectuels du Flore, par cet ex-combattant de l'ombre, au

---

4. *Nous*, de Claude Roy, *op. cit.*

corps râblé et aux yeux clairs, par ce demi-solde, dès 1946, qui allait très vite rompre avec le parti communiste.

Lorsqu'il devient l'ami de Boris, Marcel Degliame doit à sa relation avec l'actrice Jacqueline Sündström d'occuper les fonctions d'administrateur du théâtre de Babylone, et à la fortune de celle-ci d'habiter une riche maison de Saint-Germain-en-Laye. Ursula et Boris entrent naturellement dans le cercle des intimes de Jacqueline Sündström, avec les comédiens Éléonore Hirt, Michel Piccoli, et le metteur en scène Jean-Marie Serreau. Courageux théâtre : après avoir monté Brecht, Marcel Degliame impose *En attendant Godot* de Beckett. A la fin de l'année 1952, *Mademoiselle Julie* de Strindberg est à l'affiche. Traduction et adaptation : Boris Vian. A partir de textes de la pièce en allemand, en anglais et en suédois, Ursula et Boris sont venus à bout de la version française que met en scène Jean-Marie Serreau. Ils vont souvent passer le dimanche à Saint-Germain-en-Laye, même pour des après-midi déguisés, où l'on joue aux « petits-chevaux ».

Parfois, Boris et Marcel s'échappent, entre hommes, pour de longues virées en voiture. Ils aiment tous les deux la vitesse. Boris interroge Degliame sur la guerre, les rapports de force, les militaires. Les discussions tournent court : même défroqué, l'ex-colonel FFI reste un homme d'armes et de marxisme. « Pour Boris, expliquera Marcel Degliame-Fouché, qui, en ce temps-là confondait la carte et le territoire, [le terme politique] était inséparable des hommes qui en faisaient métier. Il englobait le tout dans une même réprobation manichéenne, en compagnie des juges, des curés, des généraux[5]. » Entre eux, l'incompatibilité politique se poursuivra les années suivantes. Mais, aux yeux de Boris, Degliame présente un autre intérêt : un certain parfum de mystère, justement. Des zones d'ombres dans une biographie, le goût du secret, des compagnonnages discrets avec des agents encore en activité. En ces années, Boris recherche la sympathie d'hommes aux caractères bien trempés mais aux contours flous, à l'argent sans origine précise, à l'identité double. Comme chez Raymond de Rozière, dit Massiet, lui aussi ancien résistant, propriétaire d'une école privée, et directeur du théâtre de l'Humour, rue Fontaine, qui va devenir l'un de ses proches. Que recherche-t-il ? Une

---

5. *Magazine littéraire*, mars 1982.

explication, une compréhension de la mort de son père ? Le chemin des armes qui ont tué ? Avant de connaître Degliame et de Rozière, Boris s'entraînait déjà au tir, avec ce Herstal qui ne le quitte pas, sur le territoire sacré des Casseurs de Colombes. Ensuite, les présentations avec les amis de Peiny ont bien évidemment été faites. Le club s'est élargi. Ursula a été la bienvenue. Soldats, séducteurs et libertins, notait Claude Roy.

Représentants en France de Van Vogt et de Korzybski

Des clubs de bonne compagnie, Boris en fréquente quelques autres. Celui des Savanturiers, par exemple. Cette secte fort mystérieuse, aux activités tenues secrètes, a été fondée le 26 décembre 1951, chez Sophie Babet, au bar de la Reliure, rue du Pré-aux-Clercs, par Raymond Queneau, le cinéaste Pierre Kast, France Roche, François Chalais et, bien sûr, Boris. Tous partagent, avec l'auteur de cette initiative, Michel Pilotin, une même passion pour la science-fiction. C'est la seule vocation des Savanturiers, mais elle est de taille, car au début des années 50, les amateurs de ce qui est à la fois une littérature et une morale scientifique sont très peu nombreux en France. Comme la poésie, comme le jazz, son histoire commence dans des ghettos.

Depuis le début de la dernière guerre, les Américains raffolaient de ces histoires d'anticipation, rêvaient d'autres mondes, au-delà de celui-ci, d'autres millénaires, bouleversés par des guerres galactiques. Des dizaines d'écrivains et de scientifiques, ou d'écrivains-scientifiques, exploraient, selon la formule de Pierre Kast, « le plus vaste territoire vierge où puisse galoper sans frein la poésie lyrique, la poésie épique ou l'agression satirique [6] ». En plein conflit réaliste, et alors que se préparait la première bombe atomique, encore expérimentale, le public d'outre-Atlantique lançait son imagination derrière le miroir, par-delà les frontières des connaissances techniques de l'époque, brisait hardiment la prudence des savoirs, le réconfort des acquis, préférait le probable, le possible, au vérifiable. Il y avait forcément autre chose,

---

6. *Magazine littéraire*, n° 31, repris dans l'ouvrage que Pierre Boiron a consacré à Pierre Kast, *Pierre Kast*, Lherminier, 1985.

ailleurs, et cette simple espérance avait précipité la sociologie culturelle américaine. Les fanatiques avaient leurs magazines, *Amazing Stories*, *Fantastic Adventures*, *Galaxy* ou *Astounding Science Fiction*, les jeunes leurs « fanzines », leurs « comics ». Boris racontera même que le général Eisenhower avait donné à son « brain-trust » militaro-scientifique le nom de Buck Rogers, héros d'une célèbre bande dessinée d'anticipation. La SF était si précise, notera Boris, qu'une nouvelle, *Deadline*, « décrivait avec une exactitude totale la bombe atomique telle qu'elle allait être employée l'année suivante [7] ». Quinze heures après sa diffusion en kiosque, la police avait fait saisir le numéro d'*Astounding Science Fiction* et les agents fédéraux avaient interrogé l'équipe de rédaction.

Bien sûr, le succès de la SF devait beaucoup aux pulsions nationalistes, voire expansionnistes, de la plupart de ces récits futuristes, à des textes qui, en 1942, donnaient souvent la part belle aux Américains face aux visées interstellaires des puissances de l'Axe. Mais il y avait plus sérieux. Des écrivains plus profonds et moins chauvins, comme Ray Bradbury et ses *Chroniques martiennes*. Anglais, même, comme Wells et *La Guerre des mondes*. Plus intellectuels, comme A.E. Van Vogt et *Le Cycle des Ā*. Cet écrivain canadien, né en 1912, avait été le premier à appliquer à un univers romanesque les recherches du sémiologue Alfred Korzybski, grand pourfendeur des systèmes aristotélicien et newtonien qui, jusqu'à son livre, *Science and Sanity*, s'étaient partagés l'interprétation logique de l'univers. Pour Boris, comme pour Claude Léon, cela avait été, juste à la fin de la guerre, un choc aussi fort que le jazz. Le livre de Korzybski n'était pas encore disponible en Angleterre et en France, et les deux jeunes gens avaient d'abord découvert ces théories dans l'usage qu'en faisait Van Vogt. Ils n'étaient pas les seuls. Raymond Queneau, aussi, cherchait partout le livre.

Combien étaient-ils, à la Libération, à avoir entendu parler de ces signes étranges, ā ou non-a, pour non-aristotélicien ? A leur pressentiment sur l'existence d'autres systèmes de sens avaient trouvé une preuve à travers la brusque percée de la sémantique générale ? Quelques surréalistes, comme André

---

7. *Un nouveau genre littéraire : la Science-Fiction*, article de Boris Vian et de Stephen Spriel, pseudonyme de Michel Pilotin, pour le n° 72 des *Temps Modernes*, octobre 1951. Publié dans *Cinéma/Science-Fiction*, de Boris Vian, Christian Bourgois, 1978.

Breton, réfugié aux États-Unis, comme Léo Malet. Comme Queneau qui collectionnait déjà « les fous littéraires », ces savants, ces écrivains qui avaient reculé les limites du rationnel classique. Et puis des jeunes gens, curieusement les mêmes que ceux qu'on croisait aux concerts de jazz. Après Einstein et sa théorie de la relativité, Korzybski affirmait que tout point de vue était nécessairement contrarié par les signes contenus dans l'éducation, la culture de celui qui l'émettait. Puisqu'aucun cerveau humain n'était complet, toutes les explications fournies jusqu'à présent par l'homme restaient imparfaites. Il pouvait, il devait exister d'autres points de vue. Des nuances, des prolongements, des contradictions. Tous ceux qui subissaient les modes de pensée majoritaires, les systèmes figés, autoritaires, en sciences, en philosophie comme en littérature, ne pouvaient que se réjouir. Boris, tout particulièrement, car celui-ci puisait chez le théoricien comme chez A.E. Van Vogt de sérieux encouragements à ses propres méfiances.

Avec l'appui de Raymond Queneau, Boris avait signé, en 1950 puis en 1951, deux contrats chez Gallimard pour la traduction les deux premiers livres du *Cycle des Ā* : *Le Monde des Ā* et *Les Joueurs du Ā*[8]. Puis il avait proposé aux *Temps Modernes*, non sans une certaine ironie, cet article, que les amateurs français de la SF considèrent toujours comme « fondateur » : *Un nouveau genre littéraire : la Science-Fiction*. Un texte de spécialiste, préparé avec la collaboration de Michel Pilotin, et qui accompagnait *Le Labyrinthe*, une nouvelle de Frank M. Robinson, traduite par Boris et publiée dans le même numéro.

En 1952, le Club des Savanturiers réunit quelques compères qui échangent toutes les informations possibles sur une littérature qu'ils se sont engagés à faire connaître autour d'eux. Boris tente d'imposer le genre, dans sa version comique, au cabaret. Queneau fait des émissions fort sérieuses à la radio. Pierre Kast et France Roche cherchent à intéresser le cinéma français, rivé à son réalisme, aux aubaines de sujets de

---

8. Le premier ouvrage parut en 1953, dans la collection Le Rayon Fantastique, sous le titre *Le Monde des Ā*. L'ouvrage reparut ensuite sous l'un des deux titres possibles, selon les codes de Korzybski : *Le Monde du Non-A*. Le second livre du Cycle, publié en 1957, sortit d'abord en librairie sous le titre *Les Aventures de Ā*. Il fut republié sous le titre que préférait Van Vogt : *Les Joueurs du Non-A*.

films sans frontières narratives. En vain. Les Savanturiers se sabordent le 22 octobre 1953, lors d'une réunion secrète chez le polémologue Gaston Bouthoul. Pour tromper leur monde, ils prétendent avoir fondé à la place une plus mystérieuse Société d'Hyperthétique dont il leur est bien sûr interdit, par serment, de révéler les buts, même d'en parler à un étranger. Boris et ses compagnons ont retrouvé le plaisir des confréries, des mots de passe. Bien sûr, ils échangent leurs livres de SF. Queneau en fait venir des USA. Ursula est sommée d'en rapporter d'Angleterre, à chacune de ses tournées. Boris vante les mérites de la science-fiction dans quelques textes de presse, confie son bonheur de savoir d'autres romanciers imaginer des machines à tuer les souvenirs, comme dans *L'Herbe rouge*, assène inlassablement ce qu'il écrivait déjà dans *Les Temps Modernes* : certains croient aux pouvoirs de la science-fiction « comme l'homme a toujours cru qu'il pourrait voler et ils y croient parce que maintenant l'homme vole [9] ».

Leurs lectures communes, le champ d'investigation qu'ils espèrent infini de la SF, rapprochent Pierre Kast et Boris. Une amitié naît, s'enracine au début des années 50, aux mêmes dates, au même rythme que l'affection portée à Marcel Degliame. Un même passé de résistant, une même appartenance au PC, une même défiance à l'égard du communisme dès l'immédiat après-guerre rassemblent Degliame et Kast. Pour le reste, ils diffèrent. Autant le premier est volubile, séducteur, rarement pris au dépourvu, autant le second est effacé, économe de ses mots, infiniment sérieux. Boris est exigeant de leur présence, il manifeste le besoin de les voir le plus souvent possible, de les prendre à témoin de toutes ses activités. Lui qui avançait sans écouter les conseils, il est anxieux de leurs avis. Sans lui, les deux hommes auraient sans doute été moins familiers. Boris fait de chacun d'eux, avec un empressement notable, l'ami d'un meilleur ami. Pour des années, ils vont désormais par trois. Après avoir laissé s'éloigner beaucoup de ses compagnons, préféré les sympathies mondaines aux relations profondes, Boris devient un modèle de constance pour Marcel Degliame et pour Pierre Kast.

Boris avait souvent croisé le jeune cinéaste à Saint-Ger-

---

9. *Les Temps Modernes*, n° 72, 1951.

main-des-Prés. Mais, de toutes les formes de liens, le quartier privilégiait les plus vagues, l'anonymat des bandes, et comme beaucoup, ils avaient tout à redécouvrir l'un de l'autre. Du même âge que Boris, d'éducation protestante, Pierre Kast, à la Libération, s'était vu proposer par Roger Vailland de collaborer à la rubrique cinématographique de l'hebdomadaire communiste *Action*, tout en devenant l'un des dénicheurs de vieux chefs-d'œuvre que s'attachait la Cinémathèque d'Henri Langlois. Assistant de Jean Grémillon, de René Clément, de Jean Renoir, il apprenait les secrets d'un métier qu'il racontait avec passion, le soir, au Montana, devant un public acquis, composé d'Alexandre Astruc et de Roger Leenhardt, et de Nicole Védrès. En 1949, toujours avec Astruc, il avait participé à l'aventure d'*Objectif 49*. De cet autre club, lui aussi très fermé, où l'on retrouvait Jacques Doniol-Valcroze, Jean-Pierre Melville, Jean Cocteau, le cinéaste de la « caméra-stylo » confie d'ailleurs qu'il lui avait laissé « un meilleur souvenir que cette histoire de caves de Saint-Germain-des-Prés ». Ensemble, ils avaient créé, à Biarritz, le Festival du film maudit. Le titre était de Cocteau, l'idée d'eux tous, car ils souhaitaient déjà, quelques années avant la Nouvelle Vague, révolutionner un septième art qui se répétait depuis l'avant-guerre et s'abandonnait aux lois de l'industrie. Ce festival éphémère avait couronné Jean Rouch, formulé quelques espérances pour le cinéma indépendant et jeté les bases d'une revue à venir : *Les Cahiers du Cinéma*.

« Les films naissent libres et égaux en droit », proclame souvent Pierre Kast. C'est assez dire que, dès ses débuts dans le cinéma professionnel, il adopte la plus délicate des attitudes pour plaire à un producteur. Les collaborateurs de ses projets, présents ou futurs, France Roche, François Chalais, Jacques-Francis Rolland, professent tous des conceptions trop subversives pour le milieu. Au début des années 50, Pierre Kast est sans doute l'un des seuls intellectuels marxistes à aimer la science-fiction au point de vouloir l'introduire au cinéma. L'un des seuls, plus encore, à admirer suffisamment l'œuvre de Queneau pour demander à celui-ci d'adapter ses originalités de logique et de style pour le grand écran. Le seul, certainement le seul, à aimer les romans de Boris Vian. Queneau et Vian, confiera plus tard Pierre Kast, « étaient très liés ». « En fait, Queneau était l'un des rares à savoir que Vian était un grand écrivain. Ce dernier recevait très peu d'encouragements, mais parmi les gens qui le soutenaient, il y avait Queneau[10]. »

Queneau, Boris... Pierre Kast ne va plus se détacher de l'attelage. Comme Boris, il ne supporte pas l'obstination du cinéma français, européen, à n'accepter les écarts avec le rationnel romanesque que conjugués au passé, à ne tolérer que les mythes anciens, le surnaturel moyenâgeux, les fantômes des Carpates. Avec Van Vogt, avec Boris, Pierre Kast rêve d'une industrie cinématographique qui ne dise plus « il était une fois », mais « il sera une fois ». Mais de là à se lancer dans la guérilla...

Tout à fait au début des années 50, Boris estime toujours nulles les chances, pour Queneau, pour lui, pour n'importe quel militant d'un imaginaire libéré, d'être acceptés par les milieux de la production. L'« impasse » qu'il décrivait dans un texte de 1949, *Possibilités d'un cinéma amateur*, à l'occasion du Festival international du film amateur de Cannes, demeure. « Jeter à bas les poncifs cent fois ressassés, rêvait-il alors, remplacer Delly par Jarry, Béranger par Isidore Ducasse[11]... » Même son *Journal intime*, en 1952, peut laisser sceptique sur son désir de s'empoigner avec une industrie — encore moins cultivée que l'édition, jugera-t-il ensuite — qu'il sait hermétique, hostile, à ses théories, ses écrits, peut-être à lui-même : « Quand ce sera aussi simple de filmer que de regarder je m'y mettrai — mais dépendre de trop de gens zut. Pas envie de commander aux gens... » Au fil des mois pourtant, il fait sien le combat de Pierre Kast. Korzybski, Van Vogt, le Club des Savanturiers cimentent une association étroite et assidue. Encouragé par cet admirateur impénitent, Boris multiplie les ébauches, quelques notes ou deux pages de synopsis. La fièvre cinématographique le reprend.

Pierre Kast corrige derrière lui, lui transmet son savoir technique. Parfois, ils écrivent à deux, des nuits durant. En vain. Quel producteur lira *Le Cow-boy de Normandie* (1953) ? *Le Baron Annibal* (1954), récit d'espionnage avec Beauvit — pour Roger Wybot — dans le rôle de l'agent secret ? *L'Auto-stoppeur* (1955) ? Avec ou sans la complicité de Pierre Kast, les idées de Boris, ses essais de scénarios restent fraternels de *Zoneilles* et du *Chien andalou*, de Buñuel. Voisins des tenta-

---

10. *Pierre Kast*, de Pierre Boiron, *op. cit.*
11. Texte figurant dans le programme du Festival international du film amateur de Cannes, en 1949. Repris dans *Cinéma/Science-Fiction*.

tives surréalistes, empreints d'un fantastique futuriste, même lorsque les personnages se débattent dans une réalité contemporaine. Ou alors trop caustiques, trop parodiques. Même s'il se veut prudent, retenu, même quand il se pense commercial, sa propre insolence détourne la narration en cours. Imaginé par un autre, *L'Auto-stoppeur*, sorte de voyage chez les nantis à la mode, aurait pu devenir un film de mœurs ou un roman d'amour pour midinettes avec jolies femmes et sots héritiers. N'importe quoi d'acceptable pour le cinéma français de la décennie. Conçu par Boris, cela tourne, encore, au pamphlet libertaire ! A la destruction, irrésistible, du sujet par son auteur goguenard.

A chaque nouvel échec — le mot est trop fort pour des projets mort-nés, souvent abandonnés avant le stade de la confrontation professionnelle —, Boris renonce. Trop compliqué, le cinéma. Réservé à ceux que les compromis ne rebutent pas. Comme dans la presse, à ceux qui s'accommodent du degré zéro. Mais il y a Queneau, plus déterminé que lui à imiter Jacques Prévert. Il y a la velléité ambiante. Les amis qui se prennent pour. Ou qui aimeraient tant. Frédéric Chauvelot et Jean-Pierre Vivet qui, avec les Films de Saint-Germain-des-Prés, une société fugitive de production, avaient permis à Pierre Kast de réaliser, en participation, un court métrage, *Les Charmes de l'existence*, et qui ne désespèrent pas, assurent-ils, de trouver un début de financement pour Boris. Marcel Degliame, Marcel Pagliero qui, pour lui, se lanceraient volontiers dans la production. Qui ont toujours une piste chaude, qui connaissent un marchand de biens ou quelques anciens résistants fortunés. Même France Roche, François Chalais, sans argent, mais certains du talent de Boris. Même Pierre Kast. Surtout Pierre Kast, par tendresse. Enfin, il y a ces soirées des Savanturiers, ou de ce qui en tiendra lieu, ces dîners qui ont le pouvoir magique de l'optimisme...

Alors, pendant que ces apprentis sorciers chers à son cœur vont enfin se coucher, Boris se remet à écrire. Pour rien, toujours, en ces années. Même Queneau peine : *Arithmétique* a failli ne pas sortir. Même Pierre Kast, pourtant plus inséré dans la profession en sa qualité d'assistant de metteurs en scène réputés. *Je sème à tout vent*, un autre court métrage, n'a pas trouvé de distributeur. Tous les films ne sont pas égaux en droit. Plus tard, Pierre Kast expliquera que, durant les années 50, on lui reprochait son « humour Queneau-Vian ».

XV

LES BONS ET LES MAUVAIS JOURS

Prince de la Ponche

Saint-Tropez est son véritable territoire. Sans doute son refuge. Ses proches sont frappés de la différence : Boris y paraît plus en paix. Le petit port de la Côte d'Azur lui est toujours déconseillé par son cardiologue, le Dr Montaigne. Trop chaud. Pas d'exposition au soleil. Surtout pas de natation en apnée. Boris passe des heures sur la plage de Tahiti. Il nage longuement sous l'eau. A ceux qui s'étonnent, Ursula répond l'évidence : « Laissons-le, au moins il est heureux. » Et c'est vrai qu'en cet été 1952, Boris montre une tonicité juvénile. Charmeur, attentif, moins raide qu'à Paris. Comme il l'écrit, il est « horriblement sociable ». Dans la rue, il salue un nombre invraisemblable de gens, s'arrête pour discuter, entre dans les boutiques. A l'aube, il est l'ange gardien de Saint-Tropez, quand la bourgade à la mode se repose de sa nuit agitée. Il marche seul, premier levé, gagne la place des Lices où le café des Arts est encore fermé, puis le port, pour le départ des pêcheurs. Chaque matin, comme un rite, il réveille le père Barbier, au café de la Ponche, et parlemente pour des œufs sur le plat.

On dirait un natif, le fils dégingandé et un peu benêt d'un pêcheur, presque l'illuminé du village, tant il donne l'impression d'être en harmonie avec le paysage, de sourire aux senteurs de pins et à l'azur. « Il y aurait de l'air tout neuf, parfumé de l'odeur des feuilles, on mangerait quand on voudrait, et l'on travaillerait sans hâte, à construire des escaliers[1]. » Un poème parmi des dizaines d'autres, pour décrire cet état de bonheur naturel, inaccessible aux hommes qui se tuent à la tâche : en vacances, Boris agit comme s'il en avait au moins trouvé la porte. Saint-Tropez, pour lui, est en jaune, la couleur des jupes des filles, du soleil, au début de *L'Écume des jours*. Il a passé l'un de ses tee-shirts, toujours les mêmes, ou une vareuse militaire, s'il s'apprête à bricoler. Ursula, dont il envie le sommeil de loir, dort encore lorsqu'il revient à la maisonnette à étages, pour écrire.

La modeste résidence secondaire est toujours en travaux, car Boris en a fait le chantier de sa fantaisie. Il a installé des douches avec banc, pour s'asseoir. Ils dorment sur des lits de camp de l'armée américaine. Là-haut, une chambre reste fermée, avec les affaires de Michelle. Dans la salle de bains, oublié, le flacon de parfum d'une autre histoire. Personne ne songera, des années durant, à le déplacer. La maisonnée s'éveille enfin. Boris a son monde, Ursula, Madeleine et Claude Léon, et toujours un ami de passage. Départ pour la plage de Morea, à l'extrémité de Tahiti, qui n'offre, à perte de vue, qu'un totem planté dans le sable pour toute présence de l'homme en ce paradis. Marcel Degliame les rejoint, parfois Pierre Kast, quelques filles, et la famille est au complet. Boris s'éloigne pour lire au soleil du zénith, ou marche longuement au bord de l'eau. Ils pique-niquent, font la sieste ou organisent des séances de mimodrames. Comme son père avant lui, Boris préconise le nudisme. De retour à Saint-Tropez, parfois en stop, Boris les quitte pour noircir d'autres pages en retard. Boris livre tout à la dernière minute. Pas par manque d'organisation. « Non par négligence, dira l'un des rédacteurs en chefs de *Jazz-Hot*. Il avait besoin d'être pressé[2]. »

Dody et Boris ressortent, pour un premier apéritif. Conversation sérieuse, sur la logique, ou la sémantique générale. Puis, l'ombre revenant, Saint-Tropez prend peu à peu l'allure qu'on commence à lui connaître. Les anciens Germanopratins sont encore en ville. On voit Gréco, on croise Doelnitz. Pierre Brasseur descend de sa proche colline. On prend des photos de Maurice Merleau-Ponty et de Boris, en discussion sur un yacht d'ami aisé. Beaucoup de milliardaires et de dandys désar-

---
1. *Si les poètes étaient moins bêtes*, publié dans le recueil posthume *Je voudrais pas crever*, Jean-Jacques Pauvert, 1962.
2. *Boris Vian, ou les facéties du destin*, de Jacques Duchateau, *op. cit.*

gentés ; Vicky Lara, l'éphémère star du schadisme, beaucoup d'ex-débutantes de Saint-Germain, de jeunes actrices sans rôles, qui ont pisté les producteurs le long de la Nationale 7. Déjà Michèle Morgan, qui, un jour, dans la petite cuisine du 3, rue d'Aumale, dira à Ursula : « Vous avez de très beaux yeux. » Bref, la terrasse de Sénéquier déjà très encombrée, et les plus huppées des parties de pétanque, sur la place des Lices. Quelques mois plus tôt, on avait encore vu Paul Eluard. Mais, à cinquante-sept ans, le compagnon de Picasso fait classer sa *Poésie ininterrompue* parmi ses œuvres posthumes. A Saint-Tropez, Daniel Gélin, lui aussi propriétaire du décor, comme Boris, a l'occasion de mieux connaître celui qu'il a côtoyé sur la rive gauche. « A la Ponche, écrira le comédien, il me paraissait très heureux. Il est évident que l'endroit, à cette époque, lui convenait parfaitement. Cette liberté tendre qui nous dirigeait, notre amour de l'humour, notre amour de l'amour ; tout cela, il le " respirait " totalement[3]. »

Au fond, pour Gélin comme pour Boris, c'est encore, cette année-là, un autre adieu symbolique à une époque. On tourne un film, un documentaire tendre sur Saint-Tropez, juste entre le temps des surréalistes et de Saint-Germain, et celui, déjà si proche, de Brigitte Bardot et de *Bonjour Tristesse*. C'est un jeune réalisateur, Paul Paviot, qui a eu l'idée de ce documentaire de fiction. Boris écrit, au jour le jour, le scénario et le commentaire que lira Daniel Gélin. Alain Resnais assurera le montage et André Hodeir signera la musique. Éléonore Hirt et Michel Piccoli se partagent les premiers rôles, mais apparaissent aussi à la caméra quelques habitués des lieux que le récitant présente comme des curiosités touristiques. Gréco et Doelnitz, par exemple, qui s'embrassent pendant que Don Byas prend la photo. Commentaire de Boris : « Gréco et Marc Doelnitz emploient volontiers leurs vacances à la mise au point de pratiques érotiques absolument inédites et appréciées des connaisseurs. Le nom technique de celle-ci est dû à François Mauriac : Le Baiser au lépreux. »

Défilent Madeleine Léon, Ursula, Pierre Brasseur, Christian Bérard, Odette Joyeux. « Et tout le monde tourne, tourne en rond... ce sont les vacances », dira Gélin. Commencé le 13 juillet 1952, ce tournage paresseux s'achève quelques jours plus tard. Saint-Tropez raconté aux Parisiens, comme aux

---

3. *Deux ou trois vies qui sont les miennes*, de Daniel Gélin, Julliard, 1977.

Actualités Pathé. Ce film court, sans moyens mais avec la participation bénévole de personnalités connues, va lancer une vedette très tropézienne : la Brasier. Aussi célèbre sur le port, à partir de cet été-là, que la Renault d'Yves Corbassière à Saint-Germain. Ursula et Boris ont fait la route, à 50 km/h, dans la vaillante torpédo. Boris a même noté le détail de cette performance dans son agenda. « 1er juillet. 11 h, départ ; 14 h, bain dans l'Yonne après Sens ; 23 h, coucher Chalon-sur-Saône ; 5 h 45, départ ; 11 h, une seule panne. Échappement. Une demi-heure ; 12-13 h, bain dans le Rhône ; 15 h 30, redépart ; 22 h, arrivée Orgon (Bouches-du-Rhône). » Les années suivantes, la Brasier sera de tous les voyages ou presque. Boris et son bolide ne vont plus l'un sans l'autre. Et ce sera un insigne honneur, accordé à quelques jolies femmes de sa connaissance, Éléonore Hirt ou Olga, une voisine, que de prendre la pluie pour des heures, la capote empêchée, sur la route du soleil.

Comme quelques-uns à Saint-Tropez, Boris a sa bande. Pas la plus snob. Un mélange de Parisiens et de figures locales, comme la famille Icard ou Manja Wang, galeriste de la rue de la Ponche. Les siens, Doddy, Degliame, Kast, le marquis de Rozière, et quelques rares anciens de Saint-Germain, comme Raymond Auboyneau et Virginie Vitry. Quelques milliardaires, comme tout le monde à Saint-Tropez. La plus sympathique de ces riches estivantes est la femme du fabricant de matériel agricole, McCormick. Ils font la fête chez Palmyre, une petite boîte face à la citadelle. Ils vont assez peu aux Lices. La clientèle y est trop fortunée. Ils rencontrent beaucoup de peintres.

En cette année 1952, et pour la dernière fois, Boris passe aussi de très longues heures avec Jack Diéval, qui joue du piano à l'Escale. Au Club Saint-Germain, où le fidèle Don Byas se laisse attendrir et lui déniche parfois une trompette. Ultimes solos. Boris n'a plus assez de souffle pour jouer *Ah ! Si j'avais un franc cinquante*. Quelque chose s'est cassé. En lui, mais aussi dans l'atmosphère. Ce club d'arrière-salle transpire la nostalgie. Don Byas paraît jouer pour lui, devant des clients qui parlent sur les déclarations d'amour de son saxo. Mouloudji y a chanté. Il ne reviendra plus. Saint-Tropez est moins sentimental que ses héros romantiques. Très vite, le Club, sans Boris, sans Don Byas, va s'appeler le Tropicana.

Parfois, son cœur s'emballe. Pendant quelques jours, les

médicaments restent sans effet. Alors la nuit, il ne parvient plus du tout à s'endormir. C'est vrai que Saint-Tropez lui est nocif. Une fois, son médecin lui a déjà dit : « Vous arrêtez tout pendant dix ans, et vous menez une vie tranquille. » Boris s'est emporté. Il ne veut pas finir plié dans une chaise roulante. Aucune retraite ! Vivre, tant qu'il le peut, et à toute vitesse. Et, surtout, pas une question ! Pas un mot de réconfort de la part des amis. « Son visage reflétait le drame qu'il vivait, dit Éléonore Hirt, mais il ne fallait pas lui en parler. Complices, nous devions l'aider à nier ce mal. »

> « J'ai mal à ma rapière
> Mais je l'dirai jamais
> J'ai mal à ma bèdane
> Mais je l'dirai jamais[4]. »

Durant cette période, 1951, 1952, 1953, de nombreux poèmes, écrits boulevard de Clichy, mais aussi à Saint-Tropez, trahissent les inquiétudes que Boris refuse de laisser transparaître. Celui-ci :

> « La vie, c'est comme une dent
> D'abord on y a pas pensé
> On s'est contenté de mâcher
> Et puis ça se gâte soudain
> Ça vous fait mal, et on y tient
> Et on la soigne et les soucis
> Et pour qu'on soit vraiment guéri
> Il faut vous l'arracher, la vie[5]. »

Tant d'autres, avec la mort présente, familière déjà. En bonne voie d'apprivoisement. A trente-deux ans, les premiers regrets, car il reste tant de choses à faire :

> « Je voudrais pas crever
> Avant d'avoir connu
> Le chiens noirs du Mexique
> Qui dorment sans rêver
> Les singes à cul nu

---

4. *J'ai mal à ma rapière*, in *Je voudrais pas crever*, op. cit.
5. *Ibid.*

> Dévoreurs de tropiques [...]
> Je voudrais pas crever
> Non monsieur non madame
> Avant d'avoir tâté
> Le goût qui me tourmente
> Le goût qu'est le plus fort
> Je voudrais pas crever
> Avant d'avoir goûté
> La saveur de la mort[6]... »

6 bis, *cité Véron*

Ursula et Boris font leurs adieux à la bohème. Ils déménagent. Pas dans le luxe : leur nouvel appartement tient dans cinquante mètres carrés. Tout y est à refaire, les peintures et le chauffage. L'atelier d'artiste qu'ils vont habiter est découpé en deux par un système de cloisons, et l'autre locataire, une cartomancienne que consultera une fois Mme Queneau, tarde à s'en aller. C'est Ursula qui s'occupera de faire porter ses meubles. Bien sûr, la cartomancienne loge dans la plus belle partie de cet étrange jeu de boîtes : sa pièce donne sur la terrasse du Moulin Rouge. Sur le toit du Moulin Rouge. Au 6 *bis* de la cité Véron, qui donne sur la place Blanche, on peut vivre au-dessus du célèbre cabaret-dancing. La rue Lepic, en pente, et le boulevard enserrent un très étrange labyrinthe de cours, de maisonnettes et de dépendances théâtrales. Cité Véron : une poésie gardée à un coin de Paris. Jean Genet y aborde des homosexuels. Pendant la guerre, les collaborateurs et les résistants du quartier avaient tour à tour utilisé ce labyrinthe. Il y a une boîte de nuit, à côté d'un jardin. Et sur l'immense toit plat, derrière les ailes du Moulin, trois pavillons sans étages entourant la coupole de la salle de spectacle et ses bouches d'aération.

Chez Ursula et Boris, on entre par l'impasse pavée. Quatre étages pour déboucher sur le ciel du Moulin Rouge. La maisonnette est dans un pauvre état. « Mais après nos quatre mètres carrés, dit Ursula Vian, cela me paraissait le paradis. » Bien sûr, c'est Ursula qui a trouvé cet autre nid, assuré le déménagement. « Boris était aussi un grand enfant. Un rêveur.

---

6. *Ibid.*

Les choses quotidiennes l'ennuyaient. Il était sans cesse rappelé à l'ordre de la réalité. » A sa manière, Boris confirme. « Les choses se font seules quand je veux, confiait-il à son *Journal intime*; je suis si inerte que ça les dégoûte. » Avec lui, et malgré ses envies d'une vie aisée, le 8, boulevard de Clichy aurait pu servir d'abri encore longtemps. Paralysé. Même dans Paris, il n'aime pas voyager. Ursula, donc. Lui est furieux, dérangé dans sa contemplation de l'immobilité nécessaire du décor. Il en profite pour raconter sa rage froide, la résistance des objets dans *Constellation*. Odile, sa compagne des récits sur sa vie quotidienne, lui annonce un jour : « Chéri, il faut qu'on trouve un appartement plus grand. » Réaction : « Le coup m'a envoyé atterrir dans le fauteuil. Ça la reprenait[7] ! »

Il la suit donc, plus qu'il ne l'accompagne. Pour éviter à Boris la fatigue d'un portage, Degliame, les amis de Colombes, prêtent main-forte, dans les escaliers. Ce n'est pas encore cette fois qu'il connaîtra le repos des ascenseurs. Début 1953, ils sont chez eux. Comme s'il attendait d'avoir trouvé ses repères pour exercer son art du bricolage, Boris promène un regard réprobateur sur l'appartement. Tout est à faire. Des discussions en perspective avec les hommes de l'EDF, avec les chauffagistes, quand il s'agira d'installer une vraie chaudière ! Parce qu'ils ne pourront pas vivre longtemps avec l'actuelle installation ! Il grogne. Ursula n'y prend garde. Elle avance pour deux. Elle a l'habitude de ses colères, de sa mauvaise foi plaintive. Cela ne dure pas. Il redevient charmant, une heure plus tard. Sa façon à lui de s'adapter à l'inconnu ménager. A la rogne. « J'ai l'idée qu'on m'opprime, avait-il confié à son *Journal intime*; c'est ennuyeux d'avoir des idées comme ça, c'est du délire de persécution. Je devrais être content, je le suis, j'ai Ursula, on est bien ensemble. On a une bonne mentalité et pas trop de pudeur. Mais il reste cette différence fondamentale du bonhomme et de la bonne femme. »

Il est sur ses gardes. Cet emménagement vaut contrat, sur le plan affectif. Or, la femme demeure l'adversaire, même à travers l'Ourson, compagne libre, décidée, talentueuse, si peu encombrante, aux dires des amis misogynes, que Boris force l'envie. Comme il se sait ridicule, après une scène ou une

---

7. *J'ai trouvé un appartement et depuis... je ne m'en sors plus*, article signé Claude Varnier, *Constellation*, n° 58, février 1953, repris dans *La Belle Époque*, op. cit.

bouderie pour un retard de dix minutes, pour une plaisanterie sur les hommes, il lui demande : « Qu'est-ce que tu fiches avec un vieux ? » Alors, elle rit. Elle le rassure en lui répétant qu'elle ne l'a choisi ni pour sa fortune ni pour sa santé. Alors, il rit à son tour. Ses grands travaux, il les lui fera. A sa main, et en bois, comme à Landemer, après avoir minutieusement dessiné des plans rigoureux. Un étage intérieur, entre le sol et le toit. Des lits jumeaux, superposés, pour gagner de la place. Avec pour chacun, une bibliothèque de chevet, une poulie et un câble permettant de rabattre un écritoire. Travailler couché : l'idéal. Boulevard de Clichy, il était tombé de leur couche en hauteur. D'autorité, Ursula revendique la couchette supérieure. Pour cet atelier d'artiste, et pour peu que la cartomancienne aille prédire l'avenir ailleurs, il fourmille d'idées astucieuses. Mais comme pour un jeu. De toute urgence, il lui faut un piano, parce que l'Ourson aime les pianos, alors que tarde toujours l'arrachage des papiers peints. Pour Boris, la réfection de la cité Véron tient du loisir. Pour Ursula, du minimum vital. Celle-ci n'exige pas plus. Elle montera elle-même, jusqu'au quatrième étage, les planches de l'ingénieuse construction de bois.

Son Ourson, Boris l'apprécie surtout à l'extérieur, loin des griefs ménagers éventuels, des plis d'huissiers, des étagères débordant de manuscrits. A la Pomponnette, leur restaurant du haut de la rue Lepic. Dans la Brasier, actionnant la trompe qui « fait le bruit d'un éléphant blessé appelant ses parents ». Au bras de Marcel Degliame, pendant leurs sorties à trois. L'atelier de la cité Véron attendra des jours meilleurs. Dans Paris, ils sont heureux, très élégants. Un manteau de bonne laine pour faire oublier quelques dettes urgentes, un veston bien coupé, une jolie robe pour distancer la précarité de leur vie matérielle. Souvent, dehors, on vante le charme du couple qu'ils forment. Les amies danseuses du Studio Wacker ne tarissent pas d'éloges sur cet homme grand et pâle dont l'œil dit assez son plaisir de leur grâce. A la fin de l'année 1953, lorsque l'Ourson annonce aux membres du ballet qu'elle va épouser Boris Vian, les ballerines se réjouissent.

La même nouvelle ternit l'atmosphère de l'appartement. Longtemps, Boris ne veut pas entendre parler de ce mariage. Il se plaint de cette idée à son entourage. Après chaque confidence, il s'en retourne avec la sensation d'être incompris, trahi, même par les meilleurs. Pourquoi n'épouserait-il pas

Ursula ? Depuis des années, cette danseuse si bien disposée à son égard est la meilleure chose qui lui soit arrivée. Il devrait remercier l'ancien maître de ballet de Zurich. France Roche l'abreuve d'injures. Même Queneau se permet un avis. Boris cède, en grognant : « Je te préviens, l'Ours, tu te démerdes ! Je ne veux pas en entendre parler ! Tu t'occupes de tout ! » Bien sûr. Ursula aurait pu continuer à vivre ainsi, sans contrat pour l'avenir. N'a-t-elle pas lié son sort à celui d'un homme qui assure, dix fois par mois, même en plaisantant, risquer de disparaître demain ? Si la jeune femme souhaite épouser Boris, c'est surtout par lassitude de la pression exercée par sa mère. Arnold, lui, pourrait comprendre Boris. Il a lu quelques-uns de ses livres, admire son œuvre et son intelligence. Les deux hommes s'apprécient. Il n'en va pas tout à fait de même en ce qui concerne les rapports de Boris avec Mme Kübler mère. Décidément, son hostilité à la notion de famille passe par les femmes.

Enfin, puisque Boris cède, cette famille-là affiche sa joie. Et comme le futur marié est un écrivain connu, Arnold, aggravant leur cas, exprime le souhait de soigner la cérémonie. « Mme Kübler et moi-même, leur écrit-il le 25 novembre 1953, nous serions heureux dans nos sentiments helvétiques, bourgeois, rédactionnels, publicitaires... de pouvoir annoncer l'état civil nouveau. Pour Noël, pour réjouir aussi le Père Noël [...] il faudrait s'occuper des détails[8]. » Préparer des faire-part, par exemple. Arnold suggère ces formules : Ursula Kübler, « danseuse de caractère » et Boris Vian, « ingénieur-poète ». A renégocier avec le récalcitrant. Finalement, Boris accepte le principe d'une photographie de la Brasier, sur un faire-part moins élogieux.

Ursula sent venir l'incident. Invité à passer Noël à Zurich, Boris n'a pas cessé de faire la tête. Le jour de son mariage, le 8 février 1954, il expédie le déjeuner dans un restaurant nommé A la grâce de Dieu où il a pourtant convié les Bokanowski, le peintre Betty Bouthoul, Dick Eldridge et les parents d'Ursula. A 16 heures, lorsque débute la cérémonie civile à la mairie du 18e arrondissement, Boris est d'une humeur de dogue. « Il a dit oui au maire en baissant la tête, raconte Ursula Vian. Il était buté. Il ne m'a pas adressé la parole pendant quinze jours. » Le jeune marié ne se déride un peu que le lendemain,

---

8. Archives de la Fondation Boris Vian.

lors de la fête donnée à ses amis sur la terrasse de la cité Véron. Sur le poêle à mazout malodorant, Boris a préparé un bœuf en daube, selon Gouffé, et des tartes aux pommes de sa fabrication pour une centaine de personnes. Sous les applaudissements, il enlace Ursula pour « la danse de l'Ours et du Bison ». Une fête réussie, malgré Boris. Ceux qui prennent congé croisent dans l'escalier Jacques Prévert qui emménage dans l'autre maisonnette du toit du Moulin Rouge, à dix mètres de l'atelier des Vian.

Prévert et Boris se sont déjà rencontrés, et même si le poète a peu prisé l'aventure des caves de Saint-Germain-des-Prés, les deux hommes s'estiment. Entre eux, il n'y aura jamais beaucoup de poèmes, aucun projet, plutôt une familiarité de voisinage. Des querelles amicales, car Boris écoute trop fort ses disques de jazz. Des mots entre épouses, d'affectueux jurons entre hommes, d'une porte à l'autre, car il manque toujours du sel ou du beurre, cité Véron, et que ces quatre-là ont tous leur franc-parler. Rien d'autre à partager que des solidarités de locataires, des soucis de fuites d'eau. Une bonne entente variable entre deux grands pudiques, contraints, par la proximité de l'autre, à vivre sans intimité. Prévert traverse une période d'abattement. Après son accident et sa très longue convalescence, les médecins lui ont interdit de boire, et cela le rend d'humeur chagrine. D'ailleurs, Janine et Jacques Prévert vivent le plus souvent à Antibes. Seuls leur fille et Patrick pourront vraiment se dire amis.

Les bonnes, les mauvaises nouvelles ne peuvent venir que de Boris. Ursula danse pour des cachets à peu près constants. Même sans tenir compte de ses dettes, de la fidélité des percepteurs — ils ont même des noms, dans les agendas — à leur histoire, c'est lui qui met régulièrement en péril l'optimisme de la cité Véron. Chaque semaine, ou presque, comporte son pari fou. Humilié, gêné pour son Ours, Boris s'efforce de croire, et sans doute le croit-il, que les factures urgentes seront très prochainement réglées, peut-être même dans les jours à venir, par les éditions Amiot-Dumont qui lui ont proposé, en 1952, de publier ses écrits sur le jazz en recueil. Ou bien grâce à cette autre pièce, *Série Blême*, qui devrait trouver preneur. Ou par Gaston Gallimard qui refuse, sans raison valable, de lui verser l'à-valoir de la traduction de *L'Homme au bras d'or* de Nelson Algren, un contrat de 1950, sous prétexte qu'il n'a toujours pas rendu une ligne du travail commandé. A bout de solutions, en fin de mois, parce qu'Amiot-Dumont a changé d'avis, que le théâtre de Boris ne rencontre que l'indifférence, que Gallimard connaît son homme, le moins déprimé des deux va s'excuser de déranger Degliame ou de Rozière. Ce n'est pas faute, chez Boris, de faire des comptes. Il en noircit ses carnets. Ses dessins, dans les marges des colonnes de chiffres, doivent refléter sa perplexité. Alors, Ursula fait assaut d'insouciance. Ils verront bien. Ils ont tout le temps. Et lui la regarde, songeur.

Durant ces mois, un peu répétitifs, il est parfois des surprises. Ainsi, pour l'année 1953, la proposition faite à Boris par Jo Tréhard, créateur du Festival dramatique de Normandie, d'écrire le livret d'un opéra estival à partir des *Romans de la Table Ronde*. Pour le fisc, une aubaine. Pour Ursula, un doux souvenir. Pour Boris, le léger sourire d'un vrai succès à la scène. *Le Chevalier de Neige* ne figurait pas dans les dossiers bien classés des étagères, pas plus dans les prévisions de règlement des arriérés de factures. Une belle et bonne commande, sans l'ambiguïté de l'amitié ou de l'obligation, née du seul plaisir de Jo Tréhard à l'adaptation de *Mademoiselle Julie* par Boris, au théâtre de Babylone. Un vrai projet avec contrat, voté par la municipalité de Caen, et confirmé par un maire dynamique, Yves Guillou. Depuis 1950, la salle municipale des Beaux-Arts de la ville, dont Tréhard a la charge, prépare chaque été un spectacle itinérant consacré à des mystères moyenâgeux ou à des légendes régionales. En 1953, cette équipe, pionnière de la décentralisation culturelle, avait décidé d'étendre son répertoire à tout le pays saxon.

Georges Delerue avait accepté de composer la musique d'un spectacle ambitieux, sur le plateau de l'enceinte du château de Caen, Boris le texte et les chansons d'une dramaturgie forte de dizaines de rôles, de figurants richement parés, dans des décors chatoyants. Pour une fois, deux créateurs disposaient des moyens financiers de leurs rêves, et Caen, le pays de Caux, s'apprêtaient à savourer, en août 1953, un spectacle lyrique en plein air qui allait déplacer, à en croire la rumeur, la critique parisienne. Lors d'un premier voyage à Caen, Boris s'était tout de suite bien entendu avec le maire. Celui-ci était tombé en arrêt devant la Brasier, et avait exigé de la conduire. Après des répétitions au théâtre de Babylone, ils étaient tous partis pour la Normandie. Ursula et Boris, Jacques Lemarchand, parce que sa compagne, Sylvia Montfort, allait tenir l'un des premiers rôles du spectacle. Jean Servais, Martine Sarcey, des danseurs amis d'Ursula. Thierry Maulnier, car Jo Tréhard avait préparé *La Ville au fond de la mer*, l'une de ses pièces radiophoniques, pour les jours d'alternance. Et Yves Gibeau, qui, pour Boris, reprenait sa plume de journaliste. *Le Chevalier de Neige* n'avait eu que sept représentations, mais devant un public et une critique enthousiastes. Raccourci, cet opéra allait être donné à Nancy, peut-être à l'Opéra-Comique de Paris. Une sensation inconnue pour Boris, longuement savourée, en compagnie d'Ursula, sur la route du retour.

Oui, il y avait des bonnes nouvelles. Même de celles qu'il n'espérait plus. Boris n'était plus poursuivi pour *J'irai cracher sur vos tombes*. Un dernier jugement en appel avait confirmé sa condamnation, mais la loi d'amnistie du 6 août 1953 le dispensait de peine. Toujours moralement coupable d'outrage, mais gracié à la faveur d'une élection présidentielle. Boris se demandait s'il fallait en rire ou en pleurer. A quelques amis, ils avaient porté un toast à la santé du président. Mais, curieusement, le mauvais génie d'un titre, qui remontait à 1946, semblait refuser de s'incliner. Vernon Sullivan n'était pas beau joueur. Boris décidément imprudent. Qu'est-ce qui lui avait pris ? En 1948, à un journaliste qui lui demandait si, après la pièce, il comptait adapter son roman au cinéma, il avait répondu : « Ne parlez pas de malheur ! » Or, deux mois à peine après la dernière décision de justice, un scénariste, Jacques Dopagne, était venu lui proposer de préparer une adaptation cinématographique. Un projet peu fidèle au livre, et c'est peut-être ce qui avait séduit Boris, le récit d'un amour impossible entre une Blanche et un Noir, sur fond de haine ségrégationniste.

Malgré l'admiration que Jacques Dopagne portait au roman depuis sa première lecture, malgré le souci d'exigence de son synopsis, Boris avait d'abord haussé les épaules. Mais pas dit non. Sceptique, simplement. Au fond, lui-même demeurait fasciné par l'incroyable pouvoir de ce titre sur ses contemporains. Le gardait-il, tant d'années plus tard ? Boris devait admettre que l'hostilité à son livre avait nourri sa propre insolence, dans les années 40. Les querelles avec la presse lui manquaient-elles ? Ressentait-il une certaine nostalgie pour une époque tourmentée de sa vie, mais qui avait aussi porté ses espérances ? Il n'avait pas renvoyé le scénariste. Il avait réfléchi. Ne pas garder le titre : trop dangereux. Maudit. Mais le sujet ? Pouvait-on le rendre plus intéressant ? Plus virulent ? Et sans sexe ? Les années passant, Boris chargeait de hargne sociale toutes les disciplines qu'il explorait. La honte des Noirs, cette Amérique décevante, la bêtise, la violence meurtrière... Le sujet y était, le nouveau sur l'ancien, Lee Anderson d'hier et d'aujourd'hui ! Et puis, Boris avait trop envie d'écrire pour le cinéma. Jacques Dopagne avait une chance de placer le scénario. Et puis ces factures, d'autres ou les mêmes, qui attendaient...

Au début de l'année 1954, sur la base du synopsis de son visiteur, il s'était mis au travail avec Jacques Dopagne. Leur scénario était à la fois romantique et militant. Le film s'appellerait *La Passion de Joe Grant*. Jacques Dopagne l'avait fait lire par des producteurs. Très vite, anormalement vite, aurait pu se dire Boris, la Société nouvelle Pathé-Cinéma avait donné son accord pour l'achat du scénario. Dans les contrats, les dispositions concernant la présentation du générique, si le film se tournait, aurait pu alerter Boris. Le titre de l'œuvre était déclaré « provisoire », pratique courante dans le cinéma. Suivaient les noms des auteurs, Jacques Dopagne et Boris Vian. Et cette mention : « d'après le roman de Boris Vian, *J'irai cracher sur vos tombes*[9] ». Boris avait signé.

Il aurait sollicité certains avis qu'on l'aurait sans doute approuvé. Autre bonne nouvelle, Boris, depuis deux ans, connaissait le réconfort d'un cercle de supporters. Peu nombreux, mais de qualité. Le 8 juin 1952, il était devenu membre du Collège de Pataphysique, sorte de parlement des enfants d'Alfred Jarry qui poursuivaient, dans le plus grand secret, les travaux, ces « gestes et opinions », du Docteur Faustroll. Fondé en 1948 par le Dr Sandomir, qu'on appelait Sa Magnificence, le Collège se donnait pour très sérieuse mission d'explorer les champs qu'avaient négligés la physique et la métaphysique. « Pour résumer les choses un peu simplement, expliquera Boris à l'occasion d'une émission radiophonique, on peut dire que la Pataphysique est à la Métaphysique ce que la Métaphysique est à la Physique. Un des principes fondamentaux de la Pataphysique est d'ailleurs celui de l'Équivalence. C'est peut-être ce qui vous explique ce refus que nous manifestons de ce qui est sérieux et de ce qui ne l'est pas ; puisque pour

---

9. *Le dossier de l'« affaire » J'irai cracher sur vos tombes*, de Noël Arnaud, *op. cit.*

nous c'est exactement la même chose, c'est pataphysique. Qu'on le veuille ou qu'on ne le veuille pas, on fait toujours de la Pataphysique[10]. » Dans quelques autres clubs fermés, chez Gallimard par exemple, on prenait souvent ces pataphysiciens pour d'aimables plaisantins, et leur « science des solutions imaginaires » pour un goût persistant du paradoxe scientifique chez des hommes fort lettrés. Après Jarry, les pataphysiciens n'acceptaient aucune explication définitive, n'attribuaient « de valeur à aucune valeur, qu'elle soit morale, esthétique ou autre[11] ». Ne tenaient les connaissances passées ou contemporaines que pour de simples opinions, et de ce fait, remplaçables par d'autres. C'était pratique, tout était pataphysique, et tout le monde pataphysicien, même sans le savoir...

Lors de l'intronisation de Boris, ce Collège, plus mystérieux encore que le Club des Savanturiers, s'honorait déjà de la présence parmi ses membres de Raymond Queneau et de Jean Ferry, de Pascal Pia et de Jacques Prévert, de Max Ernst et d'Eugène Ionesco. Allaient suivre quelques autres éminentes personnalités comme Miró, Marcel Duchamp, Jean Dubuffet, René Clair, souvent liées au mouvement surréaliste, et quelques jeunes intellectuels comme Noël Arnaud ou François Caradec qui allaient se compter parmi les futurs exégètes de l'œuvre de Boris Vian. Ce Collège s'abandonnait d'ailleurs aux rituels adolescents. A l'ombre du Père Ubu, il portait les insignes de l'Ordre de la Grande Gidouille, se parait de titres boursouflés. Il avait son propre calendrier, le grégorien se révélant pataphysiquement douteux, qui débutait un 8 septembre, jour de la naissance d'Alfred Jarry, en 1873, première année, donc, de l'E.P., l'Ère pataphysique ; l'année se découpait en treize mois de vingt-neuf jours, soit quatre semaines de sept jours, plus un jour imaginaire appelé hunyadi. Tous les vendredis étaient 13.

Boris avait été nommé Équarrisseur de 1re classe, car les pataphysiciens avaient beaucoup aimé *L'Équarrissage pour tous*, pièce éminemment pataphysique sur la guerre. Ils nourrissaient tant d'ambition pour l'ingénieur et l'écrivain qu'ils avaient intégré celui-ci parmi les Satrapes, corps intermédiaire avant les sommets de la pataphysique, envisageaient

---

10. Cité par Noël Arnaud, dans *Les Vies parallèles de Boris Vian*, op. cit.
11. *Clés pour la Pataphysique*, de Ruy Launoir, Seghers, 1969.

de publier *Le Goûter des généraux* dans les Cahiers du Collège, soutenaient tous les travaux de ce « faustrollien » de talent, injustement ignoré de Gallimard et de quelques autres incrédules. Et pour Boris, depuis deux ans, entre farce et sérieux, l'encouragement pataphysicien lui était d'un réel réconfort.

XVI

LES FEUX GLACÉS DE LA RAMPE

Le parolier libertaire

Boris se tourne vers la chanson. A sa manière, par nécessité et curiosité cumulées. Dans l'amertume, il manifeste un étonnant sens pratique. Une chanson, explique-t-il un jour à un ami, on sait tout de suite ce qu'elle vaut, si on vous la prend, ou si on vous la laisse. Vite fixé. Avec le roman, le théâtre, l'opéra, tout s'éternise, la création, l'espoir, et l'indifférence. Leçon retenue depuis longtemps, rappelée par *L'Arrache-cœur*, qu'il n'a même pas trouvé en librairie. La chanson, pour raccourcir le temps de la désillusion, ou au moins le varier, s'alléger du poids des attentes inutiles. Aller plus vite, dans un art et un commerce brefs, quelques rimes, et aux suivantes, un juste rapport entre l'objet et le temps passé, même si c'est encore du temps perdu.

La chanson, aussi, par colère. En septembre 1953, Boris avait été « chargé de présenter la polémique » dans *Arts*, après le Grand Prix de la Chanson. Quelle charge ! Son article s'en prenait à cette « radiodiffusion bien nationale et bien française » où sévissaient « tellement de gâteux » qu'il était impossible de « bâillonner ». « Mieux vaut bâillonner la chanson[1] », écrivait-il. Il distribuait ses propres prix : Charles Trenet, Léo Ferré, Mouloudji, Georges Brassens, Félix Leclerc, rayait les autres d'un trait. Il comprenait tous ces amateurs qui tressaient leurs couplets, tous ces jeunes qui y liaient même leur sort, mais il les avertissait de toutes les embûches

---

1. *Arts*, 10 septembre 1953.

promises, du goût incertain des producteurs et du public. Curieusement, l'article pour *Arts* était intitulé : « L'ère de la chanson va commencer ».

La sienne, en tout cas. Aux tout premiers jours de janvier 1954. A force de voir danser Ursula dans un ballet où le chant est privilégié. Après la rencontre avec Georges Delerue. Parce que son vieil ami Jack Diéval rêve toujours de composer pour lui. Des chansons, Boris en avait toujours écrit, depuis 1944, pour *Jazz-Hot*, pour la *Chorale* de Paul Braffort, pour les films de Jean Suyeux, pour ses propres spectacles de cabaret, mais il s'agissait surtout de poèmes confiés à des musiciens. Le milieu lui était familier, autour d'Ursula, parmi ses propres amis jazzmen, souvent contraints d'aller accompagner la chansonnette pour gagner leur vie, ou qui se lançaient, comme Eddie Barclay, dans l'édition musicale. L'un de ses textes, *C'est le bebop*, avait déjà été enregistré par Henri Salvador, l'ancien chanteur-vedette du Grand Ensemble de Ray Ventura. Sur l'autre face, une chanson de Léo Ferré, *A Saint-Germain-des-Prés*. Cette honorable compagnie l'avait flatté. Mais ce n'était encore qu'occasions, jeux germanopratins, même cette idée, en 1951, d'aller passer l'examen d'habilitation de la Société des auteurs et compositeurs (SACEM).

Cette fois, la chanson, pour Boris, est une brusque décision. Définitive. Dès le début de l'année 1954, il y jette son énergie, son engagement. Avec Ursula, il fait le tour des music-halls, écoute, prend des notes, se donne Yves Gibeau pour conseiller. L'Ours et lui prennent des leçons de chant. Elle, surtout, se dit tentée par l'interprétation. Zizi Jeanmaire chante bien ! Ursula a une jolie voix. A Caen, pour *Le Chevalier de Neige*, elle a remplacé, au pied levé, une artiste indisponible, et va faire partie de la distribution de *Dernière Heure* à la Rose Rouge. Boris pense surtout à l'écriture. En 1954, il envisage la chanson comme autant d'assauts insurrectionnels. Quoi qu'en pensent ses amis, cette période est pour lui éminemment politique. La nuit, il assemble de petites bombes d'un feuillet. Dans ses agendas, depuis la fin de l'année 1953, il en consigne les ébauches. Comme celle-ci :

> « Je paie ma liberté
> De tous les malheurs du monde
> Je paie ma liberté
> Des soucis du monde entier... »

Le 15 février 1954, Boris dépose à la SACEM le texte et la musique d'une chanson douloureuse contre la guerre. Un compositeur, musicien de jazz, Harold Berg, en a harmonisé la mélodie. La chanson a un titre : *Le Déserteur*. Boris a peut-être pensé à la guerre d'Indochine qui s'enlise, quelques mois avant la chute de Diên-Biên-Phu. Sans doute aussi à une guerre sans actualité précise, à ce titre d'éditorial prêté à Albert Camus, dans ses fausses « unes » de quotidiens parisiens : *Pas un jeune du contingent pour la guerre*. Puisque les conflits paraissent inévitables, qu'au moins les professionnels soient les seuls à s'y massacrer ! Cette chanson est d'abord, en fraternité avec *Craonne* et quelques chants pacifistes du début du siècle, la complainte d'un homme vaincu :

> « Monsieur le Président
> Je vous fais une lettre
> Que vous lirez peut-être
> Si vous avez le temps
> Je viens de recevoir
> Mes papiers militaires
> Pour partir à la guerre
> Avant mercredi soir
> Monsieur le Président
> Je ne veux pas la faire
> Je ne suis pas sur terre
> Pour tuer des pauvres gens. »

Ce déserteur a perdu ses frères, puis sa mère, de chagrin, sa femme, son âme, sans comprendre, et par la faute des armes. Il prend simplement le large, et en prévient respectueusement le président. Seule la fin de sa lettre contient une menace :

> « Si vous me poursuivez
> Prévenez vos gendarmes
> Que j'emporte des armes
> Et que je sais tirer. »

Boris qui profite de la reprise, au printemps 1954, de *Cinémassacre* aux Trois-Baudets pour rencontrer Jacques Canetti, homme de music-hall et du disque, à la fois propriétaire de la petite salle, d'une société d'éditions et de productions de spectacles, Radio-Programmes, et directeur artistique de la marque Philips. Il discute avec Denis Bourgeois, l'un des collaborateurs de Jacques Canetti, cherche le numéro de téléphone de Philippe Clay. Soumet *J'aime pas* à Juliette Gréco. Mais c'est une chanson d'homme. Le 13 avril, il note : « refaire J'aime pas pour Gréco ». « J'aime pas les robes à scandale... » En avril, Mouloudji paraît intéressé par *Le Déserteur*. Mais quelque chose ne va pas dans la chanson. Boris note dans son agenda :

> « S'il faut tuer quelqu'un
> Tuez plutôt la guerre. »

Ce sera :

> « S'il faut donner son sang
> Allez donner le vôtre. »

Mouloudji est aussi gêné par la chute du texte. Pas sur le fond. Mais cet homme qui s'apprête à tuer, pour ne pas aller tuer à la guerre... Boris en convient. La fin est contradictoire. Ensemble, ils scellent le destin du *Déserteur* :

> « Si vous me poursuivez
> Prévenez vos gendarmes
> Que je n'aurai pas d'armes
> Et qu'ils pourront tirer. »

Le 8 mai, au théâtre de l'Œuvre, Mouloudji chante pour la première fois *Le Déserteur*. L'accueil est neutre. La chanson passe plutôt bien. A la rentrée, lors de son passage à l'Olympia, Mouloudji maintient *Le Déserteur* à son répertoire. Cela encourage Boris. Après tout, le public de 1954 supporte peut-être la veine libertaire. En avril, deux jours avant de confier la chanson définitive à l'ancien jeune homme du Groupe Octobre, il en avait écrit une autre, pour lui, en tout cas, sans destinataire précis. *Le Politique*. L'histoire d'un homme qu'on arrêtait pour avoir oser chanter l'interdit :

> « Ils voulaient que je répète
> Tout ce que j'avais chanté
> Il y avait une mouche

> Sur la manche du greffier.
> Qui vous a donné le droit
> De juger votre prochain
> Votre robe de drap noir
> Ou vos figures de deuil
> Je ne vous dirai rien
> Car je n'ai rien à dire
> Je crois à ce que j'aime
> Et vous le savez bien. »

Le 3 juin 1954, Boris est reçu par Renée Lebas, « jeune femme secrète et passionnée », comme l'écrit Francis Carco dans le programme de rentrée de cette chanteuse très appréciée du public. Il lui montre des textes, moins contestataires, mais toujours aigres, caustiques. Peu de chansons de femmes. Interprète de Léo Ferré et de Francis Carco, Renée Lebas prépare un récital salle Pleyel pour le mois d'octobre. C'est vrai qu'elle cherche des idées. Georges Brassens est passé la voir, quelques semaines plus tôt, son paquet de poèmes sous le bras. Elle accepte de prendre quelques chansons de Boris. Peut-être même *Suicide valse*, un air des rues désespéré.

> « Une femme s'est donné la mort
> En s'ouvrant les veines dans son bain. »

Mais ces textes doivent être retravaillés, mis en mélodie, arrangés par un vrai compositeur. Renée Lebas lui explique qu'elle-même est « une chanteuse populaire », comme beaucoup d'autres, et qu'un parolier doit varier les points de vue, jouer avec l'humour, avec l'amour, avec la nostalgie. Boris approuve. Il apprend vite. Renée Lebas lui présente Jimmy Walter, le jeune musicien qui l'accompagne habituellement sur scène. Un parolier, un musicien. S'ils s'entendent tous les deux, assure la chanteuse, elle inscrira volontiers Boris Vian à son répertoire d'octobre.

Jimmy Walter, qui s'appelle en fait Benjamin, vient alors chaque après-midi composer sur le piano de la cité Véron. Dans les textes de Boris, comme les premiers lecteurs de 1954, le musicien voit aussi d'abord des poèmes laissant peu de prises à l'insertion mélodique. « Il manquait simplement les lois de base de la chanson, dit Jimmy Walter, les répétitions de phrases, les refrains courts. » Boris grogne. Une fois jetés sur le papier, les mots à retoucher sont un crève-cœur. Au-delà du premier jet commencent les tractations avec le dérisoire. D'ailleurs, il a toujours détesté se relire. Écrits, les mots sont à qui les veut. Retournés, c'est lui qui les tue. Pendant des mois, à raison de plusieurs très longues séances par semaine, Jimmy Walter insiste et Boris persiste. Quand cesse cette guerre d'usure, ils ont produit ensemble une trentaine de chansons qui ont d'abord le mérite de rester fidèles à Boris Vian. L'insolence, un certain désenchantement gai, une gouaille de tout temps et une modernité de trouvailles y apparaissent même plus concis, plus fiévreux que dans certains de ses écrits. Renée Lebas retient *Moi, mon Paris, Sans blague, Au revoir mon enfance, Ne te retourne pas*, une chanson émouvante sur une femme meurtrie qui retrouve, dans un bar, son amant au bras d'une autre, les regarde et s'en va :

> « Ne te retourne pas, je ne vous gêne plus
> Je partirai très vite et vous ferez la fête
> Écoute ce vieil air, c'est le même qu'hier
> Quand j'étais dans tes bras
> Je m'en vais maintenant chéri, retourne-toi
> Pour la dernière fois. »

Les deux compères, le compositeur et le parolier, font le tour des maisons d'éditions de musique avec leur moisson. Leurs chansons sont provocatrices, ils le savent. On leur répond qu'elles sont trop en avance. Ils font même écouter un texte goguenard, *Tango interminable des perceurs de coffres-forts*, mésaventures savoureuses d'une équipe de monte-en-l'air maladroits qui percent surtout les murs de leurs cellules. En entendant *J'suis snob*, les acheteurs froncent les sourcils.

> « J'suis snob... J'suis snob
> C'est vraiment l'seul défaut que j'gobe
> Ça demande des mois de turbin
> C'est un vie de galérien
> J'suis snob... J'suis snob
> Tous mes amis le sont, on est snobs et c'est bon. »

Heureusement, il y a Philippe Clay, Suzy Delair et Mouloudji. En gros, ces trois-là, avec Renée Lebas, se partagent le premier lot. Jimmy Walter et Boris poursuivent leur collaboration, mais on les évince souvent. Les disques restent rares à l'époque, et les auteurs perçoivent peu de droits d'auteur à la scène. Boris continue ses piges. Jimmy Walter ses accompagnements. En novembre 1954, Michel de Ré demande à Boris de lui écrire quelques chansons pour un spectacle sur *La Bande à Bonnot*, d'Henri-François Rey, qu'il doit monter, rue Champollion, dans le minuscule théâtre du Quartier latin. Le parolier se régale de l'univers des « bandits tragiques », anars perdus dans le crime, braves types, gentilles filles du début du siècle que leurs belles idées ont conduits à la potence ou à fermer les yeux dans un ruisseau. Sur des airs de Jimmy Walter, ou sur les siens, il écrit, entre autres, *Les Joyeux Bouchers* : « Faut qu'ça saigne, Appuie sur la baïonnette, Faut qu'ça rentre ou bien qu'ça pète. » *La Java des chaussettes à clous* et la *Complainte de Bonnot* :

> « Bonnot
> Ils t'ont eu mon vieux
> Ils étaient mille contre deux
> Toi et ton chien, rien que vous deux
> Bonnot
> Y a longtemps déjà
> Qu'ils t'ont flingué oui mais crois-moi
> Y en a qu'ont toujours peur de toi. »

Les témoins hésitent sur le nombre de représentations de *La Bande à Bonnot*. Une, deux ou trois. Retirée de l'affiche sans égards, comme toujours, pour le personnel. Personne n'a entendu les chansons de Boris Vian. L'auteur retrouve sa mélancolie. Il est fixé : le public, les producteurs n'aiment pas la veine libertaire. Et puis, il se lasse de ces mois de porte-à-porte. Le jour où, cité Véron, il se plaint à Jacques Canetti de son état de parolier errant, la sonnerie du téléphone l'interrompt. C'est justement Roland Petit qui lui annonce, embarrassé, que Zizi Jeanmaire ne chantera pas ses textes. Aucun livret de ballet, aucune chanson. Comme ça, le couple Jeanmaire-Petit est à égalité de refus des offres de service de Boris Vian. « Vous voyez, dit-il au directeur artistique, on me fait des compliments, mais personne n'en veut. » Jacques Canetti reprend rendez-vous pour le lendemain. Il veut entendre les chansons. Jimmy Walter joue quelques-unes de leurs mélodies. Ils chantent ensemble, Boris et lui, puis Boris seul. « Je ne vois qu'une solution, conclut l'homme du music-hall après l'audition improvisée, chantez-les vous-même sur scène. » « Boris m'a répondu : mais je suis journaliste ! Pas chanteur », se souvient Jacques Canetti.

Bien sûr, Boris devait tourner autour de cette idée depuis déjà des semaines. Quitte à arroser son temps de vitriol, autant le faire soi-même. A la loyale. Dans son article pour *Arts*, en septembre 1953, il avait claironné : « On peut vous refuser une chanson, d'accord ; mais peut-on vous empêcher de la chanter ? » Malin ! Le voilà au pied du mur. Avec Ursula, qui approuve, malgré les risques pour sa santé. Avec lui-même, qui crève de trac à la simple idée de se retrouver devant un public. A chaque fois qu'il avait dû jouer les bateleurs, comme lors de la Semaine de jazz de Paris, en 1948, la salle avait ri de sa gaucherie, de cette voix haute, sans portée, puis s'était brusquement paralysée devant cette silhouette imprécise, qui montrait tant son calvaire du ralentissement des secondes.

Oui, mais avec lui, aussi, qui crève d'envie. Le besoin de popularité, de reconnaissance, derrière la pudeur maladive. La nécessité psychologique, nerveuse, d'en découdre. Boris avait toujours aimé la boxe, mais trop longtemps comme un commentateur de boxe. Ses échanges de coups avec la critique depuis presque dix ans étaient restés bien élevés. Sa hargne trop contenue réclame désormais des bagarres de rue. Son mal a renforcé son courage musculaire, ces dernières années. Il accepte, partagé, inquiet et résolu, avançant d'abord l'argument de l'ingénieur : il va chanter Boris Vian pour comprendre de quel principe physique, ou pataphysique, cette incongruité peut bien découler. Il débute dans quatre semaines sur la scène des Trois-Baudets. Retour aux cours de chant, en compagnie d'Ursula. Le 4, puis le 11 décembre, il va passer des auditions au théâtre. Le second soir, un jeune homme au visage plus laid que le sien, mais aussi inquiétant, tapote sur un piano dans le noir. Il devrait s'en aller, laisser la place. Il reste. Médusé, Serge Gainsbourg écoute Boris Vian.

Tempête sous un crâne, aux Trois-Baudets

Ce soir, la salle n'a condamné personne à mort. Alors que vient-il faire là ? Supplicié. Vaincu d'avance. Vaincu depuis le matin, mais la salle ne le sait pas. Abattu, depuis deux heures, dans sa loge, bourré des médicaments prescrits par le médecin qui lui recommande, surtout, d'éviter les émotions fortes. A la fin, Ursula n'avait même plus de mots. Jimmy Walter savait le naufrage évident. Boris n'écouterait même pas la musique. Prostré, « vert de trac », dit Ursula. Bien sûr, le souffle plus court que d'habitude. Boris Vian, chanteur anar, s'est lui-même ligoté. Maintenant, il ne lui reste plus qu'à commander le bourreau.

Sur scène, il n'y a de miracle que pour les exhibitionnistes. Les autres, les introvertis, sont perdus d'avance. Et d'entrée, la salle a compris à qui elle avait affaire, c'est-à-dire à l'exception de l'année, au music-hall. Et comme on est en janvier, le 4 janvier 1955, l'année pourrait s'arrêter là. Un chanteur réticent ! Un usurpateur qui avoue tout, et tout de suite, des yeux et des épaules. Boris chante, et la salle qui devrait en rire, s'en garde bien : cet homme-là doit souffrir du ridicule, et d'une trop mauvaise idée de lui-même. Comme il porte une veste sombre de clergyman, on dirait un prédicateur vidé de sa foi. Boris, plus lunaire que jamais. Un agonisant tombé des étoiles et qui chercherait en vain dans sa mémoire ce qui a bien pu l'amener là. Boris « équarri » de l'intérieur. Gréco des débuts additionnée de Gibeau de toujours, au pire de leur panique. Boris exsangue, sans geste, planté droit, comme pour ne pas tomber en arrière. Seuls ses yeux remuent, pour guetter, en coulisses, Ursula, Canetti, pour savoir de quel côté s'enfuir.

Il ne chante pas, il psalmodie. Brechtienne d'expérience, Éléonore Hirt nomme cela « *sprechgesang* ». Le parler-chanté sans vibration. Il ne chante pas, il brade pour en finir. Le déserteur du *Déserteur*. La salle s'enfle de son malaise si perceptible et le lui renvoie. Il sent bien qu'il se perd. Sent-il qu'il gagne, aussi ? Trois chansons pour montrer que Sullivan, le pornographe, le Prince de Saint-Germain n'étaient que des masques, des idées toutes faites de la salle, et que son visage à lui, le vrai, porte la trace de tous les coups reçus. Trois chansons pour retourner sa fragilité comme une arme, profiter de sa pénible situation pour rendre les mots plus forts. Être à lui seul tous les cocus, les damnés de la guerre, les hallucinés de la vie qui habitent ses textes.

Les amis ont préféré ne pas venir le premier soir. L'écho du bref passage sur la scène des Trois-Baudets est catastrophique.

La gêne est générale. Serge Gainsbourg est bouleversé. « Là, j'en ai pris plein la gueule, dira le chanteur. Il avait une présence hallucinante, vachement " stressé ", pernicieux, caustique... Les gens étaient sidérés... Ah mais il chantait des trucs terribles, des choses qui m'ont marqué à vie... Moi, j'ai pris la relève... Enfin je crois... De toute façon, c'est parce que je l'ai entendu que je me suis décidé à tenter de faire quelque chose d'intéressant dans cet art mineur[2]. » Soir après soir, Boris s'avance, le ventre noué par la peur. Il arrive très en avance au théâtre, alors qu'il passe tard, pour tenter de s'en accommoder, de calmer les battements de son cœur. Au fil des passages, plus ou moins volontairement, il tente même d'utiliser sa manière d'être sur scène. Comme il est pétrifié, autant envoyer les chansons qui parleront à sa place. Celles à faire peur, parce qu'il a peur. Celles à l'ironie froide, pour sa raideur. *Les Joyeux Bouchers*, pour ses yeux de fou échappé. *J'suis snob*, pour cet air d'ennui poli que certains lui trouvent à la scène.

Une ou deux fois, devant l'indifférence ou l'embarras, il insulte la salle. Une fois, il est même sorti. Au bout de trois semaines, il dit à Jacques Canetti qu'il devrait arrêter. Le directeur des Trois-Baudets lui explique qu'un artiste ne peut rien savoir de son talent et de sa chance de le faire admettre avant au moins un an. Veut-il s'en aller ignorant ? Boris reste. Il fait même d'autres débuts, le 28 janvier à la Fontaine des Quatre-Saisons, chez Pierre Prévert. Le 4 février, Boris enregistre aux studios Magellan les chansons d'un disque étrange, *Le Code de la route*, texte officiel et chansons pour l'assimiler sans douleurs. Il récite et chante des articles du Code de la route sur des airs folkloriques. Eddie Barclay produit ce canular pédagogique. Les 22, 27 et 29 avril, Boris connaît l'honneur de se rendre aux studios de Philips, installés dans l'ancien théâtre de l'Apollo, rue de Clichy. L'orchestre est dirigé par Jimmy Walter, puis, le lendemain, par Claude Bolling. Boris enregistre une dizaine de ses chansons, dont une récente, sarcastique et drôle sur fond d'horreur, qu'il vient de commettre avec la complicité du compositeur Alain Goraguer : *La Java des bombes atomiques*, histoire d'un « fameux bricoleur » qui fait « en amateur des bombes atomiques » et

---

2. Texte de Serge Gainsbourg dans le numéro spécial de la revue *L'Arc*, consacré à Boris Vian, 1984.

qu'on juge pour avoir tué les « grands chefs d'État » accourus chez lui le jour de l'ultime mise au point.

> « Messieurs c'est un hasard affreux
> Mais je jur' devant Dieu
> En mon âme et conscience
> Qu'en détruisant tous ces tordus
> Je suis bien convaincu
> D'avoir servi la France.
> On était dans l'embarras
> Alors on l'condamna
> Et puis on l'amnistia
> Et l'pays reconnaissant
> Lui fit immédiatement
> Él'ver un monument [3]. »

Seul de la presse, ou presque, cette année-là, *Le Canard enchaîné* s'intéresse à Boris Vian. Pas tellement à l'interprète. A l'auteur. Car, l'air de rien, sur une petite scène, sans tapage, curieusement servis par une sorte d'antichanteur, quelques joyaux d'insolence et de contestation parviennent à mordre dans l'époque. Des critiques délibérées et toniques contre la sécheresse du progrès (*Les Arts ménagers*), les marchands de canons (*Le Petit Commerce*), le maintien de l'ordre (*On n'est pas là pour se faire engueuler*), les essais nucléaires (*La Java des bombes atomiques*), la guerre... *La Java des bombes atomiques* a les honneurs de la « une » du *Canard*, le 13 juin 1955. Comme Diên-Biên-Phu est tombé, que la France rapatrie une armée vaincue, ou plutôt l'envoie réprimer les premiers troubles d'Afrique du Nord, on commence à parler de ce *Déserteur* simple et tranquille, qui dit non sans élever le ton.

Léo Ferré, Georges Brassens sont venus écouter l'anarchiste distrait qui lâche négligemment ses bombes, deux fois par soir, d'une voix tremblante mais avec des mots assurés. Le titre du premier 45 tours de Boris est tout trouvé : *Chansons*

---

3. Dans une variante, Boris Vian donna ensuite une chute, plus radicale encore, celle que l'on connaît aujourd'hui, à cette *Java de la bombe atomique* : « Et l'pays reconnaissant, L'élut immédiatement, Chef du gouvernement ». *Chansons*, ouvrage regroupant une grande partie des manuscrits de chansons de Boris Vian. Textes établis et annotés par Georges Unglik, avec la collaboration de Dominique Rabourdin, Christian Bourgois, 1984.

impossibles. *Les Joyeux Bouchers*, *Le Déserteur*, *La Java des bombes atomiques*, *Le Petit Commerce*. Le second 45 tours contient, lui, quatre *Chansons possibles* : *La Complainte du progrès* (aussi appelée *Les Arts ménagers*), *Cinématographe*, *J'suis snob* et *On n'est pas là pour se faire engueuler*. A peine moins acidulées, récurées d'hilarité. Ces deux « simples » seront distribués ensemble à la fin de l'année 1955. Peut-être même début 1956[4]. Le 33 tours 25 cm, naturellement intitulé *Chansons possibles et impossibles*, sortira en février 1956. Le service de promotion de Philips enverra Boris Vian assurer la publicité de son disque au Salon des Arts ménagers. Pour l'occasion, *La Complainte du progrès* prend pour titre *Les Arts ménagers*. Ses amis d'*Arts* consacreront à Boris, durant le Salon, organisé du 23 février au 18 mars 1956, sans doute la critique la plus flatteuse de sa carrière publique. Il est vrai que l'équipe d'*Arts* avait quelques dettes à l'égard de son fidèle collaborateur : « Le comique lucide tranquillement subversif de l'auteur des *Joyeux Bouchers* percute à chaque mesure de ces airs étrangement scandés, de ces textes explosifs, que l'auteur-interprète débite avec un humour froid, d'un ton détaché, comme détimbré, d'une voix qui, si l'on peut dire, a les yeux dans le vague, avec un chat aigre dans la gorge et le sens du rythme décalé très personnel[5]. »

Peu d'hommages, mais de prix. Celui que Georges Brassens rend à Boris, au dos du 33 tours, vaut toutes les avalanches d'articles :

« Boris Vian est un de ces aventuriers solitaires qui s'élancent à corps perdu à la découverte d'un nouveau monde de la chanson.

« Si les chansons de Boris Vian n'existaient pas il nous manquerait quelque chose.

« Elles contiennent je ne sais quoi d'irremplaçable qui fait l'intérêt et l'opportunité d'une œuvre artistique quelconque.

« J'ai entendu dire à d'aucuns qu'ils n'aimaient pas ça. Grand bien leur fasse.

« Un temps viendra comme dit l'autre où les chiens

---

4. L'une des rares énigmes de l'œuvre discographique de Boris Vian dont Georges Unglik n'a pu trouver la solution, malgré des années de recherche. La synthèse de ces travaux introduit la « compilation » Boris Vian et ses interprètes. PolyGram. 1991.

5. *Arts,* du 29 février 1956.

auront besoin de leur queue et tous les publics des chansons de Boris Vian. »

Tournée d'anciens combattants

Qu'est-ce qu'il donne comme coups ! Mais, aussi, qu'est-ce qu'il en prend ! Aux Trois-Baudets et à la Fontaine des Quatre-Saisons, Boris s'accroche à quelques regards dans l'ombre. Un truc, confié par Brassens, pour se donner l'illusion de ne chanter que pour un seul. Il y a toujours des braves gens, émus par son désarroi, pour lui offrir le soutien de leurs yeux et d'une attention un peu forcée. Avec les mois, il a fini par s'habituer aux dimensions de la salle, au rapport entre lui et les autres. Mais en province ? Quand la salle change chaque soir, que les villes d'eaux prêtent le grand salon de leur casino ? Quand le piano d'Alain Goraguer paraît soudain si lointain, et que lui, perdu sur une scène trop vaste, n'attrape plus un regard ?

A Paris, les spectateurs ne s'étonnent plus des étrangetés de cabaret. Même ceux qui n'aiment pas le tour de chant de Boris lui concèdent un sens aigu de l'insolite, du courage, une sensibilité d'écorché vif derrière l'apparence du flegme et la méchanceté des mots. Mais en province ? Où on attend toujours le Parisien de pied ferme ? Où on n'a jamais vu Boris, lorsqu'on n'est pas membre d'un Hot-Club ? Où on a pris pour vérité la fable du pornographe, où on le croit russe, évidemment, avec un tel prénom ? La tournée d'été commence le 23 juillet 1955, par Annecy, Megève, le centre, et dès le premier soir, ils sont quelques-uns à pressentir la possibilité d'en découdre à peu de frais. Ils ne sont pas venus pour lui, peut-être pour l'un ou l'autre de ses compagnons, Monique Sénator ou Fernand Raynaud, qui assure la fin de la première partie, peut-être pour *Les Carnets du Major Thompson*, spectacle monté par Yves Robert, avec notamment Gérard Séty et Hubert Deschamps, qui clôt la représentation. Pas là pour lui, plus sûrement pour se divertir en respirant un peu d'air de la capitale, mais c'est sur lui qu'ils tombent. Il s'est lui-même désigné, et ils en profitent. Boris essuie ses premiers vrais sifflets et beaucoup de ricanements.

Biarritz, Bayonne... Il écrit à Ursula : « Il y a un monde affreux, c'est monstrueux et je m'assomme. » Déjà, il déteste cette tournée, adresse des mots à des hôtels, dans d'autres villes. Ursula va aussi d'une salle à l'autre, avec les Ballets Ho, mais ils se manquent sans arrêt. En un peu plus d'un mois, les deux époux ne parviendront à dormir ensemble qu'une seule nuit. Heureusement qu'il y a Goraguer, qu'on appelle « Go...Go... Goraguer », devenu, ces derniers mois, son compositeur attitré, son accompagnateur et son ami le plus intime dans le milieu du music-hall. Ensemble, ils rejoignent les étapes dans l'Austin-Healey de Boris. Comme Boris roule très vite, ils gagnent du temps sur les autres, et se promènent en parlant de jazz. Les pays de Loire... Il laisse les salles sans réaction, provoque une gêne épaisse que Fernand Raynaud, derrière lui, peine à effacer. Après le spectacle, dans les dernières brasseries ouvertes, ils en plaisantent. Fernand Raynaud réconforte Boris et ses partenaires, désolés pour lui, en racontant qu'il a lui-même essuyé les quolibets, ou cette indifférence de plomb qui vous donne envie de vous excuser en quittant la scène.

C'est comme si une rumeur malveillante précédait la tournée avec un jour d'avance. Chaque soir, le tour de chant devient plus délicat. Le fond de l'orchestre, protégé par l'obscurité, envoie ses insultes lâches. Plus l'hostilité monte, plus Boris répond de sa fixité moribonde, appuie sur les sonorités nasillardes. Plus il les emmerde à sa manière, qui était aussi celle de Brassens, au début, en offrant davantage sa pâleur, son trac, un mépris glacé. Pour leur faire honte. Comme Brassens, hier, il sort sans même les regarder. Le voilà le match de boxe, inconsciemment mais tant recherché !

Il s'engage sur son terrain à lui. Campé à côté de sa première bombe, celle qu'il commençait à s'étonner, à s'impatienter peut-être, de ne pas voir exploser plus tôt. *Le Déserteur*. A partir de Nantes, chaque soir, un même groupe d'hommes d'âge mûr paraît suivre la tournée. Quand Boris entre en scène, ils se montrent. Montrent leurs muscles. A Lorient, fusent des slogans : « En Russie ! En Russie ! » La troupe se dit que les perturbateurs croient Boris russe, que le racisme poujadiste est dans l'air estival de 1955, mais ça ne vaut tout de même pas une telle impression de menace physique. A Perros-Guirec, les inconnus veulent l'empêcher de chanter. Ils vocifèrent. Sept fois, Boris tente d'entonner *Le Déserteur*. Fernand Raynaud surgit en scène et abreuve d'injures le complot. Fernand Raynaud n'aime ni *Le Déserteur* ni les idées de Boris Vian. Mais il vénère la liberté d'expression. Alain Goraguer veut se battre.

Cette fois, c'est clair. Le commando est composé d'anciens combattants indignés du tort porté par Boris à leurs glorieux combats ou à ceux de leurs pères. La guerre n'est pas précisée. Leurs critiques sont générales. L'éternelle « franchouillardise », nationaliste et revancharde au ras du béret basque, faute de casque lourd. Avec eux, Boris Vian n'ira pas cracher sur la France. De leurs corps, ils sont prêts à faire barrage. A Dinard, tout s'explique. C'est le maire de la ville, M. Verney, qui organise, avec un relais d'élus locaux, cette défense du souvenir. La salle est bourrée d'hommes qui vissent sur leur crâne des calots trop étroits. Ils laissent poliment les autres artistes faire leurs numéros. Ils ne sont là que pour lui. Quand il entre, ils se dressent, hurlent quand il va pour chanter. Crânement, Boris s'entête, les yeux plantés dans le ventre du groupe, plus pâle que jamais. Il chante mais leurs cris couvrent sa voix. Alors, le maire de Dinard se lève, s'avance, hisse sa dignité sur scène et, sous les acclamations, somme ce Russe, cet anar bon pour le mur, ce déserteur de l'« anti-France » de bien vouloir sortir.

Boris, sans doute, aimerait s'empoigner avec ce double de Daniel Parker. Il se retient, la rage le fait bafouiller. Il répond à M. Verney que celui-ci se prend pour le maire mais qu'il ne porte pas l'écharpe tricolore. Qu'à cela ne tienne : l'élu a apporté avec lui le signe patent de son autorité. Il revient. La salle hurle sa haine. Certains font mine de s'approcher. Boris quitte la scène, avant les coups.

Le lendemain, au Touquet, une autre bande, avec à leur tête un officier qui s'approche. Cette fois, Boris l'entreprend le premier, l'amène à discuter, devant toute la salle, d'abord, puis au bar du fumoir. Évidemment, l'autre manque d'arguments. Il ne rentre même pas d'Indochine. Avec les minutes, et les verres, il admet que la guerre est un malheur. Surtout, il confirme que le maire de Dinard appelle à la résistance tous les anciens, dans les villes traversées par la tournée, ainsi que les élus de la région. A Deauville, le directeur du casino lui demande d'ailleurs de ne pas chanter *Le Déserteur*, qui pourrait constituer une atteinte à la sécurité publique. Trop d'honneur : Boris annule son récital. Le directeur du casino de Saint-Valéry-en-Caux veut d'abord écouter la chanson, avant de prendre une décision. Apparemment, *Le Déserteur* ne lui paraît pas de nature à inquiéter la clientèle. Boris chante à Saint-Valéry.

Comme il a finalement pu chanter au Touquet. Les compagnons de l'officier ont écouté la plainte de l'insoumis sans intervenir. De cet incident, Boris tire une morale, qu'il offre aux générations à venir de chanteurs libertaires. Qu'il offre à Serge Gainsbourg : il faut toujours discuter avec les anciens combattants qui n'ont que les rebelles de music-hall pour réchauffer leurs vieilles confusions.

La tournée s'achève sans autre intervention de commandos. Le petit commerce pensionné de guerre ne peut pas prolonger ce tour de France. Un soir, Boris fait même reprendre *Le Déserteur* par une salle d'appelés du contingent. A Bruxelles, le 27 août, la télévision belge filme en direct le chanteur et sa chanson. Mais, c'est bien connu, les Belges ne font pas la guerre. *Le Canard enchaîné* du 14 septembre relate les incidents de Dinard et met en cause M. Verney. Celui-ci répond à l'hebdomadaire, et Boris à la réponse du maire de Dinard. *Le Déserteur* est lancé. Aux Trois-Baudets, car Boris y est de retour dès le 20 septembre, on vient écouter la chanson qui provoque l'émoi des anciens combattants. Mais comme une curiosité. Paris ne s'est pas alarmé de cet acte d'insoumission. Par-dessus la capitale, et par les ondes interposées, *Le Déserteur* est plutôt l'affaire du pays profond qui croit encore aux vertus militaires et aux solutions simples. C'est au nom du pays, des fils du pays dont le sacrifice gratte le marbre des monuments aux morts que quelques personnalités politiques s'alarment. Qu'ils visent la maison de disques, soupçonnée, par certains amis de Boris, de retarder volontairement la mise en place des *Chansons impossibles*. Qu'ils téléphonent aux directeurs de la radio.

Censuré, *Le Déserteur* ? En un sens. Sur les listes des programmes de variétés des émissions, figure le tampon du bannissement. Mais purement à titre préventif. Peu de programmateurs, de toute façon, auraient songé à diffuser la chanson. Ni d'autres enregistrements de Boris Vian, d'ailleurs. La censure par l'omission, par l'indifférence, comme pour tant d'artistes. Les disques de Boris Vian ne se vendent pas. La radio ne lui assure aucune promotion. Rien d'original, ni de particulier. Philips s'acharne peu dans les années 50. Un disque, pressé à quelques centaines d'exemplaires, c'est à peu près ce que la profession vous offre à ce stade de notoriété.

Boris n'est pas particulièrement négligé. Censure, il y aura. Dès le début de la guerre d'Algérie. Surtout à partir de 1958. « Pas un seul appelé du contingent », avait faire dire Boris à Albert Camus... Mais, en 1958, Boris ne chantera plus. Il laissera à Mouloudji, à Serge Reggiani, pendant les guerres françaises, à Joan Baez, pour les guerres américaines, à tant d'autres, de toutes les guerres à venir, le soin d'aller éprouver, à sa place, la capacité des démocraties à résister à leur pouvoir de censure. *Le Déserteur*, test universel de la liberté d'expression.

A mesure que se précise le drame algérien, Boris est parfois interpellé sur scène ou par voie de presse. Pour réponse, il a une formule : *Le Déserteur* n'est pas une chanson antimilitariste, « plutôt violemment procivile ». Ce point de vue, à contre-pied, très pataphysique, diraient ses amis du Collège, il l'explicite dans une longue lettre à Paul Faber, conseiller municipal de Paris, ancien combattant, qui a demandé au préfet de la Seine d'interdire la chanson à la radio et a voulu, à la fin de 1955, porter plainte pour outrage aux forces armées. Il n'est pas certain que Paul Faber ait reçu cette lettre. Pas davantage que Boris l'ait envoyée. C'est pourtant le meilleur texte, sans doute, de Boris sur son refus de la guerre, la mise en ordre de ses idées, un leçon patiente de pédagogie, sans formules sarcastiques, sans le burlesque « vachard » de *L'Équarrissage pour tous*.

« De deux choses l'une, écrit-il au conseiller : ancien combattant, vous battiez-vous pour la paix ou pour le plaisir ? Si vous vous battiez pour la paix, ce que j'ose espérer, ne tombez pas sur quelqu'un qui est du même bord que vous, et répondez à la question suivante : si l'on n'attaque pas la guerre pendant la paix, quand aura-t-on le droit de l'attaquer ? Ou alors, vous " aimiez " la guerre — et vous vous battiez pour le plaisir ? [...] Appellerez-vous une bonne guerre celle que l'on a tenté de faire mener aux soldats français en 1940 ? Mal armés, mal guidés, mal informés [...], les soldats de 1940 ont donné au monde une leçon d'intelligence en refusant le combat ; ceux qui étaient en mesure de le faire se sont battus — et fort bien battus ; mais le beau geste qui consiste à se faire tuer pour rien n'est plus de mise aujourd'hui que l'on tue mécaniquement [...] D'ailleurs mourir pour la patrie, c'est fort bien ; encore faut-il ne pas mourir tous — car où sera la patrie ? Ce n'est pas la terre — ce sont les gens, la patrie. Ce ne sont pas les soldats :

ce sont les civils que l'on est censé défendre — et les soldats n'ont rien de plus pressé que de redevenir civils, car cela signifie que la guerre est terminée [...] Croyez-moi... " ancien combattant ", c'est un mot dangereux ; on ne devrait pas se vanter d'avoir fait la guerre, on devrait le regretter — un ancien combattant est mieux placé que quiconque pour haïr la guerre. Presque tous les déserteurs sont des " anciens combattants " qui n'ont pas eu la force d'aller jusqu'au bout du combat. Et qui leur jettera la pierre ? Non... si ma chanson peut déplaire, ce n'est pas à un ancien combattant, cher monsieur Faber[6]. »

6. Texte de 1955, publié dans *Textes et Chansons*.

XVII

DE L'EAU DANS LES BRONCHES

Convalescence à Saint-Tropez

Tous ses proches ont fini, un jour, par le voir suffoquer, porter soudain la main à sa poitrine, fermer les yeux longuement pour hâter l'apaisement de sa panique respiratoire. C'est signe d'intense fatigue mais si les amis s'alarment, proposent de le reconduire chez lui, aussitôt, même s'il souffre, de son filet d'air, il plaisante encore. « Touchez ma pompe, là, elle s'emballe pour vous », dit-il, si le témoin de son malaise est une jolie femme. A force, tous ont fini par poser au moins une fois leur main sur les battements affolés de son cœur. C'est un talisman, précise-t-il dans un sourire. Leur porte-bonheur.

Mais cette fois, l'élégante esquive est inutile. En juillet 1956, Boris est victime d'un œdème pulmonaire aigu. Ses bronches sont noyées d'eau. Passées les heures critiques, le médecin a reconnu qu'il aurait pu en mourir. Deux semaines durant, Boris garde la chambre, dans un état de grande faiblesse. La liste des médicaments indispensables, sur l'ordonnance du Dr Chiche, tient sur deux pages. Des poudres, plusieurs pilules à chaque repas, des tranquillisants et des prescriptions de piqûres. Boris s'est plaint aussi de douleurs aux reins. Un autre médicament. Au ventre : un autre encore. En tête de ses recommandations, le médecin a écrit : « Vie normale en évitant la hâte et les gros efforts physiques. » Toutes les ordonnances médicales délivrées à Boris commencent ainsi, depuis des années, mais le spécialiste des affections cardiaques lui explique qu'à moins de vivre couché, de respecter un régime alimentaire strict tous ces mois à venir, les œdèmes se répéteront. L'un d'eux, un jour, l'emportera. Bien sûr, plus de music-hall ! Boris est resté quinze mois en scène. Pour un homme à qui les affrontements, même verbaux, sont interdits, c'est une épreuve de force que le praticien juge tout à fait déraisonnable, sans doute la première cause de l'œdème et de la grosseur anormale de son cœur.

D'accord, il ne chantera plus. De toute façon, il est allé au bout de l'expérience. Quelques rebelles marginaux lui ont montré leur admiration, Brassens, Ferré, Brel... Gainsbourg dit déjà ce qu'il lui doit. S'il avait persévéré, appliqué plus longtemps les théories de Jacques Canetti, l'échec aurait été simplement plus relatif. Boris n'a pas « le feu sacré pour la chansonnette », comme il l'explique. Il est monté sur scène d'abord pour se prouver qu'il était capable de cette performance, puis pour l'empoignade avec l'époque, peut-être aussi, plus inconsciemment, dans l'espoir d'une certaine forme de reconnaissance qui tardait. Résultat mitigé, pour ce troisième volet. En plus, il garde encore quelques dettes, malgré une amélioration de sa vie matérielle. Il va pouvoir faire installer, cité Véron, un vrai chauffage central, reprendre ses aménagements intérieurs. Mais la chanson n'a pas été ce paradis qui offre l'oisiveté.

D'abord, il ne veut recevoir personne. Puis, il revoit ceux qu'il appelle ses « oncles », Degliame et Kast. Les deux hommes lui trouvent mauvaise mine, amaigri, le profil plus acéré. Il perd de plus en plus ses cheveux. Il a l'air d'un homme revenu des confins de la vie. Avec ses compagnons, il s'efforce de sourire de la mort possible. Comme dans cette lettre, écrite « le 21 Tatane An 83 E.P. [...] vulgairement 3 août 1956 apr. J.-C. », qu'il adresse à l'un des membres du Collège de Pataphysique, J.-H. Sainmont : « Mon bon maître, j'ai laissé irrépondues plusieurs missives et je m'en bats la coulpe — mais j'ai des cir-con-stances à tes nuantes vu que je fus voici quinze jours attaqué sournoisement par une crise d'œdème aigu (comme ils disent — moi ça m'a paru plutôt obtus, et pour tout vous avouer contendand) pulmonaire, résultat d'un surmenage ininterrompu venant se greffer sur un cœur assez insuffisant. Sur quoi je dus me reposer, tant au moral qu'au fysique, et me fis chier dans mon lit deux semaines, durand. Ça couvait, avouons-le. J'avais abusé. Je m'effondrais littéralement dans tous les coins (et même le(s) moins propices à de tels effondrements). Vous dire que je suis hors de ce trou, non.

Ça va sans doute me poursuivre et me percer, cuter, etc... faut bien crever de quelque chose. Sans excuser mon infâme scie l'anse, cela l'explique cependant [1]. »

Boris part se reposer à Saint-Tropez. Mais, juste avant, il doit honorer l'une de ses innombrables obligations. Il a accepté le rôle du cardinal dans *Notre-Dame-de-Paris*, le film que tourne Jean Delannoy avec Anthony Quinn et Lollobrigida. Les 8, 9 et 10 août, il compose un prélat inquiétant de fièvre. A 14 h 30, le dernier jour de sa collaboration, Claude Léon passe le prendre en voiture aux studios de Boulogne-Billancourt. Malgré son état, Boris a refusé de descendre par le train. « Ce fut un voyage terrible, se souvient Claude Léon. Il aurait pu claquer. Des orages tout au long de la route, des éclairs qui affolaient le chat, et Boris, tassé contre la portière à mes côtés. Après plus d'une nuit de voyage, arrivé à Saint-Tropez, il a voulu aller se baigner sans attendre à la Ponche. » Lorsqu'il sort en ville, Boris va du café au restaurant de la Ponche. Les bains de mer lui sont interdits, comme l'exposition au soleil. Les premiers jours, c'est Madeleine qui lui fait ses piqûres. Comme à Ville-d'Avray, il appréhende le contact de la seringue. Heureusement, Doddy lui trouve une jolie infirmière, qui s'appelle Chloé.

Membre du Ballet Ho de Georges Rech, la première troupe de jazz-danse en France, Ursula est retenue à Paris. Il lui écrit : « Ma Biche, je suis toujours un peu court de souffle, surtout le soir, mais vraiment je ne peux pas dire que je me fatigue beaucoup. Même la guitare, je ne peux pas. Ça me suffoque au bout de dix minutes. J'ai vu ici un ami de Doddy, le docteur Delorme, qui m'enverra voir Lenègre, le médecin spécialiste du cœur, à la rentrée. Lui pense que ça vaudrait le coup d'essayer une opération. De toute façon il n'est plus question ni que je chante ni que je fasse la tournée avec Salvaduche [2]. Je vais lui écrire, et à Canetti aussi. Pas de menuiserie. Rien, quoi. Heureusement qu'il y a la religion, hein, comme ça je pourrai toujours entrer au couvent. Il y a plein de monde, mais je m'en fous, le soir, parce que je suis bourré de saloperies pour dormir. La ligne s'améliore de plus en plus. Haricot vert, en plus mince. »

1. Boris Vian, dossier spécial du Collège de Pataphysique, « 9 gidouille 87 E.P. ». Vulgairement, 9 juillet 1960.
2. Henri Salvador. Le chanteur voulait absolument entraîner Boris dans une tournée de fin d'été, avant la crise d'œdème.

Saint-Tropez a déjà changé, et Boris reprend moins de force qu'il ne l'espérait dans sa vieille bourgade. Les Parisiens, anciens Tropéziens, se plaignent de l'invasion des Parisiens, nouveaux Tropéziens. Partout s'ouvrent des boîtes de nuit dans les ruelles trop sonores. Beaucoup d'amis de Boris ne reviennent plus. Ils découvrent les îles grecques ou achètent les Baléares. Ceux qui s'entêtent se terrent dans leurs villas, remontent vers Ramatuelle ou vers Gassin. Malheur au familiers désargentés comme Boris et Doddy! Le piège du succès s'est refermé sur le centre-ville. La nuit, les rêves de Boris sont peuplés de scooters pétaradants. Infidèle, Saint-Tropez remercie Saint-Germain-des-Prés de sa contribution à l'animation estivale. *Et Dieu créa la femme* remplace *Rendez-vous de juillet*. Boris aime moins Saint-Tropez. Les années précédentes encore, il tenait des discours rassurants au patron de la Ponche. Jamais les touristes ne réussiraient à franchir le massif des Maures. La nationale, bientôt l'autoroute, sont trop éloignées. Oui, mais les touristes passent les Maures, ou les contournent. Devenue phénomène de masse, la Côte d'Azur dégorge son trop-plein sur sa presqu'île d'anciens pêcheurs qui s'enrichissent.

Boris se morfond. Il écrit souvent à Ursula. « Ourson chéri, merci de ta gentille lettre. Je n'ose pas faire le Khon mais je me sens un peu moins aplati. On verra bien si ça dure [...] Je ne veux pas que mon ourson se crève trop. Ça m'ennuierait beaucoup. Un seul suffit dans la famille. » Quelques jours plus tard, le 28 août : « Mon ourson, tu as dû voir Pierre qui t'aura donné des nouvelles. Rien de particulier. J'ai conservé précieusement ma belle couleur d'endive, ici ça fait très original. Je continue à lire tout ce qui me tombe sous la main et à dormir toutes les fois que je suis à proximité de mon lit, ce qui manque un peu d'intérêt. Je pense que je vais repartir avec Doddy le 1er septembre au soir (c'est un samedi). Il fait trop chaud quand on ne peut pas se baigner. Te crève pas trop, mon ourson, ça sert à rien. » Il se veut rassurant, accepte les piqûres, mais refuse plus violemment qu'on lui parle de son mal. Rue d'Aumale, dans la petite maison, Madeleine et Claude Léon ont l'ordre de ne pas tenir compte de ses vertiges, de ses longues heures de prostration. Ce sont des vacances comme les autres. A Paris, Marcel Degliame fait le tour des hôpitaux, à la recherche de chirurgiens du cœur. Mais la spécialité n'est pas encore très répandue.

On lui adresse des lettres ordinaires, pleines d'anecdotes sans importance, comme aux jours d'avant l'alerte. Toute allusion à son mal lui est insupportable. Raymond Queneau sait qu'il vaut mieux parler de soi-même, ce qui ne lui déplaît pas, lorsqu'on écrit à Boris. Le 27 août : « Mon cher Boris, j'espère que tu te reposes bien et que tu es bien sage. Moi aussi je suis bien sage et je me repose bien. Il y a pas un chat rue Séb. et pas un chien rue Bottin. Je vais faire un petit commentaire pour un dessin animé sur l'histoire de la locomotion automobile. Je le crois assez agréable et je pense qu'il te plaira. Car c'est un film très sérieux. Il pleut à Verse (célèbre patelin qq part en France). Jean-Marie est à Cassis avec l'épouse de lui [3]. Il rentre samedi. Écris-tu un Roman grand r ? Avec ma bénédiction majeure. Queneau [4]. »

Malgré les recommandations, les forces revenant peu à peu, Boris parle de ses projets ou fait le point sur ses derniers travaux, et ses proches, mentalement, reprennent les comptes qu'ils ont toujours tenus à son propos et qui ne sont jamais tombés juste. Comment fait-il ? Pour l'heure, ils connaissent la réponse. Août 1956 restera le seul mois pendant lequel on aura vu Boris sans stylo à la main. Mais demain ? Mais hier ? Pendant les mois de son tour de chant, il n'a en fait renoncé à quelques piges que pour animer *Barclay's Actualités*, le bulletin des éditions musicales d'Eddie Barclay. Il est maintenant sentimentalement attaché à *Constellation*. Il réfléchit à des sujets à proposer à Labarthe, dès la rentrée. Une attaque contre Saint-Tropez — on dit Saint-Trop, désormais —, qui vend ses charmes. Des articles sur Brassens, sur Gainsbourg, sur le sort social des artistes, l'importance de leurs cachets et ceux de leurs producteurs, ceux de l'ami Canetti, à qui Boris reproche de s'enrichir sur son dos, comme sur celui de Philippe Clay ou de Georges Brassens. Tiens, il va en parler à Gibeau : pourquoi ne pas lancer une grande enquête auprès des chanteurs de music-hall sur le rôle de la critique ?

Allongé dans sa chambre ou assis sur une chaise devant la porte de la maison, Boris, à peine convalescent, égrène des projets qui occuperaient plusieurs années de la vie d'un homme valide. Il aimerait refaire des traductions pour Galli-

---

3. Jean-Marie est le fils de Queneau.
4. Archives de la Fondation Boris Vian.

mard. Il va en parler à Dionys Mascolo, le responsable des cessions de droits et des traductions, rue Sébastien-Bottin. Leur dernière collaboration a tourné à la brouille. Boris tardait, plus que d'habitude, à remettre le manuscrit de *L'Homme au bras d'or*, de Nelson Algren, et le groupe de Jean-Paul Sartre ne cachait pas son irritation. L'écrivain de Chicago avait été l'autre amour de la vie de Simone de Beauvoir. Gallimard se sentait donc tenu d'éditer le roman, et Boris avait dû à l'insistance du Castor le privilège d'en assurer la traduction. Des extraits du livre avaient été publiés, deux ans auparavant, dans *Les Temps Modernes*. C'était malgré lui : tout ce qui se rapprochait, de près ou de loin, au philosophe, l'ennuyait. Et puis, il n'aimait pas Algren. Dionys Mascolo s'impatientait. Une adaptation cinématographique du livre allait sortir sur les écrans parisiens, et le roman n'était toujours pas en librairie.

En janvier 1956, Boris s'était confondu en excuses : « Mon vieux Dionys, [...] j'ai d'autant plus de honte que *L'Homme au bras d'or* est vraiment presque fini. Il me reste une trentaine de pages à faire. Je vais rassembler mes forces et te donner ça très vite. Ce coup-ci, je te jure sur ma dent du fond que ça n'ira plus au-delà du 15 mars. Traîne-moi dans les cosses de betteraves car je suis un chien (un spider portugais)[5]. » Le délai dépassé, soit le 21 mars 1956, Dionys Mascolo lui avait adressé cette lettre : « " Ça n'ira pas au-delà du 15 mars " me disais-tu dans un mot par lequel tu répondais (avec deux bons mois de retard) à ma demande que je te faisais au sujet de *L'Homme au bras d'or* d'Algren. En attendant, le film sort. On est commercialement désespéré dans la maison. Ne peux-tu faire un effort pour consoler[6] ? » Boris avait bâclé la fin du manuscrit. Son passif avec Gallimard s'était encore aggravé.

Échaudé par l'échec de ses derniers spectacles au cabaret, mais encouragé par le succès du *Chevalier de Neige* et par l'estime de Georges Delerue, il dit aussi son envie d'écrire des livrets d'opéra et de comédies musicales. Un genre pousse l'autre et, à ce rythme, Boris les aura bientôt tous épuisés.

Il n'y a guère que le roman à ne pas être intégré à ce plan de charge des mois et des années à venir. Madeleine, Claude Léon, ce mois-là, Degliame, Kast, les Bokanowski, les mois

5. Archives Gallimard.
6. *Ibid.*

suivants, sont aussi embarrassés que Queneau dans sa lettre. Sujet délicat, le roman. Boris rencontre de plus en plus de gens ignorant qu'il a été l'auteur, dans un passé lointain, de quatre romans. Ou bien, lorsqu'on lui connaît une œuvre, celle-ci est signée Vernon Sullivan. En 1956, les amis espèrent pouvoir enfin flatter ouvertement le romancier, évoquer sans détours son avenir littéraire. Reparler de ce vieux projet des *Casseurs de Colombes* et de l'univers tendre des compagnons de Maurice Gournelle. Oui, en 1956, entre eux, la gêne a enfin une chance d'être levée, car Alain Robbe-Grillet et Jérôme Lindon font à Boris un cadeau très inattendu. La réédition de *L'Automne à Pékin*. L'année précédente, Boris a signé deux contrats, le 27 septembre 1955, avec les Éditions de Minuit, l'un pour *L'Automne à Pékin*, l'autre pour *L'Herbe rouge*. On parle même des *Fourmis*. Alors conseiller des Éditions de Minuit, Alain Robbe-Grillet s'est toujours compté parmi les lecteurs du romancier Boris Vian. Le Nouveau Roman se prépare dans l'ombre, des écrivains montrent leur ambition de provoquer une nouvelle révolution romanesque, de contourner la littérature d'après guerre. Méconnu, malmené entre l'existentialisme sartrien et le classicisme de Jean Paulhan, en avance certainement, comme Queneau à la Libération, Boris Vian pourrait être de l'équipée. Alain Robbe-Grillet a plaidé la cause de ses deux romans, et Jérôme Lindon découvert un auteur. « Boris était fou de joie de cette nouvelle, raconte Ursula. Il avait envie de le crier partout, mais il avait été aussi tellement déçu dans le passé qu'il m'empêchait, qu'il s'empêchait de se réjouir trop vite. »

Durant quelques semaines, il a beaucoup vu l'écrivain et l'éditeur. Il a été surpris de trouver des admirateurs de son œuvre romanesque. Il découvre qu'il n'existe peut-être pas que Gallimard sur la planète de l'édition. « Boris était heureux de cette publication, dit Alain Robbe-Grillet. Pour lui, Minuit, c'était de la grande littérature, et il n'en avait plus l'habitude. Mais derrière sa joie, on sentait un certain détachement des choses, même de ses livres, même de la mort, peut-être. » L'équipe des Éditions de Minuit est restreinte, les économies financières rythment ses semaines, ses productions sont limitées, règle première de la survie. Boris se moque bien de ses à-valoir, et même des futurs tirages. On lui garantit le respect à son livre. Et puis, il y a le compagnonnage de Samuel Beckett, dont Boris a beaucoup aimé *En attendant Godot*. Boris a

« nettoyé » *L'Automne à Pékin* de ses règlements de comptes du Prix de la Pléiade, soustrait « salaud » du nom de Marcel Arland. Il a amusé la maison d'édition avec cette idée farfelue de « papier ignoble » qu'il a choisi pour ses exemplaires d'auteur. Avec Ursula, il s'est mis à attendre la parution. Et, à Saint-Tropez, Claude Léon attend toujours avec lui, sans oser en parler. Ce réconfort-là, pour un œdème alarmant, demeure prématuré.

Tensions familiales

De retour à Paris, sur les conseils du Dr Montagne, Boris consulte de nombreux spécialistes de sa malformation. Une opération est prématurée. Le remplacement de la valve aortique est encore une chirurgie expérimentale, qui commence à peine à se pratiquer en Suisse et aux États-Unis. Il refuse, bien sûr, d'aller découvrir une autre Amérique que la sienne, pour s'y faire endormir. « J'ai une trop grande carcasse, répète-t-il. Dans cinq ans, la technique d'implantation sera au point, mais je suis trop grand. Ils vont commencer par les enfants. » Les médecins le renvoient, muni de médications lourdes. En attendant les progrès de la science, la médecine croise les doigts, conseille une vie au ralenti et se perd un peu dans les régimes alimentaires. On lui recommande même la médecine douce, on lui parle d'un « radiesthésiste médical », Maurice Mességué, qu'il ira aussi consulter. Bref, on ne peut rien pour lui, mais on lui demande de rester en contact. Boris, « cobaye pour cardiologue », comme le dira François Billetdoux.

Cité Véron, il retrouve ses peurs et ses crises d'angoisse. Il tourne en rond dans l'appartement. Va faire un tour chez Jacques Prévert, quand Prévert est à Paris. Il s'assied simplement, très las, silencieux, et Prévert ne trouve rien à lui dire. Alors, Boris repart. Certains jours, il assombrit le bonheur de la cité Véron. Ursula le trouve prostré dans la cuisine. Ou alors, il prononce des phrases de mauvais augure : « L'ourson, si tu vois que ça va mal, que je tombe là par terre, tu dénudes un fil électrique et tu me donnes une bonne décharge. » Alors, à son tour, la jeune femme va faire un tour chez Prévert. « Il ne fallait surtout pas que je panique, dit Ursula, cela aurait été plus grave encore. J'essayais de vivre le plus normalement possible, mais c'était de plus en plus difficile. Je voulais arrêter de danser, ne plus partir sans arrêt en tournée, rester auprès de lui. Quand je disais cela, il s'emportait. Il ne fallait surtout pas le plaindre, le materner. Et surtout pas moi. »

A l'extérieur, il est charmant, prévenant, séducteur. Plutôt plus gai que les années précédentes. Comme il rencontre beaucoup de nouvelles têtes, il parvient même, la plupart du temps, à faire ignorer son handicap physique. On dirait un homme un peu étrange, c'est tout, très pâle, parfois très mélancolique. Boris réserve son mal de vivre à la cité Véron. A Ursula, ses brusques paniques. Même la nuit, surtout la nuit, lorsqu'il la réveille pour lui dire : « Je vais crever, mais si seulement ça pouvait attendre. » A son fils, son irritabilité et ses emportements. Pour les années à venir, Patrick, adolescent difficile, va vivre avec eux. Comme Michelle ne parvient plus à enrayer les fugues, les petits larcins, la révolte de son fils, elle a passé le relais à Boris. Un enfant qui se cherche et un père usé, que tout énerve : le conflit des générations à vif.

Oubliant sa propre aversion pour l'institution scolaire, Boris ne supporte pas l'indifférence persistante de son fils pour les études. « Je n'ai pas accepté le passage de l'école primaire au lycée, explique Patrick Vian. J'ai fait le tour de boîtes, puis j'ai été pionnier des lycées-pilotes. Je séchais les cours, et ça le mettait hors de lui. Et moi, je ne comprenais pas son côté " obsédé du boulot ". Ces jours, ces nuits passés à travailler. Pour ça, il était chiant. Il n'avait jamais le temps. » Patrick est comme son père, il aime la musique, mais se fait souvent rabrouer, les jours où le silence paraît obligatoire dans l'appartement. Il veut allumer la télévision, mais Boris déteste la télévision. Régulièrement, le père retourne le poste, l'écran face au mur. « C'est mieux comme ça », tranche-t-il. Mais il reste la télévision des voisins du dessous, qui énerve Boris et Prévert. « Le silence devenait une nécessité pour lui, confie Patrick. Le moindre bruit aigu pouvait le mettre dans des colères terribles. » Et dans ses colères revient cette vieille idée de prendre un bureau pour lui seul, en ville.

Vis-à-vis d'Ursula, Boris s'excuse aussitôt de ses emportements et fait assaut de tendresse. Mais il ne sait pas comment prendre son fils, et de son côté, Patrick ne sait pas où se mettre dans le petit appartement. Il a conscience d'embarrasser, d'être de trop. C'est faux ; simplement, comme bien des pères, Boris ignore l'art de communiquer avec son fils. Et Prévert n'est pas toujours là. D'ailleurs, Patrick préférait le temps où le poète pouvait boire encore, lorsque, ivre, il martelait le piano d'Ursula, à la grande joie du garçon. Prévert, à l'eau, devient aussi grincheux que Boris.

Le père et le fils ne se retrouvent vraiment, à cette époque, que dans leur passion commune pour les voitures. Lorsque Patrick doit partir, de force, en séjour linguistique en Grande-Bretagne, Boris le conduit dans l'Austin-Healey blanche et c'est pour le père et le fils quelques heures de vitesse et de retrouvailles. Patrick accompagne souvent Boris dans ses refuges de Colombes, et avec Maurice Gournelle, ils réparent des voitures sans parler, font le tour des casseurs pour des pièces de rechange. De ses séjours à Saint-Tropez, l'adolescent se souvient surtout des descentes dans la Panhard panoramique, d'une Hispano de 1932 pour un voyage mouvementé avec Alain Vian. Comme celle de Boris, son enfance a été imprégnée d'odeur d'huile. Lui aussi s'est endormi sur des banquettes arrière, bercé par le roulis, un vieux chiffon imbibé en guise de « mimi ». Le dimanche, ils filent passer prendre Marcel Degliame, pour la sacro-sainte petite pointe sur les premiers kilomètres d'autoroute. Claude Léon, Degliame, ceux de Colombes sont des fidèles de la course des 24 Heures du Mans et, plusieurs fois, Boris a envisagé, très sérieusement, d'entamer une carrière de pilote amateur. « C'était comme pour la boxe, note son fils, il était fasciné, à l'image de certains intellectuels, pour les univers officiellement éloignés du leur, pour les activités concrètes, physiques. »

Toutefois, cette cohabitation paraît nuire tant au père qu'au fils. Boris est démuni devant cet enfant dont il pense, les jours d'énervement, qu'il le nargue volontairement. Lassé de voir Patrick exclu de ses établissements scolaires, il consulte un psychologue, demande à Doddy, à Degliame, à de Rozière de faire la morale au rejeton. Pour Patrick, c'est l'âge ingrat, mais Boris exacerbe le comportement de son fils, libère sa fatigue sur lui. Une fois, il frappe à coups de pied l'un des montants de son œuvre de menuiserie, pour se retenir de battre le garçon. Une autre, il empoigne une paire de ciseaux, et lui coupe les cheveux d'autorité, furieux de la longueur de sa tignasse. Ursula s'inquiète pour ses hommes. « Patrick était un bon garçon, mais turbulent, explique Ursula. Il exaspérait Boris, qui se montrait souvent injuste avec son fils. » La jeune femme juge plus prudent d'éloigner l'adolescent. Arnold est chargé de dénicher, en Suisse, un établissement privé qui accepte l'élève rebelle. Patrick part pour Gottmattingen, à la frontière germano-helvétique. Il s'en échappe, et rentre à Paris. Arnold ne se décourage pas, et se met en quête d'une autre école pour cas difficiles. Heureusement qu'ils sont là, Arnold, Ursula, les amis, car Boris ne veut plus entendre parler de ces guérillas d'adolescence.

Partout où il se tourne, dans la vie familiale, Boris rencontre des atmosphères étouffantes. Faubourg-Poissonnière, Michelle, Carole, Claude Léglise, les parents, vivent toujours les uns sur les autres. Mme Léglise devient peu à peu impotente. Claude se perd dans l'alcool et la destruction suicidaire. L'espace de la mère Pouche, de Ninon et de Zaza s'est encore rétréci, et Boris enrage de ne pas avoir les moyens financiers d'enrayer cet écrasement progressif. Ses souvenirs des jours heureux, même ceux des dimanches de la fin des années 40, se perdent dans son amertume. Il voit moins ses frères. Lorsque la mère Pouche vient à la cité Véron, il n'a rien à lui dire. Sa mère l'énerve, et il en souffre. Les parties dominicales de canasta, chez la mère Pouche, autour de la table de la salle à manger trop petite, lui sont devenues insupportables. Même la cité Véron lui semble irrespirable, parfois. C'est de ce constat, de ce tour des lieux et des destins familiers que naît l'idée d'une pièce de théâtre qui raconterait le repli progressif d'une famille, poussée inexorablement vers l'asphyxie par les forces du mauvais sort. Boris se met à rédiger les premières notes des *Bâtisseurs d'empire*.

Du théâtre. Mais surtout pas un roman. Au désespoir d'Ursula, de ses proches, la réédition de *L'Automne à Pékin*, publiée à la fin de l'année 1956, est un échec. Cette fois, le livre a été correctement mis en place, adressé aux critiques, et à des écrivains comme Pierre Mac Orlan, qui ont de l'estime pour Boris Vian. Ventes médiocres. Réactions nulles, ou presque, malgré l'active campagne en sa faveur du Collège de Pataphysique. La critique a enterré l'ouvrage bien avant l'actuelle décennie, ce n'est pas pour le déterrer dix ans après. Il est de règle, pour les hommages posthumes, d'attendre la mort des auteurs bénéficiant d'un repêchage. Jérôme Lindon, Alain Robbe-Grillet comprennent mieux ce dédain chronique, définitif, qui entoure Boris. Dans les réponses négligentes de la presse et des personnalités influentes du monde littéraire aux interrogations de Jérôme Lindon, Boris n'est même plus un ex-romancier. Tout juste un ancien trompettiste, un farceur vieilli, dont les plaisanteries ont lassé depuis longtemps, et qui pousse la chansonnette avec des saltimbanques. Comme en 1947, le milieu déteste le mélange des genres, signe patent d'amateurisme et d'absence de sérieux.

Les difficultés financières empêcheront les Éditions de Minuit de donner une autre chance à *L'Herbe rouge*. De toute façon, Boris n'y croit plus. Il se dit qu'il a eu tort de baisser sa garde. Ex-romancier. Saltimbanque. S'il manquait encore de preuves, celle-ci, quelques mois plus tard, aurait sans doute fait l'affaire : un petit mot de Jean Paulhan, adressé à Boris le 12 novembre 1957, un petit mot qui devait se vouloir sympathique. Un petit mot terrible : « Cher Boris Vian, je reçois sur votre œuvre une chronique (enthousiaste) de Jacques Bens. Nous allons la donner sans trop tarder. Mais je voudrais bien lire *L'Herbe rouge*. Où la trouver ? A vous, très cordialement. Jean Paulhan[7]. »

---

7. Archives de la Fondation Boris Vian. La référence à la chronique enthousiaste demeure assez mystérieuse. Jean Paulhan fait peut-être allusion à la traduction du second ouvrage de Van Vogt, ou au livret du *Chevalier de Neige,* joué à l'Opéra de Nancy.

XVIII

LES LARGESSES
DU DIRECTEUR ARTISTIQUE

Rock'n roll préventif

Chanteur, Boris ne pouvait pas se contenter des limites du rôle. C'était de la faute de Jacques Canetti, après tout. Le directeur artistique avait fait entrer le loup dans la bergerie, en lui commandant, en octobre 1955, l'édition d'une collection de disques de jazz. Curieux, inventif, sûr de son intelligence, Boris avait commencé à se mêler de ce qui ne le regardait pas. Il allait chez Philips comme chez lui, interrompait les réunions, donnait son avis. Il ne lui suffisait pas de chanter le soir. Dans la journée, il menait une sorte d'enquête sur l'univers du disque et du music-hall. Il s'était mis à hanter les studios de l'Apollo, avec son complice Alain Goraguer, s'intéressant à la technique d'enregistrement, corrigeant une rime, proposant que « Go... Go » rajoute un peu de jazz en fond de mélodie. Les équipes techniques, les confrères chanteurs l'auraient volontiers invité à sortir, mais son charme, sa gentillesse remplissaient immédiatement leur office. En plus, ses conseils étaient pertinents.

Au bout de quelques mois, Philips, la grande machine disciplinée, qui avait ses maîtres aux Pays-Bas, ne pouvait plus échapper à l'assaillant pressé. Il y avait eu d'abord cette étonnante crise de fou rire général qui allait marquer les annales de l'industrie du disque. En mai 1956, le compositeur Michel Legrand avait rapporté des États-Unis quelques disques de rock'n roll, un rythme nouveau qui bouleversait depuis peu les surprises-parties de la jeunesse américaine. Les deux flâneurs de la maison Philips, Henri Salvador et Boris

Vian, avaient écouté par hasard les trouvailles de Michel Legrand. Très franchement, tous deux avaient jugé cette musique fort médiocre. Volée au blues. Ils y avaient immédiatement vu la tentative de récupération de leur cher vieux jazz noir par des affairistes blancs. Mais comme Legrand garantissait le phénoménal succès de ce rythme outre-Atlantique, que les petits frères des « bobby-soxers » venaient de se donner un certain Elvis Presley pour dieu vivant, ils avaient décidé de régler sans attendre son compte à cette nouveauté.

Le rock était déjà roi ? Ils allaient le ridiculiser. En un après-midi, entraînant Michel Legrand dans leur forfaiture, Salvador et Boris avaient exécuté le genre en inventant, pliés de rire, quatre titres parodiques. Parodiques par anticipation, plutôt, car le rock n'avait pas encore franchi l'océan. Mais mieux valait prévoir, ne serait-ce que par sympathie pour tous les grands musiciens du jazz qui risquaient d'être balayés par la déferlante. Quatre rocks volontairement niais et goguenards. Quatre rocks analphabètes, pauvres de paroles et laborieux de mélodie, pour en appeler à l'intelligence des auditeurs par le canular. *Rock and Roll Mops*, sur une musique de Legrand ; *Rock-Hoquet, Dis-moi que tu m'aimes, Rock* et *Va t'faire cuire un œuf, man !*, sur des musiques d'Henri Salvador.

Boris avait soigné ses textes. Extrait choisi de *Rock and Roll Mops* :

« Je l'ai séduite en un instant
Grâce à la lueur que j'ai dans l'œil
Elle est tombée comme une feuille
Dans mes grands bras d'orang-outan. »

Un chef d'œuvre qui n'avait rien à envier à *Rock-Hoquet* :

« J'ai le hoquet
Dieu me l'a fait
J'ai le hoquet j'ai le hoquet
Et je ne peux plus m'arrêter
J'suis suffoqué
Je rock et je hoquett' je hock et je roquett'. »

Dans son agenda, Boris avait cherché d'autres titres pour ces rocks au rabais : *Rock-Épine* ; *Métro Duroc* ; *Cyranorock*... Les comploteurs allaient déjà tenter de faire avaler leurs quatre pétards à Philips. Ils proposaient un disque « made in USA », avec des noms bien de là-bas. Legrand avait déjà son pseudonyme américain. Mig Bike. Pour Salvador, Boris tenait tout prêt depuis quelques mois le joli nom d'Henry Cording. Sobrement, il avait choisi Vernon Sinclair pour désigner le parolier, presque un demi-frère, qui se contentait, en fait, au dos de la pochette, de traduire les rimes américaines d'un certain Jack K. Netty. L'enregistrement, le 21 juin, avait parachevé la farce. L'Amérique pouvait avoir Elvis Presley. La France tenait Henry Cording, rock-star, « and his Rock and Roll Boys ». L'écho du gag, de son influence bienfaisante sur les secrétaires de chez Philips, était parvenu jusqu'en Hollande.

A la rentrée de 1956, Boris est engagé au cachet par une maison qu'il amuse. Puisqu'il ne chante plus, qu'il est malade, Jacques Canetti se donne une sorte d'adjoint intermittent, l'austère entreprise s'offre un grain de folie. Boris n'a pas de fonction bien définie. Il supervise, impulse ce qui lui plaît, suggère, corrige. Rétribué, en somme, pour ce qu'il a fait déjà à titre bénévole. Et, sans attendre, il impose un coup de cœur : faire enregistrer à l'une de ses comédiennes préférées, Magali Noël, un disque de rock. Devant le scepticisme de son employeur, Boris peaufine ses textes, Goraguer ses musiques. Et le 11 octobre 1956, aux studios de l'Apollo, l'actrice volcanique du film de Jules Dassin, *Du rififi chez les hommes*, inscrit *Fais-moi mal, Johnny*, et son fameux refrain, au Panthéon du rock :

> « Fais-moi mal, Johnny, Johnny, Johnny
> Envoie-moi au ciel... zoum !
> Fais-moi mal, Johnny, Johnny, Johnny
> Moi, j'aim' l'amour qui fait boum ! »

Boris et son interprète font une percée remarquée dans le petit monde prudent des maisons de disques. Philips connaissait la réputation de provocateur de son intervenant extérieur. Mais à ce point ! Jacques Canetti doit s'expliquer en haut lieu. On s'étonne surtout que l'actrice se soit prêtée à ce déchaînement sensuel endiablé, à ces autres morceaux d'insolence égrillarde que sont *Strip-Rock*, *Alhambra Rock*. Et *Rock des petits cailloux* :

« Baby baby baby baby
J'suis heureuse assise ici
Je t'aim' je t'aim' je t'aim' je t'aim'
C'est bien plus bath qu'un théorème
On va s'marier s'marier s'marier
Sitôt qu'ils auront l'dos tourné. »

En réalité, Magali Noël et Boris se sont entendus pour produire une sorte de contre-pied féminin au machisme du rock américain. En un sens, *Fais-moi mal, Johnny* est même un rock pré-féministe. Une femme crie son appétit. Cela change. Comme pour compenser, et rendre aux hommes ce qu'ils perdent là, Boris trahit tout de même, de manière plus conventionnelle, dans le texte qu'il rédige au dos de la pochette de ce disque sulfureux, la passion frémissante que lui inspire sa chanteuse fétiche :

« On rappellera brièvement :
1) Que Magali Noël, comme Marilyn, est une femme.
2) Qu'elle a tout ce qu'a Marilyn.
3) Qu'elle a même un petit quelque chose de plus.
4) Que ce petit quelque chose passe le micro.
Et si le saphir saute sur certains sillons, n'accusez pas votre gentil disquaire ; rappelez-vous seulement que Magali Noël enregistre en trois dimensions et qu'il en reste des traces sur un disque, objet conscient s'il en fut, puisqu'il parle, et qui, par mimétisme, tente de se mouler exactement sur... heu... dites, Machin, voudriez-vous parler d'autre chose, ou m'apporter un sédatif[1] ? »

Ce rock féminin à haute température offre aussi à Boris l'occasion, après le pastiche d'Henry Cording, de dire son dédain du rock. La modernité de ses conceptions musicales va s'arrêter là, dans ces deux disques préventifs, qui ne pourront rien pour retarder l'invasion de cette musique blanche, « bâtarde du jazz ». L'Amérique le déçoit, ou plutôt, son Amérique rêvée n'avait pas prévu pareil mauvais coup. Boris, orphelin de l'Amérique. L'image patiemment coloriée depuis l'avant-guerre s'est brisée net. De son hostilité au rock, il est de nombreux témoignages. Celui de son fils, d'abord, qui se rappelle les querelles familiales à propos d'Elvis Presley. Son obsession, aussi, à produire des disques de jazz, à enregistrer

---

1. *Derrière la Zizique*, Christian Bourgois, 1976.

Miles Davis, en 1957, Claude Bolling, Earl Hines ou Art Blakey. Des textes, enfin, dans lesquels, à contre-courant, il s'acharne à dénoncer une musique qui devient vite majoritaire en France. Comme dans celui-ci : « Le blues chanté érotique noir, souvent très amusant et presque toujours parfaitement sain et gaillard, a été systématiquement déformé et exploité par de petits groupements blancs de mauvais musiciens (style Bill Haley) pour aboutir à une sorte de chant tribal ridicule, à l'usage d'un public idiot[2]. »

Boris aurait sans doute préféré faire chanter son étoile, Martine Carol. Mais c'est Brigitte Bardot, le 16 novembre 1956, une heure après un autre enregistrement de Magali Noël, qui tente sa chance aux studios de l'Apollo. L'essai demeurera sans suite, malgré *La Parisienne*, autre perle très suggestive, signée Vian-Goraguer, dont Gainsbourg se souviendra lorsqu'il composera pour B.B. :

> « [...] Morale ou gaine
> Rien ne me gêne
> Pour avancer
> On a le monde
> Quand on est blonde
> Et bien roulée
> Si je vous chante
> Si je vous tente
> C'est pas sorcier
> J'suis pas à vendre
> Je suis à prendre
> Et à garder. »

Le 26 novembre, Boris réécrit en quelques heures l'adaptation française de chansons de Bertolt Brecht et de Kurt Weill, pour un spectacle en préparation de Catherine Sauvage. En six mois et deux ou trois audaces risquées, Boris s'est rendu indispensable chez Philips. En janvier 1957, il accepte le poste de directeur artistique adjoint, chargé des variétés, sous les ordres de Jacques Canetti. Dix ans après l'Office du papier, il retrouve un emploi salarié, un patron et des horaires de bureau. Il cède parce qu'il est très fatigué, qu'il a toujours

---

2. Sans date. Cité dans *Les Vies parallèles de Boris Vian*, de Noël Arnaud, *op. cit.*

besoin d'argent, et que les visites chez les Dr Chiche et Montagne ne l'incitent que modérément à espérer une amélioration de son état de santé. A ses médecins, il promet d'écrire moins, le soir, après ses journées de travail. Le 13 janvier, il note dans son agenda : « J'ai un pied dans la tombe et l'autre qui ne bat que d'une aile. »

Il est un directeur artistique insensiblement détaché, comme le notait déjà Alain Robbe-Grillet, tout à l'instant présent, bienveillant et généreux, derrière un voile de mystère douloureux que ses collaborateurs se gardent de percer. Ceux qui le rencontrent en 1957 et 1958 ne brossent plus exactement de lui le même portrait. « Sa mort était déjà un état de fait », explique Sylvie Rivet, alors chef du service de presse de la marque. Et c'est comme si Boris retrouvait un peu de calme, du temps pour se laisser déranger, expliquer la Pataphysique à la chanteuse Béatrice Moulin, parler d'anarchie avec Philippe Clay. Curieusement, il paraît même rajeunir un peu, à écouter certains témoignages. Gamin à la mine très sérieuse, il pirate sa fonction officielle avec un naturel contagieux. Dès les premiers mois de sa prise de fonctions, son bureau se transforme en un lieu de débats improvisés. Y entre qui veut. Contre l'avis des conseillers de la maison, contre l'avis de Jacques Canetti lui-même, il signe des contrats à des artistes sur lesquels, sans lui, la maison n'aurait pas misé un franc de 1957. Avec lui, Philips avalise des idées saugrenues, oubliant même, sous l'effet d'une certaine magie, ses traditionnels critères de rentabilité.

Boris produit, supervise ou arrange l'attendu. Mouloudji, Jacqueline François, les Trois Ménestrels, Béatrice Moulin, Jean-Claude Darnal, Simone Langlois, Francis Lemarque. Bien évidemment Magali Noël, pour qui il écrit aussi des chansons tendres. Bien sûr, Henri Salvador, autant de fois qu'il le peut. Brassens, Ferré sont liés ailleurs par contrat, sinon ils auraient aussi été du nombre. Mais aussi des curiosités, que Jacques Canetti aurait refusées, que Jacques Canetti refuse, ce qui provoque, début 1958, l'éloignement de Boris vers Fontana, la sous-marque de Philips. Une promotion : Boris Vian, directeur artistique des disques Fontana. Plus près de Queneau, puisque ses bureaux sont désormais situés boulevard Raspail. Un gain d'indépendance, aussi, qui accroît les griefs de Canetti, en précipitant lesdites curiosités.

« Il avait beaucoup d'idées, explique Jacques Canetti, trop

d'idées, une idée par minute, mais aussi des idées lamentables. Mais il avait un tel charme qu'il pouvait dire n'importe quoi. Ça ne pouvait que mal se terminer entre nous. » Beaucoup d'artistes contestent ce point de vue sévère de l'ancien parrain de Boris dans le music-hall. Bien au contraire, il fallait, avancent-ils, bien du courage, une folie salutaire, une réelle confiance en soi, pour produire les *Chansons de Bruant*, par Patachou, les *Chansons 1900*, avec Gréco, Clay, Fernand Raynaud, Armand Mestral et quelques autres ; de la fantaisie pour inventer le premier faux « rocker » français, Rock Failair, et le premier vrai, Gabriel Dalard ; un souci pédagogique pour offrir aux enfants les contes de Grimm et ceux d'Andersen, traduits par lui, interprétés respectivement par les compagnies de Jacques Fabri et d'Yves Robert.

Bien sûr, dans cette production-fleuve, on relève les surprenantes *Chansons des rois de France* ; Caudry et les Chachacha ; Fredo Minablo et sa pizza musicale ; l'Adjudant Caudry et ses troupiers comiques, etc. Des chanteurs sans aucun talent. Les petites amies des amis. Des relents de surréalisme, des tentatives pataphysiques mal cernées par ses collaborateurs. Boris accepte tout, ou suggère lui-même les aventures économiquement laxistes. Cette fois encore, il recherche inconsciemment la limite, une forme d'affrontement. Mais la maison-mère, malgré l'hostilité désormais déclarée de Jacques Canetti, paraît avoir pris ce touche-à-tout remuant sous son aile. Boris fait dépenser beaucoup d'argent, engage ses compagnons musiciens de jazz, noie Alain Goraguer sous les commandes. Lui-même écrit pour tout le monde. En fait, il produit surtout, et c'est ce que lui reproche Canetti, ceux qui chantent ses textes. Des bluettes, des rocks, de la variété au mètre. Avec Henri Salvador, des dizaines de chansons créoles. Boris a trouvé un autre assommoir. Il plie son style à tous les genres, jette des phrases à la manière de, et comme la manière, dans la profession, tend souvent vers le bas, il explore les délices de l'écriture passe-partout, des poncifs, des éternels retours, et des femmes délaissées.

L'homme-orchestre

En septembre 1957, Boris a été victime d'un second œdème pulmonaire. Aussi grave que le précédent. Et les Dr Chiche et

Montagne ont continué à déconseiller l'opération, même aux États-Unis. « Carcasse » trop grande, effectivement. Boris a enfin accepté que sa femme arrête de travailler, et reste près de lui. Après *L'Apprenti fakir*, un spectacle de Georges Rech, Ursula a raccroché ses chaussons de danseuse. Du 10 au 25 janvier 1958, ils sont séjourné à Goury, près d'Auderville, dans la Manche. Une lande perdue, quelques maisons battues par le vent, pas même un village, où les Prévert souhaitent acheter la maison du phare. L'Ours et le Bison ont logé à l'hôtel de la Mer. Boris avait été mis au repos forcé par ses médecins. Un jour, ils ont roulé tous les deux, doucement, jusqu'à Landemer. Il lui a montré l'autre paradis d'enfance, plutôt ce qu'il en restait, une jungle de rhododendrons. « J'ai cru qu'il allait en pleurer », dit Ursula.

Un soir, sur cette lande de *L'Arrache-cœur*, il s'est à nouveau senti mal. Ursula a d'abord voulu appeler un médecin, puis elle a aidé Boris à s'allonger dans la voiture. « Je me souviens, raconte Ursula, j'ai foncé à 120 km/h de moyenne dans la BMW que mon père m'avait laissée. Et Boris, qui ne pouvait plus respirer... »

Il s'est offert une Morgan bleue, un bolide décapotable. Sa première voiture neuve. Toutes les chanteuses sous contrat chez Fontana sont tenues d'accepter, dans les rues de Paris, une balade à vous soulever le cœur. On le voit plus souvent chez la concurrence, Eddie Barclay, pour des déjeuners d'hommes, avec Michel Legrand et Philippe Weil, ancien décorateur et spécialiste du disque. Henri Salvador a quitté Philips et, comme on voit rarement Salvador sans Boris, les collaborateurs de Fontana téléphonent chez Barclay lorsqu'ils cherchent leur propre directeur artistique. Pour Boris, Salvaduche est devenu plus qu'un intime. Son poumon artificiel, sa force de vie. Henri Salvador a ce privilège rare de répandre l'optimisme autour de lui. Son rire est encore plus anachronique que celui de Queneau, une sorte de cri d'oiseau des mers chaudes ; on rit de son rire. Il a la musique au bout des doigts, et une voix de velours qui vaut une dizaine d'instruments. Il chante pour lui, mais aussi à la place de Boris, prêtant son souffle à l'ami empêché. Ensemble, ils composent sans arrêt, plus de chansons qu'il ne pourra jamais en chanter, qu'ils ne pourraient en placer. La nécessité vient de Boris. Salvador, lui, est plutôt paresseux. L'influence de ses îles natales. Lorsque la mélancolie, l'anxiété le submergent, Boris file chez

Salvador. Bien sûr, sans rien avouer, sans plainte ni confidence. Une chanson à faire naître dans l'heure, n'importe quel prétexte relatif aux activités de Fontana. Boris s'assied, attendant le premier rire. « C'est le seul type à ne s'être jamais cogné contre le lampadaire du canapé du salon, dit le chanteur. Je l'ai guetté, ça. Tout le monde butait dessus en s'asseyant. Pas lui. Il était là, à ne rien dire. Alors, je parlais pour deux. Ça ne m'était pas difficile. Mais c'était lui, l'intelligent. Mine de rien, il m'a fait gagner quelques années d'études. Il m'a tout appris, la littérature, la science-fiction, la science... »

« On écrivait sans trop penser, comme ça, sous la plume, moi au piano, en lui racontant des blagues. C'était un jeu, cette rapidité de réflexe. Cela devait lui être indispensable. Aller vite. Un jour, je lui racontais que mon professeur, aux Antilles, quand j'étais gosse, nous parlait de " nos ancêtres les Gaulois ", et que c'était marrant. Boris m'a interrompu : c'était parti. Dans une demi-heure, une chanson. » *Faut rigoler* :

> « Faut rigoler
> Faut rigoler
> Avant qu'le ciel nous tomb'sur la gueule
> Faut rigoler
> Faut rigoler
> Pour empêcher le ciel de tomber. »

Assez tôt dans l'année 1958, Boris confie parfois qu'il envisage de s'en aller, qu'il n'est là, au fond, que pour la solde. Il aimerait changer de vie. Se reposer. On ne le croit pas : il travaille tellement, finit si tard le soir aux studios, retouche des textes, suggère un peu plus de « moelleux jazzy » pour les musiques.

Pourtant, psychologiquement, il s'éloigne. S'il déploie beaucoup d'énergie à la préparation du microsillon d'Hildegarde Neff, c'est qu'il est séduit par cette actrice allemande qui achève de tourner *La Fille de Hambourg*, d'Yves Allégret, avec Daniel Gélin. Boris a écrit le texte de la chanson-titre. Hildegarde Neff présente la particularité de mener une triple carrière, aux États-Unis, en Allemagne et en France. En juillet, d'abord par jeu, Boris fait à la jeune femme une cour empressée, la convainc d'enregistrer tout de suite un second disque. Simplement pour la garder à Paris. Pierre Kast, Pierre

Weil, certains collaborateurs de Fontana, sont frappés de la ressemblance d'Hildegarde Neff avec Ursula. Même beauté blonde aux cheveux courts, même fond d'accent, même lueur d'éternel amusement dans les yeux. Quelques-uns, dont Pierre Kast, reprochent même à Boris sa muflerie. Ursula avait assez répété son envie de chanter. Son mari avait tout pouvoir pour l'encourager, et depuis peu, pour donner lui-même corps à cette ambition. « Tu te démerdes, l'Ours, me disait-il, à chaque fois que je sollicitais son aide », explique Ursula. Il avait bien supervisé l'enregistrement d'une danseuse des Ballets Ho, mais c'était celui de Nicole Croisille.

Lorsque Hildegarde entre dans la vie de Boris, ils sont quelques-uns à juger la situation cruelle pour Ursula. Mais Boris explique qu'il n'y est pour rien. Il est brusquement tombé amoureux. Sans l'avoir cherché. Il se sent d'ailleurs partagé, comme souvent, euphorique et coupable, conscient de blesser, sans doute, une femme qui lui a suffisamment témoigné son dévouement. Mais attiré par l'autre. Liaison d'abord cachée, sauf pour l'équipe de Fontana. Plus voyante, ensuite. « Un jour, Hildegarde est venue travailler avec lui, à la cité Véron, explique Ursula. Moi, je repeignais un mur. Elle est repartie et Boris l'a raccompagnée dans l'impasse, la tenant par le bras. Et puis, plus tard, il m'a avoué qu'il allait la rejoindre quelques jours à Berlin. Il avait besoin d'y aller, disait-il. C'est tout juste s'il ne m'a pas demandé ma bénédiction. Pour me venger, en son absence, je suis beaucoup sortie avec Degliame. »

Boris rentre de Berlin penaud. Ils sont libres, avaient-ils toujours proclamé, l'un et l'autre. Longuement, ils se parlent. Si elle est là, cité Véron, c'est de son plein gré. Elle aime Patrick, pour Patrick. Boris, avec son cœur en miettes. Les choses sont simples. Boris fait la moue. Simples ? Il y avait toujours eu trop de femmes autour de lui, trop d'amis-vampires. Pourquoi ne pas changer de vie ? Pour l'argent, ils s'étaient arrangés, jusqu'ici. Elle avait un métier. Georges Rech et Roland Petit réclamaient son retour à la scène. Des réalisateurs voulaient la faire tourner. Lui, il écrirait... Kast l'aiderait sûrement, pour le cinéma. Et pourquoi pas un roman ?

Boris évoque alors plus ouvertement son départ, et ses collaborateurs de Fontana ne le croient toujours pas. Ne prend-il pas l'avion, pour la première fois, à l'occasion d'un voyage d'affaires à Stockholm ? Ne participe-t-il pas à de très officielles réunions ? En fait, ces amis-là sont déjà en retard sur le temps intérieur de Boris. Le disque l'amuse moins. Il a eu tout loisir de se forger une opinion sur le système, et le polémiste, en lui, reprend ses droits. Comme *Le Canard enchaîné* lui propose de venir renforcer le non-conformisme de ses pages spectacles, Boris inaugure sa collaboration, le 29 octobre 1958, par un article de défense de Georges Brassens, intitulé : *Public de la chanson, permets qu'on t'engueule !* « Lors de son dernier tour, Georges Brassens avait écrit quelques poèmes durs, baroques et fignolés à miracle qui avaient pour nom *Oncle Archibald, Grand-père, Le Vin,* etc. Nombre d'entre eux tournaient autour d'un sujet réputé austère, la mort... Le microsillon qui les réunissait était l'un des plus beaux qui existât de cet artiste. Il semblerait qu'il ait eu moins de succès que les précédents [...] Mais *Oncle Archibald* reste un vrai chef-d'œuvre [...] Nous, les pauvres amateurs de jazz du début du jazz, on se donnait un drôle de mal pour avoir les disques des gens qu'on aimait. Et on fondait des revues pour parler d'eux. Avez-vous *Oncle Archibald*, vous, les amateurs de chansons ? Et avez-vous été à l'Olympia écouter Brassens ? Et Michèle Arnaud, intelligente, plaisante, troublante et charmante ? Non ? Alors fermez-la[3] ! »

Boris récidive, le 12 novembre, pour le premier article consacré par la presse à Serge Gainsbourg : « Vous viendrez aussi me dire que ce garçon est un sceptique, qu'il a tort de voir les choses en noir, que ce n'est pas " constructif "... (si, si, vous dites des choses comme ça). A quoi je répondrais qu'un sceptique qui construit des paroles et des musiques comme ça, faudrait peut-être y regarder à deux fois avant de le classer parmi les désenchantés de la nouvelle vague... C'est tout de même plus intéressant qu'un bon crétin d'enthousiaste avide de démolir ce qu'il n'aime pas[4]... » L'hommage à Henri Salvador est rendu dans *France Observateur*. Lesté du même agacement pour le goût de ses contemporains. Malgré ses fonctions, Boris s'en prend volontiers au public et à son manque de discernement. Même dans ses textes de présentation, au dos des pochettes de ses productions, il s'adresse

---

3. Publié dans *La Belle Époque*, op. cit.
4. *Ibid.*

directement à l'acheteur éventuel, l'agace, le menace, lui rappelle qu'il ne se sert pas assez de sa liberté.

Ces invites, ces résumés sarcastiques, très souvent détournés de leur objet par une plaisanterie ou une digression, racontent autant d'histoires que Boris a supervisé d'enregistrements. Sauf une, la première, en 1954, pour un éloge de Queneau, à l'occasion de l'adaptation d'*Exercices de style* sur microsillon. A l'époque, Boris ne dérangeait pas encore, de l'intérieur, l'industrie du disque : « Il a fallu que Raymond Queneau se mette à faire des gammes, notait-il alors, pour que le public arrive à comprendre sa musique. C'est comme ça, les grands compositeurs. Leurs œuvres définitives, tant pis pour eux, si la masse les apprécie tout de suite : ça prouve juste qu'ils n'étaient, après tout, pas tellement loin devant. Queneau, cela ne lui est pas arrivé encore ; et son livre le plus populaire, c'est son livre de gammes, justement[5]. » Après ce salut, Queneau avait adressé un mot à Boris : « Mon cher Boris, merci pour ton texte pour le disque *Exercices de style*. Il est très bien et très amical. Il m'a touché. J'espère que tu viendras au coquetèle[6]. »

En 1958, le directeur artistique de Fontana propose ni plus ni moins de vendre la mèche. Il est à la recherche de lieux d'accueil où raconter les débuts de carrière de Brassens, de Ferré, les petites salles, et puis, un soir, le déménagement pour une salle plus renommée, mais au profit de producteurs plus gourmands ; cette pression environnante, ces entourages qui vous poussent à réduire vos exigences artistiques. Le rôle de la critique, celui de la publicité... Avec Marcel Degliame, qui commence à produire quelques films — dont un documentaire sur Boris, avec France Roche dans le rôle de l'interviewer, pour la télévision canadienne —, il espère écrire un court métrage sur l'art de fabriquer une fausse vedette du music-hall et d'assurer, sans talent, son succès auprès d'un public de gogos.

Ce même directeur artistique publie aussi un livre, à la fin de l'année 1958, à mi-chemin entre le récit pédagogique et le pamphlet, qui démonte joyeusement la machinerie de la chanson. En 1957, France Roche, alors responsable d'une

---

5. *Derrière la zizique, op. cit.*
6. Lettre du 5 novembre 1954. « Amical » est souligné. Archives de la Fondation Boris Vian.

collection aux Éditions Amiot, avait proposé à Boris d'écrire un livre. A peu près sur le sujet de son choix. Il avait d'abord songé à un ouvrage sur le jazz, puis s'était ravisé. Traquer le commerce derrière la chanson lui paraissait plus urgent, plus populaire, aussi. Yves Gibeau avait été brutalement tiré de son anxiété de romancier parcimonieux, promu conseiller sur l'heure. Ils allaient la lancer, leur grande enquête sur la critique de variétés ! Gibeau avait acquiescé, mais était resté terré dans sa solitude.

Boris avait poursuivi son ancien compagnon de chambre. Lui avait adressé une lettre. « Vian, 6 *bis*, Cité Verouillon. Vendre douillon 4 décembre. Cher Gibouillon, nous déjeunouillons lun(duouillon) prochain, en langage clair lundi à 13h15 chez Vefour (Palais-Royal) avec France Roche et l'éditeur Amiot pour signer le contrat du bouquin sur chansons. (Voilà un éditeur correct.) Téléphonouillez-moi si le chœur vous en dit. Salut. Boris. PS : Of course, ce qui veut dire naturellement en anglais, je vous informe qu'il est convenu que nous le signons ensemble ce livre[7]. » A force de patience, Boris était parvenu à persuader Yves Gibeau d'adresser une série de questionnaires aux artistes en vue du music-hall, sur le rôle des critiques. Mais il avait dû s'atteler seul au livre. Gibeau ne s'était pas montré. Même France Roche avait déserté sa collection chez Amiot. L'argent du contrat dépensé, il lui restait à honorer le contrat.

Le lendemain de sa parution, *En avant la zizique... et par ici les gros sous* s'arrache en dizaines d'exemplaires... dans les bureaux de Philips et de Fontana. Dans une postface, Boris envisage le risque de déplaire à sa direction. « Je suis en relation permanente, notait-il, avec les auteurs, les interprètes, les musiciens, les techniciens, la radio et le reste, et je vais me mettre à dos tous les gens qui s'estimeront invectivés (bien à tort !). Ça va sûrement me gêner beaucoup dans mon métier actuel. Heureusement, j'ai pris soin d'en apprendre plusieurs, des métiers, durant ma longue existence, et on manque toujours de menuisiers dans le bâtiment[8]. »

Bien sûr, les directions de Philips et de Fontana se déclarent flattées de compter dans leurs sociétés un chanteur, un auteur, un homme du métier, capable de provoquer une salutaire

---

7. Archives Yves Gibeau.
8. *En avant la zizique... et par ici les gros sous*, Amiot, 1958.

réflexion dans la profession. Non, nul blâme. Boris conserve ses fonctions. Sa présence, enrichissante, louée par le personnel, n'est pas remise en question. S'il veut partir, il va devoir pousser seul la porte.

Scénario sur papier bleu

Boris envisage de démissionner, car il s'est tenu longtemps absent de quelques-unes de ses activités annexes. Quatre ans. Pour lui, une éternité. Son expérience dans la chanson et le disque se solderait par un bon souvenir, ne serait-ce que sur un plan matériel, s'il n'y avait, comme une lourde menace, impalpable, ce maudit projet de film. Il avait presque oublié *J'irai cracher sur vos tombes*, le scénario rebaptisé *La Passion de Joe Grant*, qu'un producteur avait accepté en 1954. En fait, il s'était évertué à négliger, à nier cette histoire qui le mettait mal à l'aise. Jacques Dopagne avait travaillé sur d'autres scripts. Les deux auteurs s'étaient peu vus. Leur texte avait reposé dans un tiroir poussiéreux de la Société nouvelle Pathé-Cinéma, puis ladite société s'était dédite, acceptant cependant de rester le distributeur d'un film éventuel, à charge pour les coscénaristes de trouver quelqu'un pour le produire. Vieille rengaine. Boris connaissait par cœur ces sensations, si souvent éprouvées, qui entouraient les œuvres sans commanditaires immédiats et enthousiastes. Pour lui, le temps n'avait jamais rien fait à l'affaire. Avec Jacques Dopagne, il avait rencontré un producteur intéressé, mais celui-ci était mort, quelques semaines après leur rencontre. Un signe.

A la fin de l'année 1957, Jacques Dopagne avait lu quelque part qu'on s'apprêtait à tourner *J'irai cracher sur vos tombes*, d'après le roman de Boris Vian. Le réveil était rude. Le rappel du passé particulièrement désagréable. Pathé s'était simplement donné le droit, dans un contrat que Boris avait signé, de céder à un tiers sa propriété juridique sur le projet. L'heureux et nouveau propriétaire avait désormais pour nom la Société nouvelle Océans-Films. Des gens aimables qui, interrogés, garantissaient bien évidemment les clauses au bénéfice des auteurs souscrites par le premier producteur. Mais, pour mieux sceller cette collaboration et, symboliquement la relance du film, Océan-Films priait Boris de lui accorder une option d'un an, valable jusqu'au 15 février 1958. Boris avait accepté. Nouveau contrat, donc, en lieu et place du précédent. Simplement, Boris avait rayé le mot « œuvre », remplacé par « pièce », dans la phrase : « l'adaptation cinématographique de son œuvre originale *J'irai cracher sur vos tombes* ». Il sentait bien que Joe Grant présentait beaucoup moins d'intérêt que Lee Anderson. L'odeur de soufre, le vieux scandale seul, tentaient le cinéma. Mais Boris était trop accaparé. Empêtré dans l'amertume. Paralysé sans doute, fasciné peut-être, par ce titre qui le poursuivait, cette cause originelle du malentendu sur lui.

Encouragé aussi, naïvement, par l'apparent respect des droits de l'auteur à travers le jargon juridique, plus encore par les sommes importantes qui lui étaient promises si, un jour, un film se tournait. Deux millions de francs pour lui, autant pour Dopagne ! Plus de dix fois le salaire mensuel du directeur artistique. La manne libératrice ! Avant la fin de l'échéance accordée par Boris au titre de l'option, Océan-Films avait disparu. Se présentait la Société internationale de production, la SIRPO, qui, par lettre recommandée, avec le ton du propriétaire pour son locataire, exigeait remise de l'adaptation promise, quatre ans plus tôt, au premier producteur. Ces gens-là allaient droit au but. Les masques tombaient.

Boris aurait pu demander conseil à des cinéastes, à des auteurs, se renseigner sur le sérieux de ces maisons de production qui jouaient à cache-cache. D'ailleurs, la SIRPO laissait à nouveau la place à Océan-Films. Boris aurait dû briser là. Oublier Joe Grant, décidément dupé par Lee Anderson.

En 1958, au contraire, il se lie un peu plus. Accorde une nouvelle option, le 10 février 1958, en échange du versement de la somme de 750 000 francs. Les 4 millions restant, bien sûr, à devoir. Mais Boris fait encore mieux. Pire plutôt : sans que les auteurs de ces lettres recommandées ne l'exigent, il s'engage à fournir une adaptation dialoguée de cent pages pour le 10 avril 1958. Comme s'il craignait de fuir encore, d'ennui ou de honte, comme s'il voulait se contraindre à clore au plus vite sa collaboration avec l'ennemi. Bien sûr, il ne rend pas les cent pages à temps. Ces gens-là plaisantent beaucoup moins que Dionys Mascolo et André Labarthe réunis. Aussi, le 11 avril, reçoit-il cette lettre recommandée, l'informant d'une énième cession, cette fois, d'Océan-Films aux Films du Verseau, et le rappelant fermement à l'ordre : « [...] vous deviez nous livrer le 10 avril 1958 une adaptation dialoguée en 100 pages. Cette adaptation ne nous a pas été fournie par vous. Vu les engagements que nous avons pris [...] nous faisons toutes réserves sur votre carence et les suites qu'elle comporte[9]. »

Boris adresse aux Films du Verseau une lettre assassine, mais y joint une adaptation de soixante-quinze pages. Puis, il n'entend plus parler de *J'irai cracher sur vos tombes* pendant des mois. Ni d'Océan-Films, ni du Verseau. Ni des cent pages commandées, ni des pages rendues. Silence réconfortant. Qui cesse brusquement, le 5 décembre 1958. Comme chez Guignol, mais en moins drôle, la SIRPO surgit à nouveau, apparemment bénéficiaire d'une nouvelle cession et envoie sa sèche correspondance. Boris n'arrive plus à suivre. Il comprend simplement qu'on espère le décourager. A la fin de cette année 1958, Boris décide enfin d'observer de plus près cette valse de maisons de production — certaines fictives — autour d'un titre, et de sauver, de sa propriété littéraire et morale, ce qui peut l'être encore. Il est temps de renoncer à toute direction artistique.

9. Archives de la Fondation Boris Vian.

XIX

« PAS D'AFFOLEMENT, LES GARS... »

Janvier 1959. De l'hôtel de la Mer, à Goury, Boris poste à sa mère des nouvelles réconfortantes. « Ma bonne amie, je bouffe, je dors et je travaille. Il était temps que je m'arrête un peu[1]. » Le Dr Chiche lui a ordonné du repos, quelques jours de grand air et de calme. Alors, il met un peu d'ordre dans sa vie. Il se promène dans la lande ou au bord de la mer. Il a trouvé l'endroit, un solide rocher, où « amarrer », comme il dit, la maison de ses rêves, une demeure aux cloisons transparentes, entre la terre et l'eau, pour une meilleure fréquentation des poissons.
  Boris a adressé à Louis Hazan, le directeur commercial de Fontana, sa lettre de démission. Élégant, il propose d'être présent pendant la durée de son préavis de trois mois. Quelques enregistrements méritent encore son attention. Les jours, les mois à venir se présentent plutôt bien. Salvaduche va venir le rejoindre à Goury. Un piano manque certainement, dans cet endroit oublié de la technologie. Pour leurs chansonnettes, ils n'auront que leurs guitares et le minuscule salon de l'hôtel. Cela doit être drôle, le rire de Salvador, dans ce brouillard. Eddie Barclay a proposé à Boris de l'engager, en qualité de directeur artistique, dans sa société de disques, pour un salaire plus élevé et une occupation moindre : la reprise des catalogues d'enregistrements de jazz. En fait, pour ce qu'il voudra y faire, étant entendu entre les deux hommes qu'il y fera le moins possible. Comme quelques autres,

---

1. Cité par Jacques Duchateau dans *Boris Vian ou les facéties du destin, op. cit.*

Queneau, Dody, Degliame, Kast, le Collège de Pataphysique, bien sûr Ursula, Barclay, son vieux complice des concerts de l'Occupation, souhaite que Boris écrive un roman. Mais lui, en plus, a estimé plus pratique d'y mettre le prix.

Boris bouffe, donc, dort et travaille. Il achève la dernière version de la traduction, avec Jacqueline Sündström, du *Client du matin*, la pièce de Bredan Behan. Après deux ans d'efforts, il espère avoir enfin trouvé des financiers pour le lancement en français de *Du*, la revue d'Arnold Kübler. Surtout, il prend un plaisir terrible, rageur, à donner « plus de 100 pages » à ses « 75 pages d'adaptation » de *J'irai cracher sur vos tombes*, selon les injonctions de ses nouveaux maîtres au cinéma. Dès les premières phrases du script, Boris torpille joyeusement toute entente possible avec ses mystérieux producteurs alternatifs : « La caméra découvre un plan de forêt tranquille, écrit-il, dans le Sud des États-Unis pendant une nuit d'été, plus précisément le 17 juillet à 21 heures 45. Au premier plan, à droite, un arbre planté en 1874 par un fonctionnaire des Chemins de Fer retraité, orme dont la hauteur atteint au bas mot 97 pieds et qui, à 18 pieds du sol, se ramifie en deux branches de grosseur inégale. A 7 pieds de cet arbre, sur la gauche et en retrait de 2 pieds environ, un pin noir d'Autriche en assez mauvais état... »

C'est une longue lettre d'insulte, de haine des marchands et des sots. Une lettre d'ennui de lui, aussi. Boris rend *J'irai cracher sur vos tombes* tout à fait intournable. Il tue ses héros, leur décor de son délire non transposable au cinéma. Comme on lui réclame des dialogues professionnels, il suspend souvent une interminable et savoureuse description : « (L'auteur, à ce point du récit, s'excuse derechef de ne pas introduire de dialogue, vu qu'il n'y a personne en scène.) » Il se moque d'eux, et de lui, pour s'être laissé aller à leur contractuelle fréquentation. A la fin du film, du non-film, il expédie la mort romantique des deux héros, Joe et Lizbeth, anciennement Lou Asquith, dans le roman. « Comme la voiture est arrêtée au bord d'une profonde déclivité de terrain, Joe et Lizbeth n'ont pas un très gros effort à faire pour la précipiter dans le ravin. »

Boris rentre à Paris dans sa Morgan, avec de nombreux projets pour 1959, et un script de cent soixante-dix-sept pages d'ironique bouffonnerie, plaisante à lire pour peu qu'on n'en soit pas le producteur. La SIPRO, comme il s'y attend, lui répond, toujours sur papier bleu, le 23 janvier. : « Nous ne comprenons pas très bien ce que vous avez voulu faire [...] étant donné la teneur de l'adaptation que vous nous avez adressée : 1) Il nous est impossible d'en tenir compte. 2) Nous sommes obligés de nous mettre en rapport avec un autre adaptateur pour faire ce travail. 3) Nous faisons toutes réserves quant au préjudice que vous nous causez (nous sommes maintenant à trois semaines du tournage). » Boris et Dopagne étaient sans illusion. Par des contacts dans la profession, ils savaient que des scénaristes travaillaient déjà sur *J'irai cracher sur vos tombes*. Ce projet qui, au fond, lui avait toujours échappé, s'enfonçait doucement dans la veulerie mercantile. De John Berry, le cinéaste américain, victime du maccarthisme, on était tombé à des réalisateurs français, puis à un réalisateur débutant, Michel Gast. Boris avait souhaité Roger Hanin, pour le rôle de Joe, mais l'acteur, devant le tour pris par les choses, s'était récusé.

Dans les gazettes, le film est bientôt annoncé. Tournage prévu pour avril, aux studios niçois de la Victorine. C'est étrange, on ne parle plus de Boris. *J'irai cracher sur vos tombes* a l'ambition de forcer les frissons, et les ventes, sans Boris Vian. Des acteurs ont été engagés, Christian Marquand et Antonella Lualdi ; Fernand Ledoux, le libraire ; Paul Guers, Dexter du roman ; de jeunes actrices inconnues pour les rôles des filles. Dans ses déclarations à la presse, le réalisateur s'attache même à se démarquer du livre. Dans *Paris-Journal*, des 21 et 22 février 1959 : « On a commencé par faire subir d'incroyables transformations au roman lui-même, précise-t-il. Les incongruités " faciles " et les outrances du film élaguées, l'adaptation s'est enrichie de nombreuses trouvailles cinématographiques : cela nous a coûté huit mois de travail. » Preuve qu'on ne comptait plus sur le scénariste Boris Vian depuis longtemps.

Est-ce parce qu'un autre va se cacher à sa place derrière Vernon Sullivan, que cet autre cherche à relancer un scandale qui avait coûté si cher à son inventeur, que Boris réagit aussi mal ? Son contrat lui assure un règlement financier. Pourquoi, alors, insiste-t-il ? Se précipite-t-il chez Jean d'Halluin pour lui racheter le titre du roman et en rester moralement propriétaire ? Surtout, pourquoi s'empresse-t-il de revendre aussitôt cet acte officiel à Cinéma Télévision Internationale (CTI), une société de production qui entre en contact avec lui, à cet instant précis ? Boris cherche désespérément à prouver qu'on peut, au temps de la guerre d'Algérie, de la pré-décolonisation, utiliser plus honorablement sa vieille querelle antiségrégationniste. Le film est en préparation, à quelques jours du début du tournage, et Boris croit pouvoir contre-attaquer en confiant son propre matériel et le scénario de cent soixante-dix-sept pages à l'éditeur Seghers. Un « vrai » pour dénoncer le « faux » à la sortie du film. La revanche du talent, et de la paternité, sur les détournements. Mais la CTI s'est liguée avec le producteur du film en cours, et les deux interlocuteurs de Boris, supposés rivaux, s'allient contre lui. Il a vendu le titre à ceux qui cherchent par tous les moyens, depuis des années, à l'en dépouiller ! C'est comme si Vernon Sullivan n'avait jamais été pour rien dans la vie, la carrière, dans les échecs mêmes, de Boris Vian. Rayés, le malentendu, la plaisanterie de 1946, et les funestes conséquences de la farce ! Rêvés, le procès et la pièce, l'aventure du Scorpion et le dédain de Paulhan, les dettes, côté pile, pour prix de l'abondance, côté face ! La tragi-comédie d'une décennie, un mirage !

Plus que du rapt du scénario et du titre, inattaquable sur le plan juridique, Boris ne se remet pas d'être ainsi renvoyé à l'aigreur d'un passif chronique. En deux mois, il a oublié ses bonnes résolutions pour 1959. La maison transparente de Goury. Le mécénat de Barclay. Une autre existence promise. L'épuisement et l'angoisse l'assaillent à nouveau. Les crises de palpitations sont de plus en plus fréquentes. « On entendait son cœur battre à un mètre », dit Ursula. Elle le surprend, assis à son bureau, figé pendant des heures. Ou à la cuisine, les pieds en dedans, tenant son bol d'une main tremblante. Il recommence à s'irriter de tout. Réclame de l'air. Du temps. L'impossible : un autre cœur. Il voudrait qu'Ursula s'en aille, n'importe où, en vacances, en tournée avec Georges Rech. Qu'elle ne voie plus son « vieux jeton ». Il retrouve ses phrases inquiétantes : « Je vais crever, mais si seulement ça pouvait attendre. » Il erre sur l'immense terrasse de la cité Véron. Pris d'une inspiration subite, il revient à pas vifs auprès d'Ursula : « Si je meurs, tu t'en tiens à Kast et à Degliame. » Queneau se déplace lui-même, pour lui faire lire le manuscrit de *Zazie dans le métro*. Dody repasse plus souvent.

Comme à chacune de ces périodes d'extrême tension, il masque ses tourments à l'extérieur. Il a accepté de tourner le rôle de Prévan dans *Les Liaisons dangereuses*, que Roger Vadim, avec la collaboration de Roger Vailland, a adaptées de l'œuvre de Laclos. Ses partenaires ne s'étonnent pas de sa pâleur. Ils l'ont toujours connu ainsi. On le voit chez Barclay, attentif, prodigue de conseils aussi farfelus que ceux servis, hier, aux collaborateurs de Fontana. L'un ou l'autre l'accompagne chez le Dr Chiche. Habituel, aussi, depuis trois ans. Il passe des journées délicieuses en compagnie de Georges Delerue. Leur *Chevalier de Neige* va avoir les honneurs de l'Opéra-Comique.

Au Collège de Pataphysique, 1959 est une année riche en événements. Après la mort du Dr Sandomir, son fondateur, le Collège doit désigner son successeur, puisque la solution du sabordage de l'amicale confrérie et de la mise au secret de ses archives n'a pas été retenue. La procédure est délicate : dix Satrapes, parmi lesquels Jacques Prévert, Pascal Pia et Boris, ont d'abord vérifié la règle, puis désigné les Grands Électeurs chargés de nommer l'« Unique Électeur », qui, seul, choisit le « Vice-Curateur du Collège de Pataphysique, Président par Intérim Perpétuel du Conseil Suprême des Grands Maîtres de l'Ordre de la Grande Gidouille ». L'Unique Électeur, Raymond Queneau sacre, comme Vice-Curateur, le baron Jean Mollet, ami d'Alfred Jarry et de Guillaume Apollinaire. Sur la terrasse de la cité Véron, trois Satrapes, Boris, Prévert, et le chien Ergé, confirment, en avril, la décision des urnes.

Le 28 mai, au restaurant de l'Épi d'or, rue Jean-Jacques-Rousseau, les pataphysiciens honorent leur nouveau chef, lors d'un très juvénile « Banquet Pataphysique d'Allégeance ». Michel Leiris et Boris entourent le baron Mollet. Car 1959 n'est pas unique que pour le vieil ami de Jarry. Boris est aussi l'un des Satrapes les plus admirés au sein du Collège. Parce qu'ils le savent malade ? Plus injustement méconnu qu'eux-mêmes par l'époque, l'édition et le théâtre ? Parce que sa vie, ses connaissances, ses centres d'intérêt se fondent plus harmonieusement dans leur « science des solutions imaginaires » ? Le Collège, en tout cas, qui ne cultive pas que ripailles et contrepèteries, choisit d'entreprendre la reconquête — par la face sud, ou la rive gauche — de la réputation de Boris Vian. De réhabiliter de son vivant le romancier et le dramaturge de la guerre. Chez les pataphysiciens, on en veut plus qu'ailleurs à Gallimard de sa négligence éditoriale. On se repasse les derniers exemplaires de *L'Herbe rouge*. Surtout, on répète, haut et fort, à l'auteur qu'il est un grand écrivain. Et, en souriant, en ce printemps, Boris veut bien les croire. D'ailleurs, en mai, après un *Cahier Queneau,* on peaufine la prochaine publication de son théâtre inédit. Même en cercle fort restreint, *Série Blême, Le Goûter des généraux* et *Les Bâtisseurs d'empire* existeront.

Le 4 juin, Boris note dans son agenda : « Pas d'affolement, les gars... » Ce jour-là, les palpitations reprennent. Dans l'escalier, il s'arrête longtemps pour récupérer un peu de souffle. A la demande de Boris, Ursula rejoint ses parents dans l'île d'Oléron. Mais la jeune femme a laissé une amie, Claudie Bourlon, danseuse des Ballets Ho, pour veiller sur lui, l'air de rien. Il s'énerve aussi devant cette dernière, lorsqu'elle a la bien mauvaise idée de s'inquiéter de son état. Il hurle que le Dr Chiche est un incapable. Mais ce n'est pas Ursula : ses emportements ne sont pas décuplés par l'affection, par la peur de laisser une femme au milieu de ce champ de mines qu'est sa vie.

Le soir, il s'éternise dans l'appartement de Salvaduche, rue du Docteur-Blanche. D'autres chansons. Henri Salvador, doucement, tente de lui rappeler que des chansons, ce n'est pas ce qui leur manque, ensemble. Des chansons, veut Boris. Bouleversé, le compositeur se rassied à son piano. Quand il s'endort, au bout de la nuit, sur le canapé, après s'être forcé à pousser son fameux rire, après avoir raconté pour la centième fois les odeurs des alizés sous les tropiques, Boris, à côté de lui, écrit toujours ou fixe le mur. Dans l'aube, il pousse les rapports de la Morgan bleue dans les rues désertes de Paris. A Claudie, il a fini par avouer que, la veille, il avait été pris d'un malaise dans la baignoire. Alors on rappelle Ursula. Et il se désespère un peu plus.

Il y a aussi ce poème, trouvé par Ursula, ce poème écrit sans doute début juin, écrit ou recopié à l'encre rouge et dont la signature paraît glisser, s'évanouir vers le bas de la page, et qui s'achève ainsi :

« Je mourrai rongé vivant
Par des vers, je mourrai les
Mains attachées sous une cascade
Je mourrai brûlé dans un incendie triste
Je mourrai un peu, beaucoup,
Sans passion, mais avec intérêt
Et puis quand tout sera fini
Je mourrai. »

Le 11 juin, tous les Satrapes du Collège qui ont pu se libérer convergent vers la terrasse dite des « Trois Satrapes » (Boris, Prévert et son chien Ergé), nouvelle appellation du toit du Moulin Rouge, pour « l'Acclamation Solennelle de Sa Magnificence, Jean Mollet ». Champagne, discours pataphysiciens et gidouilles à la boutonnière. Le Collège compte un Satrape de plus : Salvador, acclamé par quelques membres du Cercle Legateux retrouvé, Queneau, Ionesco, Roger Grenier, Pierre Kast, Degliame, Siné, Lemarchand, Jean Ferry, René Clair... Une jolie fête qui réjouit Boris, Satrape Organisateur d'expérience.

Les jours suivants, comme s'il avait enfin pris sa décision, il reparle à Ursula d'une suite à *L'Arrache-cœur*. Il va le lui faire, ce tome 2 ! Elle reste aux Ballets Ho. Lui se concentre, supprime quelques piges. Achève juste les travaux urgents. Ils vont souvent habiter Goury. Ursula acquiesce. Le 22 juin 1959, l'un de ses anciens collaborateurs, Denis Bourgeois, rappelle à Boris que le lendemain, le film de Michel Gast, *J'irai cracher sur vos tombes*, est projeté, en séance privée, dans la salle du Petit Marbeuf, près des Champs-Élysées. Il devrait venir. Simplement pour savoir, avant la sortie du film, ce qu'on a fait, et du film, et de son nom. Boris est partagé. Au téléphone, Michelle, qu'il revoit parfois, ces derniers mois, à propos des enfants, lui déconseille d'y assister. Quelques amis sont favorables à sa venue. Pour le face à face avec les producteurs, qui seront présents. Aussi, parce que la musique d'Alain Goraguer passe déjà, dans les milieux du jazz, pour un chef-d'œuvre.

Tôt le matin du 23 juin, Boris balance encore. Il appelle Dopagne. Le scénariste comptait se rendre au Petit Marbeuf. Ursula ouvre un œil endormi. La veille, elle est rentrée tard. Elle lui propose de l'accompagner. Il lui répond de rester couchée. Rien qu'une corvée.

Boris ignorera ce qu'est devenu son roman à l'écran. A 10 heures 10, ce 23 juin, quelques scènes, à peine, après le début de la projection, sa tête part en arrière. Son cœur a lâché. Sa « grande carcasse » glisse lentement du fauteuil. Ce 23 juin 1959, Boris Vian meurt avant son arrivée à l'hôpital Laennec. De tous ceux qui le pleurent, seul le Dr Chiche savait ses jours comptés.

**
**

Boris Vian. 1920-1959. Pas une de plus. Les calculs de l'ingénieur étaient justes. De toute façon, quarante ans n'est jamais le bon âge pour les prophètes. Trop vieux ou trop jeunes. Au cimetière de Ville-d'Avray, une scène aurait pu lui plaire. Les employés des Pompes funèbres sont en grève, et les amis doivent mettre eux-mêmes le cercueil en terre. Chloé, dans *L'Écume des jours*, avait connu pire traitement. Oui, il aurait pu apprécier, lui qui avait écrit : « Ni militaires, ni prêtres car mon rêve a toujours été de mourir sans intermédiaire. » Se sont surtout dérangés, outre les intimes, ceux du music-hall et les pataphysiciens. Il y a si longtemps qu'il n'y a plus d'après à Saint-Germain-des-Prés.

BIBLIOGRAPHIE

A. ŒUVRES DE BORIS VIAN

1. OUVRAGES PUBLIÉS DE SON VIVANT

Romans :
Vercoquin et le plancton. Gallimard. 1947.
L'Écume des jours. Gallimard. 1947.
L'Automne à Pékin. Le Scorpion. 1947. Minuit. 1956.
L'Herbe rouge. Toutain. 1950.
L'Arrache-cœur. Vrille. 1953.

Romans de Vernon SULLIVAN :
J'irai cracher sur vos tombes. Le Scorpion. 1946.
Les morts ont tous la même peau. Le Scorpion. 1947.
Et on tuera tous les affreux. Le Scorpion. 1948.
I shall spit on your graves. Vendome Press, pour Le Scorpion. 1948.
Elles se rendent pas compte. Le Scorpion. 1950.

Nouvelles :
Les Fourmis. Le Scorpion. 1949.

Théâtre :
L'Équarrissage pour tous suivi de *Le Dernier des métiers*. Toutain. 1950.

Poésie :
Barnum's Digest. Aux deux menteurs. 1948.
Cantilènes en gelée. Rougerie. 1949.

Divers :
En avant la zizique... et par ici les gros sous. Le Livre contemporain. 1958.

2. ÉDITIONS POSTHUMES

Les Bâtisseurs d'empire ou Le Schmürz. L'Arche. 1960.
Je voudrais pas crever. Jean-Jacques Pauvert. 1962.
Théâtre (*Les Bâtisseurs d'empire, Le Goûter des généraux, L'Équarrissage pour tous*). Jean-Jacques Pauvert. 1965.
Le Dernier des métiers. Jean-Jacques Pauvert. 1965.
Textes et Chansons. Julliard. 1966.
Troubles dans les Andains. La Jeune Parque. 1966.
Chroniques de jazz. La Jeune Parque. 1967.
Théâtre inédit (*Tête de méduse, Série Blême, Le Chasseur français*). Christian Bourgois. 1970.
Le Loup-garou, nouvelles, Christian Bourgois. 1970.
Chroniques du Menteur. Christian Bourgois. 1974.
Le Chevalier de Neige. Christian Bourgois. 1974.
Manuel de Saint-Germain-des-Prés. Le Chêne. 1974.
Derrière la zizique, sélection de textes écrits pas Boris Vian au dos de pochettes de disques. Christian Bourgois. 1976.
Petits Spectacles, sketches et spectacles de cabaret. Christian Bourgois. 1977.
Cinéma/Science-Fiction, sélections de textes et d'articles. Christian Bourgois. 1978.
Écrits pornographiques. Contient, en fait, le texte d'une conférence, quelques poèmes et chansons. Christian Bourgois. 1980.
Écrits sur le jazz (Tome 1). Christian Bourgois. 1981.
Le Ratichon baigneur, nouvelles. Christian Bourgois. 1981.
Autres écrits sur le jazz (Tome 2). Christian Bourgois. 1982.
La Belle Époque, recueil d'articles. Christian Bourgois. 1982.
Opéras. Christian Bourgois. 1982.
Chansons. (478 chansons de Boris Vian). Christian Bourgois. 1984.
Cent Sonnets. Christian Bourgois. 1987.
Rue des Ravissantes, projets de scénarios. Christian Bourgois. 1989.

La plupart de ces ouvrages, comme les œuvres de Boris Vian parues de son vivant, ont été publiés en éditions de poche.

B. OUVRAGES SUR BORIS VIAN

ARNAUD Noël, *Boris Vian en verve*. Pierre Horay. 1970.
ARNAUD Noël, *Dossier de l'« affaire » J'irai cracher sur vos tombes*. Christian Bourgois. 1974.
ARNAUD Noël, *Les Vies parallèles de Boris Vian*. Christian Bourgois. 1970.
CLOUZET Jean, *Boris Vian*. Pierre Seghers. 1966.
DE VREE Freddy, *Boris Vian*. Éric Losfeld. 1965.
DUCHATEAU Jacques, *Boris Vian ou les facéties du destin*. La Table Ronde. 1982.
FAURÉ Michel, *Les Vies posthumes de Boris Vian*. 10/18. 1975.
KÜBLER Ursula, ARNAUD Noël et D'DÉE, *Images de Boris Vian*. Pierre Horay. 1978.
LAFORÊT Guy, *Traité de civisme*. Cette thèse analyse les notes laissées par Boris Vian pour son projet de *Traité de civisme*. Christian Bourgois. 1979.
PESTUREAU Gilbert, *Boris Vian, les Amarlauds et les Godons*. 10/18. 1978.
PESTUREAU Gilbert, *Dictionnaire Vian*. Christian Bourgois. 1985.
RENAUDOT Françoise, *Il était une fois Boris Vian*. Pierre Seghers. 1973.
RYBALKA Michel, *Boris Vian, essai d'interprétation et de documentation*. La Bibliothèque des Lettres modernes. 1969.
Ouvrage collectif, Colloque de Cerisy, 1 et 2. 10/18. 1977.

C. REVUES

L'Arc, Boris Vian. Le Jas. 1984.
Obliques, Boris Vian de A à Z. n° 8-9. 1976.
Magazine littéraire, Vie et survie de Boris Vian, n° 17, avril 1968; Boris Vian, n° 87, avril 1974; Boris Vian en liberté, n° 182, mars 1982.
Cahiers du Collège de Pataphysique, Boris Vian. Dossier 12. 1960.
Le Point, Le Jazz. Janvier 1952.

D. DOCUMENTATION GÉNÉRALE

ARON Raymond, *Le Spectateur engagé*. Julliard. 1981.
ASSOULINE Pierre, *Gaston Gallimard*. Balland. 1984.
ASTRUC Alexandre, *Du stylo à la caméra...* L'Archipel. 1992.

BAIR Deirdre, *Simone de Beauvoir*. Fayard. 1991.
BEAUVOIR (de) Simone, *La Force des choses* 1. Gallimard. 1963.
BEAUVOIR (de) Simone, *Lettres à Sartre, 1940-1963*. Gallimard. 1990.
BERENDT Joachim-Ernst, *Une histoire du jazz*. Fayard. 1976.
BLONDIN Antoine, *Ma vie entre les lignes*. La Table Ronde. 1982.
BLONDIN Antoine et ASSOULINE Pierre, *Le Flâneur de la rive gauche*. François Bourin. 1988.
BOIRON Pierre, *Pierre Kast*. Lherminier. 1985.
BRENNER Jacques, *La Fête au village*. Julliard. 1963.
CALET Henri, *Contre l'oubli*. Grasset. 1956.
CAMUS Albert, *Carnets 1942-1951*. Gallimard. 1964.
CATONNÉ Jean-Marie, *Queneau*. Belfond. 1992.
CAU Jean, *Croquis de mémoire*. Julliard. 1985.
CAU Jean, *L'Ivresse des intellectuels*. Plon. 1992.
CAU Jean, *Une nuit à Saint-Germain-des-Prés*. Julliard. 1977.
CAZALIS Anne-Marie, *Les Mémoires d'une Anne*. Stock. 1976.
CHARBONNIER Georges, *Entretiens avec Raymond Queneau*. Gallimard. 1962.
COHEN-SOLAL Annie, *Sartre, 1905-1980*. Gallimard. 1985.
COMMENGÉ Béatrice, *Henry Miller*. Plon. 1991.
CONTAT Michel et RYBALKA Michel, *Les Écrits de Sartre*. Gallimard. 1970.
COURRIÈRE Yves, *Roger Vailland, ou un libertin au regard froid*. Plon. 1991.
DAMBRE Marc, *Roger Nimier, Hussard du demi-siècle*. Flammarion. 1989.
DEARBORN Mary, *Henry Miller*, biographie. Belfond. 1991.
DOELNITZ Marc, *La Fête à Saint-Germain-des-Prés*. Laffont. 1979.
FARGUE Léon-Paul, *Méandres*. Le Milieu du Monde. 1946.
FOUCHET Max-Pol, *Un jour, je m'en souviens*. Mercure de France. 1968.
GADENNE Paul, *La Plage de Scheveningen*. Gallimard. 1952.
GALTIER-BOISSIÈRE Jean, *Journal 1940-1950*. Quai Voltaire. 1992.
GÉLIN Daniel, *Deux ou trois vies qui sont les miennes*. Julliard. 1977.
GILSON René, *Jacques Prévert, des mots et merveilles*. Belfond. 1990.
GIRODIAS Maurice, *Une journée sur la terre*, tomes 1 et 2. La Différence. 1990.
GRÉCO Juliette, *Jujube*. Stock. 1982.
HANOTEAU Guillaume, *L'Âge d'or de Saint-Germain-des-Prés*. Denoël. 1965.
LAUNOIR Ruy, *Clés pour la Pataphysique*. Seghers. 1969.
LAURENT Jacques, *Histoire égoïste*. La Table Ronde. 1976.
LEVESQUE Jacques-Henry, *Alfred Jarry*. Seghers. 1973.
LOISEAU Jean-Claude, *Les Zazous*. Grasset/Sagittaire. 1977.
LOTTMAN Herbert, *Albert Camus*. Le Seuil. 1978.
LOTTMAN Herbert, *La Rive gauche, du Front populaire à la Guerre Froide*. Le Seuil. 1981.

MERLIN Olivier, *Une belle époque, 1945-1950*. Olivier Orban. 1986.
MESPLÈDE Claude, *Les Années Série Noire*. Encrage. 1992.
NIMIER Roger, *Les écrivains sont-ils bêtes ?* Rivages. 1990.
PHILIPPON Henri, *Almanach de Saint-Germain-des-Prés*. L'Ermite. 1950.
REYBAZ André, *Têtes d'affiche*. La Table Ronde. 1975.
ROUTIER Marcelle, *Saint-Germain-des-Prés*. R.P.M. à Paris. 1950.
ROY Claude, *Nous*. Gallimard. 1972.
SARTRE Jean-Paul, *Situations IV*. Gallimard. 1964.
SOUCHIER Emmanuel, *Raymond Queneau*. Le Seuil. 1991.
SUYEUX Jean, *Monsieur le Juge à Boroum-Boroum*. La Table Ronde. 1958.
TAVRIGER Michel, JACQUES Serge, *La Légende de Saint-Germain-des-Prés*. La Roulotte. 1950.
Centre Georges Pompidou, *Paris 1937-1957*. Gallimard. 1992.
Collectif, *Jazz-Hot*, tome 1. Octobre 1945/décembre 1946. *Jazz-Hot/L'Instant*. 1988.
Paris-Musée, *Saint-Germain, 1945-1950*. 1989.

INDEX

Abadie, Claude, 54, 55, 56, 57, 71, 79, 80, 81, 82, 84, 85, 85, 86, 94, 97, 118, 122, 136, 167, 174, 204, 208, 234.
Achard, Marcel, 239, 287.
Adamov, Arthur, 145.
Alanore, Christiane, 261.
Algren, Nelson, 341, 370.
Allégret, Yves, 150, 212, 239, 385.
Allendal, Hugues, 203.
Amato, Jean-Marie, 317.
Amstrong, Louis, 19, 49, 55, 77, 85, 234, 246.
Anderson, Lee, 217.
Andreu, Gaby, 225.
Annabel, 200, 203, 205, 233, 244, 252.
Anouilh, Jean, 41, 287.
Aragon, Louis, 125, 135, 141, 145, 184, 272.
Arland Marcel, 107, 111, 112, 113, 158, 280, 289, 372.
Arnaud, Gabriel, 203.
Arnaud, Michel, 212, 213.
Arnaud, Noël, 345.
Aron, Raymond, 117, 302, 320.
Artaud, Antonin, 138, 141, 154, 155, 203, 243.
Asbury, Herbert, 162.
Astruc, Alexandre, 97, 99, 116, 118, 122, 123, 125, 127, 130, 151, 152, 154, 156, 174, 190, 197, 202, 212, 215, 233, 237, 241, 248, 249, 251, 286, 329.
Auboyneau, Raymond, 232, 244, 284, 335.
Auboyneau, Robert, 203.
Audiberti, Jacques, 145, 202, 273.
Audouard, Yvan, 152, 190, 243, 248, 314.
Auric, Georges, 239.
Aymé, Marcel, 81, 98, 109, 129, 248.
Babet, Sophie, 325.
Bacall, Lauren, 200.
Badel, Anet, 248, 249, 251, 252, 284.
Baez, Joan, 363.
Baker, Dorothy, 79, 192.
Baker, Harold, 275.
Balducci, Richard, 149.
Baquet, Maurice, 140.
Barclay, Eddie, 84, 348, 356, 369, 384, 393, 394, 396.
Bardèche, Maurice, 50.
Bardot, Brigitte, 381, 334.
Barelli, Aimé, 55, 67, 239.
Barjavel, René, 218, 276, 278.
Barnet, Robert, 234.
Barrault, Jean-Louis, 145, 218, 219, 279.
Baschet, René, 50.
Bastide, François-Régis, 273.
Bataille, Georges, 139, 141, 152.
Baume, Freddy, 210, 237.
Baume, Georges, 279.
Beach, Sylvia, 138.
Beauvoir, Simone de, 77, 107, 109, 111, 117, 118, 119, 121, 127, 140, 143, 144, 145, 147, 148, 151, 201, 256, 284, 286, 287, 300, 301, 370.
Bechet, Sidney, 294.
Becker, Jacques, 255.
Beckett, Samuel, 324, 371.
Bederkham, Leila, 245.
Behan, Brendan, 394.

407

Beiderbecke, Bix, 85, 86, Bix, 192, 260.
Beigdeber, Marc, 276.
Béjart, Maurice, 297.
Benga, Féral, 254.
Bens, Jacques, 376.
Bérard, Christian, 151, 152, 200, 204, 232, 248, 282, 334.
Berg, Harold, 349.
Berger, Pierre, 204.
Berry, André, 287, 288.
Berry, John, 395.
Besse, Jacques, 121.
Bigard, Barney, 55.
Bilbo, 162.
Billetdoux, François, 304, 307, 372.
Blakey, Art, 381.
Blanche, Francis, 237.
Blanche, Jacques-Émile, 7.
Blanchot, Maurice, 107, 111.
Blanton, Jimmy, 238.
Blanzat, Jean, 159.
Blin, Roger, 67, 143, 218, 219.
Blondin, Antoine, 131, 194, 243.
Blum, Léon, 139.
Bogart, Humphrey, 200.
Bokanowski, Hélène, 193, 200, 215, 262, 263, 304, 340, 370.
Bokanowski, Michel, 193, 200, 323.
Bolden, Buddy, 55.
Bolling, Claude, 235, 239, 356, 381.
Bory, Jean-Louis, 243.
Bost, Jacques-Laurent, 97, 99, 116, 118, 122, 123, 124, 144, 145, 191, 286, 300.
Boubal, Henriette, 142.
Boubal, Paul, 142, 143, 144, 145, 202, 232, 286.
Boullet, Jean, 222, 227, 263, 282.
Bourgeois, Denis, 350, 399.
Bourlon, Claudie, 398.
Bousquet, Joé, 107, 111.
Bousquet, Marie-Louise, 84, 200.
Bouthoul, Betty, 340.
Bouthoul, Gaston, 328.
Bradbury, Ray, 326.
Braffort, Paul, 97, 210, 213, 348.
Brando, Marlon, 251.
Brasillach, Robert, 48, 50, 129.
Brassens, Georges, 255, 347, 351, 357, 358, 359, 360, 366, 369, 382, 387, 388.
Brasseur, Pierre, 200, 236, 262, 300, 333, 334.
Bréguet, Louis, 232.
Brel, Jacques, 366.

Brenot, Raymond, 88.
Breton, André, 91, 127, 137, 138, 327.
Breuil, Roger, 102.
Bruckberger R. P., 146, 207.
Brunhoff, Michel de, 200.
Bryen, Camille, 202.
Bussières, Raymond, 1400.
Byas, Don Carlos, 246, 248, 262, 300, 334, 335.
Cachin, Marcel, 125.
Cain, James, 169, 192.
Caldwell, Erskine, 78, 169, 196, 287, 292.
Campan, Zanie, 274.
Campion, Anne, 226, 227, 234.
Camus, Albert, 59, 97, 107, 108, 112, 114, 116, 117, 123, 128, 145, 146, 154, 201, 210, 243, 286, 290, 302, 320, 349, 363.
Canetti, Jacques, 318, 350, 353, 354, 355, 356, 366, 367, 369, 377, 379, 381, 382, 383.
Capra, Frank, 78.
Capri, Agnès, 142, 155, 254.
Caradec, François, 345.
Carbuccia, 136.
Carco, Francis, 181, 351.
Carmet, Jean, 51, 211.
Carol, Martine, 184, 200, 225, 226, 227, 235, 248, 279, 315, 381.
Carone, Walter, 149.
Carpentier, Georges, 235.
Casadesus, Christian, 231, 232.
Casarès, Maria, 254.
Cassel, Jean-Pierre, 244.
Cau, Jean, 97, 99, 116, 120, 122, 128, 129, 130, 132, 150, 190, 194, 205, 248, 251, 301.
Cavanaugh, Ines, 247.
Cazalis, Anne-Marie, 151, 152, 154, 155, 156, 174, 190, 196, 198, 199, 202, 204, 205, 210, 212, 229, 231, 232, 237, 248, 249, 250, 251, 252, 263, 284, 286.
Cazes, Marcelin, 139, 140.
Céline, Louis-Ferdinand, 109, 132, 310.
Cerdan, Marcel, 235, 239.
Césaire, Aimé, 239.
Chalais, François, 228, 236, 248, 275, 325, 329, 331.
Chandler, Raymond, 192.
Chase, James Hadley, 160, 161, 192, 292.
Chastel, Guy, 178.
Chauvelot, Frédéric, 156, 197, 203,

206, 207, 229, 230, 231, 232, 233, 238, 244, 252, 262, 286, 331.
Chéramy, Augustin, 140, 141.
Chevais, François, 204, 207, 247, 283, 286.
Chevalier, Maurice, 200, 233, 239.
Cheyney, Peter, 98, 160, 160, 161, 192.
Clair, René, 345, 399.
Claude, Francis, 255.
Clay, Philippe, 255, 318, 350, 352, 369, 382, 383.
Clément, René, 329.
Clouzot, Henri-Georges, 212.
Cocteau, Jean, 84, 109, 137, 141, 148, 151, 181, 200, 215, 219, 226, 234, 243, 248, 249, 251, 273, 274, 278, 280, 287, 329.
Coleman, Bill, 57.
Combelle, Alix, 21, 48, 67, 124.
Copeau, Jacques, 139.
Corbassière, Yves, 150, 152, 197, 203, 204, 233, 282, 335.
Corre, Max, 149, 221.
Corwin, Norman, 128.
Cossery, Albert, 146, 154, 201, 243, 286.
Courtade, Pierre, 146, 153, 242.
Crauchet, Paul, 274.
Cravenne, Georges, 204.
Croisille, Nicole, 386.
Crosby, Bing, 21.
d'Dée, 204, 233, 244, 286.
Dac, Pierre, 237.
Dalard, Gabriel, 383.
Daubois, Jackie, 57.
Davis, Kay, 240.
Davis, Miles, 242, 381.
De Gaulle, Charles, 129, 214.
Degliame, Marcel, 323, 324, 325, 328, 331, 333, 335, 338, 339, 342, 366, 368, 370, 374, 386, 388, 394, 396, 399.
Deharme, Lise, 84, 200, 219, 243.
Delair, Suzy, 235, 352.
Delaunay, Charles, 48, 57, 67, 118, 135, 235, 247.
Delerue, Georges, 342, 348, 370, 397.
Delorme, Danielle, 150.
Deniaud, Yves, 214.
Denoël, Robert, 171.
Déon, Michel, 276.
Deschamps, Hubert, 359.
Desnos, Robert, 138, 139, 143, 252, 317.
Devay, Jean-François, 136, 233, 267.

Dietrich, Marlène, 251.
Diéval, Jack, 19, 209, 335, 348.
Dior, Christian, 150, 200, 230.
Doelnitz, Marc, 150, 152, 154, 155, 156, 197, 198, 199, 200, 203, 204, 212, 229, 230, 231, 232, 233, 236, 238, 248, 249, 250, 251, 252, 255, 286, 333, 334.
Domarchi, Jean, 201.
Don Redman, 33.
Doniol-Valcroze, Jacques, 329.
Dopagne, Jacques, 343, 344, 390, 395, 399.
Dorgère, Jean, 136.
Dos Passos, John, 78.
Douai, Jacques, 254.
Doucet, 236.
Dubuffet, Jean, 135, 243, 345.
Duc, Hélène, 153.
Dudognon, André, 189.
Dudognon, Georges, 156, 323.
Dufilho, Jacques, 320.
Duhamel Marcel, 79, 140, 160, 191, 192, 201, 215, 289, 315.
Duhamel, Germaine, 160.
Dunham, Katherine, 245.
Duras, Marguerite, 146, 153.
Einstein, Eddy, 196, 203.
Eldridge, Dick, 296, 297, 298, 301, 302, 340.
Ellington, Duke, 38, 48, 56, 77, 80, 87, 102, 103, 104, 106, 129, 208, 238, 239, 240, 257, 265, 271, 274, 276, 277.
Éluard, Paul, 107, 112, 141, 145, 201, 243, 251, 334.
Ernst, Max, 345.
Fabri, Jacques, 319, 383.
Fargue, Léon-Paul, 137, 138, 139, 143.
Fauchet, Raymond, 114.
Faulkner, William, 78, 169, 196, 287, 292, 309.
Faure, Jean-Paul, 231, 252.
Favalelli, Max, 276.
Fearing, Kenneth, 193.
Ferré, Léo, 255, 347, 348, 351, 357, 366, 382, 388.
Ferry, Jean, 345, 399.
Fini, Léonor, 141.
Fohrenbach, Jean-Claude, 234, 235.
Fol, Hubert, 57, 82, 209, 217, 234, 235, 247.
Fouchet, Max-Pol, 193.
François, Jacqueline, 382.

409

Frédérique, André, 83, 125, 190, 207, 211, 215, 283.
Gadenne, Paul, 83.
Gainsbourg, Serge, 354, 356, 362, 369, 381, 387.
Gallimard, Gaston, 90, 95, 99, 112, 114, 116, 126, 139, 160, 189, 191, 192, 221, 222, 240, 279, 281, 284, 285, 341.
Gandon, Yves, 310.
Garner, Erroll, 247.
Gast, Michel, 395, 399.
Gélin, Daniel, 150, 203, 244, 248, 252, 334, 385.
Genet, Jean, 102, 114, 122, 337.
Gérard, Rosemonde, 38.
Gheer, Sonny, 238.
Giacometti, Alberto, 145, 243.
Gibeau, Yves, 301, 302, 303, 315, 343, 348, 355, 369, 389.
Gide, André, 96, 139, 184, 190, 291, 292.
Gillespie, Dizzy, 209.
Giraudoux, Jean, 109, 138.
Girodias, Maurice, 37, 171, 178.
Godet, Danielle, 227.
Goffin, Robert, 247.
Goldkette, Jean, 85.
Goodman, Benny, 56, 294.
Goraguer, Alain, 356, 359, 360, 361, 377, 383, 399.
Gournelle, Maurice, 264, 371, 374.
Gréco, Juliette, 152, 153, 154, 155, 156, 174, 196, 197, 198, 202, 203, 204, 205, 207, 208, 210, 225, 229, 231, 232, 241, 244, 248, 249, 250, 251, 252, 255, 286, 304, 333, 334, 350, 355, 383.
Grenier, Jean, 107, 111, 218.
Grenier, Roger, 399.
Grimault, Paul, 140.
Gromaire, François, 191.
Grosjean, Jean, 107, 111, 112, 114, 215.
Guérin, Raymond, 189.
Guers, Paul, 395.
Guillou, Yves, 342.
Guilloux, Louis, 201.
Guitard (M^e), 185.
Guitry, Sacha, 236.
Gus, 207, 282.
Guyonnet, 155, 156, 207, 229.
Haedrich, Marcel, 149, 172, 197, 198.
Haley, Bill, 381.
Halluin, Georges d', 136, 161, 162, 164, 206.
Halluin, Jean d', 137, 150, 151, 159, 160, 161, 164, 167, 168, 169, 170, 171, 172, 173, 174, 179, 181, 182, 183, 185, 186, 187, 188, 189, 190, 206, 259, 260, 261, 284, 287, 288, 289, 292, 301, 395.
Hammett, Dashiell, 160.
Hanin, Roger, 395.
Hanoteau, Guillaume, 141, 153, 317.
Hawkins, Coleman, 247.
Hazan, Louis, 393.
Hébrard, Jean-Pierre, 274.
Hemingway, Ernest, 79, 146.
Herbart, Pierre, 146.
Hergé, 293.
Hérisson, Janine, 160.
Hervé, Pierre, 146, 153.
Hines, Earl, 381.
Hirsch, Louis-Daniel, 115, 116, 191.
Hirt, Éléonore, 324, 334, 335, 336, 355.
Hodeir, André, 334.
Hodges, Johnny, 77, 238, 257, 260, 274, 275, 277.
Huet, Jacqueline, 227.
Hugnet, Georges, 243.
Hussenot, 218.
Huysmans, Georges, 118, 287, 290.
Icard, Andrée, 262, 300.
Igot, 190.
Ionesco, Eugène, 278, 345, 399.
Isou, Isidore, 202, 287, 292.
Ivernel, Daniel, 227.
Izard, Georges (M^e), 200, 242, 260, 288, 289, 290, 291, 293.
Jabès Alfredo, 30, 39, 67.
Jean-Charles, 316.
Jeanmaire, Zizi, 295, 348, 353.
Jeener, J.-B., 277.
Jenkins, Fred, 238.
Jouhandeau, Marcel, 243.
Jouvet, Louis, 139, 151.
Joyeux, Odette, 248, 334.
Kanters, Robert, 159, 172, 176.
Kast, Pierre, 304, 317, 325, 327, 328, 329, 330, 331, 333, 335, 366, 370, 385, 386, 394, 396, 399.
Koestler, Arthur, 146.
Korzybski, Alfred, 326, 327, 330.
Kosma, Joseph, 250, 251, 252.
Kravchenko, 242.
Krier, Yves, 149, 172.
Labarthe, André, 302, 315, 317, 369, 391.
Labisse. Félix, 236, 243, 263, 279, 300, 319.

Labro, Philippe, 316.
Lacan, Jacques, 122, 212, 242.
Lacroix, Colette, 204, 233.
Laforgue, Alexandre, 51.
Lambert, Gilles, 316.
Langlois, Henri, 212, 329.
Langlois, Simone, 382.
Lara, Vicky, 334.
Lassal, Edouard, 57.
Laurent, Jacques, 131, 243, 317.
Le Borgne, Christian, 149.
Le Chanois, Jean-Paul, 140.
Lebas, Renée, 351, 352.
Lebovich, Jacques, 30, 31, 32.
Leclerc, Félix, 347.
Ledoux, Fernand, 395.
Leduc, Violette, 127.
Leenhardt, Roger, 212, 329.
Legrand, Michel, 377, 378, 379, 384.
Leiris, Michel, 98, 117, 138, 139, 141, 145s, 152, 244, 397.
Lemarchand, Jacques, 95, 97, 101, 102, 107, 111, 112, 123, 158, 176, 191, 219, 240, 279, 280, 281, 290, 294, 304, 305, 342, 399.
Lemarque, Francis, 254, 382.
Léon, Claude, dit « Dody », 56, 80, 81, 82, 83, 97, 100, 101, 107, 118, 134, 136, 162, 167, 168, 238, 263, 300, 301, 304, 310, 323, 326, 333, 335, 367, 368, 372, 374, 394, 396..
Léon, Madeleine, 118, 333, 334, 368, 370.
Levesque, Marcel, 214.
Lewis, Georges, 55.
Lewis, Sinclair, 91.
Lhespitaou, Jean, 25, 38, 39, 41, 42, 52, 67, 74, 75.
Lindon, Jérôme, 371, 375.
Lollobrigida, Gina, 367.
Longnon, Guy, 156, 234.
Loustalot, Jacques, dit « Le Major », 34, 35, 58, 59, 60, 61, 62, 63, 64, 67, 69, 70, 71, 72, 78, 80, 82, 83, 89, 94, 95, 97, 98, 102, 103, 118, 120, 123, 154, 187, 197, 211, 216, 255, 286.
Louville, Jules, 141.
Lualdi, Antonella, 395.
Lucas, Bernard, 152, 154, 155, 156, 229.
Luguet, André, 236.
Luter, Claude, 57, 122, 151, 156, 196, 204, 209, 232, 246, 247, 248, 252, 284.
Mac Gee, Howard, 247.

Mac Orlan, Pierre, 18, 110, 129, 254, 375.
Mac Portland, Jimmy, 85.
Magnan, Henry, 276, 277.
Magre, Judith, 320.
Maillan, Jacqueline, 319.
Malaparte, Curzio, 237, 243, 287.
Malet, Léo, 190, 327.
Malraux, André, 96, 107, 111, 126, 212.
Mancy (Mme), 128.
Marais, Jean, 151, 200, 226.
Marceau, Marcel, 318.
Marcel, Gabriel, 148.
Margaritis, Gilles, 140.
Markus, Julia, 295.
Marquand, Christian, 156, 203, 244, 395.
Marshall, Raymond, 189.
Marshall, Wendell, 274.
Marty, Jean, 118.
Mascolo, Dionys, 146, 370, 391.
Masson, Marie-Anne, 182.
Maucor, Philippe, 83.
Maulnier, Thierry, 277, 343.
Mauriac, Claude, 201, 243.
Mauriac, François, 109, 127, 145, 181, 201, 243, 251, 292, 334.
Mauriac, Jean, 201.
Maury, Jean-Pierre, 230.
Mc Coy, Horace, 79, 160.
McCain, Alva, 275.
Melville, Jean-Pierre, 329.
Menuhin, Yehudi, 12, 19.
Merle, Jean-Claude, 231, 238, 252.
Merleau-Ponty, Maurice, 117, 121, 122, 123, 124, 125, 127, 128, 145, 154, 156, 214, 251, 258, 262, 286, 295, 333.
Mestral, Armand, 383.
Michaux, Henri, 109, 155.
Michou, 207.
Miller, Glenn, 77.
Miller, Henry, 98, 127, 169, 171, 172, 175, 178, 181, 206, 259, 287, 293.
Missoffe, François, 19.
Moineau, Eugène, 114, 135, 136, 150, 152, 189, 190, 207, 211, 263, 283, 314, 323.
Mollet, Jean (baron), 145, 397, 399.
Mondy, Pierre, 319.
Monnier, Adrienne, 138.
Montand, Yves, 225, 233, 235, 239, 251.
Montassut, Guy, 156.
Montfort, Sylvia, 144, 342.

Morand, Paul, 151, 241.
Morgan, Charles, 51.
Morgan, Michèle, 334.
Morgensten, Dan, 56.
Morin, Edgar, 146.
Morton, Jerry Roll, 122.
Mosset, Sonia, 142.
Moulin, Béatrice, 382.
Mouloudji, Marcel, 102, 122, 140, 145, 149, 213, 253, 255, 335, 347, 350, 352, 363, 382.
Mounier, Emmanuel, 292.
Murnau, Friedrich Wilhelm, 194.
Nabokov, Vladimir, 164.
Nadeau, Maurice, 122, 173, 178, 287.
Nance, Ray, 240, 274.
Narcejac, Thomas, 291.
Nawab, Teymour, 157.
Neff, Hildegarde, 385, 386.
Nimier, Roger, 131, 242, 243.
Noailles, Marie-Laure de, 84, 152, 200, 234, 262, 300.
Noël, Magali, 379, 380, 381, 382.
O'Sullivan, Maurice, 91.
Oliver, King, 55, 122.
Ollivier, Albert, 117.
Pagliero, Marcel, 213, 237, 239, 304, 331.
Panassié, Hugues, 86, 235.
Papatakis, Nico, 254, 317, 323.
Papin, Philippe, 83.
Parain, Brice, 290.
Parker, Charlie, 57, 77, 121, 171, 246.
Parker, Daniel, 171, 175, 177, 178, 179, 181, 183, 186, 206, 207, 259, 287, 361.
Pasquali, 214, 225, 227.
Patachou, 383.
Paulhan, Jean, 95, 99, 107, 108, 111, 112, 113, 114, 116, 117, 158, 159, 176, 191, 204, 207, 213, 219, 220, 221, 279, 287, 288, 289, 292, 300, 371, 376, 396.
Paviot, Paul, 334.
Peiny, 264, 265, 325.
Pelletier, Henri, 282, 284, 285.
Perret, Édith, 236.
Perutz, Carl, 205.
Petit, Roland, 208, 294, 295, 296, 297, 353, 386.
Petit-Escourol, 285.
Peynet, 195.
Philipe, Gérard, 254.
Pia, Pascal, 97, 146, 345, 397.
Piaf, Edith, 124, 235.
Piccoli, Michel, 324, 334.

Pichette, Henri, 112, 201, 254.
Pierauld, Guy, 317.
Pierre, Roger, 230.
Pierreux, Jacqueline, 227.
Pilotin, Michel, 325, 327.
Poiret, Jean, 236.
Pomerand, Gabriel, 202, 203, 210, 211, 245, 264, 283, 286.
Ponchardier, Dominique, 200.
Pontalis, J.-B., 110, 120, 122, 123, 130.
Porter, Cole, 46.
Pouillon, Jean, 123.
Prassinos, Mario, 98, 209.
Pré, Catherine, 203.
Presle, Micheline, 67, 190, 207.
Presley, Elvis, 378, 379, 380.
Prévert, Jacques, 138, 139, 140, 143, 146, 156, 160, 201, 205, 208, 242, 243, 251, 253, 254, 255, 265, 302, 331, 341, 345, 372, 373, 374, 384, 397.
Prévert, Pierre, 140, 356.
Queneau, Janine, 91, 337.
Queneau, Jean-Marie, 369.
Queneau, Raymond, 41, 90, 91, 92, 94, 95, 97, 98, 99, 100, 101, 102, 105, 107, 108, 109, 110, 111, 112, 113, 114, 117, 118, 122, 123, 129, 131, 135, 136, 137, 138, 139, 145, 152, 154, 158, 175, 176, 177, 187, 190, 191, 196, 207, 208, 209, 210, 212, 213, 215, 220, 223, 228, 240, 243, 248, 250, 251, 253, 255, 261, 263, 265, 279, 280, 281, 287, 289, 290, 294, 296, 298, 300, 301, 304, 305, 306, 308, 309, 317, 325, 326, 327, 328, 329, 330, 331, 340, 345, 369, 371, 382, 384, 388, 394, 396, 397, 399.
Quercy, Alain, 203.
Quinn, Anthony, 367.
Rabiniaux, Roger, 114.
Radiguet, Raymond, 203.
Raphaël, Maurice, 189, 207, 283.
Raya, Nita, 233.
Raymond, James, 160.
Raynaud, Fernand, 359, 360, 383.
Ré, Michel de, 155, 156, 157, 196, 199, 203, 254, 353.
Rech, Georges, 367, 384, 386, 396.
Redman, Don, 135, 246.
Reggiani, Serge, 363.
Reinhardt, Django, 48, 55, 136, 297.
Reweliotty, André, 118, 123, 161, 162, 257, 301.

Rey, Henri-François, 353.
Reybaz, André, 219, 271, 272, 273, 274, 275, 277, 278.
Richard, Marthe, 181.
Rigard, Barney, 238.
Rivet, Sylvie, 382.
Roach, Max, 246.
Robbe-Grillet, Alain, 371, 375, 382.
Robert, Jacques, 149, 190, 198, 199, 204, 207, 236, 314, 316.
Robert, Marthe, 316.
Robert, Yves, 254, 317, 318, 359, 383.
Robinson, Frank M., 327.
Roche, France, 236, 248, 275, 320, 325, 327, 329, 331, 340, 388, 389.
Rochefoucauld, François de la, 234, 244.
Rolland, Jacques-Francis, 97, 122, 246, 329.
Romi, 284.
Rosenthal, Milton, 162, 167, 185.
Rossif, Frédéric, 212, 264.
Rostaing, Hubert, 19, 48, 55, 57, 67, 84, 239, 247.
Rostand, Edmond, 7, 11.
Rostand, François, 17, 18, 19, 20, 21, 39, 65, 71, 90, 263.
Rostand, Jean, 11, 12, 17, 18, 37, 39, 65, 75, 90, 95, 116, 174, 175, 191, 263, 280.
Rostand, Maurice, 38, 215.
Rouch, Jean, 329.
Rougé, Edmond, 182, 185.
Rougerie, Jean, 261.
Rougeul, Jean, 254.
Roussel, Raymond, 81, 189.
Roussin, André, 255, 317.
Roy, Claude, 146, 323, 325.
Royal, Ernie, 275.
Rozière, Marcel de, 325, 342, 374.
Rozière, Raymond de, 324.
Saint-Jean, Guy, 274.
Saint-Ogan, Alain de, 42.
Salacrou, Armand, 98, 118.
Salva, Anne, 189.
Salvador, Henri, 348, 377, 378, 379, 382, 383, 384, 385, 387, 393, 398, 399.
Sapritch, Alice, 153.
Sarcey, Martine, 343.
Sartre, Jean-Paul, 59, 97, 107, 108, 109, 110, 111, 112, 113, 114, 116, 117, 118, 119, 120, 121, 122, 123, 124, 125, 127, 128, 129, 130, 132, 133, 135, 136, 137, 143, 144, 145, 146, 147, 148, 149, 150, 151, 152, 153, 154, 156, 168, 173, 174, 175, 177, 184, 190, 197, 201, 203, 212, 214, 215, 226, 228, 234, 237, 241, 242, 250, 251, 253, 255, 258, 280, 281, 284, 286, 287, 296, 300, 301, 322, 323, 370.
Sauvage, Catherine, 381.
Sauvage, Léo, 122, 134.
Schulze, Wolfgang, dit « Wols », 202.
Schutzenberger, Marco, 83, 97, 210, 244.
Scipion, Robert, 92, 95, 97, 99, 109, 114, 116, 130, 150, 161, 191, 243, 245, 286, 314, 315, 316.
Seghers, Pierre, 135.
Semprun, Jorge, 153.
Sénator, Monique, 359.
Serrault, Michel, 155.
Serreau, Jean-Marie, 324.
Servais, Jean, 343.
Séty, Gérard, 359.
Sicard, Solange, 153, 207.
Sigaux, Gilbert, 243.
Signoret, Simone, 150, 225, 233, 239, 243, 249.
Simenon, Georges, 45.
Sinatra, Frank, 164, 173.
Siné, 399.
Soulier, Emmanuel, 55.
Steward, Slam, 247.
Stewart, Rex, 209.
Sundström, Jacqueline, 324, 394.
Suyeux, Jean, 83, 97, 210, 212, 236, 244, 286, 314, 348.
Sylvia, Gaby, 248.
Tamiz, Edmond, 317, 318, 320.
Tarzan, 203, 207, 229, 234.
Ténot, Franck, 87, 209.
Tessier, Valentine, 248.
Thibault, Jean-Marc, 230.
Tissier, Jean, 67.
Toth, Catherine, 272, 274.
Toulouse-Lautrec, Mapie de, 233.
Tréhard, Jo, 342, 343.
Trenet, Charles, 21, 347.
Triolet, Elsa, 272, 276, 277.
Trubert, Roger, 114.
Tual, Roland, 107.
Tzara, Tristan, 135.
Vadim, Roger, 156, 198, 203, 236, 396.
Vailland, Roger, 141, 146, 152, 154, 156, 201, 242, 323, 329, 396.
Vallis, Georges, 218.
Van Vogt, A. E., 326, 327, 330.

Vander, Maurice, 234.
Vanetti, Dolorès, 117, 118, 121.
Vargas, 79.
Varin, Roger, 193.
Varte, Rosy, 317, 318.
Vasseur, Benny, 234.
Védrès, Nicole, 152, 212, 316, 329.
Ventura, Ray, 77, 348.
Verdot, Guy, 276.
Vernon, Paul, 167.
Vidalie, Albert, 255.
Vilar, Jean, 145.
Vitaly, George, 218, 319.
Vitrac, Roger, 155.
Vitry, Virginie, 335.

Vivet, Jean-Pierre, 154, 317, 331.
Walter, Jimmy, 351, 352, 353, 355, 356.
Wang, Manja, 335.
Webster, Ben, 238.
Weil, Philippe, 384.
Weil, Pierre, 386.
Welles, Orson, 200, 207, 212, 214, 248, 294.
Wiener, Jean, 251, 319.
William, Nelson, 275.
Williams, Cootie, 238.
Windsor, Kathleen, 196.
Wright, Richard, 121, 168, 239.
Wybot, Roger, 193, 200, 237, 330.

TABLE DES MATIÈRES

I.	Les beaux dimanches de Ville-d'Avray	7
II.	Le blues d'Angoulême	24
III.	Le tube des jours	36
IV.	Les Amerlauds	77
V.	La rencontre de Colin et de Jean-Sol Partre	101
VI.	En attendant Saint-Germain-des-Prés	134
VII.	La gloire de Vernon Sullivan	158
VIII.	Le tabou et son prince	194
IX.	L'absence de modèle	216
X.	Le temps de la dispersion	229
XI.	L'herbe amère	256
XII.	L'équarrissage général	271
XIII.	8, boulevard de Clichy	294
XIV.	Variations de plume	314
XV.	Les bons et les mauvais jours	332
XVI.	Les feux glacés de la rampe	347
XVII.	De l'eau dans les bronches	365
XVIII.	Les largesses du directeur artistique	377
XIX.	« Pas d'affolement, les gars... »	393
Bibliographie		401
Index		407

Remerciements

Ce livre n'aurait pu exister sans les témoignages, l'aide, les conseils d'un grand nombre de personnes. Je tiens, ici, à les remercier.
Plus particulièrement :

• Ursula Vian, pour son soutien au projet de ce livre, sa confiance et sa disponibilité ; Michelle Vian, pour le précieux cadeau de sa mémoire, au cours de nos nombreuses séances de travail.
• Ninon Vian ; Alain Vian ; Patrick Vian ; pour leurs témoignages.
• La Fondation Boris Vian, d'Dée, son président, Nicole Berthold, son animatrice, pour avoir guidé mes recherches et mis à ma disposition les très nombreux documents conservés au dernier domicile de Boris Vian, cité Véron.
• Antoine Gallimard, pour m'avoir permis de consulter les archives des Éditions Gallimard et la correspondance de Boris Vian et de Gaston Gallimard ; Jean-Pierre Dauphin, pour m'avoir si obligeamment éclairé de sa connaissance de l'histoire de la NRF.
• Les spécialistes de l'œuvre et de la vie de Raymond Queneau, et notamment l'Association des Amis de Valentin Brû.
• Claude Abadie ; Léon Aichelbaum ; Christiane Alanor ; Alexandre Astruc ; Jean Blavier ; Hélène Bokanowski ; Claude Bourlon ; Jacques Canetti ; Jean Carmet ; Jean Cau ; le professeur Pierre Cosnay ; Albert Cossery ; Georges Dudognon ; Yves Gibeau ; Juliette Gréco ; Maurice Imbert ; Catherine d'Halluin ; Georges d'Halluin ; Éléonore Hirt ; Renée Lebas ; Claude Léon ; Claude Luter ; Eugène Moineau ; Béatrice Moulin ; Jean-Pierre Moulin ; Jean-Yves Nau ; Jacqueline Osmond-du-Tillet ; Nico Papatakis ; Gilbert Pestureau ; Jacques-Baptiste Pontalis ; Claude Rameil ; Sylvie Rivet ; Alain Robbe-Grillet ; France Roche ; François Rostand ; Henri Salvador ; Marc Schutzenberger ; Robert Scipion ; Jean Suyeux ; Georges Unglick ; Jimmy Walter ; Philippe Weil.
• Catherine Aygalinc, qui a participé à l'élaboration du cahier iconographique.
• Enfin, mes complices, Françoise Verny, Raphaël Sorin, Maureen Bion-Paul, pour leur amitié, leur vigilance, leur patience tout au long de ce bout de chemin fait ensemble.

*Cet ouvrage a été composé
par l'Imprimerie BUSSIÈRE
et imprimé sur presse CAMERON
dans les ateliers de B.C.A.
à Saint-Amand-Montrond (Cher)
en septembre 1993*

N° d'édition : 14685. N° d'impression : 1985-93/153
Dépôt légal : octobre 1993.
Imprimé en France